中华人民共和国海船船员适任考试培训教材

交通运输类“十四五”创新教材

符合《海船船员培训大纲（2021版）》《海船船员考试大纲（2022版）》要求

船舶操纵与避碰
——船舶避碰与值班

（船长/大副）

中国海事服务中心 组织编审

赵月林 周振路 陈进涛 ◎ 主编

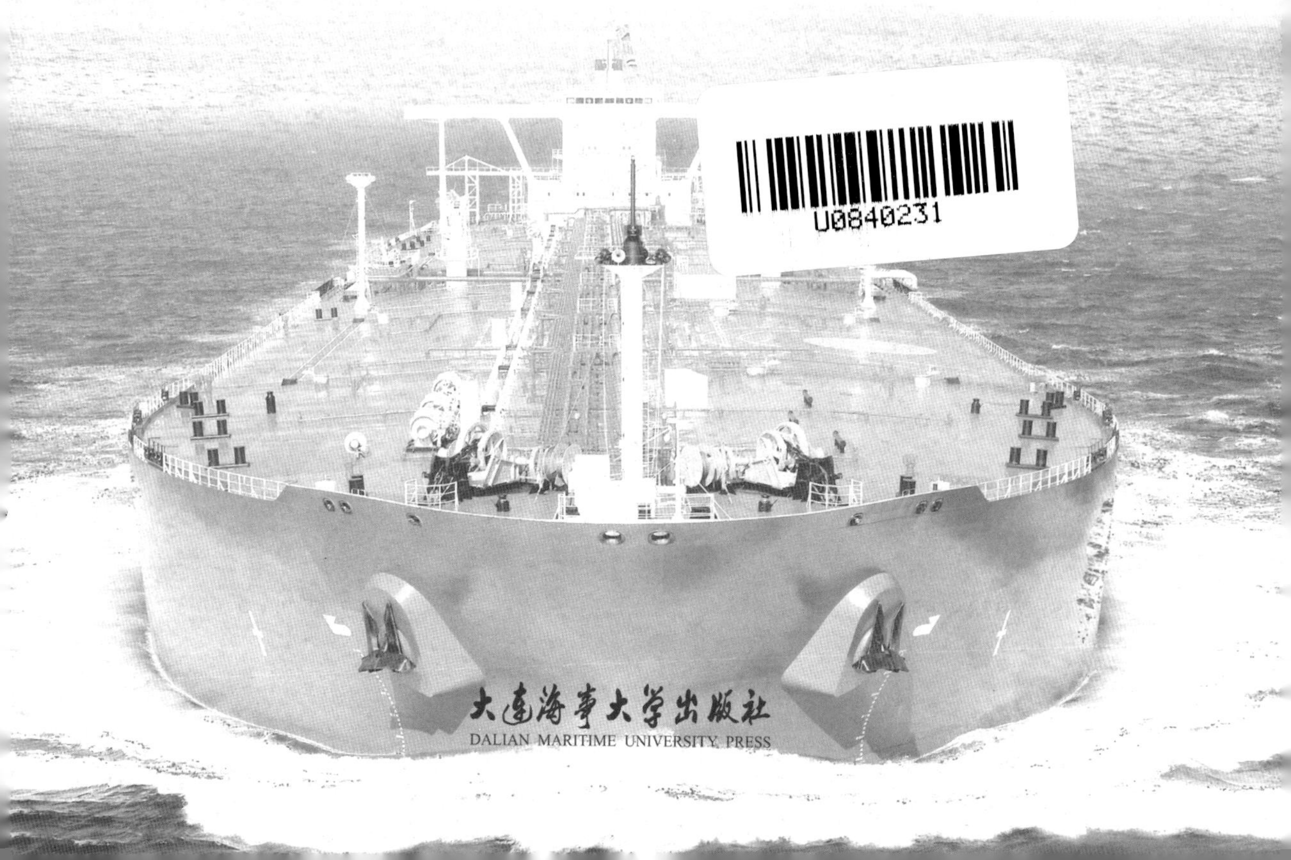

大连海事大学出版社

DALIAN MARITIME UNIVERSITY PRESS

图书在版编目(CIP)数据

船舶操纵与避碰. 船舶避碰与值班：船长/大副 / 赵月林，周振路，陈进涛主编. -- 大连：大连海事大学出版社，2022.4(2025.8 重印)
中华人民共和国海船船员适任考试培训教材
ISBN 978-7-5632-4256-6

Ⅰ. ①船…　Ⅱ. ①赵…②周…③陈…　Ⅲ. ①船舶操纵—资格考试—教材②船舶航行—避碰规则—资格考试—教材　Ⅳ. ①U675.9②U692.1

中国版本图书馆 CIP 数据核字(2022)第 062778 号

大连海事大学出版社出版

地址：大连市黄浦路523号　邮编：116026　电话：0411-84729665(营销部) 84729480(总编室)
http://press.dlmu.edu.cn　E-mail:dmupress@dlmu.edu.cn

大连天骄彩色印刷有限公司印装　　大连海事大学出版社发行

2022年4月第1版　　2025年8月第5次印刷
幅面尺寸：184 mm × 260 mm　　印张：18.5　　字数：458千

出版人：余锡荣

责任编辑：李继凯　　责任校对：高　颖
封面设计：解瑶瑶　　版式设计：解瑶瑶

ISBN 978-7-5632-4256-6　　定价：57.00元

前言

为有效履行经修正的《1978年海员培训、发证和值班标准国际公约》(STCW公约)等国际公约，进一步规范海船船员培训行为，确保船员培训质量，根据《中华人民共和国船员条例》《中华人民共和国船员培训管理规则》，交通运输部编制了《海船船员培训大纲(2021版)》，自2021年10月1日起施行。

为了更好地指导帮助船员进行适任考试前的培训，促进高素质船员队伍建设，中国海事服务中心组织全国有丰富教学、培训经验和航海实践经验的专家共同编写了本套教材。本套教材严格按照《海船船员培训大纲(2021版)》编写，符合培训大纲对船员适任培训的要求，具有权威、准确、系统、实用的特点，重点突出船员适任和航海实践需掌握的知识，旨在培养船员具备在实践中应用知识的能力，可作为船舶工具书使用。

本套教材包括：

《船舶管理(船长/大副)》《船舶操纵与避碰——船舶操纵(船长/大副)》《船舶操纵与避碰——船舶避碰与值班(船长/大副)》《航海英语(船长)》《航海英语(大副)》《航海学——天文、地文、仪器(船长/大副)》《航海学——航海气象与海洋学(船长/大副)》《船舶结构与货运(大副)》《船舶操纵与避碰——船舶避碰与值班(二/三副)》《船舶操纵与避碰——船舶操纵(二/三副)》《船舶管理(二/三副)》《船舶结构与货运(二/三副)》《航海学——航海气象与海洋学(二/三副)》《航海学——天文、地文、仪器(二/三副)》《航海英语(二/三副)》《值班水手业务》；

《GMDSS 英语阅读》《GMDSS 综合业务》《GMDSS 英语听力与会话》《GMDSS设备操作》；

《轮机英语(轮机长/大管轮)》《船舶动力装置(轮机长)》《船舶管理(轮机长/大管轮)》《主推进动力装置(大管轮)》《船舶辅机(大管轮)》《轮机工程基础(大管轮)》《船舶电气与自动化(船舶电气)(大管轮)》《船舶电气与自动化(船舶自动化)(大管轮)》《轮机英语(二/三管轮)》《船舶管理(二/三管轮)》《主推进动力装置(二/三管轮)》《船舶辅机(二/三管轮)》《轮机工程基础(二/三管轮)》

《船舶电气与自动化(船舶电气)(二/三管轮)》《船舶电气与自动化(船舶自动化)(二/三管轮)》《值班机工业务》;

《电子电气员英语》《船舶电气(电子电气员)》《船舶机舱自动化》《信息技术与通信导航系统》《船舶管理(电子电气员)》《电子技工业务》《电子技工英语》《电子电气员英语听力与会话》《电子技工英语听力与会话》。

本套教材的编写、出版工作,得到了各海事管理机构、航海教育培训机构、航运企业等单位的关心和大力支持,特致谢意。

中国海事服务中心

2021年11月

扫码学习《深入学习贯彻党的二十大精神　加快建设交通强国当好中国式现代化开路先锋》

编者的话

本书根据《STCW公约马尼拉修正案》以及交通运输部颁布的《海船船员培训大纲（2021版）》编写，适用于无限航区和沿海航区各个等级的船长/大副适任证书考试培训，也可作为航海院校师生的教学参考书。

本书力求覆盖《海船船员培训大纲（2021版）》对船长/大副的培训要求的全部内容，帮助学员顺利地通过适任考试，并尽可能全面地陈述、分析海上实际工作中常遇到的各种问题，以加强对船舶驾引人员工作能力的培养。

本书由赵月林、周振路、陈进涛担任主编，吴兆麟、王建军担任主审。全书最后由赵月林修改定稿。王晓林、刘勇、孙晨斌、杨栋、赵越、赵晶、徐鑫、徐海军、惠子刚、赖强、徐淞生参与了本书的编写，课件由赵越编制。

为了便于读者学习，本书编写力求概念清楚、理论正确、重点突出、条理清晰、文字通顺、理论结合实际，并运用了相关的碰撞案例。但由于编者水平有限，时间仓促，不足之处和差错在所难免，竭诚希望前辈、同行和读者批评指正。

在本书的编写过程中编者得到了吴兆麟教授的大力支持和热情指导，在此向他表示衷心感谢。

编　者

2021年10月

目录

第一章

海上避碰规则概述

（1）了解海上避碰规则的沿革；
（2）掌握海上避碰规则的内容和性质；
（3）掌握《1972年国际海上避碰规则》的适用范围；
（4）掌握《1972年国际海上避碰规则》与主管机关制定的特殊规定的关系；
（5）掌握《1972年国际海上避碰规则》与有关船队额外信号的特殊规定的关系；
（6）掌握《1972年国际海上避碰规则》与特殊构造或用途的船舶信号的另行规定的关系；
（7）掌握《1972年国际海上避碰规则》第三条“一般定义”中十三个定义的含义。

第一节 海上避碰规则的沿革、内容和性质

一、避碰规则的沿革

1.早期的避碰规则

避碰规则的渊源可追溯到两千多年前出现的《罗德海法》，该法第三十六章第三节规定：“如果一艘航行的帆船在白天与一艘锚泊或松帆的帆船相撞，碰撞及其损害的责任归于前一艘船的船长和船员，他们要把货物捐献出来；如果是在夜间，则锚泊或松帆的船舶

必须点火以示警告，如果他无法点火，则应大声喊叫，如果由于疏忽，没有那样做而发生碰撞，只能怪他自己，如果驶帆的船员疏忽，且瞭望的船员又打盹，则航行船舶就应该像撞上浅滩一样，只能毁坏自己而不能让被他撞的船舶受到损害。”这段文字包含了两船相遇后船舶间的避碰责任、两船应尽的义务、碰撞的责任和赔偿原则。《罗德海法》对协调船舶之间的冲突以及避免碰撞事故的发生，具有积极的作用，对海上航行法规的形成与发展具有重大的指导意义和历史意义。

1338年诞生了《海军部黑皮书》(The Admiralty Black Book)，该书规定了早期的海上避碰规则。英国海军在该书中就船舶间的避碰责任做了规定，形成了一种“低级官员驾驶的船舶应给高级官员驾驶的船舶让路”的通常做法；尽管这一封建等级制的做法不尽合理，但起到了明确避碰责任的积极作用。

2.近现代的避碰规则

1776年，英国海军对1338年的“等级制原则”做了修改，并提出在确定船舶间责任时，不应考虑船舶的指挥官的资历、职位及其他有关的差别等因素，而应以船舶的受风舷作为依据，从而结束了封建等级制，开创了“以避让操纵能力优劣作为确定船舶之间责任的依据”的先例。

工业革命中出现了蒸汽机，大量汽船投入使用。在1840年，伦敦引航公会起草了一套航海法令——《汽船航行规则》，其中规定：两艘汽船航向不同而不可避免地或必然地交叉相遇而相互接近时，如各自保持航向将会出现碰撞危险，各船应操左舵（当时操舵装置的设置是舵轮往左转，而舵叶向右转，船首也向右转），从而相互从他船左舷通过。

1863年，英、法两国协商制定了《1863年海上避碰规则》，先后被英国、法国、美国和德国等30多个海运国家采用。该规则的一些规定，至今还在沿用，例如两汽船对遇或接近对遇时，应各自向右转向；两艘汽船交叉相遇以致构成碰撞危险时，有他船在本船右舷的船应给他船让路；汽船与帆船相遇而构成碰撞危险时，汽船应给帆船让路；每一船舶在追越他船时，应给被追越船让路；一船给另一船让路时，另一船应保持航向。

3.国际海上避碰规则的产生与发展

1889年10月，在美国政府倡议下，在华盛顿召开了第一次关于国际海上避碰规则的国际会议，审查和修改了当时沿用的英国海上船舶避碰规则，并制定了新的规则作为国际海上避碰规则，提请各国政府采用。但由于种种原因，会上起草的规则没能及时在国际上生效。该规则增加了一些内容，如被让路船应保持航向和航速；汽船可以显示第二盏桅灯等。

1910年10月，世界主要海运国家在布鲁塞尔召开了国际海事会议。会上通过了《关于统一船舶碰撞若干问题的国际公约》，并在会上修改了华盛顿会议制定的规则，通过了《1910年国际海上避碰规则》，并且立即生效，结束了各自为政的局面，这是世界上第一个国际海上避碰规则。

1948年4月，海运国家在伦敦召开国际海上人命安全会议对《1910年国际海上避碰规则》进行修改，并将修正案命名为《1948年国际海上避碰规则》，并决定在1954年生效。

其中规定了船长为150英尺及以上的机动船显示第二盏白色桅灯，在航船应显示尾灯，被让路船可鸣放至少5声短而急的声号作为提醒。

1959年成立联合国政府间国际海事协商组织，简称国际海协（IMCO），1982年5月22日更名为国际海事组织（International Maritime Organization，IMO）。1960年，针对雷达普遍运用于船舶，国际海协在伦敦召开国际海上人命安全会议，提出了运用雷达资料协助海上避碰的建议，对其他条款也进行了一些修改，这就是《1960年国际海上避碰规则》，其仍然是国际海上人命安全会议最终议定书的一个附件，而不是公约的一部分，所以在国际上不具有法律约束力。

1972年10月，在国际海协的主持下，众多海运国家又在伦敦召开避碰规则修订大会。会议通过了《1972年国际海上避碰规则》（以下简称《规则》），并签署了《1972年国际海上避碰规则公约》，从而使《规则》自成一体，不再作为SOLAS（International Convention for the Safety of Life at Sea）公约议定书的一个附件，使《规则》在国际上具有法律约束力。《规则》于1977年7月15日生效。

4.对现行《规则》的修订

现行《规则》自1977年7月15日生效以来，先后经过了1981年、1987年、1989年、1993年、2001年、2007年和2013年七次修订。

1981年修正案主要涉及号灯、号型以及附录条款的措辞，是对1972年制定新《规则》时遗留的问题的弥补。1981年修正案于1983年6月1日实施。

1987年修正案主要增加了“不应妨碍通过”条款，修订了“分道通航制”条款和附录一中的条款。1987年修正案于1989年11月19日生效。

1989年修正案修订了使用沿岸通航带的规定。1989年修正案于1991年4月19日生效。

1993年修正案修订了渔船的号灯和号型以及对高速船号灯设置上的要求。1993年修正案于1995年11月4日生效。

2001年修正案主要增加了地效船，以及对地效船的避碰地位、号灯的显示等方面的规定，降低了对声响器具设备在配备上的要求。2001年修正案于2003年11月29日生效。

2007年修正案对《规则》附录四“遇险信号的种类”做了修订。2007年修正案于2009年12月1日实施。

2013年修正案增加第六章“对符合本公约规定的验证”。2013年修正案于2015年7月1日被视为默认接受，并于2016年1月1日生效。该修正案要求避碰规则公约的缔约国按照IMO的审核标准即《国际海事组织文书实施规则》进行定期审核，以验证其是否符合并实施了该公约的要求，而不针对海员的避碰行为。

二、避碰规则在我国的实施

1889年，清政府派员参加了由美国政府发起和召集在华盛顿召开的第一次讨论海上避碰规则的国际海事会议。1896年，清政府宣布采纳“华盛顿会议”通过的《国际海上避碰规则》，但对非机动船做了保留。《1910年国际海上避碰规则》生效之后，中华民国政府承认并采用了该规则。1929年，中华民国政府派员参加了在伦敦召开的第二次国际海上人命安全会议，该次会议对《1910年国际海上避碰规则》进行了修改，并将该规则作为《国际海上人命安全公约》的附件。

1948年，中华民国政府派员参加了在伦敦召开的国际海上人命安全会议，会上制定了《1948年国际海上避碰规则》，该规则于1954年1月1日生效。1957年12月23日，中华人民共和国全国人大常委会第88次会议宣布接受《1948年国际海上避碰规则》，但对我国的非机动船舶做了保留。1958年8月16日，我国政府颁布了《中华人民共和国非机动船舶海上安全航行暂行规则》。

1973年3月，我国政府恢复了在联合国的合法席位，并于1975年6月2日正式接受《1960年国际海上避碰规则》。

1980年1月7日，我国政府正式加入《1972年国际海上避碰规则公约》，接受《规则》并对我国生效。从该年开始，我国作为《1972年国际海上避碰规则公约》的缔约国，参加了1981年、1987年、1989年、1993年、2001年、2007年、2013年的七次《规则》修订大会，并与该公约各成员国同步实施《规则》的各项修正案。

三、《规则》的内容

现行的《规则》共分6章41条，另有4个附录，具体条款目录如下：

第一章　总则
- 第一条　适用范围
- 第二条　责任
- 第三条　一般定义

第二章　驾驶和航行规则

第一节　船舶在任何能见度情况下的行动规则
- 第四条　适用范围
- 第五条　瞭望
- 第六条　安全航速
- 第七条　碰撞危险
- 第八条　避免碰撞的行动
- 第九条　狭水道
- 第十条　分道通航制

第二节　船舶在互见中的行动规则
- 第十一条　适用范围
- 第十二条　帆船
- 第十三条　追越
- 第十四条　对遇局面

四、《规则》的性质

现行的《规则》既是技术性规范，又是法律性规范。在碰撞发生之前，《规则》对避碰行动的采取有指导作用；而当船舶对《规则》的遵守存在疏忽或其他类型的疏忽导致碰撞发生后，《规则》又是判定碰撞责任的依据。

航海界和海事法律界，对《规则》研究的侧重点不一样，航海界多侧重于对避碰技术与规范的研究，确保船舶的避碰安全；而海事法律界更侧重于法律角度的研究，据此区分碰撞双方的责任、义务以及分担比例。正确认识《规则》的双重性，对于全面理解和正确运用《规则》以及指导海上船舶避碰十分重要。明确当事船舶的避碰责任是正确采取避碰行动的前提，而如何具体采取《规则》所要求或允许的避碰行动，又以定量与定性结合的分析判断作为保证。

第二节 适用范围

一、适用的水域

《规则》第一条1款规定："本规则条款适用于在公海和连接于公海而可供海船航行的一切水域中的一切船舶。"本款规定的适用水域，包括以下两部分：

1.公海

公海（High Seas），按照《1982年联合国海洋法公约》第八十六条的规定，是除国家的专属经济区、领海、内水或群岛国的群岛水域之外的全部海域。凡属于该海域中的任何一部分水域，均为《规则》的适用水域。

2.连接于公海而可供海船航行的一切水域

所谓"连接于公海而可供海船航行的一切水域"，通常是指专属经济区、领海、内水，以及与领海、内水相连接并可供海船航行的港口、江河、湖泊等一切内陆水域。这些水域应该具备两个条件：一是连接于公海，包括直接连接和间接连接，自然连接和人工连接；二是可供海船航行，即海船能到达的一切水域。

二、适用船舶

《规则》的适用船舶是指在《规则》适用水域中的一切船舶。所谓“船舶（Vessel）”是指“用作或能够用作水上运输工具的各类水上船筏，包括非排水船筏、地效船和水上飞机”。适用《规则》的船舶还具有以下特点：

1.适用《规则》的船舶应是水上船筏

《规则》规范的是一个在二维空间，即水面的航行与避碰问题。因此适用《规则》的船舶，无论静止、运动均须依赖于水面，而不论其是否处于排水状态，亦不论其是否与水面接触或脱离水面一定距离。例如地效船，因其利用表面效应在相当接近水面的高度飞行，依赖于水面，因此，无论其在起飞、降落、飞行或水面操纵时，都属于船舶，且适用《规则》。

一旦船舶不依赖于水面，处于水面以下或升到空中，甚至在岸上、船台上修理，则不再是《规则》所适用的船舶。例如，潜艇，只有当潜艇在水面航行时，才应视为《规则》的适用对象；当其在水下潜航时，《规则》对其将不再适用。水上飞机只有在位于水面之时才认为其是适用《规则》的船舶；一旦脱离水面，不再依赖于水面，则应视为飞机，而不再属于船舶，那时适用的是空中飞行规则，而不是《规则》。

2.适用《规则》的船舶的种类、大小、状态、归属没有限制

任何种类的船舶，当其在《规则》适用的水域中航行、锚泊、搁浅时，不论其大小、种类、归属，均为《规则》的适用对象。这些船舶均应全面地遵守与执行《规则》的各条规定。例如，军用舰船与政府公务船，属于本规则中所指的船舶，是《规则》的适用对象。军用舰船不管战时还是平时，政府公务船也不论是否正在执行公务，均应严格地遵守《规则》的各条规定。

三、主管机关制定的特殊规定

《规则》第一条2款规定：“本规则条款不妨碍有关主管机关为连接于公海而可供海船航行的任何港外锚地、港口、江河、湖泊或内陆水道所制定的特殊规定的实施。这种特殊规定，应尽可能符合本规则条款。”本款明确了《规则》对有关水域的特殊规定制定的要求，以及《规则》与这种特殊规定适用的关系。

有关水域的特殊规定亦称为地方规则，指有关主管机关在其管辖的水域所制定的有别于《规则》的一些地方规则（Local Rules）或港章，如我国的《内河避碰规则》《上海黄浦江通航安全管理规定》等。

1.制定特殊规定的机构或组织

《规则》在第一条2款中引用“有关主管机关（Appropriate Authority）”这一术语作为

有权制定“特殊规定”的机构或组织。通常情况下，这一术语可解释为缔约国的政府或主管水上交通安全的机关以及经授权的有关组织单位，例如中华人民共和国海事局及经授权的各海事局，均属于这类主管机关。

2.可制定特殊规定的水域

根据《规则》规定，可以制定特殊规定的水域是“连接于公海而可供海船航行的任何港外锚地、港口、江河、湖泊或内陆水道” 。“港外锚地（Roadstead)”，通常是指港口界限之外的用于船舶装卸和锚泊的水域。一般情况下，该锚地大多设置在一国的领海之内。根据1958年《领海和毗连区公约》以及1982年《联合国海洋法公约》的规定，该锚地亦可设置在领海之外。“内陆水道（Inland Waterways)”，通常是指领海基线以内水域的水道，如海湾、海峡等内水中的水道，例如我国渤海的老铁山水道。

《规则》未提及属于一国政府管辖水域范围内的领海、专属经济区是否可以制定特殊规定。鉴于在领海范围内，一国享有完全的主权，从法理上应属于可以制定特殊规定的水域。

3.特殊规定与《规则》之间的关系

（1）特殊规定应尽可能符合《规则》条款

特殊规定，是有关主管机关在考虑相关水域特点的基础上制定的适合本水域的有关航行、停泊、避让的规定，这些规定必然有别于《规则》的“驾驶航行规则”。但二者均是船舶航行安全方面的规定，为便于遵守，特殊规定应尽可能符合《规则》条款。

（2）特殊规定优先适用

在有特殊规定的水域，特殊规定应当较《规则》优先适用。例如，日本《海上避碰法》与《规则》在确定穿越通航分道的船舶的避碰责任方面存在较大的差异，前者明确规定“穿越船”为让路船；而后者却仅要求“尽可能避免穿越通航分道”，至于是否应承担让路船的责任和义务，还取决于当时两船所构成的格局以及“驾驶与航行规则”的规定。因而在日本的水域中，当一船企图穿越通航分道时，必须按照日本《海上避碰法》的规定，履行让路船的责任与义务，而不能强调《规则》的规定。

（3）特殊规定未规定事项仍应遵守《规则》

很多地方规则，都是对水域航行的某一方面做出的规定，其规定并非全面，对没有规定的事项，仍应按照《规则》执行。例如，《中华人民共和国对外国籍船舶管理规则》第五十二条规定：“关于避碰，本规则和中华人民共和国其他有关规定中未列事项，依照中华人民共和国实行的《国际海上避碰规则》办理。”又如，《上海港港章》第二条规定：“关于避碰和信号部分，凡港章和我国现行其他有关港务法规未有规定的事项，依照国际避碰规则的规定办理。”

4. 我国几个典型避碰规章的适用

（1）中华人民共和国内河避碰规则

《中华人民共和国内河避碰规则》第二条“适用范围”规定：“在中华人民共和国境内

江河、湖泊、水库、运河等通航水域及其港口航行、停泊和作业的一切船舶、排筏均应当遵守本规则。船舶、排筏在国境河流、湖泊航行、停泊和作业，按照中国政府同相邻国家政府签订的协议或者协定执行。船舶、排筏在与中俄国境河流相通的水域航行、停泊和作业不适用本规则。”

从上述规定中可以看出，《中华人民共和国内河避碰规则》的适用范围是以水域范围来限定的，而不论船舶的国籍、吨位以及是否为海船等。

（2）中华人民共和国非机动船舶海上安全航行暂行规则

《中华人民共和国非机动船舶海上安全航行暂行规则》第一条规定：“凡使用人力、风力、拖力的非机动船，在海上从事运输、捕鱼或者其他工作，都应当遵守本规则。”

该暂行规则是针对我国在接受国际海上避碰规则时所作的保留而制定的，因此，该暂行规则仅适用于我国的非机动船舶，而不适用于外国籍的非机动船舶。

（3）中华人民共和国渔船作业避让规定

《中华人民共和国渔船作业避让规定》第一条规定：“本规定适用于我国正在从事海上捕捞的船舶。”显然，该规定适用于所有从事海上捕捞的我国船舶，不论其位于哪一海域，除非受到其他规定的限制。

四、有关船队额外信号的特殊规定

《规则》第一条3款规定：“本规则条款不妨碍各国政府为军舰及其护航下的船舶所制定的关于额外的队形灯、信号灯、号型或笛号，或者为结队从事捕鱼的渔船所制定的关于额外的队形灯、信号灯或号型的任何特殊规定的实施。这些额外的队形灯、信号灯、号型或笛号，应尽可能不致被误认为本规则其他条文所规定的任何号灯、号型或信号。”本款明确了《规则》对船队额外信号适用的船队种类、额外信号的内容以及制定的要求。

1.制定“船队额外信号的特殊规定”的机构或组织

制定额外队形灯、信号灯、号型或笛号的组织为各国政府。

2.“船队额外信号的特殊规定”适用的船舶

该规定仅适用于两种船队，即军舰及其护航下的船舶和结队从事捕鱼的船舶。单独航行、作业的船舶，无论是军舰还是渔船，都不适用，也没有必要使用本款规定的额外信号。

3.额外信号的内容

为军舰及护航下的船舶制定的额外信号是队形灯、信号灯、号型或笛号；为结队从事捕鱼的渔船制定的额外信号是队形灯、信号灯、号型。

4.《规则》对“船队额外信号的特殊规定”的要求

《规则》明确规定“不妨碍”这些特殊规定的实施，但是这些特殊规定应尽可能不致被误认为《规则》规定的任何号灯、号型或信号。要求不被误认的原因包括：其一，船舶的信号在数量和种类上过多，就可能导致船舶识别上的困难，不利于船舶避碰的顺利进行；其二，这种额外信号完全不同于避碰信号，是不同方面的两个完全不同的规定，因此《规则》对其要求是避免误认，而不是尽可能符合。

五、分道通航制的制定和适用

《规则》第一条4款规定："为实施本规则，本组织可以采纳分道通航制。"从本款可以看出，分道通航制，往往是由有关国家的主管机关制定的，其首先作为地方规则存在，但国际海事组织可以采纳该分道通航制，也可以不采纳该分道通航制。结合《规则》第十条1款的规定"本条适用于本组织所采纳的分道通航制，但并不解除任何船舶遵守任何其他各条规定的责任"来看，若某一分道通航制被国际海事组织采纳，《规则》第十条就对其适用；相反，若该分道通航制未被国际海事组织采纳，则其是作为地方规则实施的。国际海事组织出版的《关于船舶定线制的一般规定》第三节规定了国际海事组织采纳分道通航制的具体程序和职能。

六、特殊构造或用途的船舶信号另行规定

《规则》第一条5款规定："凡经有关政府确定，某种特殊构造或用途的船舶，如不能完全遵守本规则任何一条关于号灯或号型的数量、位置、能见距离或弧度以及声号设备的配置和特性的规定时，则应遵守其政府在号灯或号型的数量、位置、能见距离或弧度以及声号设备的配置和特性方面为之另行确定的尽可能符合本规则要求的规定。"本款是对特殊构造或用途的船舶在号灯、号型以及声响信号设备配置的技术细节的放宽。

1.制定"特殊构造或用途的船舶信号另行规定"的机构或组织

制定"特殊构造或用途的船舶信号另行规定"的机构或组织为有关政府。

2."特殊构造或用途的船舶信号另行规定"适用的船舶

该规定仅适用经有关政府确定的特殊构造和用途的船舶。例如，航空母舰的桅灯由于其驾驶台偏于一舷侧而不能在首尾中心线上设置，长度超过50 m的军舰若安装后桅灯就不可避免地减少了其战斗部件的配置，此时该类船舶即可执行其政府为其做出的另行规定。

3."特殊构造或用途的船舶信号另行规定"的具体内容

"特殊构造或用途的船舶信号另行规定"的具体内容是有关政府对关于号灯或号型的数量、位置、能见距离或弧度以及声号设备的配置和特性方面制定的尽可能符合《规则》要求的规定。

4.《规则》对“特殊构造或用途的船舶信号另行规定”的要求

《规则》对“特殊构造或用途的船舶信号另行规定”的要求是尽可能符合本规则条款。这种另行规定，均是对《规则》避碰信号方面做出的改变、放宽或降低要求，但其名称及所表示的意思却是一致的，因此，在相同方面做出的要求是尽可能符合，便于外界识别辨认。

第三节 一般定义

《规则》第三条“一般定义”的前置条款是“除条文另有解释外”。虽然一般定义在《规则》中具有通用性，但是具体到每一条所提到的相关定义，其内涵和外延又不完全等同于第三条所指的定义。条文的另有解释，是通过相关条款的上下文联系，才可以确知相应定义的具体所指。如机动船一词在《规则》第三条、第十四条、第十五条、第十八条、第三十四条、第三十五条等条款中均有出现，但在对该词的外延做出解释时，根据上下文联系，第三十四条中提及的机动船的外延等同于第三条；第十四条、第十五条所提及的机动船应除去第十八条1款中机动船应避让的从事捕鱼的船舶、操纵能力受到限制的船舶、失去控制的船舶；第三十五条1款提及的机动船应除去第三十五条2款中鸣放一长两短声号的失去控制的船舶、操纵能力受到限制的船舶、限于吃水的船舶、从事捕鱼的船舶以及从事拖带顶推他船的船舶。

本条共十三个定义，九个定义与船舶有关，除“船舶”是总称外，其他八个定义是关于船舶分类的。本条的另外四个定义与《规则》的适用有密切的关系，如互见的定义，若根据定义，判断船舶在互见中，相应的会遇局面的判断与应对就要遵守《规则》第二章第二节“船舶在互见中的行动规则”。

一、有关船舶分类的定义

《规则》是遵照确定避让关系的等级制原则即依据船舶操纵避让能力的好坏来划分船舶种类的。因此，《规则》对各类船舶内涵的界定也侧重于其操纵避让能力。

1.船舶

船舶（Vessel）一词，指用作或者能够用作水上运输工具的各类水上船筏，包括非排水船筏、地效船和水上飞机。

（1）用作或者能够用作水上运输工具

用作水上运输工具的各类水上船筏指专门从事水上运输的船舶，包括各种类型的货船、客船和客货船；能够用作水上运输工具的各类水上船筏指从事其他水上作业、执行其他任务等，虽未用作但能够用作水上运输工具的专业船舶，包括各种类型的工程作业船、科学考察船、军用舰船或政府公务船等船舶。

（2）不论船舶是否处于排水状态

非排水船筏，指在航行时基本上或完全不靠水的浮力支持船体重量，且脱离水面而不存在排水状态的船舶，如高速航行的全垫升气垫船等，属于《规则》定义的船舶。

（3）水上飞机、地效船

见本节有关内容。

总之，船舶概念的外延是不管其种类、用途、大小、形状、结构如何，只要其用作或能够用作水上运输工具，均属于本规则“船舶”的范畴。但那些长久地固连在陆地、码头或海底的设施，如趸船、灯船不属于《规则》定义的船舶，其本身也不具有驾驭操控的可能，对船舶相互之间的避碰责任划分以及避碰行动的采取无实际意义。

《规则》中，船舶一词是总和的概念，按照船舶操纵避让能力的好坏，对船舶的种类划分如下：

2. 机动船

机动船（Power Driven Vessel）一词，指用机器推进的任何船舶。

（1）机动船装有机器并不一定正在使用

除装有推进机器而不在使用的帆船外，任何装有推进机器的船舶，均为机动船，而无论其机器是否正在使用及当时机器的性能好坏。即使一艘船舶主机停车，漂浮于水面，处于在航不对水移动之中，仍应视该船为机动船。

（2）机动船所用机器类型不限、推进方式不限

船舶的机器类型有蒸汽机、柴油机、汽轮机、核动力装置、电气动力装置等。推进器有螺旋桨、喷水装置等。

本款所述机动船的外延，与《规则》其他条文中机动船的外延是否一致，应根据《规则》的上下文理解。

3.帆船

帆船（Sailing Vessel）一词，指任何驶帆的船舶，如果装有推进器但不在使用。

帆船装有帆而并不一定正在使用，装有帆的船舶也不一定是帆船。根据定义，若一艘船舶仅使用帆行驶，应视为一艘帆船，而无须考虑该船是否装有推进器；一旦正在使用机器推进，应视为一艘机动船，无须考虑其是否装有帆或正在驶帆。若一艘既装有帆，又装有推进器的船舶，此时推进器和帆均不用，处于在航不对水移动中，此时究竟属于帆船还是属于机动船，《规则》并无明确的规定。就积极谨慎的原则而言，在确定两船相遇的避让关系时，操纵该船的人员应把自己视为机动船；而另外一船的操纵人员，应把该船视为帆船，从而会遇两船都会积极避让。

4.从事捕鱼的船舶

从事捕鱼的船舶（Vessels Engaged in Fishing）一词，指使用网具、绳钓、拖网或其他使其操纵性能受到限制的渔具捕鱼的任何船舶，但不包括使用曳绳钓或其他并不使其操纵性能受到限制的渔具捕鱼的船舶。

根据本款规定，从事捕鱼的船舶应同时具备以下条件：

（1）正在从事捕鱼

若一船正驶往渔场或在返回渔港途中，或在海面上搜索鱼群时，日常中虽称作渔船，但均不属于从事捕鱼的船舶，因此，渔船并不一定正在从事捕鱼。正在从事捕鱼，是指从下网开始，直至收网完毕的整个过程。

（2）使用的渔具使其操纵性能受到限制

操纵性能受限制，是指一船的转向、变速能力受到一定的限制。限制其操纵性能的渔具包括网具（如流网、张网、围网等）、绳钓、拖网（包括单拖和对拖）。若一艘船舶正在捕鱼作业，然而其所使用的渔具并不使其操纵性能受到限制，则该船不属于从事捕鱼的船舶，例如使用曳绳钓、手钓等渔具捕鱼的船舶。

满足前述两个条件的船舶均可以构成从事捕鱼的船舶。从事捕鱼的船舶既可以是用机器推进的船舶，也可以是驶帆的船舶；既可能处于在航中，也可能处于锚泊中。

5.水上飞机

水上飞机（Seaplane）一词，指能在水面操纵而设计的任何航空器。

水上飞机包括能在水面起飞和降落的飞机、飞艇或水陆两栖的其他航空器。水上飞机经过专门设计可以在水面上漂浮并进行起飞和降落，在水面上操纵时属本《规则》的船舶范畴，通常作为机动船对待。离开水面后，无论是超低空飞行还是在空中正常飞行，均不再属于本《规则》意义上的船舶。

6.失去控制的船舶

失去控制的船舶（Vessel not Under Command）一词，指由于某种异常的情况，不能按本规则条款的要求进行操纵，因而不能给他船让路的船舶。

根据本款规定，失去控制的船舶应满足的条件是：

（1）产生的原因是某种异常的情况

某种异常的情况是指船舶或其航行环境遭遇的一些非正常情况或意料之外的突发事故。船舶自身异常情况如主机故障、车叶损坏、舵机失控、舵叶丢失、船舶发生火灾；航行环境的非正常情况如风大流急导致锚泊船走锚，狂风巨浪迫使一船卸锚抛链顶风滞航，急流无风导致帆船丧失动力。

（2）表现为不能按本规则条款的要求进行操纵

“不能按照本规则条款的要求进行操纵”，是指不能按照《规则》有关条款的要求采取改变航向或改变航速的操纵行为。因此，异常的情况应导致一船无法改变航向和／或航速，反之即使发生异常情况，船舶仍可改向和／或变速，也不能称为失去控制的船舶，例如船舶操舵控制系统中的自动舵或随动舵的操舵功能丧失、船舶助航设备的损坏、大风浪导致船舶操纵困难但仍可以改向、变速。

（3）在船舶相遇的避让关系中往往是不能给他船让路

“不能给他船让路”，是指一船无法履行根据有关《规则》条款赋予其应给他船让路的责任与义务，无法采取有效的避让操纵行动。在《规则》规定的所有相遇局面中，只有当满足第十三条“追越”，且失去控制的船舶是追越船时，失去控制的船舶才负有让路义务。若是互见中其他局面，失去控制的船舶都不被当作让路船，也不负有让路义务。

（4）在航中

只有在在航中才存在失去控制的船舶。失去控制的船舶是因为丧失了避让操纵能力，而只有在航中，船舶才会被要求改向或变速，因此，失去控制的船舶只存在于在航中；一旦锚泊、系岸、搁浅，而处于非操纵状态，即使其主机或舵机不能使用，也不能称为失去控制的船舶。

7.操纵能力受到限制的船舶

操纵能力受到限制的船舶（Vessel Restricted in Her Ability to Manoeuvre）一词，指由于工作性质，使其按本规则条款的要求进行操纵的能力受到限制，而不能给他船让路的船舶。

“操纵能力受到限制的船舶”一词应包括，但不限于下列船舶：

——从事敷设、维修或起捞助航标志、海底电缆或管道的船舶；

——从事疏浚、测量或水下作业的船舶；

——在航中从事补给或转运人员、食品或货物的船舶；

——从事发放和回收航空器的船舶；

——从事清除水雷作业的船舶；

——从事拖带作业的船舶，而该项拖带作业使该拖船及其被拖物体偏离其航向的能力严重受到限制。

根据本款规定，操纵能力受到限制的船舶应满足的条件是：

（1）操纵能力受到限制的原因是其工作性质

“工作性质”，指就一船所从事的作业而言，如本款提及的六种作业，这些工作应该是有计划事先安排好的工作，有些工作甚至在造船设计之前就有规划。但是，这些工作不包括船舶自行进行的测罗经差、测速、船舶性能测试等。

（2）表现为按本规则条款的要求进行操纵的能力受到限制

“使其按本规则条款的要求进行操纵的能力受到限制”，是指一船由于工作的性质致使其按《规则》要求采取转向、变速的避让操纵能力受到一定的限制。但实际上，该船的车、舵完好。例如，正在从事疏浚的船舶，若按照《规则》的规定，采取大幅度的转向，或大幅度的变速，不但将使其无法继续从事作业，甚至还可能损坏船舶的设备或疏浚的装

置。在这种情况下，即可认为该船按本规则条款的要求进行操纵的能力受到限制。

（3）在船舶相遇的避让关系中往往是不能给他船让路

在船舶相遇的避让关系确定中，操纵能力受到限制的船舶与失去控制的船舶是处于同一等级的。互见中，两船相遇，除追越，区分避让关系时，操纵能力受到限制的船舶不成为让路船。

（4）正在进行某项工作或作业

如通常所说的疏浚船，不一定正在从事疏浚作业，因此，不一定是操纵能力受到限制的船舶。

（5）注意是否有在航的要求

本款中，除“在航中从事补给或转运人员、食品或货物的船舶”和“从事拖带作业的船舶，而该项拖带作业使该拖船及其被拖船偏离其航向的能力严重受到限制”这两种船舶必须是在航状态下存在，其他四种船舶没有船舶是否是在航或锚泊中从事工作的要求。在航中从事补给或转运人员、食品或货物的船舶任何一方在航中从事这种任务，即可单独构成操纵能力受到限制的船舶，而无论对方是锚泊船还是空中的直升机。航行中接送引航员，由于工作过程持续时间不长，实务中往往不显示相应的信号，因而不能作为操纵能力受到限制的船舶。

8.限于吃水的船舶

限于吃水的船舶（Vessel Constrained by Her Draught）一词，是指由于吃水与可航水域的可用水深和宽度的关系，致使驶离其所驶航向的能力严重受到限制的机动船。

国际海事组织海上安全委员会第322号通函对该词做了说明：“决定船舶是否限于吃水的因素，不仅仅是水深，而且还有可航水域的宽度。当决定这个问题时，应适当考虑到小的富余水深对船舶操纵性能和船舶驶离航向的能力的影响。一艘船以小的富余水深在一个水域航行时，如果有足够的水域采取避碰行动，就不能视为一艘限于吃水的船舶。”

在确定“限于吃水的船舶”时，应同时满足下列三个条件：

（1）吃水与可航水域的水深和宽度的关系。

船舶在某一水域中航行，其可航水域的宽度将取决于该船的吃水与所处水域的水深两者之间的关系。一艘相对深吃水的船舶在一处相对浅水域中航行，尽管该处水域宽阔，但该船舶吃水太大、附近水域水深太浅，导致可供该船航行的水域宽度变窄。显而易见，开阔的水域变成狭窄的航道，完全是该处的水域水深无法满足该船的吃水需要所致。

（2）偏离所驶航向的能力严重受到限制。

可航水域的宽度直接决定船舶避让行动中能否采取转向措施，若一船为避免碰撞的发生，按照《规则》的要求，采取及早的、大幅度的转向行动，导致搁浅事故的发生，即可认为该船偏离所驶航向的能力严重地受到限制。因而，可航水域的宽度，是决定一艘船舶偏离所驶航向的能力是否受到限制的重要因素。根据这个条件，也能够明确，只有在在航中，才存在限于吃水。

（3）限于吃水的船舶必须是一艘机动船。

9.地效船

地效船（Wing-In-Ground Craft）一词，系指多式船艇，其主要操作方式是利用表面效应贴近水面飞行。

地效船有多种操作方式，主要的一种是利用表面效应（即机翼在贴近地面或水面飞行时升力增大的现象）飞行。其动力装置和推进方式均没有具体的限制，其操作状态包括贴近水面起飞、降落、飞行的高速状态，还包括在水面上的操作。通常情况下，无论是何种操作状态，地效船均属于本条定义的机动船范畴。

综上所述，在船舶总的概念下分类的船舶，其操纵避让能力由好到差的排列顺序是：机动船、帆船、从事捕鱼的船舶、失去控制的船舶和操纵能力受到限制的船舶。其中机动船当中的船舶操纵避让能力由好到差的顺序是：水上飞机、地效船、普通机动船、限于吃水的船舶。《规则》其他条款提及的船舶如气垫船、引航船舶、拖带和顶推船舶，如无特殊说明，在区分避让关系时均作为一般机动船对待。

二、与《规则》条款适用有关的定义

《规则》第三、四章的号灯、号型、声响灯光信号的使用是区别对待船舶的在航、锚泊、搁浅状态的，而《规则》第二章“驾驶航行规则”主要是针对在航船做出的相关规定，因此，有必要对船舶的状态做出明确的界定。《规则》是二维平面上的避碰规则，因此，船舶尺度的定义也只有长度与宽度，而没有纵向上的高度（或型深、吃水）的定义。《规则》规定的船舶要根据当时的能见度情况、互见与否来采取相应的措施和行动，以及确定在航船舶之间的避让关系及避让行动，因此，也有必要对互见和能见度定义。

1.在航

在航（Underway）一词，指船舶不在锚泊、系岸或搁浅。

本款的定义是采用排除法定义的，由此可见，《规则》把船舶的运动状态分为在航、锚泊、系岸与搁浅四种，且仅此四种。若船舶不在锚泊、系岸或搁浅，则必然处于在航。

锚泊（Anchorage）指船舶利用锚设备抓牢海底而进行停泊。与另一锚泊船并靠中；锚泊中，为抑制船舶的偏荡，持续地使主机保持微速前进；操纵用锚时，由于出链过长而抓牢的情况等均属于锚泊。但是走锚、正常的操纵用锚不属于锚泊，而属于在航。

系岸（Made Fast to the Shore）指船舶借助缆绳的拉力系靠在岸壁或码头的一种状态。靠泊时，第一根缆绳系带在岸上的缆桩上，即可认为在航的结束、系岸的开始；离泊时，解脱最后一根系带在岸上缆桩上的缆绳，即告系岸的结束、在航的开始。系靠在一艘系岸船的船舶应属于系岸。

搁浅（Aground）指船舶搁置在浅滩之上，丧失浮力或部分丧失浮力而使得船舶无法自由漂浮的一种状态。

在航可分为对水移动与不对水移动。

2.船舶的长度和宽度

船舶的长度（Length）和宽度（Breadth）是指其总长度和最大宽度。

船舶的总长度（Length Overall，LOA），是指船首的最前缘至船尾的最后端（包括外板和两端永久性固定突出物在内）之间的水平距离。

船舶的最大宽度（Greatest Breadth），是指包括外板和永久性固定突出物在内并垂直于中线面的最大横向水平距离。

3.互见

只有当一船能自他船以视觉看到时，才应认为两船是在互见（In Sight of One Another）中。

（1）定义的目的

互见的字面意思是相互看到，但从规则定义的本身能够看出，只有当一船能自他船以视觉看到时，才应认为是互见，而无须考虑本船是否实际看到他船。这种定义，显然能够排除一船主观原因、未保持正规瞭望而未看到他船，而否认本船与他船之间互见的事实。因此，互见应是两船客观上能够相互看到，包括两船相互看到的事实，也包括两船中任何一船未保持正规瞭望应相互看到另一船而未看到的事实。

（2）互见是以视觉发现为依据

视觉看到是用肉眼或借助于望远镜等光学仪器看到他船的船舶形状、号灯号型或灯光信号。若船舶只能在雷达上发现他船的回波，或在VHF上得到他船的信息，或仅凭耳朵听到他船鸣放的雾号，而在视觉范围内尚无法清楚地看到他船的存在，则不应视为在互见之中。

（3）互见的效果

互见达到的效果是能够看清他船的外形、号灯、号型，以及确定他船的动态、会遇局面。只能看见他船模糊的影子或轮廓，看不到其具体外形或号灯号型而不能够区分他船种类、动态，不应认为两船处于互见中。

（4）海上实践中的做法

海上实践中，本船看到他船、他船看到本船、两船相互看到，通常认为是互见。在正常视觉情况下，由于光线的直线传播，排除客观原因后，主观上是能够相互看到的。因此，在海上航行当中，一船用视觉看到另一船后，无须询问对方是否能用视觉看到本船，而直接执行《规则》关于互见的有关条款即可。

（5）不互见的特殊情况

注意，如果是由于客观原因，而非主观原因导致的两船不能够相互看到，也不应认为是互见。这些客观原因包括能见度、地形、灯光强度等，如大、小船之间，由于其外形大小以及号灯能见距离的差异，在某一段距离上，小船能够看到大船，而大船看不到小船，就不属于互见；由于低层雾遮盖了一船的驾驶台，导致其对外界视觉瞭望受到影响而看不到他船，虽然其他船舶能够看清其号灯、号型，区分其种类、动态，也不属于互见。

4.能见度不良

能见度不良（Restricted Visibility）一词，指任何由于雾、霾、下雪、暴风雨、沙暴或任何其他类似原因而使能见度受到限制的情况。

（1）能见度不良是气象的原因

能见度不良是由于空气中充斥了雾、霾、雪、雨、沙暴或任何气体、液体、固体的颗粒，而改变了空气的颜色、透明度。因此，能见度不良与光线明暗、折射或反射无关，例如伸手不见五指的黑夜，能见度往往是良好的；能见度不良与地形的遮挡也无关，被居间障碍物遮蔽，而不能与他船互见，不是能见度不良。

（2）能见距离受到限制未有定量的规定

当能见度良好时，仅由于地面曲率和地面光线的折射率的影响，具有一定眼高的测者，理论上能够看到物标的最大距离是物标的地理能见距离。而通常意义上的能见度受到限制，应该是在此地理能见距离上的降低。在航海实践中，一般认为，当能见度小于5 n mile，并且在进一步降低时，即认为能见度不良，船舶应处于航行戒备状态，并做好一切在能见度不良水域中航行的准备；由于雾号的可听距离约为2 n mile，船舶通常应在能见度下降到2 ~ 3 n mile时按规定鸣放雾号。

第二章

船舶信号

本章学习目标

(1) 熟悉号灯、号型的显示时间，掌握各种号灯的定义和法定能见距离；
(2) 了解《规则》附录一中有关号灯、号型的位置和技术细节等相关内容；
(3) 熟练掌握各种船舶应当显示的号灯、号型，并能根据他船显示的号灯、号型判断他船可能的类型和动态；
(4) 熟悉号笛短声、长声的定义，熟悉声号器具的配备标准；
(5) 掌握各种操纵与警告信号的含义和鸣放条件；
(6) 掌握各种能见度不良情况下声号的含义；
(7) 熟悉招引注意的信号及其使用注意事项；
(8) 掌握各种遇险信号；
(9) 熟悉《国际信号规则》的相关内容；
(10) 了解通信要素的表示方法和呼号的组成；
(11) 熟悉视觉信号通信相关内容，包括灯光通信、旗号通信和手旗或手臂通信。

第一节 概述

一、号灯和号型的作用

号灯和号型可以用来表示船舶的种类、大小和工作性质，并且可以作为判断一船的动态、航向，两船所构成的会遇格局，以及是否存在碰撞危险的相关依据。同时，在对号灯的识别和观察中，能发现灯光强度随距离远近而变化，舷灯颜色及两盏桅灯的水平张角随他船的航向变化而变化，从而了解他船的操纵行动及避让意图。

号灯和号型主要用来表明下列信息：

（1）船舶的存在；

（2）船舶的动态；

（3）船舶的工作状态或船舶的种类；

（4）船舶正在进行的作业或执行的任务；

（5）船舶的大小。

《规则》第三章规定了各种类别与不同尺度船舶在不同状态时所应显示的号灯和号型，《规则》附录一对号灯与号型的位置及技术细节做出了规定。船舶驾驶人员应全面掌握上述内容，以便能在实际工作中正确显示本船的号灯和号型，及时识别他船的号灯和号型，并迅速、准确地判明他船的种类、尺度、动态或作业方式以及两船所构成的会遇态势等。

二、号灯、号型的适用范围

1.在各种天气中都应遵守

《规则》第二十条1款要求在各种天气中都应遵守《规则》有关号灯和号型的规定。各种天气是指晴天或阴天，风和日丽或刮风下雨，能见度不良或视线良好。许多案例可以证明：如果某船未能严格遵守有关号灯、号型的规定，或者显示错误的信号会被指责犯有“在遵守号灯、号型规定方面存在严重过失”并因此承担重大的法律责任。

如有任何号灯损坏或熄灭，都应尽快替换或修复。为紧急情况备用的号灯应妥善存放并保持随时可用。即使是小船，也应尽力保证在各种天气中均能遵守有关号灯和号型的各项规定。

2.号灯的显示时间

（1）从日没到日出；

（2）能见度不良的白天；

（3）一切认为有必要的情况，通常是指能见度良好但阴云密布、光线较暗的白天，能见度不良水域附近等情况。

3.号型的显示时间

号型的显示时间是白天，主要是指从日出到日没这一段时间，但还应包括日出之前和日没之后的晨昏蒙影期间。在晨昏蒙影期间应当同时显示号灯和号型。

4.同时显示号灯和号型的时间

（1）能见度不良的白天；

（2）晨昏蒙影时间；
（3）其他认为有必要的情况。

5.不应显示的灯光

《规则》第二十条2款中规定的在显示号灯期间“不应显示的灯光”是指：
（1）会被误认为本规则各条款订明的号灯，如航行中打开甲板灯，航行中开启锚灯等；
（2）会削弱号灯的能见距离或显著特性的灯光，如在号灯的周围显示其他灯光；
（3）会妨碍正规瞭望的灯光，如船上灯光外漏、海图室灯光外漏。

三、号灯的定义和能见距离

1.号灯的定义

《规则》第二十一条（定义）中规定了号灯的基本位置、灯色和发光光弧。

（1）“桅灯（Masthead Light）”是指安置在船的首尾中心线上方的白灯，在225°的水平弧内显示不间断的灯光，其装置要使灯光从船的正前方到每一舷正横后22.5°内显示。

（2）“舷灯（Sidelights）”是指右舷的绿灯和左舷的红灯，各在112.5°的水平弧内显示不间断的灯光，其装置要使灯光从船的正前方到各自一舷正横后22.5°内分别显示。长度小于20 m的船舶，其舷灯可以合并成一盏，装设于船的首尾中心线上。

舷灯在通常情况下应安装在船体桥楼两舷的前端，有些特殊构造船，如航空母舰，舷灯只能安装在驾驶室两侧。

（3）“尾灯（Stern Light）”是指安置在尽可能接近船尾的白灯，在135°的水平弧内显示不间断的灯光，其装置要使灯光从船的正后方到每一舷67.5°内显示。

（4）“拖带灯（Towing Light）”是指具有与本条3款所述“尾灯”相同特性的黄灯。

（5）“环照灯（All-round Light）”是指在360°的水平弧内显示不间断灯光的号灯。

（6）“闪光灯（Flashing Light）”是指每隔一定时间以频率为每分钟闪120次或120次以上的号灯。

根据第二十一条号灯的定义，以长度大于等于50 m的机动船为例，其桅灯、舷灯和尾灯的水平照射弧度如图2-1-1所示。

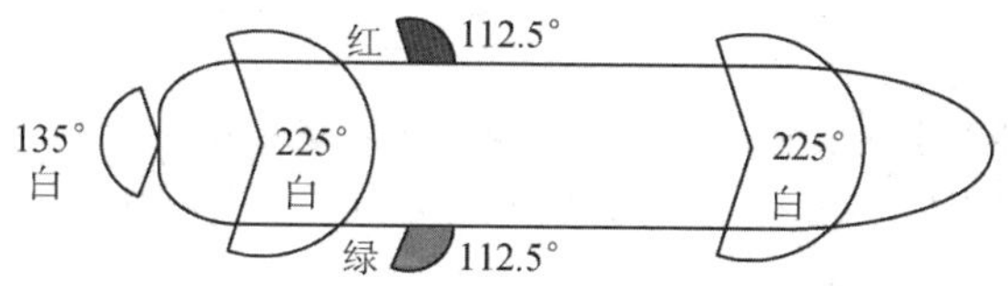

图2-1-1　桅灯、舷灯和尾灯的水平照射弧度示意图

从号灯的定义中不难看出，桅灯（或红绿舷灯）与尾灯的水平光弧之和为360°，从理论上讲，这已经保证了一艘船在全方位上均有灯光照射。然而，由于桅灯、舷灯与尾灯不

是装在同一位置，而是装在船舶的不同部位，这必然造成船体的局部区域没有灯光照射，形成“暗带”，若另一船正好处在此“暗带”中，则必然无法发现该船的相应号灯。为了有效地消除这一“暗带”，《规则》在附录一中对桅灯、舷灯、尾灯的水平光弧做了如下调整。

（1）船上所装的舷灯，在朝前的方向上，应显示最低要求的发光强度，发光强度在规定光弧外的1°至3°之间，应减弱以达到切实断光。

（2）尾灯和桅灯，以及舷灯在正横后22.5°处，应在水平弧内保持最低要求的发光强度，直到第二十一条规定的光弧界限内5°。从规定的光弧内5°起，发光强度可减弱50%，直到规定的界限；然后，发光强度应不断减弱，以达到在规定光弧外至多5°处切实断光。

2.号灯的能见距离

《规则》第二十二条规定了各种号灯的最小能见距离。综合《规则》第二十一、二十二条的规定，船舶号灯的类别、灯色、水平光弧和最小能见距离可归纳为表2-1-1中内容。

表2-1-1 各种号灯的灯色、水平光弧和最小能见距离

类别	灯色	水平光弧	最小能见距离(n mile)			
			$L\geq 50$ m	20 m$\leq L<50$ m	12 m$\leq L<20$ m	$L<12$ m
桅灯	白	225° 正前方至左右舷各112.5°	6	5	3	2
舷灯	左红、右绿	112.5° 正前方至该舷正横后22.5°	3	2	2	1
尾灯	白	135° 正后方至左右舷正横后22.5°	3	2	2	2
拖带灯	黄	135° 正后方至左右舷各67.5°	3	2	2	2
环照灯	红、绿、白、黄	水平范围360°	3	2	2	2
操纵号灯	白	水平范围360°	5			
闪光灯	红、黄	水平范围360°	对能见距离未做要求，但闪光频次≥120次/分			
一艘不易觉察，部分淹没的被拖船或物体：白色环照灯，能见距离为3 n mile						

注：（1）表中L为船长；

（2）《规则》附录二中为在相互邻近处捕鱼的渔船规定的额外号灯应能在水平四周至少1 n mile的距离上被看到，但应小于《规则》为渔船规定的号灯的能见距离。

四、号型

号型包括球体、菱形体、圆柱体以及圆锥体，号型应是黑色，底部直径应不小于

0.6 m，圆柱体的高度应等于其直径的2倍，菱形体应由2个圆锥体底部相合而成，号型之间的垂直距离应至少为1.5 m，如图2-1-2所示。$L<20$ m船舶的号型及其间距可相应减小。

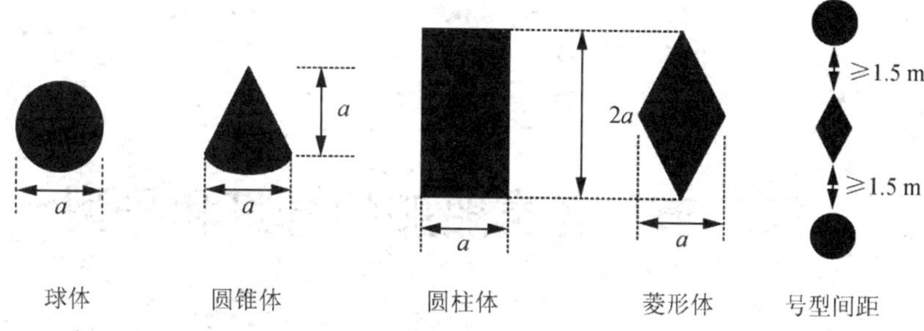

图2-1-2 号型的规格和设置（注：$a \geq 0.6$ m）

五、船舶号灯与避碰几何

根据《规则》第二十一条号灯的定义，船舶可根据观测到的他船号灯的变化情况大致估算他船的航向或航向区间。

1.同时看到他船的舷灯和尾灯

当本船处于他船正横后22.5°方位线上时，看到他船号灯可能会有三种情况：

（1）舷灯消失，看到尾灯；或

（2）尾灯消失，看到舷灯；或

（3）同时看到舷灯和尾灯。

在这几种情况下，他船的航向可用式（2-1-1）来计算：

$$C_t = TB \pm 67.5° \text{（看到绿灯取“+”、红灯取“-”）} \quad (2\text{-}1\text{-}1)$$

式中：

C_t——他船航向；

TB——他船真方位，其值为本船航向$C_本$±舷角$\begin{cases}右舷取“+”\\左舷取“-”\end{cases}$

2.同时看到他船的两盏舷灯

当本船处于他船的船首线上时，看到他船号灯可能会有三种情况：

（1）红灯消失，看到绿灯；或

（2）绿灯消失，看到红灯；或

（3）同时看到红灯和绿灯。

在这几种情况下，他船的航向可用式（2-1-2）来计算：

$$C_t = TB + 180° \quad (2\text{-}1\text{-}2)$$

3.只看到他船的一盏舷灯或尾灯

当本船只看到他船的一盏舷灯或尾灯时，不能像前面两种情况那样求出他船具体的航向，而只能求出他船的航向区间。若看到的是舷灯，则用式（2-1-1）和式（2-1-2）来求他船航向区间的两个边界；若看到的是尾灯，则两次应用式（2-1-1）来求他船航向区间的两个边界。

第二节 各类船舶的号灯和号型

一、在航机动船

1.$L \geqslant 50$ m的机动船

$L \geqslant 50$ m的机动船应显示前后桅灯、左右舷灯和尾灯，如图2-2-1所示。

2.12 m$\leqslant L < 50$ m的机动船

12 m$\leqslant L < 50$ m的机动船应显示一盏桅灯，也可以显示第二盏桅灯，但不强制；左右舷灯和尾灯，如图2-2-2所示。

3.$L < 12$ m的机动船

$L < 12$ m的机动船，可显示一盏环照白灯来替代桅灯和尾灯，同时显示左右舷灯，如图2-2-3所示。$L < 12$ m的机动船的桅灯或环照白灯，如果不能装设在首尾中心线上，可以离开中心线显示，其条件是其舷灯合并成一盏，并应装在首尾中心线上，或尽量装设在桅灯或环照灯所在首尾中心线的附近。换言之，若其舷灯没有合并成一盏双色灯，则其桅灯或者环照白灯仍然应当装设在首尾中心线上。

4.$L<7$ m，且最高速度$v \leqslant 7$ kn的机动船

$L<7$ m，且最高速度$v \leqslant 7$ kn的机动船，可显示一盏环照白灯以取代桅灯、舷灯与尾灯。如可行，也应显示舷灯，如图2-2-4所示。

5.地效船在起飞、降落和贴近水面飞行时

地效船在起飞、降落和贴近水面飞行时应显示桅灯、舷灯、尾灯和一盏高密度的环照红色闪光灯，如图2-2-5所示。

6.非排水状态下的气垫船

非排水状态下的气垫船应显示桅灯、舷灯、尾灯和一盏黄色闪光灯，如图2-2-6所示。显示黄色闪光灯的目的是警告他船。气垫船在非排水状态下航行时，风压差可高达数

十度，因而仅仅根据气垫船的航行灯来判断其前进方向可能导致错误的结论并引起严重的后果。

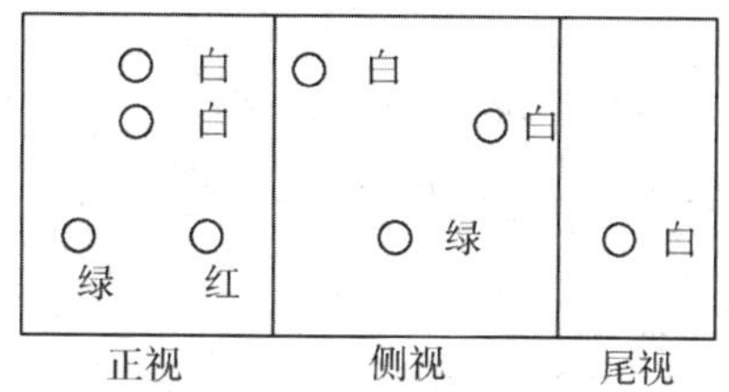

图2-2-1　$L\geq 50$ m的在航机动船

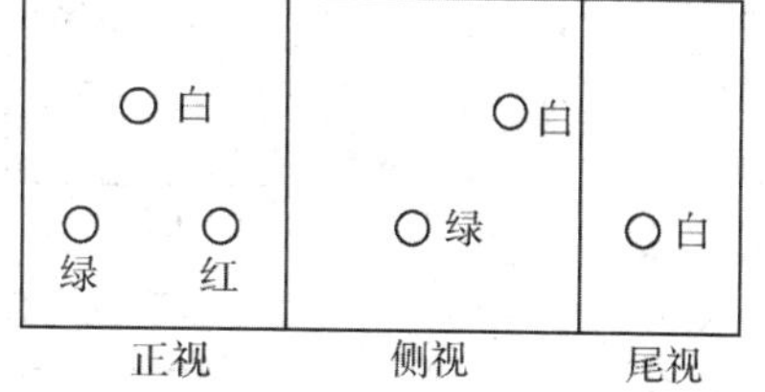

图2-2-2　12 m$\leq L<50$ m的在航机动船

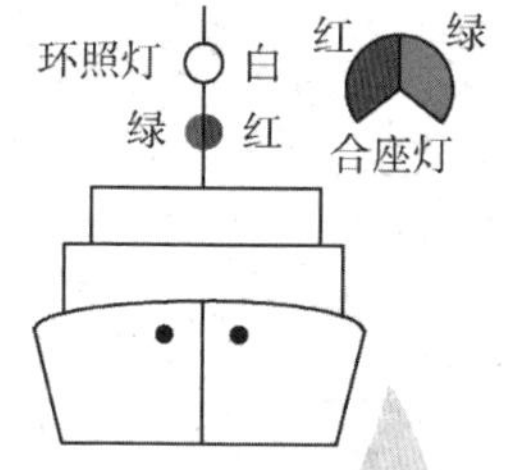

图2-2-3　$L<12$ m的机动船

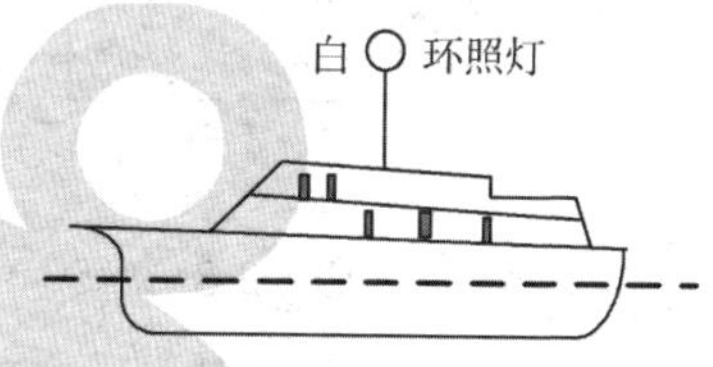

图2-2-4　$L<7$ m，且最高速度$v<7$ kn的机动船

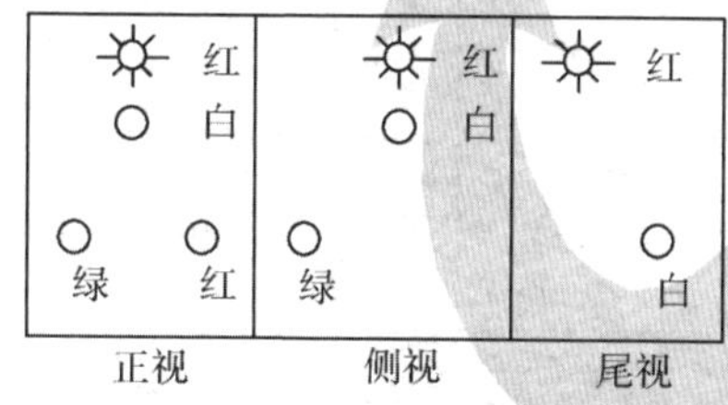

图2-2-5　地效船在起飞、降落和贴近水面飞行时

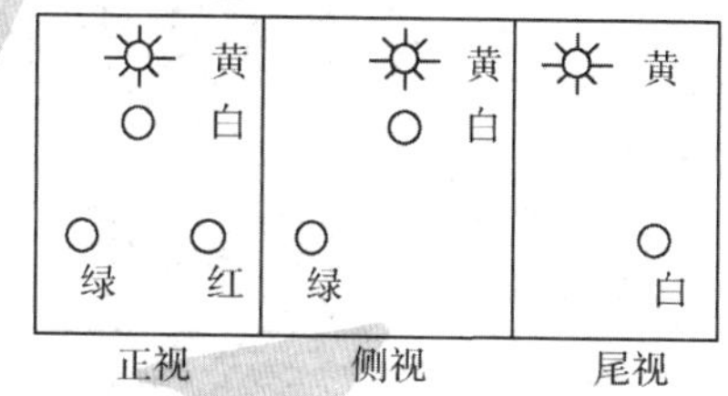

图2-2-6　气垫船在非排水状态下航行时

二、拖带与顶推

（一）拖带和顶推的号灯

1.从事拖带的机动船

从事拖带的机动船的特征号灯是用垂直两盏或三盏桅灯以取代前桅灯或者后桅灯，并在垂直于尾灯的上方显示一盏拖带灯。即当拖带长度$S\leq 200$ m时，用垂直两盏桅灯以取代前桅灯或者后桅灯，并在垂直于尾灯的上方显示一盏拖带灯；当拖带长度$S>200$ m时，用垂直三盏桅灯以取代前桅灯或者后桅灯，并在垂直于尾灯的上方显示一盏拖带灯。所谓“拖带长度”是指自拖船船尾至被拖船船尾间的水平距离，如图2-2-7～图2-2-10所示。

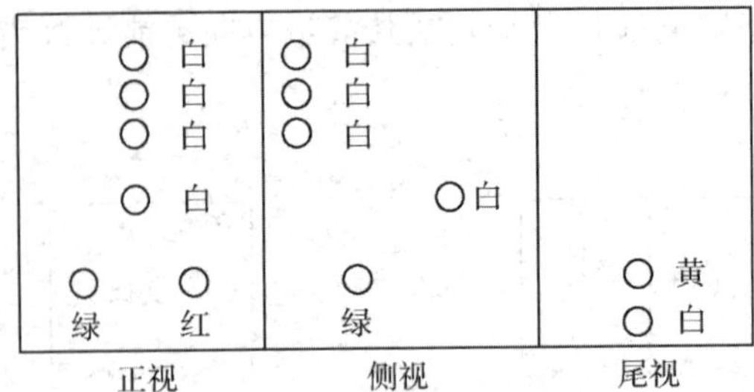

图2-2-7　$L\geqslant 50$ m，$S>200$ m的拖带船的号灯

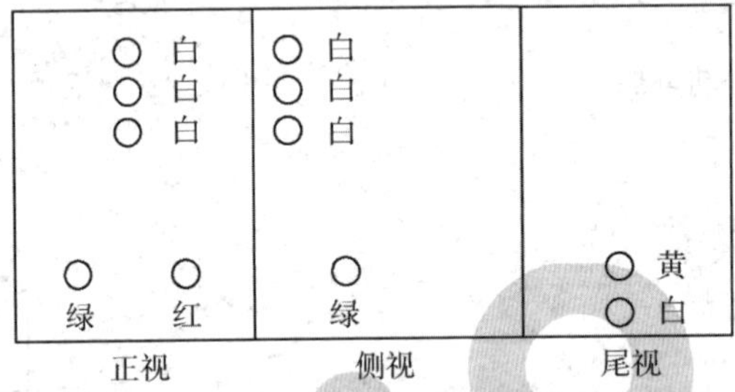

图2-2-8　$L<50$ m，$S>200$ m的拖带船的号灯

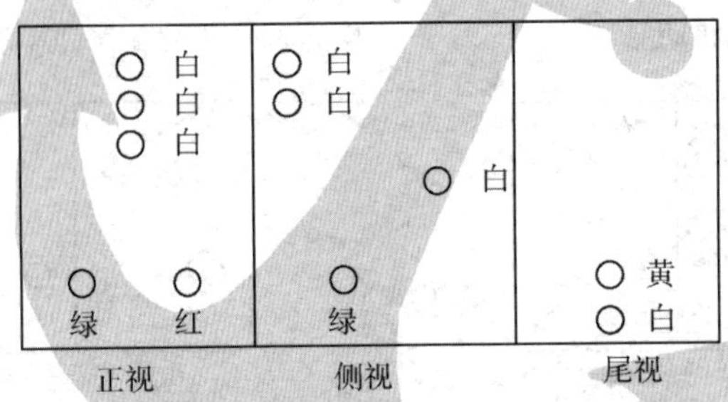

图2-2-9　$L\geqslant 50$ m，$S\leqslant 200$ m的拖带船的号灯

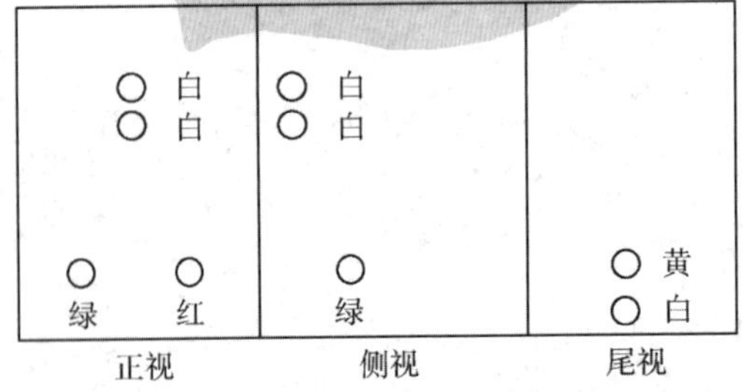

图2-2-10　$L<50$ m，$S\leqslant 200$ m的拖带船的号灯

2.组合体

当一顶推船和一被顶推船牢固地连接成为一组合体时，则应作为一艘机动船，显示《规则》第二十三条规定的普通机动船的号灯。组合体无须显示号型。

3.从事顶推或者傍拖的机动船

从事顶推或者傍拖的机动船的特征号灯是用垂直两盏桅灯取代前桅灯或者后桅灯。无论是从事顶推，还是从事傍拖，均不应当显示拖带灯，也无须显示号型，如图2-2-11、图2-2-12所示。

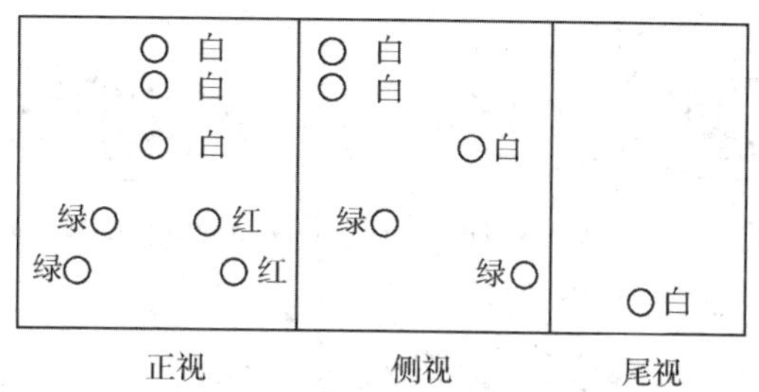

图2-2-11 顶推的正视、侧视及尾视示意图

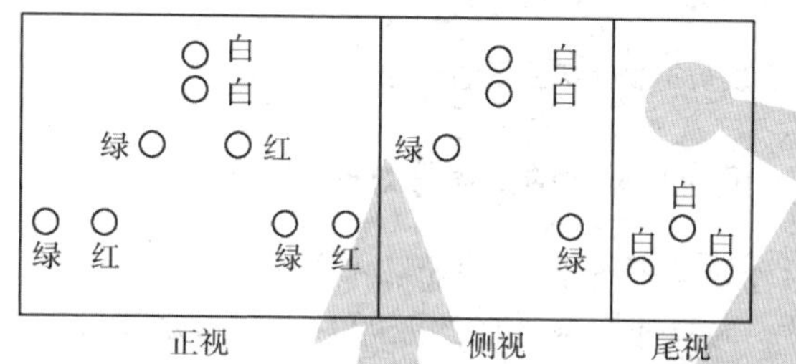

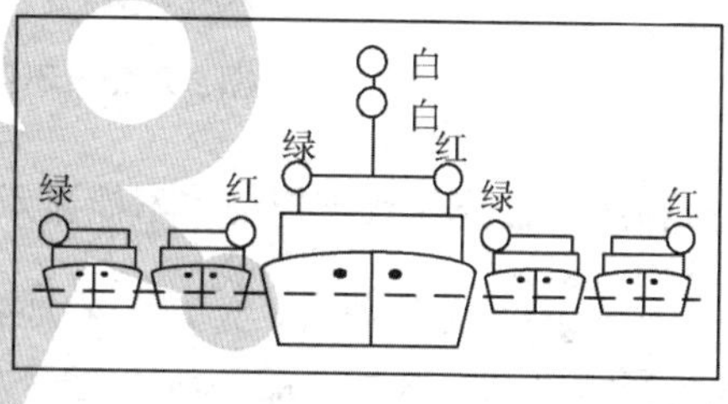

图2-2-12 傍拖号灯的各角度示意图

4.被拖船或被拖物体

被拖船或被拖物体应当显示的号灯为两盏舷灯、一盏尾灯。当拖带有多艘被拖船或被拖物体时，则每一艘被拖船或被拖物体均分别显示舷灯和尾灯。

5.被顶推船

被顶推船应当显示两盏舷灯；任何数目的被顶推船若作为一组被顶推，则应作为一艘船来显示号灯，如图2-2-11所示。

6.被傍拖船

被傍拖船应当显示两盏舷灯、一盏尾灯；任何数目的被傍拖的船若作为一组被傍拖，则应作为一艘船来显示号灯，如图2-2-12所示。

7.一艘不易觉察的、部分淹没的被拖船舶或物体或者这类船舶或物体的组合体

一艘不易觉察的、部分淹没的被拖船舶或物体或者这类船舶或物体的组合体通常是指被拖带的潜水艇、进水严重的遇难船、部分淹没的木筏和物体等，但不包括弹性拖曳体。其应当显示的号灯如图2-2-13所示：

（1）如果宽度小于25 m，在前后两端或接近前后两端处各显示一盏环照白灯；

（2）如果宽度为25 m或25 m以上，在两侧最宽处或接近最宽处，另加两盏环照白灯；

（3）如果长度超过100 m，在（1）和（2）项规定的号灯之间，另加若干环照白灯，使得这些灯之间的距离不超过100 m。

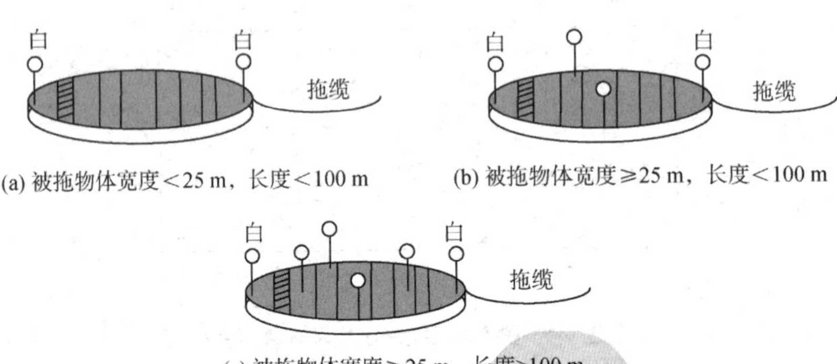

图2-2-13　不同尺度被拖物体应显示的号灯

8.拖船、被拖船或被拖物体不能显示《规则》规定的上述号灯时

凡由于任何充分理由，使得一艘通常不从事拖带作业的船舶不可能按本条1款或3款的规定显示号灯，这种船舶在从事拖带另一遇险或需要救助的船舶时，就不要求显示这些号灯。但是，该船舶应当根据《规则》第三十六条“招引注意的信号”所准许的一切可能措施进行操作，例如在船尾设置一盏探照灯，光束指向被拖船的方向，尤其应将拖缆照亮，以此来表明拖船与被拖船之间关系的性质。

凡由于任何充分理由，当被拖船或不易觉察的、部分淹没的被拖船舶或物体或者这类船舶或物体的组合体，不可能显示本条5款或7款规定的号灯或号型时，应采取一切可能的措施使被拖船舶或物体上有灯光，或者至少能表明这种船舶或物体的存在。

（二）拖带和顶推的号型

1.从事拖带的机动船

拖带长度$S≤200$ m时，从事拖带的机动船无须显示号型；只有当拖带长度$S>200$ m时，才应在最易见处显示一个菱形体号型，如图2-2-14所示。

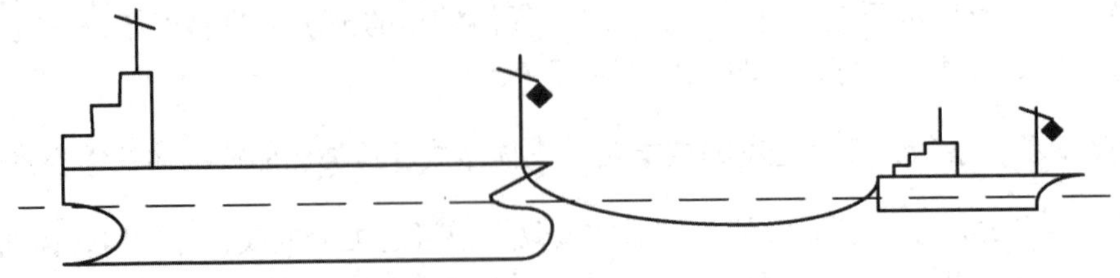

图2-2-14　$S>200$ m的普通拖带船组的号型

2.被拖船或被拖物体

当拖带长度$S\leqslant200$ m时，被拖船或被拖物体无须显示号型；只有当拖带长度$S>200$ m时，才应在最易见处显示一个菱形体号型，如图2-2-14所示。

被顶推船、被傍拖船均无须显示号型。

3.一艘不易觉察的、部分淹没的被拖船舶或物体或者这类船舶或物体的组合体

一艘不易觉察的、部分淹没的被拖船舶或物体或者这类船舶或物体的组合体，当其拖带长度$S\leqslant200$ m时，应当在最后一艘被拖船舶或物体的末端或接近末端处，显示一个菱形体号型，如图2-2-15所示；当拖带长度超过200 m时，除在最后一艘被拖船舶或物体的末端或接近末端处显示一个菱形体号型外，还应当在尽可能前部的最易见处另加一个菱形体号型，如图2-2-16所示。

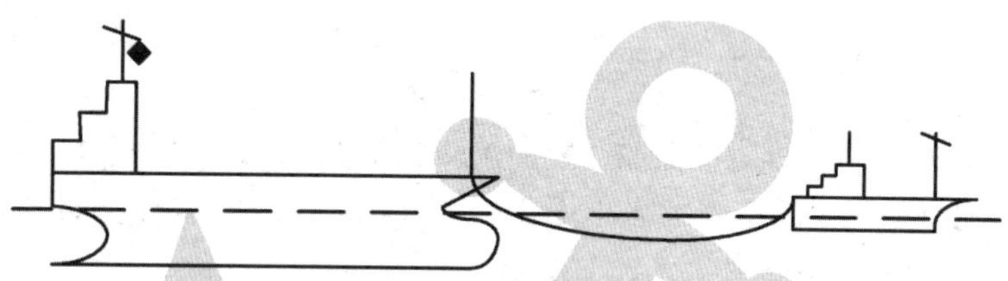

图2-2-15　$S\leqslant200$ m部分被淹没，不易被觉察的被拖船

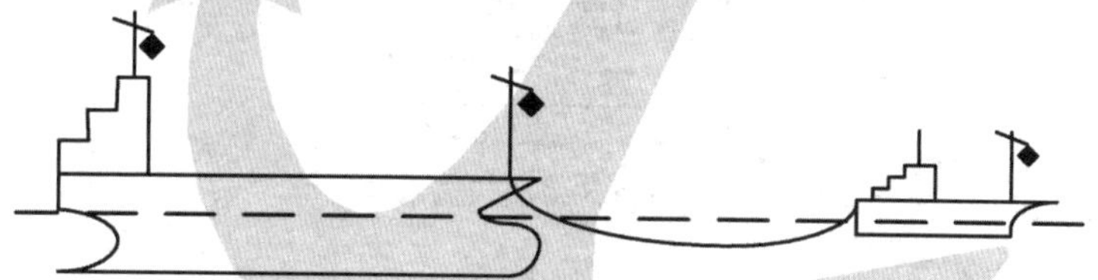

图2-2-16　$S>200$ m部分被淹没，不易被觉察的被拖船

三、在航帆船和划桨船

1.在航帆船

在航帆船应当显示左右两盏舷灯和尾灯。此外，在航帆船还可以在桅顶或接近桅顶的最易见处垂直显示上红下绿两盏环照灯，如图2-2-17所示。

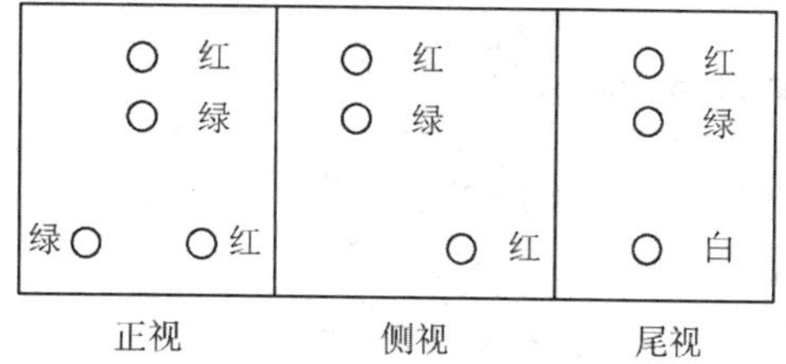

图2-2-17　在航帆船显示的号灯

2.长度小于20 m的帆船

长度小于20 m的在航帆船可以显示左右两盏舷灯和尾灯，也可以将舷灯和尾灯合并成一盏“三色合座灯”，装设在桅顶或接近桅顶处。

长度小于20 m的在航帆船也可以在桅顶或接近桅顶的最易见处垂直显示上红下绿两盏环照灯。但是，当其将舷灯和尾灯合并成一盏“三色合座灯”时，就不能显示上红下绿两盏环照灯。

3.长度小于7 m的帆船和划桨船

长度小于7 m的帆船，若可行，应当显示舷灯和尾灯，或者舷灯、尾灯的“三色合座灯”；若不可行，则应在手边备妥白光的电筒一个或点着的白灯一盏，及早显示，以防碰撞。

划桨船，可以按照帆船的号灯显示，但若不这样做，则应在手边备妥白光的电筒一个或点着的白灯一盏，及早显示，以防碰撞。

4.机帆船

用帆行驶同时也用机器推进的船舶，应当按照机动船的规定显示其号灯。至于号型，其应在前部最易见处显示一个圆锥体号型，尖端向下，以表示其为机动船，如图2-2-18所示。

图2-2-18 机帆并用船应显示的号型

四、渔船

（一）适用范围

《规则》第二十六条的标题虽为“渔船”，但该规定仅仅适用于《规则》第三条4款规定的“从事捕鱼的船舶”，即使用使其操纵性能受到限制的渔具从事捕鱼的任何船舶。根据其捕鱼作业方式的不同，又可以分为拖网作业的渔船和非拖网作业的渔船两类。

（二）从事捕鱼的船舶的号灯

1.从事拖网作业的渔船应显示的号灯

如图2-2-19所示，从事拖网作业的渔船显示的号灯为：

（1）上绿下白垂直两盏环照灯。

（2）$L \geq 50$ m，一盏桅灯，后于并高于环照绿灯；

$L<50$ m，不要求显示该桅灯，但可以这样做。

（3）对水移动时，还应当显示左右舷灯和尾灯；不对水移动时，则不应显示舷灯和尾灯。

（4）当邻近其他捕鱼船时，还可以显示《规则》附录二中关于拖网渔船在相互邻近处捕鱼的额外信号。放网时，垂直两盏白灯；起网时，垂直两盏灯，上白下红；网挂住障碍物时，垂直两盏红灯；在夜间从事对拖网作业的各船，应朝着前方并向本对拖网中另一船的方向照射探照灯。

拖网渔船在相互邻近处捕鱼的额外信号如图2-2-20所示。

$L\geqslant 50$ m，在航对水移动
白 绿 白 绿 红 正视
白 绿 白 绿 侧视
绿 白 白 尾视

$L\geqslant 50$ m，在航不对水移动
白 绿 白 正视
白 绿 白 侧视
绿 白 尾视

图2-2-19 从事拖网作业的渔船的号灯

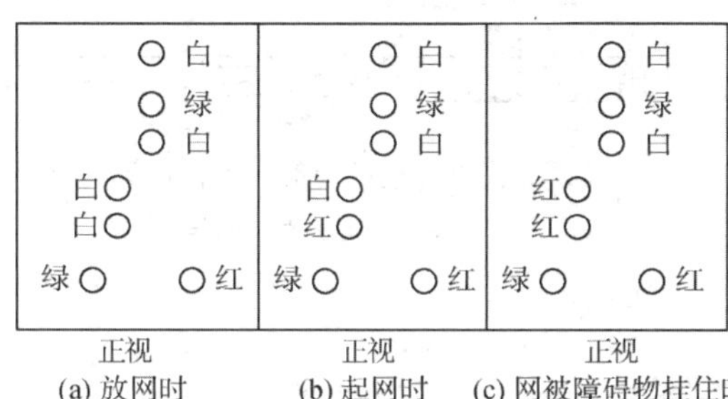

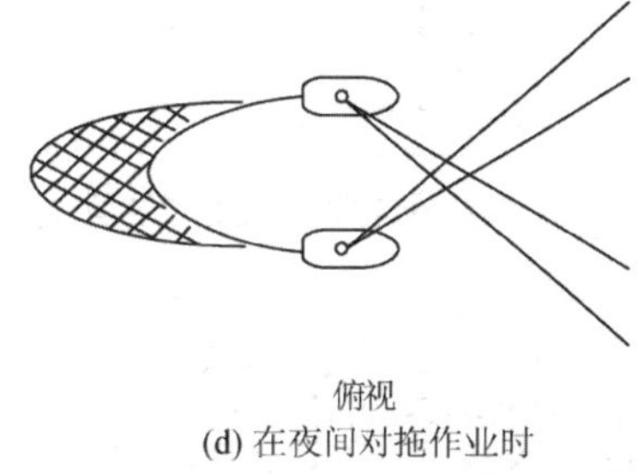

图2-2-20 拖网渔船在相互邻近处捕鱼的额外信号

2.从事非拖网作业的渔船应当显示的号灯

如图2-2-21所示，从事非拖网作业的渔船显示的号灯为：

（1）上红下白垂直两盏环照灯。

（2）当有外伸渔具，其从船边伸出的水平距离大于150 m时，应朝着渔具的方向显示一盏环照白灯。

（3）对水移动时，还应当显示左右舷灯和尾灯；不对水移动时，则不应显示舷灯和尾灯。

（4）当临近其他捕鱼船时，围网渔船还可以显示附录二中关于围网渔船在相互邻近处捕鱼的额外信号，即当该围网渔船的行动为其渔具所妨碍时，可垂直显示两盏黄色号灯。

这些号灯应每秒钟交替闪光一次，而且明暗历时相等，如图2-2-22所示。

在航对水移动
外伸渔具水平距离不超过150 m：红 白 绿 红 正视；红 白 绿 侧视；红 白 白 尾视
外伸渔具水平距离大于150 m：红 白 白 绿 红 正视

图2-2-21 从事非拖网作业的渔船的号灯

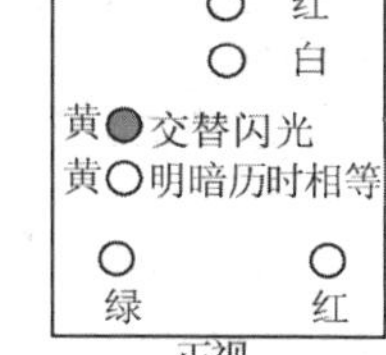

图2-2-22 围网渔船的号灯

（三）从事捕鱼的船舶的号型

1.从事拖网作业的渔船应显示的号型

从事拖网作业的渔船显示的号型为一个由上下垂直、尖端对接的两个圆锥体所组成的号型，如图2-2-23所示。

2.从事非拖网作业的渔船应当显示的号型

从事非拖网作业的渔船显示的号型为一个由上下垂直、尖端对接的两个圆锥体所组成的号型。当其渔具从船边伸出的水平距离大于150 m时，应朝着渔具的方向显示一个尖端向上的圆锥体号型，如图2-2-24所示。

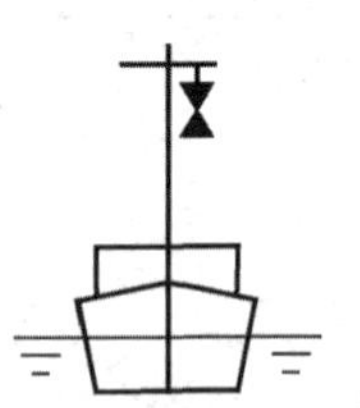

图2-2-23　从事拖网作业的渔船的号型

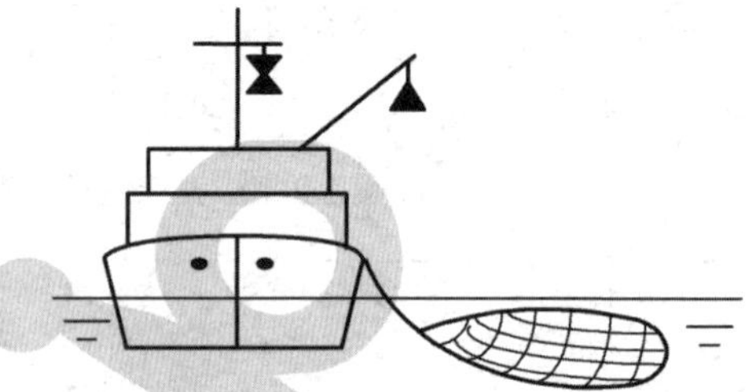

图2-2-24　从事非拖网作业的渔船（外伸渔具的水平距离大于150 m）的号型

五、失去控制的船舶

1.失去控制的船舶应显示的号灯和号型

失去控制的船舶应当显示的号灯（如图2-2-25所示）为：

（1）在最易见处显示垂直两盏环照红灯；

（2）当对水移动时，还应当显示左右两盏舷灯和一盏尾灯。

失去控制的船舶应当显示的号型为：

在最易见处垂直显示两个球体，如图2-2-26所示。

在航对水移动			在航不对水移动
红 红 绿　红	红 红 绿	红 红 白	红 红
正视	侧视	尾视	

图2-2-25　失控船的号灯

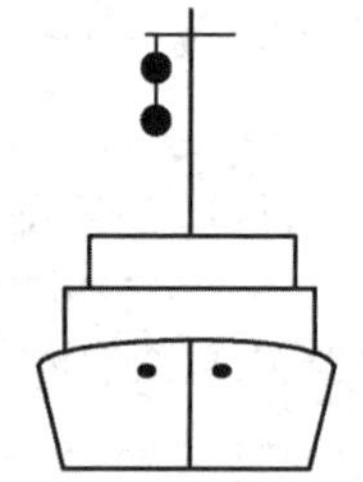

图2-2-26　失控船的号型

2.除从事清除水雷作业、拖带作业以及疏浚或水下作业的船舶以外的操纵能力受到限制的船舶

除从事清除水雷作业、拖带作业以及疏浚或水下作业的船舶以外的操纵能力受到限制的船舶，其应当显示的号灯（如图2-2-27所示）为：

（1）在最易见处，显示垂直红、白、红三盏环照灯。

（2）当在航对水移动时，还应当显示桅灯、左右舷灯和尾灯；当在航不对水移动时，应当关闭桅灯、左右舷灯和尾灯；当在锚泊中从事作业时，还应当显示锚灯。

其应当显示的号型为在最易见处垂直显示“球、菱形、球”号型；在锚泊中作业时，还应当显示“锚球”，如图2-2-28、图2-2-29所示。

在航对水移动 | 在航不对水移动
白 白
红 红 红 红
白 白 白 白 白 白
红 红 红 红
白
绿 红 绿
正视 侧视 尾视

图2-2-27 除从事清除水雷作业、拖带作业、疏浚或水下作业以外的操纵能力受到限制的船舶

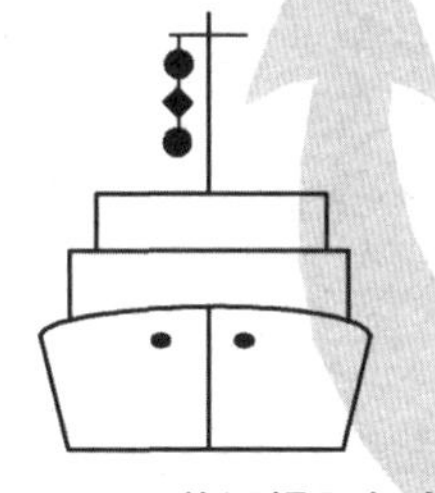

图2-2-28 普通操限船在航

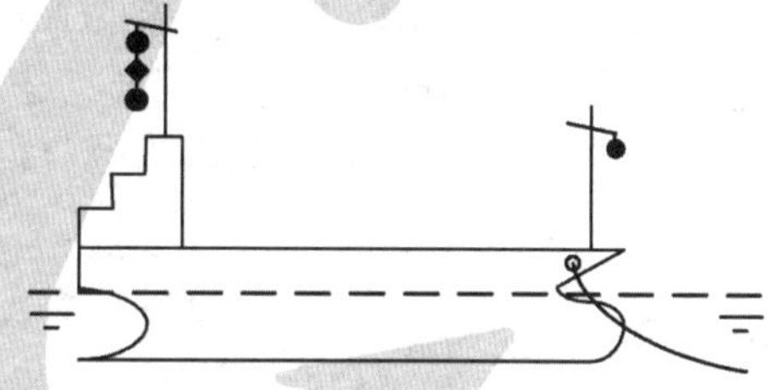

图2-2-29 普通操限船锚泊状态

3.从事拖带作业的操纵能力受到限制的船舶

从事拖带作业的操纵能力受到限制的船舶在航时，其除了显示《规则》第二十四条规定的号灯或号型外，还应当显示垂直红、白、红三盏环照灯或垂直“球、菱形、球”号型，如图2-2-30所示。

白 白
白 白
白 白
红 红 红
白 白 白 白 白
红 红 红
绿 红 绿
黄
白
正视 侧视 尾视

图2-2-30 从事拖带作业的操纵能力受到限制的船舶

4.从事疏浚或水下作业的操纵能力受到限制的船舶

从事疏浚或水下作业的操纵能力受到限制的船舶应显示的号灯（如图2-2-31所示）为：

（1）在最易见处，显示垂直红、白、红三盏环照灯。

（2）当在航对水移动时，还应当显示桅灯、左右舷灯和尾灯；当在航不对水移动时，应当关闭桅灯、左右舷灯和尾灯。

（3）当存在障碍物时，在有障碍物的一舷，显示垂直两盏红色环照灯；在他船可通过的一舷，显示垂直两盏绿色环照灯。

在航对水移动（存在障碍物）			在航不对水移动或锚泊（存在障碍物）
白 红 白 红 白 红 绿 红 绿 绿 红	红 白 红 白 红 红 绿	红 白 红 红 绿 红 绿 白	红 白 红 红 绿 红 绿
正视	侧视	尾视	

图2-2-31 从事疏浚或水下作业的操纵能力受到限制的船舶

从事疏浚或水下作业的操纵能力受到限制的船舶应显示的号型（如图2-2-32所示）为：

（1）在最易见处垂直显示“球、菱形、球”号型。

（2）当存在障碍物时，在有障碍物的一舷，显示垂直两个球体；在他船可通过的一舷，显示垂直两个菱形体。

5.从事潜水作业的船舶

从事潜水作业的船舶，如果其尺度较小，不能显示本条4款为水下作业的船舶规定的号灯和号型，则应显示：

（1）在最易见处，垂直红、白、红三盏环照灯。

（2）一个国际信号旗“A”的硬质复制品，其高度不小于1 m，并应采取措施以保证周围都能见到（如图2-2-33所示）。

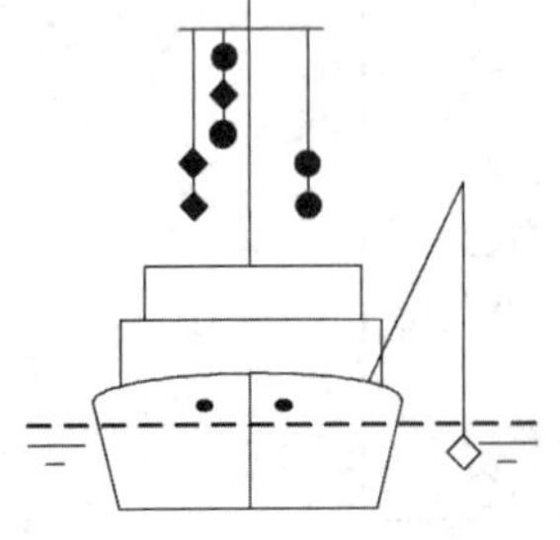

图2-2-32 从事疏浚或水下作业的船舶

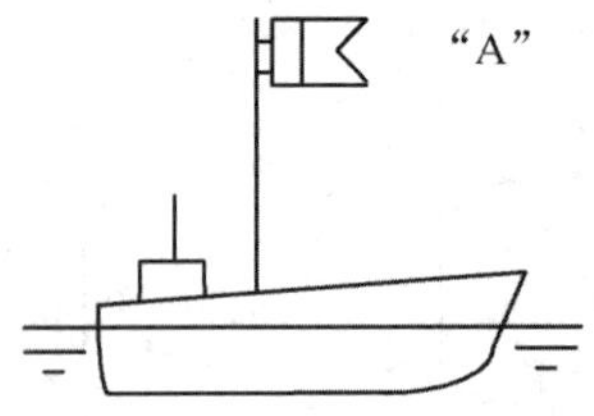

图2-2-33 从事潜水作业的船舶

6.从事清除水雷作业的船舶

从事清除水雷作业的船舶，除按同长度机动船在航或锚泊时显示号灯、号型外，还应当在接近前桅桅顶处以及前桅桁两端各显示一盏环照绿灯或一个球体，以表示他船驶近至该船1000 m以内是危险的，如图2-2-34、图2-2-35所示。

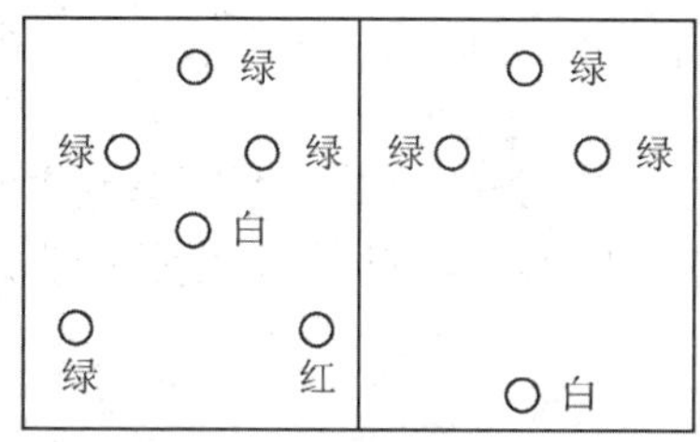

图2-2-34 从事清除水雷作业的船舶在航

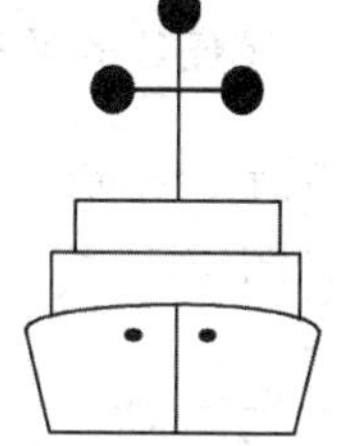

图2-2-35 从事清除水雷作业的船舶在航

7.长度小于12 m的操纵能力受到限制的船舶

除从事潜水作业的船舶外，长度小于12 m的船舶，可以不显示本条规定的号灯和号型。但长度小于12 m的从事潜水作业的船舶，仍然必须显示本条规定的号灯和号型。

六、限于吃水的船舶

如图2-2-36所示，限于吃水的船舶除应当显示《规则》第二十三条规定的普通机动船的号灯或号型外，还可在最易见处显示垂直三盏环照红灯或一个圆柱体号型，以表示其因吃水与可航水域的水深和宽度的关系，使得其偏离所驶航向的能力受到限制。

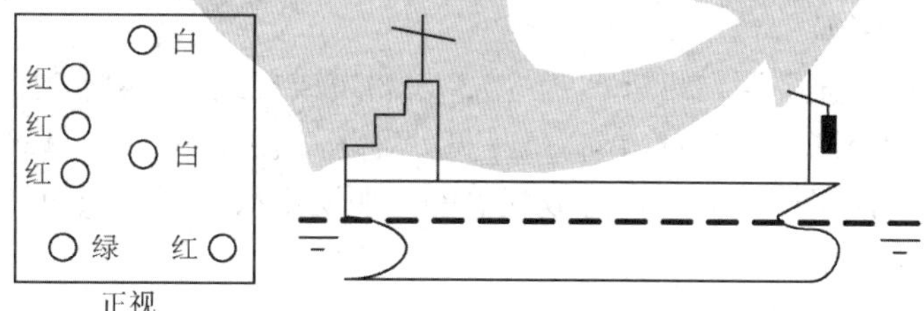

图2-2-36 限于吃水的船舶

七、引航船舶

1.执行引航任务船舶的号灯

在航中执行引航任务的船舶，应在桅顶或接近桅顶处显示上白下红垂直两盏环照灯，并显示左右舷灯和尾灯，而不论其是否对水移动，如图2-2-37所示。

在锚泊中执行引航任务的船舶，应在桅顶或接近桅顶处显示上白下红垂直两盏环照灯，并显示《规则》第三十条规定的锚泊船的号灯，如图2-2-37所示。

2.执行引航任务船舶的号型

在航中执行引航任务的船舶，《规则》并没有规定其应当显示的号型，但专用的引航船上通常标有“PILOT”字样，并悬挂“H”旗，如图2-2-38所示。

3.非执行引航任务的船舶

本条2款规定，本条仅仅适用于正在执行引航任务的船舶。即便是专用的引航船，如果不是正在执行引航任务，则本条不适用，其应当显示与其同样长度的同类船舶规定的号灯或号型。

(a) 在航时			(b) 锚泊时
○白 ○红 ○绿 ○红	○白 ○红 ○绿	○白 ○红 ○白	○白 ○红 ○白
正视	侧视	尾视	

图2-2-37 执行引航任务的船舶应显示的号灯

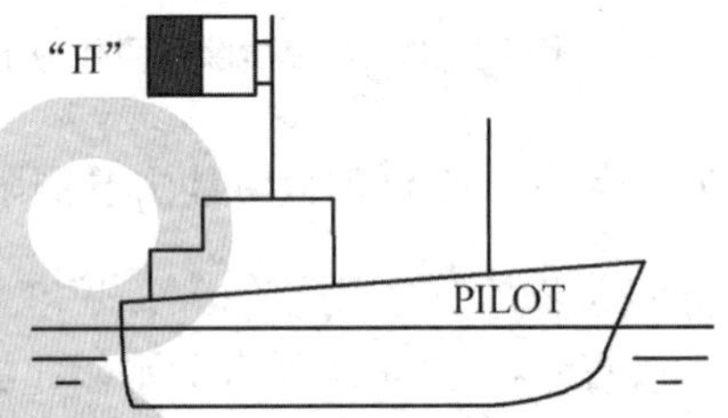

图2-2-38 执行引航任务的船舶

八、锚泊船舶和搁浅船舶

1.锚泊船的号灯和号型

（1）$L<50$ m的船舶

在船的前部显示一盏环照白灯（前锚灯）；在船尾或接近船尾并低于前锚灯处，另显示一盏环照白灯（后锚灯）。也可以仅在最易见处显示一盏环照白灯，以代替前锚灯和后锚灯。此外，其还可使用现有的工作灯或同等的灯照明甲板（甲板照明灯）。其号型为在船的前部显示一个球体。

（2）50 m$\leqslant L<100$ m的船舶

显示前锚灯、后锚灯。此外，其还可使用现有的工作灯或同等的灯照明甲板。其号型为在船的前部显示一个球体。

（3）$L\geqslant100$ m的船舶

显示前锚灯、后锚灯。其还应当使用现有的工作灯或同等的灯照明甲板。其号型为在船的前部显示一个球体。

（4）$L<7$ m的船舶

只要不在航道、锚地或其他船舶通常航行的水域或其附近锚泊，不要求显示锚泊船的号灯或号型。

不同尺度锚泊船的号灯、号型如图2-2-39至图2-2-41所示。

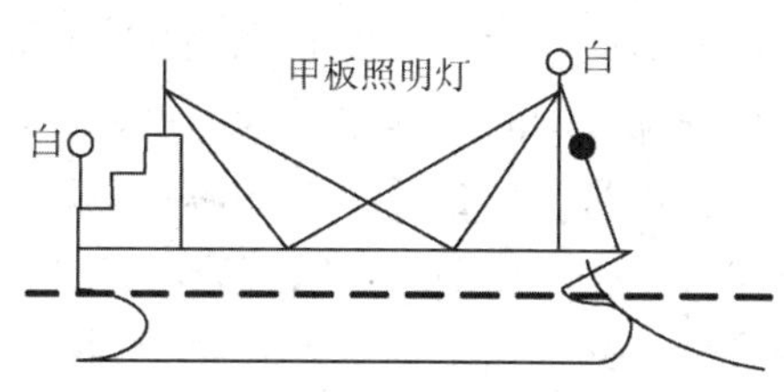

图2-2-39　$L \geq 100$ m的锚泊船

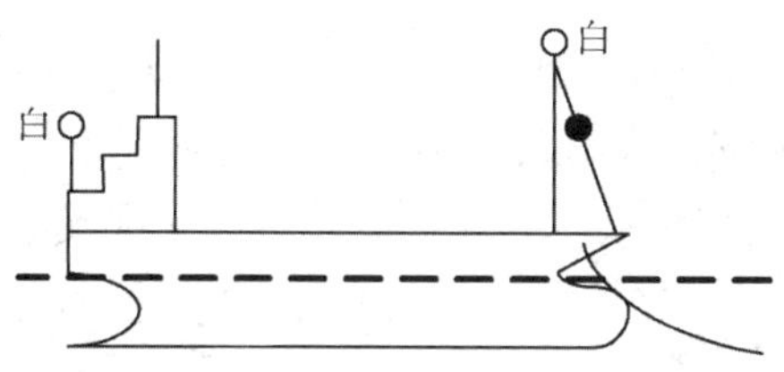

图2-2-40　50 m$\leq L<100$ m的锚泊船

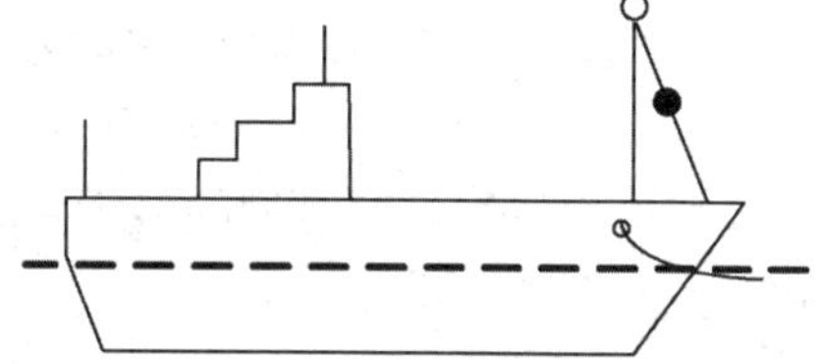

图2-2-41　$L<50$ m的锚泊船

2.搁浅船的号灯和号型

搁浅号灯或号型是指表明船舶处于搁浅状态的号灯或号型。夜间，搁浅船除应根据船舶尺度显示相应的锚灯外，还应在最易见处外加垂直两盏环照红灯；白天，应当在最易见处显示垂直三个球体，但不必显示锚球，如图2-2-42所示。$L<12$ m的船舶搁浅时，不要求显示垂直两盏环照红灯或者垂直三个球体。

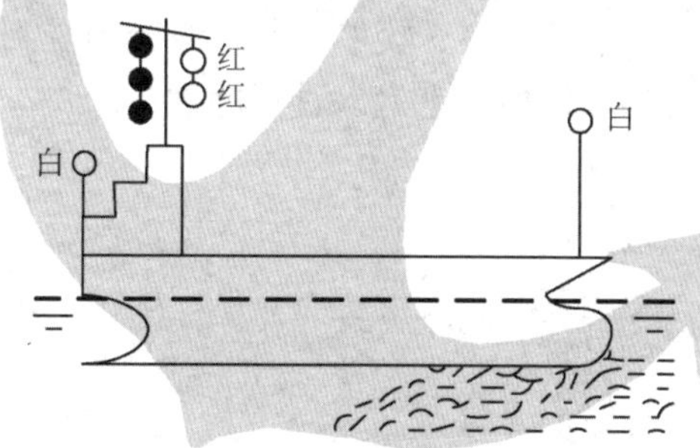

图2-2-42　搁浅船的号灯和号型

九、水上飞机

《规则》第三十一条允许水上飞机或地效船在号灯和号型特性或位置方面可以不完全遵守本章各条规定，但应当尽可能与本章的规定一致。

十、号灯、号型的显示和识别要点

1.显示要点

每一船舶应遵守《规则》的规定，正确显示号灯和号型，使他船了解本船的种类、大小、动态和工作性质等，以便及时和正确地判断会遇形势、碰撞危险和避让关系，采取避让行动以避免碰撞。在显示号灯和号型时应注意以下各点：

（1）开航前应检查号灯是否正常，并备妥号型和应急号灯。

（2）在交接班时应检查号灯是否工作正常，若发现损坏或熄灭，应及时更换或修复。

（3）按规定显示号灯和号型，并把该工作纳入驾驶台例行工作程序中严格执行。

（4）注意检查本船有无其他会被误认为或干扰号灯特性的灯光；若有，则要及时处理。

（5）不得显示不符合本船情况的号灯和号型；如因主机故障而处于失控状态的船舶，应立即显示失控船的号灯与号型，而在故障排除后要立即关闭失控船的号灯或降下号型。

（6）严格执行号灯和号型的显示要求，不应借口附近没有船或他船可能看不到本船的号灯和号型而不予显示。

2.识别要点

识别号灯和号型是互见中本船了解来船种类、大小、动态、工作性质等信息的重要手段。要正确、充分利用这一手段，需要注意以下各点：

（1）保持正规的瞭望，及早发现并正确识别来船的号灯和号型。

（2）在处理所获得他船号灯和号型的原始信息（如号灯的数量、位置、颜色等特性等）时，要特别注意这些信息的确定性和不确定性。

在确定性方面，如看到号灯就说明有他船存在；看到白桅灯和红绿舷灯，说明来船是在航机动船；看到红白红垂直三盏环照灯，说明来船操纵能力受到限制。

在不确定性方面，如仅看到一盏白灯就有多种可能性：

①机动船的桅灯；

②尾灯；

③小型船舶的锚灯；

④小型帆船或划桨船显示的号灯；

⑤我国非机动船航行或锚泊时的号灯等。

（3）在识别号灯和号型时，要注意各种号灯的法定能见距离大小不一，实际发现号灯时的距离和号灯的法定能见距离也不完全相同，要利用首先获得的信息及时做出初步的判断，并积极收集更多的信息以防止做出错误的判断。

第三节 ● 声响和灯光信号

声响和灯光信号与船舶号灯和号型作用相同，可表明船舶的存在、种类、大小、动态。某些声响和灯光信号还可表明船舶的操纵意图和操纵行动，表示怀疑、发出警告和引起他船注意。

一、定义

号笛的信号均是以4 ~ 6 s的长声和约1 s的短声来表示的，当手动鸣放笛号时，应尽可能准确掌握好长短声的节奏，以保证他船清晰地分辨出长、短声。

在一组操纵与警告声响信号中，每短声的间隔应约为1 s，每长声的间隔以及长、短声的间隔应约为2 s，每一组的信号间隔应不少于10 s。

在一组能见度不良时的声响信号中，每二长声的间隔以及长、短声的间隔应约为2 s，每一组的信号间隔应不超过2 min，但在必要时，也可将每组的信号间隔调整为1 min。

二、操纵和警告信号

《规则》第三十四条规定了操纵信号、追越信号、警告信号和弯道信号。操纵信号、追越信号和警告信号均适用于互见中，是一船针对互见中的他船发出的，目的是交流避碰信息以便于双方行动的协调。弯道信号适用于能见度良好时以表明本船的存在。

（一）操纵声号

1.适用范围

（1）操纵声号仅仅适用于互见中的两船。

（2）操纵声号仅仅适用于在航机动船。此处的“机动船”一词，即为《规则》第三条“一般定义”中所指的“任何用机器推进的船舶”，而不论其是否操纵能力受到限制、限于吃水、从事捕鱼或拖带，甚至失控；“在航”包括在航对水移动和在航不对水移动两种情况。

（3）操纵声号适用于按照本规则准许或要求进行操纵时。所谓“本规则要求”，通常是指有关的驾驶与航行规则明确要求一船或另一船或两船应采取的避让行动。例如第十四条对遇局面要求两艘机动船应各自向右转向，则该两船向右转向的行动即为按照本规则要求的行动。所谓“本规则准许”的操纵通常是指《规则》不禁止的或明确授权的避碰操纵。《规则》不禁止的避碰行动通常是指本规则没有明确规定相遇的两船或其中的一船应采取哪一种避让行动，然而，《规则》又允许这些船舶根据《规则》其他条款的规定，采取有助于避碰的行动或按海员通常做法所要求的行动。

2.操纵声号的含义

操纵行动声号表示正在采取行动，即在鸣放声号的同时，船舶正在采取着相应的行动：

——一短声表示“我船正在向右转向”；

——二短声表示“我船正在向左转向”；
——三短声表示“我船正在向后推进”。

应予以注意的是，三短声的信号并不一定意味着鸣放该信号的船舶在对水后退。实际上，不论船舶的实际状况如何，只要推进器产生向后的拉力就必须鸣放三短声。

（二）操纵灯光信号

1.适用范围

（1）仅适用于互见中。
（2）适用于船舶按照本规则准许或要求进行操纵时。
（3）适用于任何船舶。

2.显示灯光信号的技术要求

（1）每闪历时1 s，各闪间隔约为1 s，前后两组信号之间的间隔不小于10 s；

（2）用于显示本信号的号灯，应是一盏环照白灯，其能见距离至少为5 n mile。该号灯应安置在一盏或多盏桅灯的同一首尾垂直面上，如可行，该号灯应高于前桅灯的垂向距离至少2 m。若该灯装置在后桅上，则应高于或低于后桅灯的垂向距离至少2 m。只装设一盏桅灯的船舶，如装有操纵号灯，则应装设在与桅灯的垂向距离不小于2 m的最易见处。

3.灯光信号的含义

——一闪表示“我船正在向右转向”；
——二闪表示“我船正在向左转向”；
——三闪表示“我船正在向后推进”。

4.灯光信号的显示方法

灯光信号的显示可与声响信号的鸣放同步进行，也可在鸣放声响信号之后予以显示。该灯光信号可根据情况重复显示，以便引起他船注意。

（三）追越信号

1.适用范围

（1）仅适用于狭水道或航道内，不适用于开阔水域；
（2）仅适用于互见中；
（3）适用于只有被追越船采取适当行动方能安全追越时。

2.追越声号的含义

——二长声继以一短声表示“我船企图从你船的右舷追越”；

——二长声继以二短声表示“我船企图从你船的左舷追越”；

——一长、一短、一长、一短声表示“我船同意你船追越”；

——五短声表示“我船无法了解你船的意图或行动”或“我船不同意你船追越”。

追越声响信号表示企图采取的行动，即在鸣放声号时，船舶并没有采取行动。

被追越船若不同意后船追越时，根据良好船艺应鸣放至少五短声的声号，但后船如发觉前船沉默，应假定前船不同意追越。

（四）警告信号

当一船对他船的行动持有怀疑时或当一船对另一船采取的行动是否足够持有怀疑时，或当对他船的行动或意图无法理解时，或当发现他船违背《规则》采取行动时，任何船舶均可以鸣放至少五声短而急的声号，并可用至少五短闪的灯光信号来补充。

怀疑与警告信号适用于互见中的任何船舶，而不论其是否在航，也不论其属于何种船舶。但是，应当注意的是，鸣放怀疑与警告声号是强制性的，而显示闪光信号是非强制性的。

（五）弯头声号

弯头声号（一长声）适用于船舶在驶近可能有其他船舶被居间障碍物遮蔽的水道或航道的弯头或地段时，但弯头声号仅仅适用于能见度良好时，而不适用于能见度不良时。

鸣放弯头声号的目的在于提醒他船注意，在居间障碍物后面有船正在驶近，会遇即将形成，务必谨慎驾驶，当弯曲水域另一端的船舶听到一长声后应回答一长声，表示本船已经获悉居间障碍物后面有船正在驶近，并同时提醒双方船舶应特别谨慎航行。

为便于记忆，现将操纵与警告信号及其含义列表如表2-3-1所示。

表2-3-1 操纵和警告信号

信号类别	适用船舶	信号	信号含义	适用条件
操纵声号	在航机动船	• • • • • •	我船正在向右转向 我船正在向左转向 我船正在向后推进	·互见中 ·在航机动船 ·按照本规则准许或要求进行操纵时
操纵灯光信号	任何在航船舶	Λ ΛΛ ΛΛΛ	我船正在向右转向 我船正在向左转向 我船正在向后推进	·互见中 ·在航的任何船舶 ·按照本规则准许或要求进行操纵时
追越声号	狭水道或航道内的任何在航船舶	— — • — — • • — • — •	我船企图从你船右舷追越 我船企图从你船左舷追越 同意追越	·互见中 ·在狭水道或航道内追越 ·只有在被追越船必须采取行动以允许安全通过时

续表

信号类别	适用船舶	信号	信号含义	适用条件
警告信号	任何船舶	至少五短声（ΛΛΛΛΛ）	正在互相驶近，一船无法了解他船的意图或行动，或者怀疑他船是否正在采取足够的行动以避免碰撞时	·互见中 ·任何船舶 ·一船无法了解他船的意图、行动或者怀疑他船是否正在采取足够的行动以避免碰撞
弯头声号	任何在航船舶	—	在驶近可能被居间障碍物遮蔽他船的水道或航道的弯头或地段时	·能见度良好 ·任何在航船舶在驶近可能被居间障碍物遮蔽他船的水道或航道的弯头或地段时，或者弯头另一面或居间障碍物后的来船听到声号时
		—	弯头另一面或居间障碍物后的来船听到声号时	

注：“•”表示一短声；“—”表示一长声；“Λ”表示一短闪。

三、能见度不良时使用的声号

（一）适用范围

能见度不良时使用的声号，也称之为“雾号”，适用于在能见度不良的水域中或其附近航行、锚泊、搁浅的任何船舶。

1.适用的水域为能见度不良的水域和能见度不良水域的附近水域

鉴于$L \geqslant 200$ m的船舶的号笛的法定最小可听距离为2 n mile，通常认为，当能见度小于2 n mile时，船舶应当鸣放能见度不良时的声号。同时，即使船舶处于能见度良好的水域中，但当附近存在能见度不良的水域时，该船舶仍然应当鸣放能见度不良时的声号。

2.适用的船舶为任何船舶

能见度不良时使用的声号适用于任何船舶。与《规则》的第十九条的适用范围不同，本条的适用并不以“不在互见中”和“在航”为前提。只要船舶处在能见度不良的水域中或其附近就应鸣放能见度不良时的声号，即使两船接近到互见，能见度不良时的声号仍然应当鸣放。同时，不论船舶是在航、锚泊还是搁浅，均应当鸣放相应的声号。

（二）不同种类船舶能见度不良时使用的声号

为了便于记忆，现将本条规定的不同种类船舶能见度不良时使用的声号列于表2-3-2。

表2-3-2 能见度不良时使用的声号

船舶类别和动态			声号形式	备注
在航	机动船(包括牢固组合体)	对水移动	—	不同信号组之间的时间间隔为2 min
在航	机动船(包括牢固组合体)	已停车且不对水移动	— —	不同信号组之间的时间间隔为2 min
在航	失去控制的船舶 操纵能力受到限制的船舶 限于吃水船 帆船 从事捕鱼的船舶 从事拖带或顶推他船的船舶		— · ·	不同信号组之间的时间间隔为2 min
在航	被拖船或多艘被拖船的最后一艘		— · · ·	如可行,应在拖船鸣放后立即鸣放
锚泊	从事捕鱼的船舶在锚泊中作业 操限船在锚泊中执行任务时		— · ·	不同信号组之间的时间间隔为2 min
锚泊	$L<100$ m的锚泊船		急敲号钟5 s	不同信号组之间的时间间隔为1 min;12 m≤$L<20$ m的船舶如不鸣放该信号,应当以不超过2 min的间隔鸣放其他有效声号
锚泊	$L\geq 100$ m的锚泊船		急敲号钟(前)、锣(后)各5 s	不同信号组之间的时间间隔为1 min
锚泊	锚泊中发现他船驶近时		· — ·	连续鸣放
搁浅船			除按同等长度的锚泊船鸣放声号外,还应在紧接急敲号钟之前和之后,各分隔而清楚地敲打号钟3下,搁浅的船舶还可以鸣放合适的笛号(如单字母信号码语"U" · · —)。12 m≤$L<20$ m的船舶如不鸣放上述信号,应当以不超过2 min的间隔鸣放其他有效声号	
	$L<12$ m的船舶		如不鸣放上述有关的声号,应发出其他有效的声号	2 min
	引航船执行引航任务时		除鸣放机动船在航或锚泊的声号外,还可鸣放· · · · 的识别声号	适时鸣放

四、招引注意及遇险信号

(一) 招引注意的信号

1.使用招引注意信号的目的

使用招引注意信号的目的是弥补《规则》其他各条规定可能无法覆盖的各种特殊情况。招引注意信号并不要求强制使用,但为了确保海上航行安全,《规则》要求任何船舶应充分意识到本条规定的重要性及可行性,务必保持"海员通常做法以及特殊情况可能要求的任何戒备",积极地予以使用。

2.适用范围

本条规定的信号适用于任何能见度下的任何船舶，当认为有必要招引他船注意之时。例如，下列情况可以发出招引注意的信号：

（1）一艘通常不从事拖带作业的船舶在从事拖带另一遇险或需要救助的船舶之时，采取一切可能措施来表明拖船与被拖船之间关系的性质，尤其应将拖缆照亮；

（2）从事拖带作业的船舶以及被拖带的船舶在有必要进行锚泊之时，由于各种原因，不宜解脱拖缆，继续保持拖带的方式处于锚泊之中，可采用一切措施，并将拖缆照亮，以表明两船之间的连接关系；

（3）一艘正在走锚的船舶，在尚未有效控制该现象的情况下，可鸣放适当的笛号，以招引附近船舶注意本船的动态；

（4）船舶若发现附近的一艘船舶走锚，可鸣放适当的笛号以招引走锚船的注意或提醒临近的他船注意该船的动态；

（5）当一船发现另一船正在驶向危险水域或正在接近某一危险物时，可采用不致妨碍该船的方式，把探照灯的光束指向该船的前方或朝着危险的方向；

（6）执行特殊使命的船舶，如军用舰船、政府公务船，在有必要或希望能得到他船协助的情况下，可鸣放适当的声号或显示合适的灯光。

以上这些，都被认为适用于第三十六条“招引注意的信号”的规定，任何船舶均可根据当时的环境及其情况，发出适当的招引他船注意的灯光或声响信号。

3.招引注意信号的种类

招引注意信号通常有两大类：灯光信号与声响信号。

灯光信号包括：环照灯、探照灯、莫尔斯信号灯或突耀的火焰等。

声响信号包括：号笛、号钟、号锣或其他有效声响的爆发声等。

4.使用招引注意信号的注意事项

（1）所使用的信号应不致被误认为本规则其他各条所准许的任何信号。

（2）所使用的信号也应不致被误认为任何助航标志的灯光，为此，应当避免使用诸如频闪灯这样高亮度的间歇灯或旋转灯。

（3）所使用的信号应不致妨碍他船的正规瞭望。例如，不宜用探照灯的光束直接照射一船的驾驶室。

（二）遇险信号

《规则》第三十七条规定船舶遇险并需要救助时应使用或显示《规则》附录四所述的信号。附录四中所述的遇险信号可以单独使用或显示，也可以几个信号同时使用或显示。附录四规定的遇险信号如下：

“1.下列信号，不论是一起或分别使用或显示，均表示遇险需要救助：

（1）每隔约1分钟鸣炮或燃放其他爆炸信号一次；

（2）以任何雾号器具连续发声；

（3）以短的间隔，每次放一个抛射红星的火箭或信号弹；

（4）用无线电报或任何其他通信方法发出莫尔斯码···———···（SOS）的信号；

（5）用无线电话发出“梅代”（MAYDAY）语音信号；

（6）《国际简语信号规则》中表示遇险的信号N. C.；

（7）由一个球体或任何类似球体的物体及在其上方或下方的一面方旗所组成的信号；

（8）船上的火焰（如从燃着的柏油桶、油桶等发出的火焰）；

（9）火箭降落伞式或手持式的红色突耀火光；

（10）放出橙色烟雾的烟雾信号；

（11）两臂侧伸，缓慢而重复地上下摆动；

（12）通过数字选择性呼叫（DSC）在以下频道上发送的遇险报警：

①VHF 70频道，或

②MF／HF，频率为2187. 5 kHz、8414. 5 kHz、4207. 5 kHz、6312 kHz、12577 kHz或 16804. 5 kHz；

（13）船舶的Inmarsat或其他移动卫星业务提供商的船舶地球站发出的船到岸遇险报警信号；

（14）由紧急无线电示位标发出的信号；

（15）无线电通信系统发出的经认可的信号，包括救生艇筏雷达应答器。

“2.除为表示遇险需要救助外，禁止使用或显示上述任何信号，并禁止使用可能与上述任何相混淆的其他信号。

“3.应注意《国际信号规则》《商船搜寻和救生手册》的有关部分，以及下述的信号：

（1）一张橙色帆布上带有一个黑色正方形和圆圈或者其他合适的符号（供空中识别）；

（2）海水染色标志。”

第四节 船舶视觉信号

确保船舶在任何时候都能与外界联系，不仅是海上航行和生产所必需的，而且与海上人命和财产的安全息息相关。STCW公约马尼拉修正案明确要求负责航行值班的驾驶员应能用视觉通信发出和接收信号，具备用莫尔斯灯收发信息的能力及使用国际信号规则的能力。可见，视觉和声响通信与无线电通信一样都是船舶驾驶人员必须掌握的基本技能。

一、国际信号规则

（一）国际信号规则概述

为了保障各国船舶、飞机、岸台之间在各种情况下进行的通信联系，1965年在政府间海事协商组织（IMCO）第四次会议上通过1969年《国际信号规则》（International Code of Signals）。该规则经1981年、1987年、2003年和2005年的修订成为现行的《国际信号规则》。根据SOLAS公约的规定，《国际信号规则》是按照SOLAS公约配备无线电装置的所有船舶必备的航海出版物之一。

《国际信号规则》分为三大部分：第一部分为目录和通信规则，包括各种信号通信的方法、程序、定义及规则等；第二部分为信号码组，这部分是《国际信号规则》的主体；第三部分为附录，包括遇险信号、救生信号、呼救发信程序及安全电信的收听等。

（二）常用信号码组及其意义

《国际信号规则》的绝大部分篇幅是关于信号码组的。每个信号码组都有一个完整的意义。利用《国际信号规则》，发信人可以将信文的主题意思编成码组发送，收信人可以将收到的码组查译出明语信文。使用信号码组通信，不仅内容简明，而且通信速度快。国际信号码组分为单字母、双字母和三字母三类。

1.单字母信号

单字母信号（Single Letter Signals）是由单个英文字母构成的。在26个字母中，除“R”没有意义外，其他25个字母都有其完整的意义。单字母信号用于最紧急、最重要或最常用的内容，并适用于任何通信方法，应熟练记忆。

（1）单字母信号旗

单字母信号旗的形状和图案如本书附录Ⅲ所示。

（2）单字母莫尔斯符号

莫尔斯符号是由短闪和长闪（即点和划）的不同组合排列构成的。26个英文字母和10个数字的符号表示如表2-4-1所示。

表2-4-1　莫尔斯字母、数字符号表

字母	符号	字母	符号	字母	符号	数字	符号
A	·—	K	—·—	U	··—	1	·————
B	—···	L	·—··	V	···—	2	··———
C	—·—·	M	——	W	·——	3	···——
D	—··	N	—·	X	—··—	4	····—
E	·	O	———	Y	—·——	5	·····

续表

字母	符号	字母	符号	字母	符号	数字	符号
F	··—·	P	·——·	Z	——··	6	—····
G	——·	Q	——·—			7	——···
H	····	R	·—·			8	———··
I	··	S	···			9	————·
J	·———	T	—			0	—————

（3）单字母信号的含义

单字母信号含义如下：

A——我下面有潜水员，请慢速远离我。

——I have a diver down，keep well clear at slow speed.

*B——我正装卸或载运危险货物。

——I am taking in，or discharging，or carrying dangerous goods.

*C——是。（肯定或“前组信号的意义应理解为肯定的”。）

——Yes.（affirmative or “The significance of the previous group should be read in the affirmative”.）

*D——请让开我；我操纵困难。

——Keep clear of me；I am manoeuvring with difficulty.

*E——我正向右转向。

——I am altering my course to starboard.

F——我操纵失灵；请与我通信。

——I am disabled；communicate with me.

*G——我需要引航员。（在渔场附近，当正在作业的渔船使用时，它的意思是“我正在收网”。）

——I require a pilot.（When made by fishing vessels operation in close proximity on the fishing groups，it means “I am hauling nets”.）

*H——我船上有引航员。

——I have a pilot on board.

*I——我正向左转向。

——I am altering my course to port.

J——我船失火，并且船上有（或正在泄漏）危险货物，请远离我。

——Keep well clear of me, I am on fire and have dangerous cargo on board，or I am leaking dangerous cargo.

K——我希望与你通信。

——I wish to communicate with you.

L——你应立即停船。

——You should stop your vessel instantly.

M——我船已停，并已没有对水速度。

——My vessel is stopped and making no way through the water.

N——不。（否定或“前组信号的意义应理解为否定的”。这个信号仅可用视觉或用音响信号发出。在用话音或无线电发送这个信号时应该用“No”。）

——No.（negative or “The significance of the previous group should be read in the negative”. This signal may be given only visually or by sound. For voice or radio transmission the signal should be “NO”.）

O——有人落水。

——Man overboard.

P——在港内：本船将要出海，所有人员应立即回船。在海上：当由渔船使用时，意为“我的网缠在障碍物上”。

——In harbor：All persons should report on board as the vessel is about to proceed to sea. At sea：It may be used by fishing vessels to mean “My nets have come fast upon obstruction”.

Q——我船没有染疫，请发给进口检疫证。

——My vessel is “healthy” and I request free pratique.

*S——我的机器正在开倒车。

——I am operating astern propulsion.

*T——请让开我；我正在对拖作业。

——Keep clear of me；I am engaged in pair trawling.

U——你正临近危险中。

——You are running into danger.

V——我需要援助。

——I require assistance.

W——我需要医疗援助。

——I require medical assistance.

X——中止你的意图，并注意我发送的信号。

——Stop carrying out your intentions and watch for my signals.

Y——我正在走锚。

——I am dragging my anchor.

*Z——我需要一艘拖轮。（在渔场附近由正在作业的渔船使用时，它的意思是“我正在放网”。）

——I require a tug.（When made by fishing vessels operating in close proximity on the fishing groups，it means “I am shooting nets”.）

注释：

a. 有*符号的字母信号，仅在遵照《1972年国际海上避碰规则》的规定情况下，才可用声号发送。

b. 信号“K”和“S”如果作为乘小艇的遇险船员的登陆信号时，则另有专门的含义（《1974年国际海上人命安全公约》第五章第十六条规定）。

c.另外，当破冰船与被救船之间使用A、G、J、P、N、H、L、4、Q、B、5、Y等单字母时，另有含义。

2.双字母信号

在《国际信号规则》中，双字母信号从AA～ZZ，作为一般信号，编排在“通用类”，是《国际信号规则》中的主要组成部分。

（1）双字母信号码的编排

根据信文内容的不同主题，将AC~ZZ的全部信号码分为九个部分，信号码在左侧，按照字母顺序编排，意思对应在右侧。

第一部分：遇险——紧急（AC~HT）；

第二部分：伤亡事故——损坏（HV~LJ）；

第三部分：助航设备——航行——水文（LK~QC）；

第四部分：船舶操纵（QD~SQ）；

第五部分：杂项（ST~VF）；

第六部分：气象——天气（VG~YD）；

第七部分：船舶定线制（YG）；

第八部分：通信（YH~ZR）；

第九部分：国际卫生规则（ZS~ZZ）。

另外还有补充码表。

（2）查找方法

如果给出的是信号码，则按书中字母编排顺序查找即可；如果给出的是汉语（英语），按照汉语（英语）意思主题查找，同一句子可能有两种或两种以上的分类方法，读者如果在其中一种分类中找不到，应该到另一类里去找。为便于查找，《国际信号规则》将意思相近的语句放在一起，信号码对应在右侧。

（3）双字母信号码的补充码

在某些双字母信号的后面加上了0~9中的一位数字，这个数字就是补充码。

在双字母信号中备有三个补充码表。其中补充码表1是关于各种通信方法的数码；补充码表2是关于各种物质的数码；补充码表3是关于各种方向的数码。补充码仅在信号的内容中有指明时使用。

补充码在不同情况下可以具有如下不同的作用：

作用一，补充码使所表达的内容更详细、更完善，例如：

CB——我需要立即援助。

CB 6——我需要立即援助，我船失火。

作用二，改变原码的意义，例如：

CP——我（或指明的船）正前来援助你。

CP 1——搜救航空器正在前来援助你。

作用三，回答原信号的问题或要求，例如：

HX——你在碰撞中受到损坏吗？

HX 1——我船水线以上部分受到严重损坏。

作用四，对原主题或原信号的提问，例如：

DY——船舶已经在纬度……经度……沉没。

DY 4（应该为DY4）——船舶沉没处的水深是多少？

3. 三字母信号

三字母信号是以“M”（medical）字母为首的三个字母组成。MAA ~ MVU的信号码组是按英文字母顺序排列的，作为医疗部分的专用信号，其分为请求医疗援助和医疗指导两部分。

三字母信号也有三个补充码表，称为医学术语表。表Ⅰ为躯体各部位；表Ⅱ为常见疾病；表Ⅲ为药物名单。

三字母信号码组内容的编排和使用方法与双字母码组相同。

（1）请求医疗援助示例

例1　MBF——……部感染（使用医药术语表Ⅰ）

22——下腹部

MBF 22——下腹部感染

例2　MBB——病人曾动过……手术（使用医药术语表Ⅱ）

08——阑尾炎

MBB 08——病人曾动过阑尾炎手术

例3　MAT——病人已给……，无效果（使用医药术语表Ⅲ）

22——盐酸麻黄素片（每片30 mg）

MAT 22——病人已给盐酸麻黄片（每片30 mg），无效果。

（2）请求医疗指导示例

例1　船长请求医疗援助

内容：我有一个男性病人，39岁，患者已病3天，口腔体温38 ℃，病人神志不清，请求医疗指导。（I have a male aged 39 years. Patient has been ill for 3 days. Temperature taken in mouth is 38 ℃. Patient is unconscious. I request urgent medical advice.）

信文码语组成：MAJ 39，MAM 3，MBR 38，MCU，MAA。

4. 破冰船与被援助船之间的单字母信号

破冰船与被援助船之间联系的单字母信号和其他信号的含义如表2-4-2所示。

表2-4-2　破冰船与被援助船之间联系的单字母信号和其他信号的含义

字母或数字信号	破冰船	被救援船
A	前进(沿冰间航道前进）	我正在前进(我正沿冰间航道前进）
G	我正在前进，跟着我	我正在前进，我正在跟着你
J	不要跟我(请沿冰间航道前进）	我不跟你(我将沿冰间航道前进）

续表

字母或数字信号	破冰船	被救援船
P	慢速	我正在慢速
N	请你停车	我正在停车
H	请你倒车	我正在倒车
L	你应立即停船	我正在停船
4	停止，我被冰困住	停止，我被冰困住
Q	请缩短船与船之间的距离	我正在缩短间距
B	请增加船与船之间的距离	我正在增加间距
5	注意	注意
Y	请准备接(或解)拖缆	我已准备好接(或解)拖缆
其他信号	破冰船	被救援船
••—••	停止前进(仅发给在冰间航道的船，不论其在破冰船前方，还是驶近或远离破冰船)	我正在停止前进
可以在破冰作业中使用的单字母信号		
E	我正在向右转向。只有在遵守《规则》规定的情况下才可以用声号发送	
I	我正在向左转向。只有在遵守《规则》规定的情况下才可以用声号发送	
S	我船正在向后推进。只有在遵守《规则》规定的情况下才可以用声号发送	
M	我船已停，并没有对水移动	

备注：①破冰船可以用声号或灯光信号K（—•—）提醒其他船舶有义务不间断地守听无线电信号。

②如果被救助船是一艘以上，船与船之间的距离要尽可能保持不变，注意本船和前船的速度。若你船的速度下降，应向随后的船舶发出注意信号。

③使用这些信号并不解除任何船舶遵守《规则》的义务。

④信号••—••不能用无线电话发送。

二、通信要素的表示方法及呼号的组成

（一）通信要素的表示方法

1.船名和地名

信号码信文中的船名和地名用字母直接拼出。

2.方位或方位角

方位或方位角由A加上三位数字表示，从000°至359°按顺时针方向计算。除另有说明外，该方位为真方位。

3.距离

距离由R加上数字表示，以n mile为单位。

4.航向

航向由C加上三位数字表示。除另有说明外，它通常表示真航向。

5.速度

（1）用S加数字表示，以kn为单位 。
（2）用V加数字表示，以km / h为单位。

6.时间和日期

（1）时间
当地时间（Local Time）由T加四位数字表示。
协调世界时（UTC）或世界时（GMT）由Z加四位数字表示。四位数字中的前两位代表“时”，由00 ~ 23表示；后两位代表“分”，由00~59表示。
（2）日期
日期由D加六位数字表示。六位数字中前两位数字为“日期”，中间两位为“月份”，后两位为“年份”。如果D后面有四位数字，那么前两位表示“日期”，后两位表示“月份”。如果只有两位数字，则表示当年本月的“日期”。

7.纬度和经度

纬度由L加四位数字加N（S）表示。前两位数字为“度”，后两位为“分”。经度由G加四或五位数字加E（W）表示。前两位或三位数字表示“度”，后两位表示“分”。

8.水深

由数字加M表示以m为单位的水深。

（二）呼号的组成

船舶呼号是船舶所有国政府指定给该船的一组字母和数字，通常由四个或四个以上的英文字母或字母与数字混合构成。起始的一个或两个字母通常代表船舶所属国籍。如BTBM是“育龙”轮的呼号，J8FR2是挂圣文森特和格林纳丁斯国旗的“永兴”轮的呼号。

三、视觉通信

视觉信号通信是船舶在视距范围内的近距离通信，包括旗号通信、莫尔斯灯光通信和旗语通信等。

（一）旗号通信

旗号通信是指在能见度良好的白天，在视觉范围内使用国际信号旗传递信息的通信方式。一套国际信号旗共40面，其中包括字母旗A～Z共26面，数字旗0～9共10面，代替旗代一、代二、代三共3面和回答旗1面，它们的形状和颜色参见本书附录Ⅲ。

1.信号旗的用法

（1）字母旗：每面字母旗是一个单字母信号旗，既可单独使用，也可与其他字母旗或数字旗联合使用，组成各种信号码。

（2）数字旗：每面数字旗表示一个数字，数字中的小数点由“回答旗”表示。

（3）代替旗：当船上只有一套信号旗时，代替旗可以使一面旗在同一组旗号中重复一次或多次。但在同一组旗号中任何一面代替旗的使用不得超过一次。

代一旗是代替在同一组中，在它前面的同类旗从上往下数的第一面旗；代二旗是代替在同一组中，在它前面的同类旗从上往下数的第二面旗；代三旗是代替在同一组中，在它前面的同类旗从上往下数的第三面旗。

（4）回答旗：在数字组中，作为小数点；在旗号通信过程中，它可用作回答信号和通信结束的信号。

2.旗号通信中的术语

（1）组（Group）：由一面或数面字母或数字旗组成的旗号。

（2）挂（A Hoist）：一组或几组旗号挂在一根旗绳上为一挂。

（3）拉一半（At the Dip）：一挂或一面旗悬挂在桅杆旗绳全长一半左右的位置。

（4）拉到顶（Close Up）：一挂或一面旗悬挂在桅杆旗绳顶端。

（5）隔绳（Tack Line）：旗绳中约2 m长的一段距离，用来隔开同一挂旗号中不同的组。

3.旗号通信方法

（1）一次升一挂的通信方式。发信船一次升一挂，待收信船收到后才能降下。收信船按发信船升降顺序收读。

（2）一次升多挂的通信方式。当多挂旗号悬挂在左、右横桁时，悬挂、收读顺序是先右横桁后左横桁；对同一横桁上的多挂旗号，悬挂、收读顺序是先外侧后内侧；对同一挂上的多挂旗号，悬挂、收读顺序是先上后下。

4.旗号通信程序

（1）呼叫

①普遍呼叫：对发信船周围所有船的呼叫。发信船首先挂出“CQ”码组，待收信船看到后，再挂出通信码组。收信船将回答旗拉一半，表示其看到了发信船所挂的码组；收

信船将回答旗拉到顶，表示其将信号全部收妥。发信船也可以不挂出“CQ”码组，直接挂出通信码组。

②对特定船的呼叫：挂出收信船的呼号。

③对特定而不知呼号的船舶的呼叫：首先挂出本船的呼号，然后挂出“VF”或“CS”码组，“VF”码组表示“你应挂出你船的呼号”。“CS”码组表示“你船的名称或呼号是什么？”如果发信船周围有多艘船，发信船可以使用“YQ”码组。“YQ”码组表示“我希望用________（补充码表1）与在我方位________的船通信”。如“YQ A060”表示“我希望用国际信号旗与在我方位060的船舶通信”。

（2）通信

无论发信船一次升一挂还是多挂，均应等待收信船看到并收妥后，才能降下旗号。收信船将回答旗拉一半，表示其看到，拉到顶表示其收妥。

（3）通信结束

发信船降下最后一挂旗后，单独挂出回答旗，表示通信结束；收信船将回答旗拉到顶表示全部信文收妥；降下回答旗，表示通信结束。

（二）灯光通信

灯光通信是借助灯光利用莫尔斯码进行的明语或码语信文通信。

1.莫尔斯符号

莫尔斯符号（Morse Symbols）以点和划为基本要素，单独或组合使用，构成字母或数字。点为1个时间单位；“划”为3个时间单位；每两闪之间的间隔为1个时间单位；字符间的间隔为3个时间单位；字与字、组与组之间的间隔为7个时间单位。字母与数字的莫尔斯符号如表2-4-1所示。

2.通信程序信号

控制通信程序的莫尔斯符号如表2-4-2所示。

表2-4-2　灯光通信程序信号

程序信号	意义	符号
$\overline{AA}$ $\overline{AA}$ ……	呼叫信号	·—·—　·—·—
$\overline{TTTT}$ ……	回答信号	— — — —
DE	识别信号	—··
T	收到信号	—
$\overline{EEEEE}$ ……	撤销信号	·····

续表

程序信号	意义	符号
RPT	重发信号	·—· ·——· —
RPT AA	重发某字、组后面的全部	·—· ·——· — ·—·—
RPT AB	重发某字、组前面的全部	·—· ·——· — ·——···
RPT WA	重发某字、组后面的一字(组)	·—· ·——· — ·—— ·—
RPT WB	重发某字、组前面的一字(组)	·—· ·——· — ·———···
RPT BN	重发某字、组与某字、组间的全部	·—· ·——· — —··· —·
$\overline{\mathrm{AS}}$	等待信号	·— ···
$\overline{\mathrm{AR}}$	结束信号	·— ·—·
R	信文收到信号	·—·
RQ	疑问信号	·—· ——·—
C	肯定信号	—·—·
N	否定信号	—·

3.灯光通信法

灯光通信包括呼叫、识别、信文发送、通信结束四个程序。

（1）呼叫

发信船（台）连续发出呼叫信号“$\overline{\mathrm{AA}}\,\overline{\mathrm{AA}}$”呼叫周围所有的船（台），或直接发送对方呼号呼叫已知名的船（台），直至对方回答为止。对方应用回答信号“$\overline{\mathrm{TTTT}}$”回答，直至呼叫停止。

（2）识别

发信船（台）发送“DE”并紧接着发送自己的呼号或名称。收信船（台）收到后应全部复诵，并发送自己的呼号或名称，发信船（台）收到后亦应复诵一遍。

（3）信文发送

码语信文：发信船（台）首先发送信号码“YU”表示“我准备用国际信号码与你通信”；收信船（台）回答“T”表示准备接收；之后，发信船（台）方可发送信文；收信船（台）收到每一字或组，均应以“T”回答，表示收到。当信文中有名称、地名时，应使用明语发送。

明语信文：可将信文逐字发送［中国籍船（台）间可使用汉语拼音］，收信船（台）对收到的每一个字均应以“T”回答，表示收到。

（4）通信结束

发信船（台）将信文全部发送完毕后，以信号“AR”表示通信结束。收信船（台）以“R”回答表示信文全部收到。

（三）旗语通信

手旗或手臂发送莫尔斯符号通信方法（Morse Signaling by Hand-Flag or Arms）是用两手握旗或只用两臂变换不同的位置发出点、划组成莫尔斯符号进行通信的方法。手旗是用两面信号旗“O”或“P”套在木柄上制成的。

1.手旗或手臂发送莫尔斯符号方法

手旗或手臂发送莫尔斯符号方法如表2-4-3所示。

表2-4-3 手旗或手臂发送莫尔斯符号方法

(1)举起双旗或双臂为“点” 	(2)平展伸直双旗或双臂为“划” 
(3)双旗或双臂放在胸前:点与点、划与划、点与划的间隔 	(4)双旗或双臂放下,与身体成45°角:字母与字母、组与组或字与字的间隔 
(5)双旗或双臂在头上划圈:如果由发信台发送,表示撤销信号;如果由收信台发送,表示要求重发 	

2.通信方法

手旗或手臂通信与灯光通信的方法相同，也是通过莫尔斯符号发送明语信文或码语信文。通信时按下列程序进行：

（1）呼叫：发信船（台）可使用呼叫信号“$\overline{AA}$ $\overline{AA}$”，也可用任何方法发送信号码“K1”向对方表示“我希望用手旗或手臂发送莫尔斯符号与你通信”。

（2）回答：收信船（台）回答对方的呼叫或表示信文收到时，可用回答信号“T”，或者以任何方式发出信号码组“YS1”，表示“我不能用手旗或手臂发送莫尔斯符号与你通信”。

（3）通信结束时，发信船（台）应发送结束信号“AR”，收信船（台）用信号“R”回答。

发送信号时应使用双臂，但因故无法使用时，也可只用单臂进行。

第三章

船舶在任何能见度情况下的行动规则

本章学习目标

(1) 掌握《规则》本节各条的适用范围;
(2) 理解瞭望的重要性，并掌握保持正规瞭望的手段和方法;
(3) 掌握安全航速的含义及影响其决定的因素;
(4) 理解碰撞危险、紧迫局面、紧迫危险的含义;
(5) 掌握判断碰撞危险的各种方法和注意事项;
(6) 掌握《规则》第八条“早”“大”“宽”“清”“不应妨碍”的含义;
(7) 掌握船舶在狭水道航行时应当遵循的航行规则;
(8) 掌握各种船舶定线制的使用方法;
(9) 掌握船舶在分道通航制水域航行的准则和避碰注意事项。

《规则》第二章（驾驶和航行规则）共分三节：第一节是“船舶在任何能见度情况下的行动规则”；第二节是“船舶在互见中的行动规则”；第三节是“船舶在能见度不良时的行动规则”。《规则》第四条规定：“本节条款适用于任何能见度的情况。”因此，总体而言，“船舶在任何能见度情况下的行动规则”即“瞭望”“安全航速”“碰撞危险”“避免碰撞的行动”“狭水道”“分道通航制”条款既适用于能见度良好的情况，也适用于能见度不良的情况，而不论船舶是否处于互见中。

然而，根据《规则》条文的含义以及与其他条文的联系，“船舶在任何能见度情况下的行动规则”中的某些条款，有着不同的适用条件。例如《规则》第九条5款（1）项有关狭水道追越声号的规定，仅仅适用于追越船与被追越船处于互见中的情况，因为互见是构成追越的条件之一；又如《规则》第七条4款有关利用罗经方位判断法判断碰撞危险的规定，也仅仅适用于互见中的情况，因为只有在互见中，才能观测他船的罗经方位；再如《规则》第九条6款有关鸣放狭水道弯头声号的规定，仅仅适用于能见度良好的情况。

第一节 瞭望

《规则》第五条（瞭望）规定：“每一船在任何时候都应使用视觉、听觉以及适合当时环境和情况的一切可用手段保持正规的瞭望，以便对局面和碰撞危险做出充分的估计。”该条款被放在了“船舶在任何能见度情况下的行动规则”的首条，足见其重要性。

一、保持正规瞭望的重要性

保持正规瞭望是确保海上航行安全的首要因素。保持正规瞭望是决定安全航速、正确判断碰撞危险、正确采取避让行动的基础和前提条件。在各国法院审理的船舶碰撞案件中，绝大多数当事船舶几乎都被法院判定有不同形式和程度的瞭望过失。各国专家学者对船舶碰撞事故的统计分析结果表明，无人瞭望或未保持正规瞭望是导致碰撞事故发生的重要原因或主要原因。

例如，2018年1月6日北京时间19时50分，在东海海域发生了震惊中外的巴拿马籍油船“桑吉（Sanchi）”轮与中国香港籍散货船“长峰水晶（CF Crystal）”轮的碰撞事故，碰撞造成“桑吉”轮爆燃并最终沉没，“长峰水晶”轮严重受损。2018年5月11日，中国作为负责事故调查的牵头国，向国际海事组织递交了由中国、伊朗、巴拿马和中国香港特别行政区共同签署的“桑吉”轮和“长峰水晶”轮碰撞事故（安全）调查报告（以下简称《调查报告》），并对外公开。尽管参与调查的四方对事故的促成因素存在一定的分歧，但对双方均存在瞭望的疏忽不存在争议。由此可见，疏忽瞭望是事故的重要原因之一。

二、瞭望的适用范围

（一）瞭望条款适用的船舶

1.瞭望条款适用于每一船舶

不论船舶的用途、种类、大小和所处的状态，只要符合《规则》中“船舶”的定义，就有责任和义务遵守本条的规定。因此，不论是机动船还是非机动船，大船还是小船，处于正常状态下的船舶还是“失去控制的船舶”或“操纵能力受到限制的船舶”，普通的商船还是执行政府公务或军事任务的船舶，普通的船舶还是工程作业船，都应当保持正规瞭望。

2.瞭望条款适用于在航船、锚泊船和搁浅船

瞭望条款除适用于在航船（包括对水移动和不对水移动），还适用于锚泊船和搁浅船。

锚泊中的船舶保持正规瞭望，不仅应当对本船是否处于正常的锚泊状态做出确切的估计，而且应当对驶近的他船是否会与本船构成碰撞危险做出判断，并在必要时鸣放相应的警告信号，以避免碰撞。如果锚泊船疏忽瞭望导致碰撞，则其也将承担相应的责任。

搁浅的船舶也应当与锚泊船一样保持正规的瞭望。

针对系岸的船舶，虽然不要求其像在航或锚泊中的船舶那样保持正规的瞭望，但其应保持相应的值班制度，随时观察船舶本身和船舶周围的环境和情况，这种值班制度也属于广义的瞭望的范畴。

3.瞭望条款适用于任何时候

保持正规瞭望的规定适用于任何时候。即不论是白天还是黑夜，能见度良好还是能见度不良，互见时还是非互见时，良好天气还是恶劣天气，航行在大海上时还是航行在狭水道和船舶交通密集的沿岸水域中时，船舶处于良好的工作状态还是失去控制时，船舶都要保持正规的瞭望。

4.瞭望条款适用于任何负有瞭望职责的人员

保持正规瞭望的规定不仅适用于值班驾驶员，而且适用于其他组成航行值班并负有瞭望职责的人员。

三、正规瞭望的目的

根据《规则》第五条规定，保持正规瞭望的目的是对局面和碰撞危险做出充分的估计。《海员培训、发证和值班规则马尼拉修正案》（以下简称《STCW规则》）第A－Ⅷ/2节第4－1部分（航行值班中应遵循的原则）第14段进一步指出：

“应遵照经修订的《1972年国际海上避碰规则》第5条随时保持正规的瞭望，并应达到下列目的：

.1 针对操作环境中发生的任何重大变化，利用视觉和听觉以及所有其他可用的手段保持连续戒备状态；

.2 全面评估碰撞、搁浅和其他航行危险的局面和风险；以及

.3 探明遇险的船舶或飞机、遇难船舶人员、沉船、残骸和其他航行危险物。”

因此，保持正规瞭望的目的是通过对局面和碰撞危险做出充分的估计，避免碰撞、搁浅、触礁等海上事故的发生，并及时救助遇险的船舶、飞机、人员，以达到保证海上安全的最终目的。

(一)对局面做出充分的估计

对局面做出充分的估计,包括两方面内容:

(1)要对船舶当时所处的水域的环境和情况做出充分的估计,包括对船舶所处水域的能见度情况、天气情况、水域的水深和宽度、是否属于岛礁水域、船舶通航密度、航线分布情况、该海域的航行习惯、是否属于渔区等做出充分的估计。

(2)要对船舶本身状况做出充分的估计,包括对船舶本身条件的限制、船舶的动力装置、操舵装置情况、助航设施的情况以及这些仪器和装置的误差、本船所显示的号灯、号型的情况等做出充分的估计。例如,在"斯塔福德郡(Staffordshire)"轮碰撞案中①,法官威尔默认为"斯塔福德郡"轮在罗经发生故障后没有采取适当的预防措施以防止它再发生故障,属于对瞭望的疏忽。又如,在"特兰特班克(Trent Bank)"轮碰撞案中②,因"特兰特班克"轮自动操舵装置故障而横到"福果"轮船头上,法官凯恩斯认为,对自动操舵装置放松警惕也是属于对瞭望的疏忽。同样,如果瞭望人员没有及时发现本船所显示的号灯熄灭,也被认为是对瞭望的疏忽。

(二)对碰撞危险做出充分的估计

对碰撞危险做出充分的估计,通常应当包括:

(1)凭借视觉、听觉和其他可用的手段,从来船的形体、号灯和号型、声响和灯光信号、雷达回波、AIS、VHF通信和VTS服务中获得的信息及早发现在本船周围的其他船舶;并根据所获得的上述来船信息和航海知识与经验,了解和掌握来船的大小、种类、状态和动态以及分布等。

(2)通过观测来船的罗经方位的变化情况、对他船进行雷达标绘或与其相当的系统观测或者通过其他手段获得的信息,判断来船与本船是否构成碰撞危险、构成何种会遇局面以及本船是否应当采取和采取何种避让行动等。

(3)根据所获得的信息,随时判断来船的动态和避让意图,应当密切注意来船动态的变化,及时准确了解和掌握这些变化的趋势和可能造成的后果。

四、瞭望人员和瞭望的岗位

瞭望人员是船舶保持正规瞭望的主体。《STCW规则》第A－Ⅷ／2节第4－1部分(航行值班中应遵循的原则)第15、16段对如何保持正规瞭望和确定瞭望人员做出了如下具体规定:

"15 瞭望人员必须全神贯注地保持正规瞭望,不得从事或分派给会影响瞭望的其他工作。

"16 瞭望人员和舵工的职责是分开的,舵工在操舵时不应视为瞭望人员,除非在某些

① [1948] 81 Ll. L Rep. 141.

② [1967] 2 Lloyd's Rep. 208.

小船上，操舵位置具有四周无遮挡的视野并且没有夜视障碍或其他保持正规瞭望的妨碍。在下列情况下，负责航行值班的高级船员在白天可以是唯一的瞭望人员：

.1 对局面做了充分的估计，确信无疑这样做是安全的；

.2 充分考虑了包括但不限于下列一切相关因素：

——天气情况，

——能见度，

——通航密度，

——邻近的航行危险物，和

——航行在分道通航制内或附近时必要的注意；以及

.3 当局面发生任何变化而需要时，能立即召唤人员到驾驶台协助。”

从上述《STCW 规则》的规定可以看出，瞭望人员通常是指专司瞭望之责的专门人员，舵工在操舵时一般不能作为瞭望人员，除非是在小船上，能够在操舵的位置上无阻碍地看到周围的情况，且不存在夜间视力的减损和执行正规瞭望的其他妨碍。

（一）瞭望人员的数量

有关瞭望人员的配备数目，根据上述规定，只有在同时满足上述三个条件时，负责值班的高级船员在白天可以是唯一的瞭望人员。换言之，在通常的情况下，瞭望人员至少应当包括负责值班的高级船员和一名专职的瞭望人员。此外，根据良好船艺的要求，在能见度不良时或在狭水道、交通密集水域中航行时，船长应上驾驶台，其可以指定值班的高级船员专门进行雷达观测，也可以在船首部或驾驶台侧翼处另外设置专门的瞭望人员。此时，保持正规瞭望的职责由除正在操舵的水手以外的所有组成航行值班的人员共同担任。在实践中，有的船舶在大洋航行时，仅仅在驾驶台配备一名值班的高级船员的做法，是不符合《规则》和《STCW 规则》的要求的。

（二）瞭望人员的资格

有关瞭望人员的资格，瞭望人员只能由合格的、称职的航海人员来担任。每一名作为专门瞭望人员的船员均应具备必要的航海专业知识与技能以及视觉、听觉等身体素质。除负责值班的驾驶员外，瞭望人员通常应当由一水来担任，而不应当由船上的其他服务人员来担任。

（三）瞭望的位置

值班驾驶员以外的瞭望人员的位置应当根据当时的实际情况恰当地来指定。除天气条件不允许外，专门的瞭望人员应当配备在船舶的前部高处（通常在船首），这样配备的优点在于瞭望人员的注意力不被驾驶台人员的交谈和工作所分散，并且更有利于听到来自船舶前方的雾号。若天气条件不允许，专门的瞭望人员至少应当配备在船舶的上层驾驶台（如罗经甲板）上。

五、瞭望的手段

（一）视觉瞭望

视觉瞭望是保持正规瞭望最基本的和最主要的手段。视觉瞭望的优点是简易、方便、直观，并能迅速地获得准确的信息。在任何能见度情况下，放弃视觉瞭望，将被认为是违反正规瞭望的行为，即使是装设有现代化导航设备的船舶，视觉瞭望仍然是保持正规瞭望的最基本的手段。正如法官卡米尼斯基在1970年审理“安纳利斯（Anneliese）”轮上诉案中所指出的那样，“我再次重申，我毫无保留地接受我们已经得到的意见，即‘安纳利斯’轮除使用雷达外，还应当保持良好的视觉瞭望”。

（二）听觉瞭望

听觉瞭望是能见度不良时保持正规瞭望的基本手段之一。听觉瞭望虽然较视觉瞭望所及的范围要小，但在能见度不良的情况下，尤其是在浓雾中，它可以在视觉无法察觉的情况下，首先获得他船鸣放的雾号，从而判断他船的大概方位、动态和种类。

（三）其他手段

除了视觉和听觉以外，“适合当时环境和情况的一切可用手段”主要是指利用望远镜、雷达／ARPA进行观测，通过AIS系统获得他船的信息，船舶间VHF无线电话通信，船舶与VTS中心的通信联系等手段。

1.雷达瞭望

《STCW规则》第A－Ⅷ／2节4－1部分（航行值班中应遵循的原则）第37段规定：“遇到或预料到能见度不良时，以及在拥挤水域的全部时间里，负责航行值班的高级船员应使用雷达，并注意其局限性。”因此，雷达瞭望是在能见度不良水域的重要瞭望手段，也是能见度良好时的重要的辅助瞭望手段。雷达瞭望的内容主要包括：

（1）通过观测雷达回波，及早发现附近的来船和物标。

（2）对探测到的物标进行雷达标绘，获取来船的航速、航向、最近会遇距离（DCPA）、到达最近会遇点的时间（TCPA）等信息。即对探测到的雷达回波进行全面、连续的雷达观测，并记录观测时间、来船方位和距离等数据，在雷达运动图上或雷达标绘器上进行作图，求取来船的航速、航向、DCPA和TCPA等运动要素，并据此判断是否存在碰撞危险。

（3）利用ARPA获取来船的航速、航向、DCPA和TCPA等运动要素，并据此判断是否存在碰撞危险。ARPA是自动雷达标绘仪（Automatic Radar Plotting Aids）的简称，它通过自动录取或手动录取的方式，对探测到的雷达回波进行跟踪，自动搜集、分析和显示目标的有关数据，完成传统由人工作图完成的雷达标绘工作，并显示来船的航速、航向、DCPA、TCPA等运动要素和可能碰撞点（PPC，Point of Possible Collision）、预测危险区

（PAD，Predicted Area of Danger）等信息，并可进行避碰行动的试操纵。

有关雷达观测、雷达标绘的注意事项将在本章第三节中阐述。

2.利用AIS协助瞭望

船载自动识别系统（Automatic Identification System, AIS）是一个广播式的应答器系统，能够自动在VHF波段向有相应装置的岸上管理部门、其他船舶和航空器提供包括船名、位置、航向、航速、航行状态等相关安全信息，同时AIS可获得本船周围20 n mile内目标船的上述信息，且不受气象和海况的干扰。AIS对目标船位置的显示和动态跟踪，弥补了雷达盲区和海浪干扰的缺陷。因此，AIS的配备，为船舶航行安全及航行管理提供了新的有效手段，在瞭望中应当充分加以运用。

（1）AIS系统在避碰中的应用

AIS系统在避碰中的应用主要包括：

①利用AIS协助判断碰撞危险和会遇态势。AIS接收的数据和信息来自于他船的自身传感器，克服了雷达探测的一些局限性，例如，AIS与雷达结合可以观察到小岛、山脚以及弯曲水道背后的物标，能够显示并靠在大船旁边的小船的位置等。本船还可以根据这些数据和信息初步判断两船是否构成碰撞危险，并初步断定两船构成何种会遇态势。如AIS系统与雷达目标位置进行融合处理，并结合电子海图显示和信息系统（ECDIS）提供的水深、可航水域、水下障碍物等航行环境信息，可以为船舶驾驶人员展示一幅清晰的交通状况图。

②利用AIS系统协调船舶间的避碰行动。AIS系统具有短信息通信功能，装有AIS系统的船舶间能够利用全球唯一的识别码（MMSI）、他船的船名及呼号准确呼叫对方船舶，并以短文本定向的方式进行信息交互。一旦初步判明船舶间存在潜在的碰撞危险，装有AIS系统的船舶间就能进行准确的避碰操纵沟通和确认，协调两船间的避碰行动，避免两船因避碰行动的不协调而发生碰撞。

但是，AIS系统也存在很大的局限性，因此其只能用于协助瞭望和协助判断碰撞危险，而绝不能代替视觉瞭望或雷达瞭望，更不能将AIS信息作为避碰决策使用。

（2）AIS系统的局限性

AIS系统的局限性主要包括：

①AIS的动态信息并非实时的动态信息。不同的AIS系统，其动态信息的更新频率不同。A级AIS根据船舶速度的不同，动态信息更新的间隔在2~10 s；而B级AIS动态信息更新的间隔一般为30 s，当船舶速度小于2 kn时，其动态信息更新的间隔将达到3 min。

②A级AIS系统存在接收不到B级AIS系统发出的动态信息的可能性。

③AIS静态信息的更新可能不准确。

④AIS播放的船舶动态信息依赖于该船的传感器（如GPS、罗经、计程仪、角速度仪等）信息，这些信息往往是这些传感器天线所在位置的信息，而不是船舶（重心或中心）本身的信息，因此其船位、转向角速度、速度变化值等信息可能存在一定的误差。

⑤AIS所给出的信息未必能完全反映出周围所有船舶的情况，尤其是游艇、渔船

和军舰等可能没有配备AIS，或者配备了AIS的船舶由于某种原因使系统处于关闭状态。

因此，船舶在利用AIS信息协助避碰时，必须充分认识到AIS系统的局限性，切忌将AIS信息作为避碰决策信息使用。例如，在前述提及的“桑吉（Sanchi）”轮与“长峰水晶（CF Crystal）”轮的碰撞事故中，经调查发现，“桑吉（Sanchi）”轮AIS播发的对地航向（COG）与“桑吉（Sanchi）”轮VDR记录的数据存在20°~25°的误差，这也是影响瞭望，导致碰撞事故发生的原因之一。

3. 基于ECDIS协助避碰

ECDIS是电子海图显示与信息系统（Electronic Chart Display & Information System）的简称，由主计算机系统、电子海图数据库、输入传感器和输出终端设备等四个部分组成，其被认为是继雷达/ARPA之后在船舶导航方面的又一项伟大的技术革命。ECDIS通过连接其他航海设备（如GPS、AIS、雷达/ARPA、罗经、计程仪、VDR等）获取航行信息并与之进行数据与信息交流，能够多样化显示海图，自动或手动改正海图，进行船舶动态实时显示（船位、航速、航向等），航次计划制订与航线设计，航向、航迹监控，航行自动报警与提示（如偏航、碰撞、进入限制区域），自动存储本船航行记录，航行历史再现，航海信息查询（如水文、港口、潮汐、海流等），将雷达/ARPA捕获到的目标以及通过AIS接收到的目标动态叠加显示在海图上等。

从上述ECDIS的功能可以看出，ECDIS不仅能提供海图信息和航行信息（本船位置、航速和航向等），而且还能显示基于AIS提供的海上物标的动态信息（物标的航速、航向、方位、距离、DCPA和TCPA等）。因此，在制定避碰行动方案时，不仅可以通过ECDIS系统协助检测避碰行动方案的可行性，而且可以通过ECDIS系统检测本船的行动是否在可航水域。因此，在瞭望和避碰中，可以充分利用ECDIS。

同样，应当特别注意的是，ECDIS所显示的他船的动态信息是基于AIS提供的他船AIS所播发的动态信息，与前述AIS系统一样，存在很大的局限性。因此，也同样不能作为避碰决策使用。

六、瞭望必须是不间断的，瞭望人员必须做到克尽职责

瞭望必须做到连续、不间断，驾驶台的值班人员必须严守岗位、克尽职责，集中精力保持不间断的瞭望，不得有丝毫的麻痹大意。否则，即使是在能见度良好的宽敞水域也可能发生碰撞事故。

七、正规瞭望

有关“正规瞭望”的含义，《规则》和《STCW公约》都没有对其做出定义。通常认

为，保持正规瞭望，应当至少做到如下各点：

（1）应根据环境和情况配备足够、称职的瞭望人员。

（2）瞭望人员的位置应保证能获得最佳的瞭望效果。

（3）瞭望时使用适合当时环境和情况的一切可以使用的手段。

（4）瞭望是连续的、不间断的。

（5）瞭望人员做到克尽职责，做到认真、谨慎。

（6）瞭望的方法正确，并且是全方位的。瞭望时，应当使用先近后远、由右到左、由前到后的周而复始的瞭望方法，务必做到全方位观察；瞭望人员应当来回走动，以消除因视线被大桅、通风筒、将军柱等遮蔽所造成的盲区的影响。

（7）正确处理好瞭望与其他各项工作的关系，在各项工作中，瞭望和避让应当是首要的工作，切不可因为定位、转向、海图作业等工作影响瞭望。

第二节 安全航速

一、安全航速的含义

《规则》第六条（安全航速）规定："每一船在任何时候都应以安全航速行驶，以便能采取适当而有效的避碰行动，并能在适合当时环境和情况的距离以内把船停住。"《规则》虽然没有直接给"安全航速"下定义，但根据该条规定，可以认为，安全航速是指能采取适当而有效的避碰行动，并能在适合当时环境和情况的距离以内把船停住的速度。

（一）能采取适当而有效的避碰行动

所谓适当而有效的避碰行动，是指所采取的避让行动（改向、变速或者改向变速结合）适合当时的环境和情况，并且这种避让行动必然产生其应有的效果。要求船舶以安全航速行驶以便能采取适当而有效的避碰行动，实际上是为了在时间上为采取避让行动留有足够的余地，并保证所采取的避让行动有效，使会遇两船在安全距离上驶过。一方面，航速过高，发现他船后有可能在时间上来不及对当时的会遇局面和碰撞危险做出充分的估计和判断，因而不能及时采取适当而有效的避碰行动，所以不是安全航速。另一方面，航速过低甚至船舶丧失舵效，则转向效果差，并有可能失去对船舶的有效控制，这对船舶避碰也是十分不利的，所以，航速过低也不是安全航速。

（二）并能在适合当时环境和情况的距离以内把船停住

减速、停船是避免船舶碰撞的有效行动之一。在发生的很多碰撞事故中，驾驶员在碰

撞发生前都采取了停车甚至倒车的避碰行动，但仍未能避免碰撞，其中主要原因就是船速过高。因此，在确定安全航速时，除要考虑能采取适当而有效的避碰行动外，还要满足所确定的船速能使船舶在适合当时环境和情况的距离以内把船停住的条件。

船舶停船性能与船舶排水量、初始船速、主机的倒车功率、推进器种类、外界风流等因素有关。其中，船舶排水量和初始船速是影响船舶停船性能的最主要因素，船舶排水量越大，初始船速越高，停船冲程越大，把船停住所需的时间越长。因此，在决定船舶的安全航速时，不仅应当考虑船舶所处的环境和情况，而且应当考虑船舶本身的操纵性能，尤其是船舶的停船性能。

（三）“安全航速”与“限制速度”的关系

在很多特定水域中，其主管当局为确保船舶航行的畅通和航行安全，根据当地水域的具体特点对船舶速度做出了具体规定。例如，2018年1月15日施行的《上海黄浦江通航安全管理规定》第十五条规定：“船舶航行时，航速不得高于8 kn。”但这种限速的规定，不能认为是对《规则》“安全航速”的量化，它仅仅是对船速做出的限制性规定。在某些条件下，“限制速度”可能是“安全速度”。但条件一旦发生变化，即使采用低于限制速度的速度，仍然可能不是安全航速。当船舶在制定有限制速度的水域中航行时，首先必须要严格执行限制速度的规定，同时，还应遵守《规则》关于“安全航速”的规定。

二、安全航速的适用范围

“每一船在任何时候都应以安全航速行驶”就意味着“安全航速”的规定适用于任何一艘在航的船舶。

（一）每一船

安全航速的规定适用于每一在航船舶。即不管船舶的种类、大小、状态如何，也不论该船舶是否装设有现代化的助航设施，只要是《规则》适用的在航船舶，就有责任和义务遵守安全航速的规定。即使是《规则》赋予一些特殊权利的“限于吃水的船舶”和某些“操纵能力受到限制的船舶”甚至某些“失去控制的船舶”，只要其能够遵守《规则》有关安全航速的规定，均应当以安全航速行驶。

（二）在任何时候

在任何时候，每一船都必须以安全航速行驶。所谓任何时候，既指在时间上的任何时候，同时还包括船舶处在任何环境和情况下。也就是说，不论在白天还是黑夜、能见度良好还是能见度不良、在开阔水域还是受限水域等时间和环境情况下，船舶都应保持安全航速行驶。

为在任何时候都能保持以安全航速行驶，船舶应对各种环境和情况的变化不断地做出估计，任何必要的变速必须立即采取。在《STCW规则》中，将负责值班的高级船员应毫不犹豫地使用舵、主机和音响信号装置写入了强制性规则中，《STCW规则》第A－Ⅷ／2节第4－1部分（航行值班中应遵循的原则）第29段规定：“在需要时，负责航行值班的高级船员应毫不犹豫地使用舵、主机和音响信号装置，但如有可能，应及时通知拟进行主机变速，或者按照适用的程序有效地使用装配在驾驶台的无人机舱主机控制装置。”

三、决定安全航速时应考虑的因素

《规则》第六条尽管不可能给出安全航速的定量解释，但为了能够给予海员具体的指导，列出了船舶在决定安全航速时应考虑的各种因素，但其所列出的因素并不是详尽无遗的。

（一）对所有船舶应当考虑的因素

1.能见度情况

能见度是决定安全航速时应考虑的首要因素。能见度情况直接决定了用视觉观测他船的时机，能见度不良导致不能用视觉及时发现来船，难以判断来船动态，不利于两船协调避碰行动。因此，能见度的情况将直接决定安全航速的大小。在1972年修订《规则》以前，也一直要求船舶在能见度不良时应以“缓速”行驶，对船舶在能见度不良时的速度做出了限制。《规则》不仅在本条中提出在决定安全航速时要考虑能见度情况并把这一因素放在首要位置，而且在《规则》第十九条中又进一步要求：“每一船舶应以适合当时能见度不良的环境和情况的安全航速行驶，机动船应将机器做好随时操纵的准备。”因此，能见度情况是决定安全航速的诸多因素中最为重要的因素。

2.通航密度，包括渔船或者任何其他船舶的密集程度

通航密度通常是指单位面积水域中船舶的密集程度。当船舶航行在船舶密集的水域中时，可航水域的范围受到限制，所采取的避碰行动必然受到影响。同时，由于船舶密集，船舶间会遇次数增加，会遇形式复杂，给船舶驾驶员分析会遇局面、判断碰撞危险、进行避碰决策增加了难度。因此，在船舶通航密度较大的水域中航行时，如果仍高速行驶，就有可能在时间和距离两个方面均无充分的余地来采取适当而有效的避碰行动。船舶在渔船密集区、港口附近等通航密度较大的水域中航行时，所用速度一般要比在通航密度较小的水域中低，或备车行驶，这种做法是符合良好船艺的要求的。

3.船舶的操纵性能，特别是当时情况下的冲程和旋回性能

船舶的操纵性能包括船舶的旋回性能、航向稳定性能和停船性能等，其中与船舶避让行动密切相关的是船舶的旋回性能和停船性能。因此，船舶的冲程和旋回性能是在决定安全航速时所要考虑的主要船舶操纵性能。船舶的操纵性能因船而异，在决定安全航速时应

予以充分考虑。

4.夜间出现的背景亮光，诸如来自岸上的灯光或本船灯光的反向散射

背景灯光的出现，对船舶驾驶员瞭望效果将造成不良影响。严重时将使驾驶员不能发现灯光方向存在的船舶，轻者也将使驾驶员看不清他船显示的号灯。本船灯光的方向散射也会对瞭望和及时发现来船造成不利影响。

5.风、浪和流的状况以及靠近航海危险物的情况

风、浪和流作为影响船舶操纵的外界因素，都将对船舶操纵性能产生直接影响。当船舶顺风、顺浪、顺流时，船舶冲程增大，反之则冲程将减小，船舶旋回性能也将有所变化；当船舶横风、横浪、横流时，船舶的惯性性能和旋回性能也与无这些影响时相比有所改变。由于这些影响的存在，船舶驾驶员应对船舶在这些外界因素影响下的运动规律有深刻的认识，在决定安全航速时对它们的影响予以充分的考虑和估计。靠近航海危险物的情况通常是指航线附近的浅滩、暗礁、沉船等对航行安全带来威胁的情况。在靠近航海危险物航行时，如对当时的风、流、浪、浅水效应、岸壁效应等估计不足，可能因其对航速的影响而发生搁浅、触礁等事故。

6.吃水与可用水深的关系

吃水与可用水深的关系作为决定安全航速时应考虑的因素，主要是考虑到富余水深对船舶操纵性能以及船舶偏离所驶航向的能力的影响。一方面，船舶在浅窄水域航行时，可能产生影响船舶操纵性能的浅水效应、岸壁效应等，如船舶驶入浅水区域后将出现舵效变差、旋回直径增大、船体下沉和纵倾变化更为激烈等现象，船舶在相互接近且速度较高时容易引发激烈的船间效应。另一方面，当可航水域宽度变窄时，船舶偏离所驶航向的能力必然受到严重限制，将不能采取大幅度的转向行动。鉴于这些情况，当航行在浅窄水域时，应适当降低船速，以适应航行安全的要求。

（二）备有可使用的雷达的船舶，还应考虑的因素

1.雷达设备的特性、效率和局限性

雷达作为一种导航设备，在船舶避碰方面也得到了广泛的应用。但雷达设备有其自身的特性和局限性，例如，雷达虽然能在远距离上发现他船，但在近距离内却有探测不到小物标的可能性；雷达虽然可提供整个海区的船舶分布情况，但却不如视觉提供的情况更直接、信息量更大；雷达虽然可做出碰撞危险的早期警报和来船的运动要素，但却需要花费一定时间进行雷达标绘，同时，当他船的运动状态发生变化时，雷达对这种变化反应缓慢，驾驶员不易觉察；此外，雷达提供的各种信息均存在不同程度的误差，误差的存在极有可能导致驾驶员做出错误的判断。鉴于上述情况，在决定安全航速时，应当充分考虑雷达设备的特性、效率和局限性。

例如，在“江胜”轮与“闽福鼎渔2319”轮碰撞案中，在1515时雨雾加浓、能见度

变差的情况下，“江胜”轮虽然增加了雷达观察频率（雷达量程固定在6 n mile挡），但没有发现物标回波；直到约1529时（当时航向180°，航速9.6 kn），发现右舷25°距离约100 m的渔船接近，船长才下令右满舵，接着停车、倒车；1530时发生碰撞。海事调查处理机关认为，“江胜”轮在能见度不良的情况下，未充分考虑本船雷达探测物标的局限性，以“前进三”的速度行驶，在发现“闽福鼎渔2319”轮时，无法在适合当时环境和情况的距离以内把船停住，违反了《规则》第六条的规定。

2.所选用的雷达距离标尺带来的任何限制

在选用雷达远距离标尺时，虽然可及早地发现远距离的船舶并对碰撞危险做出早期警报，但存在物标清晰度不高、分辨率较低、近距离小物标不易探测到等不足；在选用雷达近距离标尺时，虽然可以提高物标清晰度、分辨率，并有利于探测到小物标，但也存在不能及早地发现较远的他船并对碰撞危险做出早期警报的缺陷。因此，在决定安全航速时，应当充分考虑所选用雷达距离标尺所带来的限制。

为充分发挥雷达在船舶避碰中的作用，如只有一台可使用的雷达，通常在进行雷达观测时采用远、近距离挡交替使用的方法；当船上有两台可使用的雷达时，如情况需要，可分别将其设在远、近距离挡，以方便使用，消除由于雷达距离挡带来的任何限制。例如，在“娜索（Nassau）”轮与“布罗特（Brott）”轮碰撞案中，法官赫森认为，“娜索”轮长时间地使用雷达近距离标尺不是良好船艺的做法，“娜索”轮应当根据当时情况经常地变换距离标尺，以获得对全局的估计。

3.海况、天气和其他干扰源对雷达探测的影响

海况、天气和其他干扰源对雷达探测的影响，主要是指海浪干扰、雨雪干扰、同频干扰、多次反射回波、间接回波、异常传播等干扰对雷达探测的影响，这些干扰有时是相当严重的，不仅使雷达探测不到小物标，甚至连大型船舶的回波也无法辨认。尽管可以通过调整雷达上有关抑制旋钮，在一定程度上消除干扰，但同时也可能抑制了那些反射能力弱的小物标的回波，这对船舶避碰是十分危险的。当不能排除这种可能性时，应采取控制船速的措施，必要时备车航行。例如，1979年，“大西洋女皇”轮与“爱琴海船长”轮两艘大型满载油船，在托巴哥外碰撞，碰撞点正处于一个热带风暴附近，“大西洋女皇”轮当时正在穿越热带风暴。两船都全速前进，直到相距2 n mile才发现对方。海事调查庭发现，“爱琴海船长”轮没有很好地调整雷达雨雪干扰抑制旋钮以致“大西洋女皇”轮的回波被淹没在暴风雨的干扰回波中；“大西洋女皇”轮没有很好地选择雷达的脉冲宽度（当时用的是3 cm），也没有发现被暴风雨包围的“爱琴海船长”轮。调查表明：两船均没有有效地使用雷达，并且在当时能见度情况下均以过高的航速行驶。

4.在适当距离内，雷达对小船、浮冰和其他漂浮物有探测不到的可能性

由于小船、浮冰及一些漂浮物的电磁波反射能力弱，雷达对它们有探测不到的可能性。当雷达受到海况和天气等因素的影响时，这种可能性更大。由此，应认识到，绝不能过分依赖雷达提供的信息，雷达上虽然没有发现回波，但不等于海上没有其他船舶或物

标，特别是在经常有小船出现的水域或在高纬度航行可能有浮冰漂流时，更应该注意这一点。例如，1961年4月，“南非开拓者”轮从美国南卡罗来纳州查尔斯港驶往纽约，在能见度约1.5 n mile时备车，航速减至10 kn，雷达用8 n mile标尺并观察到海浪干扰扩展到离中心3 n mile范围，雷达上未发现任何物标，但从右前方10°的方向上却看到了一盏灯，后来被证实是一艘78英尺长的木壳渔船“波瓦坦”轮的舷灯，尽管“南非开拓者”轮采取了紧急倒车和大幅度转向措施，但最后也未能避免碰撞。

5.雷达探测到的船舶数目、位置和动态

雷达探测到的船舶数目反映了当时船舶的通航密度。探测到的船舶数目越多，通航密度越大。船舶在这种水域中航行时，在判断碰撞危险、拟订避碰决策、采取避碰行动等各方面都将增加困难，对此应高度重视。就雷达探测到的船舶的位置和动态来说，强调的是他船与本船之间的关系。雷达显示的来船位于正横以前、小舷角、距离近、接近速度快、DCPA较小则危险性大，相比较来船位于正横或正横以后危险性则较小。对此，应根据来船的运动要素、与本船的会遇形势等情况做出具体的判断，以便在确定航速时给予充分考虑。就他船的动态而言，应特别注意那些动态不清、不按《规则》行动和高速行驶的船舶。

6.当用雷达测定附近船舶或其他物体的距离时，可对能见度做出更确切的估计

如上所述，能见度是决定安全航速时应考虑的首要因素，然而能见度情况仅凭视觉难以判断，因此《规则》在此提醒船舶驾驶员要尽可能使用雷达对能见度做出正确的估计。而这一点，对于能见度情况可能发生变化时和夜间更为重要。例如，1965年10月16日凌晨，油船“阿尔米扎”轮在阿曼沿海全速驶往波斯湾，当时海面风平浪静，能见度极好。二副曾经在雷达上观察到在正前方有一艘他船的回波，因为未看到任何号灯，所以就推定为一艘不点灯的独桅三角帆船。当两船接近到3 n mile时，改为手操舵，并令舵工向右转向40°。随后他才意识到有雾，即通知备车。而事实上，该回波为一艘长237 m的油船“约翰帕帕斯”轮，最后两船发生碰撞而造成严重损失。伦敦高等法院裁定两船均有过失，“阿尔米扎”轮进入雾区航速过高而减速太慢，同时雷达瞭望很糟糕，竟把大型油船误认为是一艘独桅帆船。

总之，以安全航速行驶是确保航行安全的重要条件，在决定安全航速时，除考虑上述所列的因素外，还应当考虑与船舶航行安全相关的其他因素，如本船的助航设施的情况等，以保证船舶在任何时候均以安全航速行驶。船公司或者船舶承租人的航次指令、船舶班期、经济效益等不应当成为不以安全航速行驶的理由。

四、海事审判和海事调查中对安全航速的判定

（1）1972年，伦敦高等法院在审理“哈根（Hagen）”轮与“鲍尔加利亚（Boulgaria）”轮碰撞案时，法官曾向航海顾问询问，对于一艘长135 m、航速能达到17 kn 、不备

有雷达的货船，在夜间行驶预计交通比较繁忙的英吉利海峡，能见度有时达1 n mile的情况下，怎样的航速方为适当？他们的回答是6～7 kn。法官又问同业长辈，另一艘船长为108 m、航速13.5 kn、使用雷达的内燃机船，在能见度约为0.6 n mile时，以何种速度行驶方为适当？他们的回答是8～9 kn，但在驶入浓雾区或发现有紧迫局面时，还应当进一步减速。法官对上述两种情况下的咨询意见都接受了。该案虽然发生在《规则》生效之前，但其仍可作为确定安全航速的借鉴。

（2）1980年，英国皇后分座在审理“罗斯林（Roseline）”轮与“爱乐尼Ⅴ（Eleni Ⅴ）”轮碰撞案时，法官曾向航海顾问询问，在碰撞前半个小时的环境和情况下，假设：①能见度不大于0.2 n mile；②附近有或很可能有其他船舶；③具有同尺度船舶的一般操纵性能；④正在驶近右舷有危险浅滩的水域；⑤正使用2台雷达，一台为8 n mile挡，另一台为6 n mile挡，但不是密切注视雷达。那么“爱乐尼Ⅴ”轮的安全航速是多少？他们回答是6 kn。又问在相同的时间内，假设：①能见度不大于0.2 n mile；②能在驾驶台直接控制推进器，其操纵性能要比同尺度船舶好一些；③左舷有浅滩；④正使用2台雷达，均为6 n mile挡，那么该船的安全航速是多少？他们回答是8 kn。

（3）2002年11月22日，船长为109 m的满载货船S轮与船长为224 m的油船T轮发生碰撞，在该案事故调查中，专家们认为，在当时能见度为0.5 n mile左右的情况下，T轮仍然以13.3 kn左右的速度航行，这一速度，对于T轮这样的大型船舶而言，虽然装备有可使用的雷达，也不能认为是安全航速；S轮当时的航速为9.5 kn左右，在当时的情况下，对于装有可使用雷达的该船舶而言，可以认为其所采用的航速是妥当的。

（4）2001年9月20日，船长为118 m的Y轮与船长为288 m集装箱船A轮在厦门湾青屿深水航道上（碰撞概位24°23.41′N，118°06.85′E）发生碰撞，当时能见度良好，大于6 n mile。在事故责任认定中，专家们认为，A轮在碰撞前的船速达到了12 kn左右，在当时的环境和条件下（进出港航道上），该船速不能认为是安全航速；而Y轮在当时5～6级横风和偏顺流1 kn左右的情况下长时间停车淌航，使得船舶失去舵效而无法保向，在风流的作用下漂向下风流方向，以致航行在出口航道上，显然这也不是安全航速。

第三节 碰撞危险

一、碰撞危险的含义

从碰撞危险的形成到碰撞发生的整个过程，大致经历了致有构成碰撞危险、存在碰撞危险、形成紧迫局面、导致紧迫局面、紧迫危险，最后碰撞的过程，如图3-3-1所示。

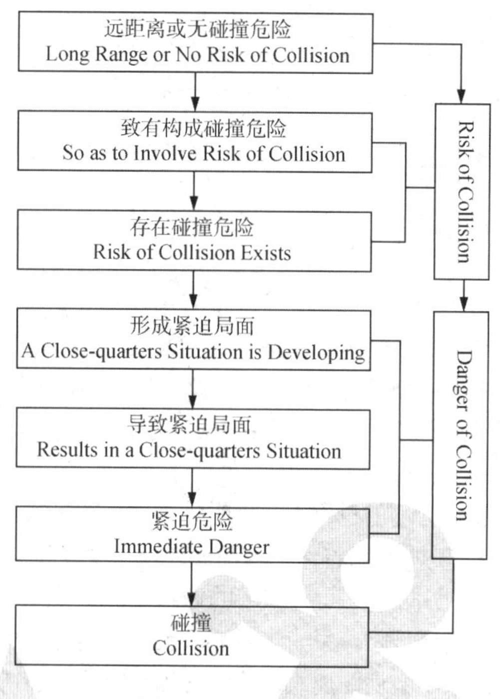

图3-3-1 碰撞的过程

（一）"Risk of Collision"与"Danger of Collision"

从图中可以看出，致有构成碰撞危险和存在碰撞危险可以统称为"Risk of Collision"；而形成紧迫局面、导致紧迫局面和紧迫危险可以统称为"Danger of Collision"。在《规则》译本中，第二、五、八、十二、十四、十五、十八、十九条均引用了"碰撞危险"这一术语，但在英文原文中，在第二条和第十九条5款后半部分中所使用的是"Danger of Collision"，我国港、台地区将其译为"碰撞危险"；在其他条款中，则使用的是"Risk of Collision"，我国港、台地区将其译为"碰撞危机"。根据《规则》条文的含义，Risk是一种"风险"，当其变得现实化之后，即碰撞可能性大大增加之后，就变成了Danger。因此，虽然"Risk of Collision"和"Danger of Collision"均表明存在碰撞的可能性，但在碰撞可能性的大小上，"Danger of Collision"要比"Risk of Collision"的可能性更大一些。而在中文中，"碰撞危险"的含义较宽，可以覆盖"Risk of Collision"和"Danger of Collision"两个英文术语的含义，故统一译为"碰撞危险"一词。本书除特别注明外，"碰撞危险"均是指"Risk of Collision"。

（二）"碰撞危险（Risk of Collision）"的含义

1.碰撞危险的基本含义

《规则》并没有给出碰撞危险的定义，但《规则》多次使用了这一术语，且《规则》的很多条款是以构成碰撞危险为前提的。历史上的权威解释认为，"碰撞危险"是一种碰撞的可能性，只不过对这种碰撞的可能性增大到何种程度时才能称之为"碰撞危险"有着不同的理解。在英国，审理1856年"Ericsson"案件以及审理1856年Dumfries案件的法官认为，碰撞危险是一种碰撞的“盖然性（Probability，介于Certainty和Possibility之间）”；而在审理1856年“Ericsson”案件的另一位法官以及审理1856年“Cleopatra”案件的法官则将碰撞危险的检验标准确定为碰撞的一个“机会（Chance）”或“可能性（Possibility）”。

2.判断碰撞危险的主要依据

既然碰撞危险是一种碰撞的可能性，当同一船舶处于不同的环境和条件下，或者不同的船舶处在同一具体条件下时，不同的人对船舶是否存在碰撞危险有着不同的理解和认识。尽管“碰撞危险”与人、船舶、环境等因素有关。但是，总体而言，判断碰撞危险的最主要的因素是两船会遇时的最近会遇距离（DCPA， Distance of Closest Point of Approaching）和到达最近会遇距离处的时间（TCPA， Time to Closest Point of Approaching）。通常认为，当DCPA小于安全会遇距离，且TCPA较小时，应当认为两船存在碰撞危险。

（1）最近会遇距离

最近会遇距离表示两船在会遇的过程中最近时的距离，它是衡量两船是否可能发生碰撞的重要标准之一。DCPA为0，说明两船若保持航向和航速不变，将同时到达某一点，最终必将发生碰撞；DCPA大于0，说明两船之间有一定的通过距离，但这并不意味着可以安全通过，不安全，就意味着仍然存在碰撞危险。只有当两船的最小会遇距离超过安全会遇距离时，才可以认为不存在碰撞危险。而安全会遇距离则需要考虑当时的环境和情况、船舶本身的性能和尺度等因素。此外，在判断碰撞危险时，除了考虑最近会遇距离外，还必须考虑到达最近会遇距离处的时间这一因素。在1972年修订《1960年国际海上避碰规则》的会议上，也曾试图将“碰撞危险”定义为：“当两船的航向和航速延续下去时，它们将同时处于同一位置或接近同一位置，则存在碰撞危险。”这一定义就是从最近会遇距离的角度出发的。但是，正如英国和其他一些国家的法院都认为的那样，在两船的接近速度很慢的情况下，在远距离时不适用于存在“碰撞危险”，海员在实际上也是这样理解的。因此，最后否决了这一项建议。所以，在判断碰撞危险时，除了考虑最近会遇距离外，还必须考虑到达最近会遇距离处的时间这一因素。

（2）到达最近会遇距离处的时间

到达最近会遇距离处的时间表示两船在会遇过程中的时间概念。当DCPA为0或DCPA小于安全会遇距离时，TCPA越小，表明船舶到达最近会遇距离处的时间越短，碰撞危险的程度越大；TCPA越大，表明船舶到达最近会遇距离处的时间越长，碰撞危险的程度相对越小。TCPA的大小与会遇形式、两船之间的距离、两船构成的相对速度有直接关系。

在海上船舶避碰的实践中，海员往往更习惯于使用DCPA和两船之间的距离及其变化来判断是否存在碰撞危险。当两船的最近会遇距离小于安全距离，且两船距离较近而在相互驶近时，两船构成碰撞危险。

诚然，除考虑两船会遇时的最近会遇距离和到达最近会遇距离处的时间这两个因素外，在判断是否存在碰撞危险时，还应当考虑船舶所航行的水域环境、外界的气象和能见度情况、船舶的尺度以及船舶的操纵性能等多种因素。

（三）紧迫局面的含义

“紧迫局面（Close-quarters Situation）”一词最早出现在《1960年国际海上避碰规则》中，

《规则》除第八条外，在第十九条4、5款也均提及紧迫局面，但迄今为止，未给出它的定义，各国航海界的专家、学者在定性和定量解释“紧迫局面”一词时意见也不尽相同。我国航海界普遍认为，“紧迫局面”是指当两船接近到单凭一船的行动已不能导致在安全距离上驶过的局面，即此时只有两船均采取适当的行动且两船的行动是协调的，才可能保证两船在安全距离上通过。

紧迫局面最初适用时的两船间距离，取决于多种因素，包括能见度、会遇态势、两船速度、船舶所处水域、通航密度、船舶尺度等，其中能见度情况是应当考虑的主要因素之一。大海上，通常认为在能见度不良的情况下，紧迫局面最初适用时的两船间距离以2 ~ 3 n mile为外界，但对互见中的船舶而言，有时1 n mile的距离也是可以接受的。

（四）紧迫危险的含义

与“紧迫局面”相类似，《规则》也未给出“紧迫危险”的定义，但我国航海界普遍认为，“紧迫危险”是指当两船接近到单凭一船的行动已不能避免碰撞的局面，即此时只有两船均采取适当的行动且两船的行动是协调的，才可能避免碰撞的发生。

同样，紧迫危险最初适用时的两船间距离，取决于多种因素，包括能见度、会遇态势、两船速度、船舶所处水域、通航密度、船舶尺度等，其中能见度情况是应当考虑的主要因素之一。大海上，通常认为在能见度不良的情况下，紧迫危险最初适用时的两船间距离以1 ~ 2 n mile为外界，在能见度良好的互见中，两船间的距离小于1 n mile可以认为已经构成紧迫危险。

二、每一船舶应用一切有效手段判断碰撞危险

《规则》第七条1款规定：“每一船都应使用适合当时环境和情况的一切可用手段判断是否存在碰撞危险。”其措辞与瞭望条款基本相同。保持正规瞭望是正确判断碰撞危险的前提，而判断碰撞危险是瞭望的目的之一；瞭望更强调收集信息，而判断碰撞危险更着重于对所收集到的信息的评估。

（一）适用范围

与瞭望条款的适用范围一样，碰撞危险的判断也适用于每一船、任何时候。

1.每一船

不论船舶的用途、种类、大小和所处的状态，只要符合《规则》有关船舶的定义，就有责任和义务遵守本条的规定。因此，不论是机动船还是非机动船，大船还是小船，处于正常状态下的船舶还是“失去控制的船舶”或“操纵能力受到限制的船舶”，普通的商船还是执行政府公务或军事任务的船舶，普通的船舶还是工程作业船或者尚未就位的钻井平台，都应当正确判断碰撞危险。

判断碰撞危险的义务不仅适用于在航船（包括对水移动和不对水移动），还适用于锚泊船和搁浅船。锚泊中或搁浅中的船舶应当对驶近的他船是否会与本船构成碰撞危险做出

判断，并在必要时鸣放相应的警告信号，以避免碰撞。

2.任何时候

判断碰撞危险的规定适用于任何时候。即不论是白天还是黑夜，能见度良好还是能见度不良，互见时还是非互见时，良好天气还是恶劣天气，航行在大海上时还是航行在狭水道和船舶交通密集的沿岸水域中时，船舶处于良好的工作状态还是失去控制时，船舶都要正确地判断碰撞危险。

（二）适合当时环境和情况的一切可用手段

“每一船都应使用适合当时环境和情况的一切可用手段判断是否存在碰撞危险”有两层含义，一是判断碰撞危险的方法、手段必须与当时船舶所处的水域、气象和海况、通航密度、能见度以及船舶本身的条件相适应；二是每一船舶应当用尽所有可能的手段来判断碰撞危险。

（三）判断碰撞危险的方法

判断碰撞危险的方法主要有雷达标绘判断法、罗经方位判断法、舷角判断法、VHF通信判断法、AIS系统判断法等。

与瞭望的手段一样，判断碰撞危险的方法有效与无效或效果好与不好是相对的，每一种方法都有其特定的局限性。例如，观测来船真方位的方法，简单迅速，但却不能确定来船的距离；观测来船的相对方位时，还将受到本船航向变化的影响；雷达标绘方法，可求得来船的运动要素并可以通过进一步的标绘求得避让措施，但却受到雷达的局限性的影响，同时雷达标绘也需要一定的时间；在分道通航制水域内利用VHF通信可以接收到有关他船的动态，特别是有关那些与已确立的分道的交通总流向做相反行驶的船舶信息，能及早预报正在逼近的碰撞危险，但VHF通信也存在对他船识别错误或者事先协议避让而后又违反协议避让的危险性等；AIS系统能够自动接收他船的有关信息，有助于判断是否存在碰撞危险，但一些小船上特别是渔船上可能不装设AIS系统。正确的做法是充分发挥各种方法的优势，在特定的情况下选择主要的判断方法，并注意采取其他辅助的方法，以消除不利的影响。

三、判断碰撞危险的方法

判断碰撞危险的方法主要有罗经方位判断法、舷角判断法和雷达标绘判断法等。

（一）罗经方位判断法

罗经方位判断法是船舶驾驶员在能见度良好时判断是否存在碰撞危险的一种最有效的方法。这种方法是通过观测来船罗经方位的变化情况来判断碰撞危险的，其优点是简单方便、迅速、直观，效果最好，并且不受罗经差和船舶航向改变的影响，其缺点是不能测定来船的距离。

《规则》第七条4款对此方法做出了如下规定：

“在判断是否存在碰撞危险时，考虑的因素中应包括下列各点：

（1）如果来船的罗经方位没有明显的变化，则应认为存在这种危险；

（2）即使有明显的方位变化，有时也可能存在这种危险，特别是在驶近一艘很大的船或拖带船组时，或是在近距离驶近他船时。”

因此，在采用该方法判断碰撞危险时，应当考虑如下因素。

1.来船罗经方位没有明显变化，则应认为存在碰撞危险

如果通过连续观测发现来船罗经方位不变，且两船间距离在不断减小，表明两船间DCPA－0，存在碰撞危险，如图3-3-2所示。

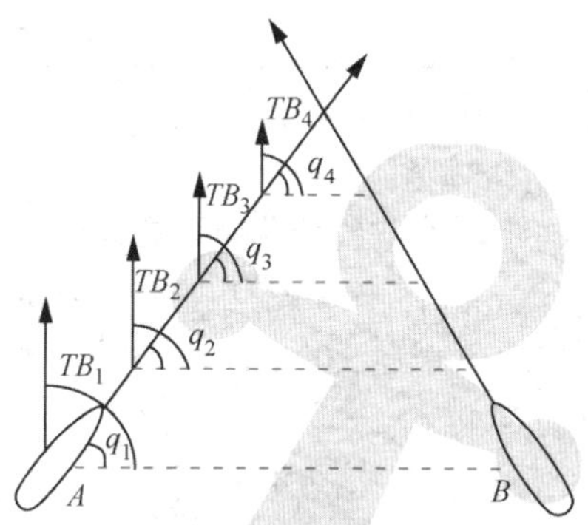

图3-3-2 来船罗经方位不变

如果经观测发现来船罗经方位有所变化，但变化幅度不大。在这种情况下，就需要了解和掌握来船方位变化和距离变化之间的关系，以便确定在这种情况下两船会遇的DCPA值。

设本船位于O点，如图3-3-3所示，AC线为来船相对本船的相对运动线。当来船从距本船距离为D_1处减至D_2处时，来船的方位变化了ΔA，此时，两船的最近会遇距离DCPA = d，经推导得到：

$$\Delta A = \arcsin\frac{d}{D_2} - \arcsin\frac{d}{D_1}$$

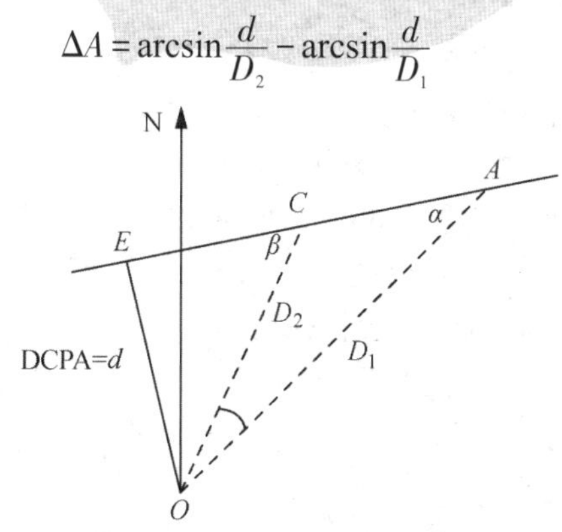

图3-3-3 来船方位变化和距离变化之间的关系

根据上述公式，可列出方位变化与距离变化的关系表，如表3-3-1所示。

表3-3-1　方位变化与距离变化的关系表

ΔA(°)	1~2	2~3	3~4	4~5	5~6	6~7	7~8	8~9	9~10	10~11	11~12	12~13	13~14	14~15
0.25	7.3	2.4	1.2	0.7	0.5	0.3	0.3	0.2	0.2	0.1	0.1	0.1	0.1	0
0.50	15.5	4.9	2.4	1.5	0.9	0.7	0.5	0.4	0.3	0.3	0.2	0.2	0.2	0.1
0.75	26.6	7.5	3.7	2.2	1.4	1.0	0.8	0.6	0.5	0.4	0.3	0.3	0.2	0.1
1.00	60.0	10.5	5.0	3.0	1.9	1.4	1.0	0.9	0.7	0.6	0.4	0.4	0.3	0.3
1.50		18.5	8.0	4.5	3.0	2.1	1.5	1.2	1.0	0.8	0.6	0.5	0.4	0.4
2.00		48.2	11.8	6.4	4.1	2.9	2.1	1.6	1.3	1.0	0.8	0.7	0.6	0.5
2.50			17.7	8.7	5.4	3.7	2.7	2.0	1.7	1.4	1.1	0.9	0.8	0.7

通过表3-3-1的分析可知，在DCPA相同的情况下，方位变化率随着两船间距离的减小而增大，这一点对正确判断碰撞危险有时是十分重要的。表3-3-1有如下用途：

（1）已知DCPA，求不同距离的方位变化量，判定是否存在碰撞危险。

例如，若已知DCPA≥1 n mile，当来船从距离6 n mile减至3 n mile时，查表可知，DCPA = 1 n mile时，ΔA = 1.9° + 3.0° + 5.0°≈10°。因此，当实际观测到的方位变化ΔA≥10°时，则满足DCPA≥1 n mile的要求。

（2）已知不同距离的方位变化量，求DCPA，判定是否存在碰撞危险。

例如，若观测到一船在距离本船为6 n mile时，方位为045°，距离本船为3 n mile时，方位为042°，两次观测的方位变化ΔA = 3°。查表可知，当DCPA = 0.5 n mile时，方位变化应为ΔA = 0.9° + 1.5° + 2.4° = 4.8°，但实际观测只有3°，DCPA将小于0.5 n mile，因此，通常情况下，应认为存在碰撞危险。

为能在实际工作中使用，建议记住表中的几个常用数据。

当两船距离从6 n mile减小到3 n mile时：

ΔA = 5°时，DCPA = 0.5 n mile；

ΔA = 10°时，DCPA = 1.0 n mile；

ΔA = 15°时，DCPA = 1.5 n mile；

ΔA = 20°时，DCPA = 2.0 n mile。

在雾中利用雷达避碰，如要获得2 n mile的DCPA，其方位变化应当达到如下数值：

从12 n mile接近到10 n mile，方位变化ΔA≈2°；

从10 n mile接近到8 n mile，方位变化ΔA≈3°；

从8 n mile接近到6 n mile，方位变化ΔA≈5°；

从6 n mile接近到4 n mile，方位变化ΔA≈11°；

从4 n mile接近到2 n mile，方位变化ΔA≈60°。

一般来说，来船罗经方位有明显变化，则不存在碰撞危险，当来船罗经方位明显减小时，对于本船右舷的来船，将从本船的船首前方通过；对于本船左舷的来船，将从本船的船尾后方通过。当来船罗经方位明显增大时，对于本船右舷的船舶将从本船的船尾后方通过；对于本船左舷的船舶，将从本船的船首前方通过。

2.有明显的方位变化，有时也可能存在碰撞危险

即使来船罗经方位有明显的变化，有时也可能存在碰撞危险，通常是指如下几种情况：

（1）在较远的距离上，来船采取了一连串的小角度转向行动

由于来船可能做了一连串小角度的转向，而未能被发现，特别是在能见度不良的情况下使用雷达观测时，就更难对这种行动做出判断。因此，在海上实际观测时，要特别对此予以警惕。例如在“水晶宝石（Crystal Jewel）”轮与“英国飞行员（British Aviator）”轮碰撞案中[①]，如图3-3-4所示，“英国飞行员”轮由于从雷达上观察到“水晶宝石”轮的回波从右前方9°、距离9 n mile处慢慢扩展到最后在右前方45°、距离0.75 n mile处，因而认为“水晶宝石”轮在以右舷对右舷驶过让清，但事实上，“水晶宝石”轮已向右做了许多小转向，正期待着两船相互以左舷对左舷驶过，最后发生碰撞。

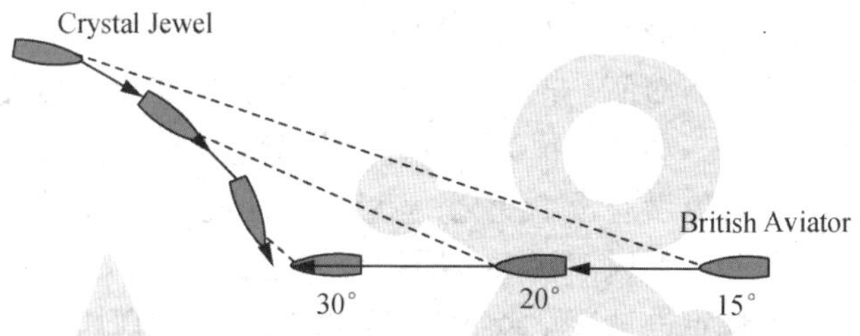

图3-3-4 “水晶宝石”轮与“英国飞行员”轮碰撞案

（2）在驶近一艘很大的船舶或拖带船组时

船舶是有一定尺度的，因此，如把船舶当作点来处理是很危险的，尤其是两船相距较近时。如图3-3-5所示，*A*船在某一点上观测*B*船时，若其罗经方位有明显的变化，只表明观测点与被观测点处不会发生碰撞，但是由于大型船舶或者拖带船组的长度很大，所以在驶近时，不能表明两船的其他点不会发生碰撞。因此，当船舶驶近一艘超大型船舶或拖带船组时，即使有明显的罗经方位变化，仍然有可能存在碰撞危险。

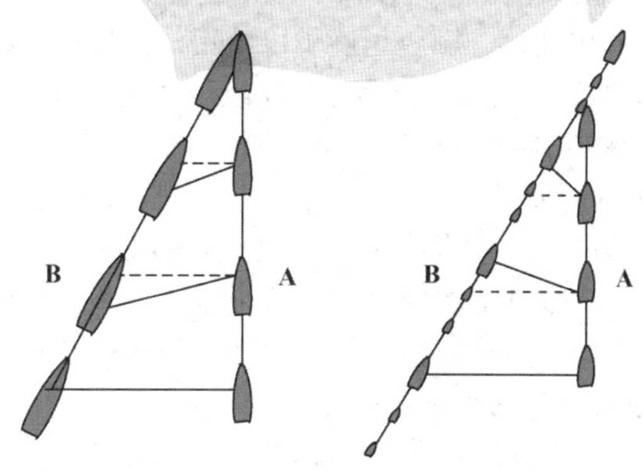

图3-3-5 接近一艘很大的船舶或拖带船组时

（3）当近距离驶近他船时

① [1964] 2 Llody's Rep. 403, [1965] 1 Lloyd's Rep. 271.

如前所述，方位变化率随着两船间距离的减小而增大。当近距离驶近他船时，虽然他船的罗经方位有明显的变化，但其DCPA值可能仍然很小，而存在碰撞危险。例如，当来船距离从2 n mile减小到1 n mile时，方位变化即使达到了15.5°，两船之间的DCPA值仍然只有0.5 n mile。因此，当近距离驶近他船时，切不可盲目认为方位有明显的变化就不存在碰撞的危险。

（二）舷角判断法

舷角判断法是通过观测来船的舷角的变化来判断碰撞危险的一种方法，也称之为相对方位判断法，其原理与罗经方位判断法完全一致。众所周知，他船的罗经方位为本船的航向与他船的舷角之和，如果保持本船的航向不变，则他船的舷角的变化就是他船的罗经方位的变化。在实践中，船舶驾驶员只要在驾驶台上选定船上一点，使得驾驶员、选定的点和来船成一直线，来观测来船舷角的变化，即可对是否存在碰撞危险做出判断。因此，这种方法较罗经方位判断法更为简便、迅速、直观。这种方法存在的最大缺点是当本船的航向由于各种原因发生变化时，会产生很大的误差，甚至造成错误判断。例如，由于本船航向变化，虽然他船的罗经方位没有发生变化，但其舷角已经发生了显著的变化，从而被误认为不存在碰撞危险。因此，在风浪较大、船舶首摇运动严重、舵工操舵水平不佳、自动舵性能不佳等本船航向不稳定的情况下或者本船改向时，不宜使用舷角判断法，而应当采用罗经方位判断法。

此外，在实践中，船舶驾驶员有时通过观测来船两盏桅灯的水平张角变化情况来判断是否存在碰撞危险，其原理与舷角判断法相同，且也存在舷角判断法的缺点。经验不足的驾驶员不宜使用该方法，而应当使用罗经方位判断法。

（三）雷达标绘判断法

《规则》第七条2款对正确使用雷达以及利用雷达标绘法判断碰撞危险做出了具体的规定："如装有雷达设备并可使用，则应正确予以使用，包括远距离扫描，以便获得碰撞危险的早期警报，并对探测到的物标进行雷达标绘或与其相当的系统观察。"

正确使用雷达不仅能够及早发现来船，获得碰撞危险的早期警报，而且通过雷达标绘可以判断是否存在碰撞危险以及危险的程度。雷达标绘判断法被认为是在能见度不良情况下判断碰撞危险的最有效方法之一，即使在能见度良好的情况下，也经常被采用，并成为进行避碰决策的重要依据。通过雷达标绘，不仅可以得到来船的航速、航向、DCPA和TCPA，还可以求得避碰措施、避碰时机、恢复原来运动状态的时机等船舶避碰信息。此外，雷达标绘还是核查避碰效果的有效方法之一。

在采用雷达标绘判断法判断碰撞危险时，应当注意如下各点。

1.正确使用雷达

有关正确使用雷达，《STCW规则》第A－Ⅷ／2节第4－1部分（航行值班中应遵循的原则）第38、第39段特别强调："负责航行值班的高级船员应确保所使用的量程以足够频

繁的间隔进行转换，以便能及早地发现回波，应切记小的或弱的回波有可能探测不到。”“每当使用雷达时，负责航行值班的高级船员应选择适当的量程，仔细观察显示器，并应确保有充分的时间进行标绘或进行系统的分析。”

正确使用雷达通常应当做到如下各点：

（1）提前开启雷达

雷达从接通电源到显示清晰图像，一般需要4 min，故在能见度逐渐变坏或接近交通密度大的水域时要提前开机，以便及时探测到来船，并了解其动态。

（2）调整好显示图像

雷达回波的显示状况对雷达探测和标绘具有重要意义。雷达开机后，应立即将亮度、增益、海浪与雨雪干扰抑制等调整好，以便减少干扰同时又不漏掉微弱的目标。

（3）选择恰当的显示方式

熟练掌握各种雷达显示方式的特点、长处和不利因素，能够正确选择适合当时情况和需要的显示方式，即正确选择真运动显示方式抑或相对运动显示方式，采用北向上显示方式、航向向上显示方式抑或船首向上显示方式。一般而言，在雷达观测过程中，船首向上、相对运动方式较常用；在雷达标绘中，真北向上、相对运动显示方式较好。

（4）交替使用远近距离挡和宽窄脉冲

在使用雷达过程中，应根据当时环境和情况的要求选择适当的距离标尺，既能获得对碰撞危险的早期警报，又能够对近距离内的船舶运动状态做出更详细的分析与判断，例如进行雷达标绘。对于具有两台可使用雷达的船舶，一台雷达应当放在远距离挡，而另一台则应放在近距离挡；当船上只有一台可使用雷达时，远近距离挡应交替使用，并保持以足够频繁的间隔进行转换。在雷达标绘中，雷达距离挡宜放在12 n mile挡。

使用宽脉冲时，雷达发射功率大，目标回波强度高，探测目标的距离较远，有利于及早发现目标，但对物标的分辨率较低；而窄脉冲虽然分辨率较高，但目标回波弱，不利于发现对雷达波反射弱的小船和帆船。因此，在使用雷达过程中应交替使用宽窄脉冲，以保证既能及早发现远处的大船和及时注意到近处存在的小船，又能在必要的情况下提高对目标回波的分辨率，并减小海浪杂波和雨雪杂波的干扰。

（5）经常向左、右偏转航向

为了防止船首方向的目标雷达回波被本船大桅和烟囱等遮挡，要有计划地经常将航向向左、右做少量的偏转，以便查明在大桅等所造成的雷达阴影区内，有无近距离目标的回波。不时使用旋钮将本船船首线标志暂时隐去，也是发现本船正前方的微弱回波的方法。

（6）细致观察

由于雷达本身的局限性及外界的种种影响，荧光屏上显示出的图像与实际情况不尽相符，故在观察时需认真、细致，尤其要注意船首方向、3 n mile范围内以及海浪或雨雪干扰中的目标回波。应切记小的或弱的回波有可能探测不到。

（7）正确使用雷达面板上的各种按钮

在雷达观测过程中应熟练地使用雷达的辅助设备和显示功能。例如，正确地使用雷达屏幕上的固定距标盘、固定距标圈、活动距标圈、电子方位线等。

2.利用雷达获得碰撞危险的早期警报

利用雷达远距离的扫描，可以及早发现来船，特别是在能见度不良的情况下，可以在两船互见以前及时发现来船，以便获得碰撞危险的早期警报，同时可以使用雷达估计该水域的通航情况。船舶不仅应当在能见度不良时使用雷达来判断碰撞危险，而且在能见度良好时也应当使用，特别是在交通密度较大的水域，否则，不使用雷达将被认为是一种疏忽。

3.进行雷达标绘

所谓进行雷达标绘来判断碰撞危险，是指通过系统连续观测来船雷达回波的距离、方位（三次或三次以上），在专用的雷达标绘纸上或者直接在装有反射作图器的雷达屏幕上作图，求取来船的航速、航向、DCPA和TCPA等信息，从而判断碰撞危险的方法。根据《STCW规则》的相关规定，“雷达观测与标绘”是船舶驾驶人员必须掌握的一项技能。

4.与雷达标绘相当的系统观察

《规则》允许用与雷达标绘相当的系统观察来代替雷达标绘，这主要是考虑到，当船舶在交通密度较大的水域中航行时，对观测到的所有物标都进行雷达标绘可能是不现实的。通常情况下，下列几种方法可以认为是与雷达标绘相当的系统观察方法：

（1）使用ARPA（自动雷达标绘仪）或者使用与ARPA相连的AIS系统进行观测。ARPA雷达能够随时提供物标的DCPA和TCPA，以便船舶驾驶员判断碰撞危险。如果设定DCPA和TCPA的报警值，当有物标进入报警值范围时，ARPA雷达还能够自动报警，以提示驾驶员存在碰撞危险。ARPA雷达的使用，解决了人工标绘的麻烦，同时提高了标绘精度，是完全可以替代雷达标绘的一种观测方法。

（2）对于有经验的驾驶员，可以熟练地使用机械方位盘、电子方位线对物标进行连续的观测和分析，估计物标的DCPA和TCPA，从而对是否存在碰撞危险做出判断。实践证明，这是一种行之有效的方法。应注意的是，要使用这种方法，首先要求对雷达上物标运动的机理有透彻的认识，其次能熟练使用雷达，只有这样才能对观测的误差和观测的结果做出正确的估计。

（3）指定专人对雷达提供的信息进行连续观察，并能够根据有关辅助方法，如方位与距离变化表等，对碰撞危险做出判断。这种方法更需要熟练的技巧和丰富的经验，缺乏相应实践和经验的船长和驾驶员不宜采用该方法，而应当进行雷达标绘。

总之，船舶应当正确使用雷达，以便获得碰撞危险的早期警报，并通过雷达标绘或与其相当的系统观察对碰撞危险做出准确的判断。否则将被认为是一种判断碰撞危险的过失。

四、判断碰撞危险的注意事项

（一）如有任何怀疑，应认为存在碰撞危险

《规则》第七条1款规定：“每一船都应使用适合当时环境和情况的一切可用手段判断

是否存在碰撞危险，如有任何怀疑，则应认为存在这种危险。”

当一船采取了适合当时环境和情况的一切可用手段对是否存在碰撞危险进行了判断，但由于种种原因，仍不能对是否存在碰撞危险做出明确的判断时，该船应假定存在碰撞危险，而不应当假定为不存在碰撞危险。例如，当在本船正前方附近发现一盏白灯，两船的距离又在不断接近，对该白灯究竟是他船的尾灯还是他船的桅灯难以判断时，应当假定是他船的桅灯，与本船构成碰撞危险；又如，发现一船未按规定显示号灯、航向不明、方位变化无规律，两船距离又在减小时，应假定两船已构成碰撞危险。

（二）不应当根据不充分的信息做出判断

判断本船与来船是否构成碰撞危险，应当基于对来船的相对运动状态保持连续和仔细的观测和进行雷达标绘所获得的充分信息。为此，《规则》第七条3款明确规定：“不应当根据不充分的信息，特别是不充分的雷达观测信息做出推断。”不应当依据不充分的信息做出推断，既包括实际存在碰撞危险而做出不存在碰撞危险的推断，也包括实际不存在碰撞危险而做出存在碰撞危险的推断。因为推断错误，均有可能导致错误的行动，从而造成碰撞事故的发生。例如，在“托尼（Toni）”轮与“卡多（Cardo）”轮碰撞案中①，当“卡多”轮发现左前方距离5 n mile的“托尼”轮时，由于雷达方位似乎在变大，因而推断两船左舷对左舷靠近驶过，为了加大横距，“卡多”轮采取向右转向，而“托尼”轮船长没有保持正规瞭望采取了向左转向，结果导致两船碰撞。当时能见度极好，“卡多”轮在相当远的距离上就已经看到“托尼”轮的航行灯，但没有目测其罗经方位。事实上，如两船均保持航速和航向，两船可能会右舷对右舷通过。该案例说明“卡多”轮没有进行目测罗经方位而利用不充分的雷达方位观测信息做出了错误的推断。

不充分的信息通常是指在下列情况下获得的信息：

1.瞭望手段不当所获得的信息

所采用的瞭望手段不适合当时环境和情况，这样所获得的信息往往是不充分的信息。例如，在雾中航行时，仅凭他船的雾号做出判断，不进行雷达观测；在能见度良好时，放弃视觉瞭望，仅凭雷达观测，而又没有进行雷达标绘或与之相当的系统观测。

2.判断方法不当所获得的信息

所采用的判断碰撞危险的方法不适合当时环境和情况的要求。例如，由于风浪的原因船舶首摇较大时，采用舷角判断法而不是罗经方位判断法；在使用雷达进行观测时，不进行雷达标绘或与其相当的系统观测。

3.未进行系统连续观测所获得的信息

在观测时未进行全面的观测或者观测次数太少所获得的信息将是不充分的信息。例如，对他船的运动状态未能全面了解；观测来船的罗经方位或者进行雷达标绘时仅仅使用

① [1973] 1 Lloyd's Rep. 79.

2次的观测信息或者时间间隔太短等。例如，在2003年5月31日的F轮与G轮碰撞案中，能见度和海况均良好，G轮二副在1154时上驾驶台，1200接船长班，船长已经在右舷发现一艘大船，其没有在雷达上进行标绘，估计该船将从本船船尾约1 n mile处通过。丹麦和中国海事调查部门均认为，船长应当在向二副交班前对F轮进行标绘，以便二副正式接班后就对会遇局面有全面了解。事后证实，船长的这种估计是错误的。二副接班后，对F轮回波进行了标绘，1 min后得到标绘结果，预计在1208时本船向右转向25°后，G轮可以从F轮船尾1 n mile处通过。而事实上，经调查部门事后调查表明，该轮只有在1208时转向80°，才能从F轮船尾1 n mile处通过。这也说明该轮二副利用1 min间隔所做出的雷达标绘信息是不充分的信息。

4.未消除误差的信息

直接使用观测数据，未能消除观测中存在的误差，特别是在进行雷达观测时，这种误差将对碰撞危险的判断带来明显的影响。如前所述，来船的方位变化率与两船之间的距离密切相关，因此，在遇到来船的早期所测的距离和方位上的细小误差，或者标绘不精确，都将造成错误的判断。例如，假定把他船看作在本船右前方的一个点，并设该船相对于本船的实际方位保持不变，即DCPA = 0，存在碰撞危险。当利用雷达观测他船方位时，分别在他船距本船12 n mile和10 n mile时测定两个方位，若第一次方位误差为 – 1°，第二次方位误差为 + 1°，则测得他船的方位变化为2°，可以得出该船将在本船右舷约2.1 n mile处通过的结论；相反，若第一次方位误差为 + 1°，第二次方位误差为 – 1°，则得出该船将在本船左舷约2.1 n mile处通过的结论。上述例子可以充分说明在远距离上只做两次观测，由于不充分的观测次数和方位误差，会引起不同的DCPA计算结果。同样，观测的距离存在误差也会得出同样的结论。

总之，船舶不应当根据不充分的信息对是否存在碰撞危险做出推断，特别是不应当根据不充分的信息做出不存在碰撞危险的推断。需要指出的是，在用尽一切判断手段仍然难以断定是否存在碰撞危险时，仍应当假定存在碰撞危险。在实际存在碰撞危险的情况下，做出不存在碰撞危险的推断更为危险。

第四节 避免碰撞的行动

一、适用范围

《规则》第八条规定在“船舶在任何能见度情况下的行动规则”一节中，其既适用于互见中，也适用于能见度不良时不在互见中的情况，是对避免碰撞的行动提出了总的要求，并给航海人员在实际采取避碰行动时提供系统全面的技术指导。

该条有关避碰行动的规定适用于任何负有采取避碰行动义务的船舶，而有关核查避碰行动有效性的义务适用于任何构成碰撞危险的船舶。

应当注意的是，任何负有采取避碰行动义务的船舶不仅包括让路船，而且也包括在相关会遇中负有同等避碰责任和义务的船舶。

二、及早地采取行动

《规则》第八条1款规定："为避免碰撞所采取的任何行动必须遵循本章各条规定，如当时环境许可，应是积极的，应及早地进行和充分注意运用良好的船艺。"

（一）"为避免碰撞所采取的任何行动"的含义

虽然避免碰撞事故的发生是《规则》的最终目的，但本条所指的避免碰撞的任何行动是广义的，包括为避免妨碍他船通行或者安全通行而采取的行动、为避免形成碰撞危险所采取的行动、为避免形成紧迫局面而采取的行动、为避免形成紧迫危险而采取的行动以及在紧迫危险形成后所采取的紧急避碰行动等。具体包括：

（1）当一船根据《规则》其他各条的规定负有不应妨碍或避免妨碍的义务时，不应妨碍或避免妨碍的船舶应当及早采取避让行动，以留出足够的水域供他船通行或者安全通行。

（2）当一船根据《规则》其他各条的规定，负有让路义务时，让路船应当及早采取行动，宽裕地让清他船。

（3）当根据《规则》其他各条的规定两船负有同等避碰责任和义务时，每一船舶均应及早采取避碰行动，避免紧迫局面的形成。

（4）当两船正在形成紧迫局面或者已经形成紧迫局面时，负有避碰义务的船舶应当立即采取避碰行动，以避免紧迫局面或者紧迫危险的发生；如当时情况需要直航船也采取避碰行动时，直航船也应当及早独自采取避碰行动。

（5）无论由于何种原因，当两船已经形成紧迫危险或者正在形成紧迫危险时，每一船舶应当立即采取最有助于避免碰撞的行动；如碰撞已经不可避免，每一船舶应当立即采取最有助于减小碰撞损失的行动。

按照避碰行动的方式，为避免碰撞所采取的行动包括转向、变速以及转向和变速相结合，在某些特定的环境和情况下还应包括备车、备锚、备舵、抛锚等避碰准备和紧急行动。

（二）遵循本章各条规定采取避免碰撞的行动

在"为避免碰撞所采取的任何行动必须遵循本章各条规定"中增添"遵循本章各条规定"是《规则》2001年修正案对《规则》第八条1款的重要修正。这表明船舶在采取避碰的行动时，不仅要求遵守《规则》第八条的规定，而且还需要遵守《规则》第二章"驾驶和航行规则"中第一节、第二节和第三节的所有规定。换言之，船舶在决策为避免碰撞所采取的行动时，必须按照《规则》"驾驶和航行规则"的要求或者准许采取行动，而不应当违背《规则》的规定或要求采取行动。

（三）如当时环境许可

就船舶所能采取的避碰行动而言，必然受到当时环境和情况的限制。当时的环境和情况主要包括当时的海况、能见度、通航密度、水深、可航水域的宽度、影响航行安全的障碍物以及船舶本身的操纵性能等。“如当时环境许可，应是积极的，应及早地进行和充分注意运用良好的船艺”就意味着，一方面，船舶在采取避碰行动之前必须对当时的环境和情况做出充分的估计，应当避免在对当时的环境和情况做出充分的估计之前盲目地及早采取行动；另一方面，所采取的避碰行动必须适合当时的环境和情况，例如在可航水域宽度十分受限的狭水道中采取大幅度转向显然不适合当时的水域情况，而采用减速、停车、倒车等措施可能更适合当时水域受限的环境和情况。简而言之，船舶及早地采取避碰行动的前提条件是当时的环境和情况许可那么做。

（四）积极地、及早地采取避碰行动

船舶在根据“驾驶和航行规则”的要求采取适合当时环境和情况的避碰行动时，应当积极地、及早地进行。积极地采取行动是对采取避碰行动主观上的要求，“积极（Positive）”是指主动地、果断地、毫不犹豫地采取行动，也就是说，一旦决定了所要采取的行动，就应该果敢、干净利落地采取，而绝不应该在决策时优柔寡断。“及早（In Ample Time）”是指在采取避碰行动时，在时间和距离两个方面都留有充分的余地，不但应当保证在避碰行动完成之后，两船能在安全距离上驶过，而且还应当保证一旦双方所采取的行动不协调或者有第三船介入时，还有弥补的余地。

从《规则》的要求看，“及早”采取行动的时机主要包括以下三种情况：

1.以避免构成妨碍为标准，确定行动时机

《规则》第九条、第十条、第十八条均涉及有关“不应妨碍”的规定，当《规则》要求一船不应当妨碍另一船通行或者安全通行时，不应妨碍的船舶应当及早采取行动以留出足够的水域供他船通过或者安全通过，也就是要避免与他船构成碰撞危险。

2.以避免形成紧迫局面为标准，确定行动时机

尽管《规则》最终目的是防止碰撞事故的发生，但要想不发生碰撞事故，首先要避免紧迫局面的形成。要做到这一点，就应根据当时环境和情况下的安全会遇距离、本船的操纵性能在适当的时机采取行动，使他船在安全距离上驶过。

3.以避让责任与义务的确定或存在碰撞危险为依据，确定行动时机

《规则》有关条款中规定了会遇两船的避让责任与义务，有些条款是以两船构成碰撞危险为前提的，如对遇局面、交叉相遇局面等；而有些条款则并不以构成碰撞危险为前提条件，如追越。因此，应当根据这些条款生效的条件，一经判断发现，当时情况已满足这

些条款生效条件时，应立即采取行动。在具体的避碰行动时机的确定上，如当时能见度良好，在夜间，看到他船桅灯时就应开始判断碰撞危险，若存在碰撞危险，当看到他船舷灯时就应当立即采取避碰行动；在追越中，看到被追越船尾灯后应迅速采取行动；在白天，与夜间的情况类似，但可以更早地判断和采取行动。在能见度不良的开阔水域，通常认为，12 ~ 8 n mile为雷达观测阶段，8 ~ 6 n mile是通过雷达标绘判断碰撞危险阶段，对于正横前的来船，一般在他船距本船4 ~ 6 n mile处采取行动；对于正横后的来船，一般在他船距本船3 n mile处时采取行动。

(五）注意运用良好的船艺

良好的船艺（Good Seamanship）即优良的操船技艺，是指航海人员在长期的航海实践中所积累的经验、所形成的优良技艺及通常做法，是海员通常做法的一部分。在船舶避碰中，由于当时的环境和情况千差万别，《规则》不可能对所有的情况做出详尽无遗的规定，《规则》的规定只能是纲领性和原则性的。因此，在实际避碰中，不但应当遵守《规则》的规定，还应当注意运用良好的船艺。采取避碰行动的良好船艺通常可以解释为，但并不限于下列各种做法：

（1） 在交通密集区、狭水道或航道航行时，将主机做好随时操纵的准备；在狭水道、航道、其他浅水域、进出港口时，备双锚航行。

（2）熟悉本船的各种操纵性能、船舶条件的限制。

（3）充分了解和掌握各种外界环境因素对操船的影响，特别注意各种可能出现的浅水效应、岸壁效应、船间效应。

（4）采取转向避碰行动时，使用手操舵方式，而不是自动舵方式；转向避让时，下达舵角指令而不是下达航向指令。

（5）在受限水域或交通密集区追越他船时，通常应在前船的左舷追越，并保持适当的间距以防止船吸的发生。

（6）被追越船如条件许可，必要时可减速，以缩短两船的并行时间，如两船间距不够充裕时，适当转向以增大两船间距。

（7）在河道或某些特定水域中航行时，遵循“逆水船让顺水船、轻载船让重载船、进口船让出口船”等地方规则的规定或习惯做法。

（8）遇雾时，如对船舶航行安全无法保证，则应选择锚地抛锚或漂航，至少应将航速减到维持其舵效的最小速度。

（9）在利用VHF协调避让时，必须正确识别他船，防止识别错误。

（10）在判断碰撞危险和识别他船的过程中，充分利用AIS的信息。

(六）及早采取行动的前提是对局面做出了确切的判断

尽管《规则》强调为避免碰撞的行动应当及早进行，但是，及早采取行动的前提条件是已经对局面和碰撞危险做出了确切的判断。在局面不清、情况不明的情况下，盲目采取行动，尤其是盲目采取转向行动，不仅可能不能避免碰撞，甚至可能导致碰撞。例如，在

“林德（Linde）”轮与“贵族（Aristos）”轮碰撞案中①，如图3-4-1所示，两船在能见度不足0.5 n mile的英吉利海峡航行，在碰撞前3 min当两船接近至0.75 n mile左右时，“林德”轮消失在“贵族”轮雷达海浪干扰抑制中，“贵族”轮下令向左转向约45°，而“林德”轮下令停车、右满舵，最后由于两船行动不协调而导致碰撞。布莱顿法官在审理该案中认为，在他船的航向尚未完全确定之前，所做的任何转向都不是海员所应有的谨慎做法，两船的转向均存在过失。

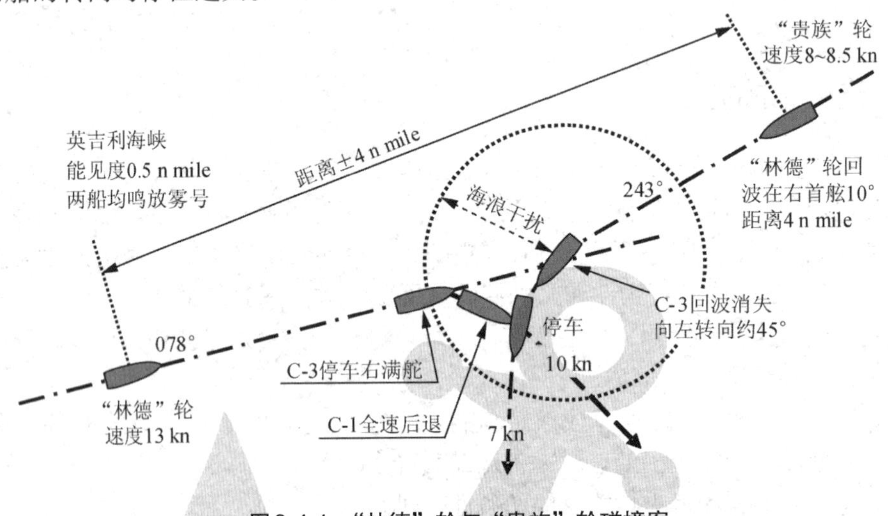

图3-4-1 “林德”轮与“贵族”轮碰撞案

三、采取大幅度的行动

《规则》第八条2款规定：“为避免碰撞而做的航向和（或）航速的任何改变，如当时环境许可，应大得足以使他船用视觉或雷达观测时容易察觉到；应避免对航向和（或）航速做一连串的小改变。”

（一）大幅度行动的含义

大幅度行动的含义包括两个方面，即所采取行动的幅度大得足以被他船用视觉或雷达观测时容易察觉到，并且能够导致两船在安全距离上通过。一方面，当本船采取避碰行动时，为了避免他船误解本船的意图和行动，本船所采取的行动应当使他船能够用视觉或者雷达观测时容易察觉到，以有效避免由于两船对避让行动意图的误解而采取不协调的行动。另一方面，正如《规则》第八条4款所述，所采取的避碰行动应当导致两船能在安全距离上通过，而不仅仅是能够避免真正的碰撞。

采取大幅度避碰行动的先决条件是当时环境许可，例如周围有足够的水域是大幅度转向的前提条件。此外，与及早采取行动必须适合当时的环境和情况一样，行动的幅度并不

① Linde /Aristos, [1969] 2 Lloyd’s Rep. 556.

是越大越好，大幅度的行动也必须适合当时的环境和情况。

在确定大幅度的行动时要考虑的因素很多，但至少要充分考虑能见度、两船船速比、会遇局面、船舶所处的航行环境等。若采用转向避让行动，互见中，转向应当至少30°，最好60°～90°，使两船航向分离，或转向对准另一船船尾后方；能见度不良时，对正横前来船在相距4 n mile或更远处转向30°以上，需要时转向60°～90°。若采用减速避让行动，通常应将速度减为原速度的一半以下；必要时，应先下令停车，以便尽快将速度降下来，然后再下令慢速或者微速前进。若采用转向结合变速的避让行动，其行动也应当使得该行动容易被他船用视觉或雷达观察时察觉到。应当特别注意某些转向与变速的行动会使两种行动的效果抵消的情况。例如，对本船右舷正横前来船，本船减速和向右转向的效果是一致的，但对于本船左舷正横前的来船，本船减速与向右转向的效果会相互抵消。

（二）应避免对航向和（或）航速做一连串的小变动

无论是在能见度良好的情况下，还是在能见度不良的情况下，对航向和（或）航速做一连串小变动是采取避碰行动时最忌讳的。一方面，对航向和（或）航速做一连串的小变动不易被他船在用视觉或雷达观察时察觉到，因而不利于他船迅速了解本船的避让意图和正在采取的行动，容易导致他船采取不协调的行动；另一方，这种小幅度的避碰行动无助于两船迅速摆脱存在的碰撞危险以保证两船在安全会遇距离上驶过。在航海实践中，许多碰撞事故均是由于一船采取对航向和（或）航速做一连串小变动而使他船判断错误，导致两船行动不协调造成的。

在航海实践中，往往存在一种错误的观念，认为避让的幅度越大，造成船舶的航程损失越大，说明值班驾驶员的操船水平越差。这种错误观念必须彻底予以更正。

四、单用转向避免紧迫局面

在两船形成碰撞危险以后，根据《规则》的相关规定，两船中的一船可能负有让路的义务（另一船为直航船），或者各船负有同等的避碰责任和义务，如果各船均能按照《规则》的要求采取适当的行动（包括直航船的保速保向），两船将仍然能够在安全距离上通过。相反，如果某船或者两船没有按照《规则》的规定采取适当的行动，两船就会形成紧迫局面。如前所述，紧迫局面是指在相遇过程中两船接近到单凭一船的行动不能导致在安全距离上通过的情形，也就是说，在紧迫局面形成后，只有两船均立即采取行动，并且其行动是协调的，才能导致两船在安全距离上通过。因此，在形成紧迫局面后，两船碰撞的可能性陡然增加。换言之，导致两船形成紧迫局面的行为对碰撞事故原因以及碰撞损害后果的作用力最大。在司法实践中，在碰撞责任认定中，也往往是谁导致紧迫局面，谁对碰撞事故负主要责任。因此，避碰的行动不仅仅是要避免碰撞，而且是要避免紧迫局面的形成。因此，为了防止碰撞事故的发生，首要的一条是避免紧迫局面的形成。《规则》第八条3款规定："如有足够的水域，则单用转向可能是避免紧迫局面的最有效行动，只要这种行动是及时的、大幅度的并且不致造成另一紧迫局面。"

（一）形成紧迫局面的原因

通过对大量碰撞事故的分析得出，形成紧迫局面的原因主要包括：

（1）未保持正规瞭望，以致发现来船太晚而逼近；

（2）未能对碰撞危险做出正确、及早的判断，采取避碰行动太迟或者行动的幅度不够大；

（3）盲目高速行驶，特别是在能见度不良时未使用安全航速；

（4）未能积极、及早地采取避碰行动；

（5）两船所采取的避碰行动不协调。

（二）避免紧迫局面的最有效行动

通常情况下，单用转向是避免紧迫局面最有效的行动。船舶正常航行时，改变船速受到诸多方面的限制，如由于船舶的巨大惯性，船速不可能迅速改变，又如船舶停车、倒车前通常需要备车等；而转向是可以迅速而方便地采取的。同时，变速行动所产生的效果不如转向行动产生的效果迅速、明显，转向行动更容易被他船用视觉或者雷达观测时察觉到，故在绝大多数情况下，利用转向来避免紧迫局面。

单用转向作为避免紧迫局面的最有效行动，必须同时满足如下四个条件：

（1）有足够的水域。有足够的水域是采取转向行动的先决条件，因为如果没有足够的水域，船舶转向就可能造成搁浅、触礁、触碰岸壁等事故。

（2）行动是及时的。

（3）行动是大幅度的。

（4）不致造成另一紧迫局面。不致造成另一紧迫局面是指当一船采取大幅度的转向行动以避免与另一船形成紧迫局面时，不致与第三船形成紧迫局面，或者迫使他船与第三船构成紧迫局面。

如图3-4-2所示，当A船采取大幅度右转行动避让B船时，将与C船形成紧迫局面。此时，A船则不应采取大幅度的转向行动，这一行动已不是避免紧迫局面的最有效行动，而应根据当时的情况采取适当幅度的转向行动或者采取减速行动，以避免与B船形成紧迫局面。

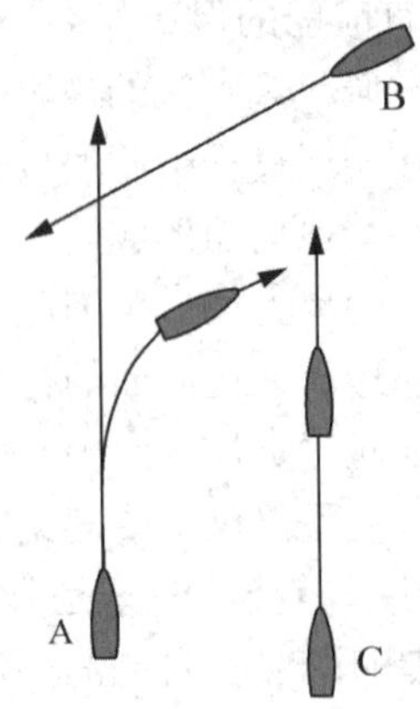

图3-4-2　与第三船构成紧迫局面

五、在安全的距离驶过与避碰行动有效性的查核

《规则》第八条4款规定："为避免与他船碰撞而采取的行动，应能导致在安全的距离驶过。应细心查核避让行动的有效性，直到最后驶过让清他船为止。"

（一）在安全的距离驶过

"为避免与他船碰撞而采取的行动，应能导致在安全的距离驶过"的要求是1972年修订《1960年国际海上避碰规则》时首次采用的，这对避碰的行动提出了更高的要求，即所采取的行动是否正确并不以能否避免两船碰撞为标准，而是以两船是否能够在安全距离上驶过为标准。

《规则》并未给出"安全距离（Safe Distance）"的定义。安全距离的量化需要根据船舶所处的环境和具体条件来确定。专家、学者普遍推荐，在大海上，能见度良好的白天，万吨级船舶会遇时的DCPA不应小于1 n mile，在夜间或风浪天气中时DCPA为2 n mile；在能见度不良的水域中使用雷达进行避让时，万吨级船舶会遇时的DCPA应大于2 n mile。当船舶在受限水域中时，安全距离的数值可适当减小。这些推荐数字留有较大的余地，从海上避碰实践调查的统计分析看，海员实际采用的数值要小一些。

在决定安全距离的数值时，应当考虑如下因素：

（1）能见度情况；

（2）可航水域的宽度、通航密度；

（3）本船的船舶尺度、速度和操纵性能；

（4）来船的相对航速、航向、方位；

（5）他船可能采取的行动；

（6）海况、天气情况；

（7）雷达等助航设施的特性、局限性；

（8）他船的尺度、操纵性能等。

应当强调的是，要求所采取的行动能够导致在安全距离上驶过的义务，适用于任何负有采取避碰行动义务的船舶，即互见中负有让路责任和义务的船舶，互见中以及能见度不良水域中不在互见中负有同等避让责任和义务的船舶，但不适用于互见中的直航船。

此外，当两船均负有避碰责任和义务时，"导致在安全的距离驶过"并不意味着两船所采取的避碰行动的综合效果能够导致两船在安全的距离驶过，而是某一船单独的避碰行动即可以导致两船在安全的距离驶过。

（二）避让行动有效性的查核

在避碰过程中，为保证两船在预期的安全距离上驶过，每一船舶应当细心查核避碰行动的有效性，直到最后驶过让清为止。《规则》提出这一要求的目的是提醒海员，为避免碰撞所采取的行动不一定有效，或者达不到到预期的安全距离，或者其效果可能被他船不协调行动所抵消，在碰撞危险解除之前，切不可认为行动一旦采取，碰撞便不会发生。

查核避碰行动有效性的义务，不仅适用于负有避碰责任和义务的船舶，也同样适用于直航船，并且应贯穿于整个会遇过程当中，直到驶过让清为止。“驶过让清（Past and Clear）”通常是指船舶采取让路或避碰行动后，两船以安全的DCPA相互驶过；在恢复原来的航向或航速后，两船仍然能保持在安全距离上驶过，并且不会形成新的碰撞危险。

查核避让行动有效性的方法是根据当时的环境和情况，采取罗经方位判断法、雷达标绘、距离方位变化率等方法，观测他船的方位的变化情况，求出两船会遇时的DCPA，以估计所采取的行动能否达到预期的效果，导致在安全的距离上驶过。

另外，为确保两船的安全通过，在核实两船能在安全的距离驶过之前，每一船舶应当假定仍然存在碰撞危险。

六、减速、停车或倒车把船停住

《规则》第八条5款规定：“如需为避免碰撞或须留有更多时间来估计局面，船舶应当减速或者停止或倒转推进器把船停住。”

（一）减速、停车或倒车把船停住的目的

《规则》规定，如需为避免碰撞或须留有更多时间来估计局面，船舶应当减速或者停止或倒转推进器把船停住。对该条款的理解必须联系《规则》第六条、第十九条2款和5款的规定。无论是第六条还是第十九条2款和5款的规定，均强调船舶必须以安全航速行驶，以保证船舶在相遇过程中有足够的时间来估计局面和采取避碰行动。同时，减速、停车或者倒车把船停住也是避碰行动的一种方式。

1.留有更多的时间来估计局面

当船舶无论由于何种原因对来船的动态不清楚或者不能断定是否存在碰撞危险时，为谨慎和戒备起见，船舶应减速、停车，必要时把船停住。这样做既有利于留有更多的时间来对他船的动态和碰撞危险做进一步的分析和判断，也有利于有效缓解所面临的潜在碰撞危险。例如，当在近距离看到一船时，由于能见度不良或者其航行灯灯光微弱而无法断定该船往哪一个方向行驶时，其最佳的行动往往是做大幅度减速。在对碰撞危险以及所处的局面做出确切的判断之前，任何盲目的转向不仅是错误的，有时甚至是很危险的。

2.避免碰撞的发生

尽管减速或者把船停住的措施不如转向措施那样易于执行、效果明显，但在某些情况下仍是一种行之有效的避碰措施，特别是当由于可航水域宽度受到限制而无法大幅度转向，或者在能见度不良的情况下与正横前的他船不能避免紧迫局面或听到他船的雾号显似在本船的正横以前时。因此，虽然转向避让是大海上更常用的避碰方法，但船舶驾驶员在

需要的情况下，应毫不犹豫地使用主机，采取减速、停车或倒车等措施，必要时把船完全停住。在《STCW 规则》马尼拉修正案中，将负责值班的高级船员应毫不犹豫地使用舵、主机和声响信号装置写入了强制性规则中，这也进一步强调值班驾驶员应当毫不犹豫地减速、停车、倒车，必要时把船完全停住。

（二）减速、停车或者倒车把船停住的时机

根据对船舶碰撞事故的分析，总结船舶避碰的成功经验和失败的教训，在采取避碰行动时，至少在下列情况下船舶通常应当减速或把船停住：

（1）在能见度不良的水域中航行时，听到他船雾号显似在正横以前，且不能断定是否存在碰撞危险，或者与正横以前的他船不能避免紧迫局面时；

（2）在通航密度较大的水域中航行时；

（3）在接近渔区航行时；

（4）驶近有居间障碍物遮蔽他船的航道弯头或地段和有背景亮光等严重妨碍正规瞭望的水域时；

（5）存在雨雪干扰、海浪干扰等因素影响雷达观测时；

（6）当发现他船动态不清、会遇态势不明，难以断定是否存在碰撞危险时；

（7）当发觉两船鸣放的操纵声号不一致或发觉来船采取了不协调行动时；

（8）虽然通过 VHF 达成避让协议，但他船并未采取显著的避让行动时，或者他船所采取的行动与协议不符时；

（9）与他船会遇且船舶的操纵性能受到各种限制时；

（10）作为让路船，采取转向行动的措施受到限制时；

（11）多船相遇且致有构成碰撞危险时；

（12）遇编队航行的军舰、结队从事捕鱼的船舶或其他船队时。

（三）采取减速、停车或倒车把船停住的行动时应注意的问题

在采取减速、停车或倒车把船停住等行动时，应当注意如下问题：

（1）根据当时的环境和情况，及早换油、备车，将机器做好随时可操纵的准备；

（2）减速避让时，应先下令停车，以便迅速达到减速的目的，使他船易于察觉，防止不协调行动的发生，然后再慢速或者微速前进；

（3）熟悉主机性能，掌握船舶在各种载况和速度情况下的减速、停车、倒车冲程，以便正确把握行动时机；

（4）注意克服低速和倒车时产生的不利影响，掌握船舶在各种条件下维持其航向的最低速度和倒车时的偏转规律；

（5）不仅应当注意本船减速行动与本船转向行动结合时的避让效果，也应当注意本船采取减速行动而他船可能采取转向行动而产生的避让效果。

七、本船转向与变速的效果

一般来说，对于避让一艘在本船正前方或者接近正前方或者船首小角度方向上驶近的来船，本船采取转向比采取减速更为有效；但避让一艘从本船正横或正横附近驶近的来船，采取变速将比采取转向来得更有效。必要时，可以采取改向与变速相结合的方法进行避让。

假设两船的初始DCPA为0，如来船保向保速，本船采取转向或减速避让后，两船之间的DCPA和TCPA的变化情况，随两船之间的相对方位、两船之间的船速比等情况的不同而不同。总体而言，具有如下规律：

（1）针对本船右舷正横以前的来船，本船向右转向避让后，DCPA增加，来船将从本船船首通过。

（2）针对本船左舷正横以前的来船，本船向右转向避让后，DCPA增加，来船将从本船左舷船尾通过。

（3）针对本船正横以前的来船，本船减速避让后，DCPA增加，来船将从本船船首通过。

（4）针对本船右舷正横以前的来船，本船向右转向结合减速，转向和减速的效果一致，DCPA增加，来船将从本船船首通过。

（5）针对本船左舷正横以前的来船，本船向右转向结合增速，转向和增速的效果一致，DCPA增加，来船将从本船的左舷船尾通过。

而本船在转向或变速后，两船间的TCPA的变化，则需视具体情况而定。应当指出的是，对于本船左舷正横以前的来船，本船向右转向与减速的效果是相反的，在避碰实践中应当予以充分注意。

八、不应妨碍

（一）“不应妨碍”的含义

《规则》第八条6款（1）项规定：“根据本规则任何规定，要求不应妨碍另一船通行或安全通行的船舶应根据当时环境的需要及早地采取行动以留出足够的水域供他船安全通行。”该规定实际上是对“不应妨碍他船的船舶”在航行方法上提出的具体要求，负有不应妨碍义务的船舶应根据当时的环境和情况及早采取行动以留出足够的水域供不应被妨碍的船舶通行或安全通行，也就是说，“不应妨碍他船的船”应以不与“不得被他船妨碍的船舶”致有碰撞危险的方法航行。正如《〈1972年国际海上避碰规则〉若干条文的统一运用指南》对“不应妨碍”一词所做的说明那样：“不应妨碍他船的船舶应尽可能采用避免发生碰撞危险的方法航行。”

（二）“不应妨碍”条款的适用对象

《规则》第九条2、3款，第十条9、10款提到了“不应妨碍”，而在第十八条4款提到

了“避免妨碍”，尽管用词上有所不同，但其含义并无实质上的差异，均是不应妨碍条款的适用对象。表3-4-1所列为《规则》有关条款中的不应妨碍的船舶和不应被妨碍的船舶。

应当指出的是，尽管在《规则》第十八条5款和6款也提到了“避免妨碍”，但是，其“避免妨碍”的是他船的“航行（Navigation）”，而不是“通行（Passage）或安全通行（Safe Passage）”，因而并不是《规则》第八条6款所指的“不应妨碍”的适用对象。有关“避免妨碍”他船“航行”的含义将在后文讨论《规则》第十八条的含义时进一步阐述。此外，《规则》第九条4款规定：“船舶不应穿越狭水道或航道，如果这种穿越会妨碍只能在这种水道或航道以内安全航行的船舶的通行。”有学者认为，该条款并不是“不应妨碍”的适用对象，因为该条款所规定的是如果穿越船的穿越会妨碍只能在这种水道或航道以内安全航行的船舶的通行，其义务不是留出足够水域供他船通行或者安全通行，而是不得穿越狭水道或航道。

表3-4-1 《规则》各条款中的不应妨碍的船舶和不应被妨碍的船舶

《规则》条款	不应妨碍的船舶	不应被妨碍的船舶
第九条2款	帆船、长度小于20 m的船舶	只能在狭水道或航道以内安全航行的船舶
第九条3款	从事捕鱼的船舶	任何其他在狭水道或航道以内航行的船舶
第十条9款	从事捕鱼的船舶	按通航分道行驶的任何船舶
第十条10款	帆船、长度小于20 m的船舶	按通航分道行驶的机动船
第十八条4款	除失控船、操纵能力受到限制的船舶外的任何船舶	限于吃水的船舶

（三）“不应妨碍”条款适用的水域

从《规则》中规定“不应妨碍”的条款（第九条2、3款，第十条9、10款，第十八条4款）可以看出，该条款仅适用于受限水域。在非受限水域，存在足够的可航水域，不需要“留出足够的水域供他船安全通过”，因而不适用“不应妨碍”条款。

（四） “不应妨碍”条款适用的能见度

“不应妨碍”条款的规定被写在“船舶在任何能见度情况下的行动规则”中，因此，总体而言，“不应妨碍”条款适用于任何能见度情况，即既适用于能见度良好的情况，也适用于能见度不良的情况。但是，《规则》第十八条4款（1）项规定：“除失去控制的船舶或操纵能力受到限制的船舶外，任何船舶，如当时环境许可，应避免妨碍显示第二十八条规定信号的限于吃水的船舶的安全通行。”显然，这一条款规定的“不应妨碍”义务的适用是以一船能看到限于吃水的船舶所显示的第二十八条规定的信号为条件的，因此，该款的规定仅仅适用于互见中。

（五）“不应妨碍船舶”与“不应被妨碍船舶”的责任

《规则》第八条6款（2）项规定：“如果在接近他船致有碰撞危险时，被要求不应妨碍另一船通行或安全通行的船舶并不解除这一责任，且当采取行动时，应充分考虑到本章各条可能要求的行动。”该款（3）项规定：“当两船相互接近致有碰撞危险时，其通行不应被妨碍的船舶仍有完全遵守本章各条规定的责任。”

1.“不应妨碍”的规定不仅适用于两船构成碰撞危险之前，而且也适用于两船构成碰撞危险之后

（1）不应妨碍的义务开始于两船构成碰撞危险之前。根据《规则》第八条6款（1）项的规定，要求不应妨碍另一船通行或安全通行的船舶应根据当时的环境和情况及早采取行动以留出足够的水域供不应被妨碍的船舶安全通行，也就是要求该船以尽可能采用避免与不应被妨碍的船舶致有碰撞危险的方法航行。这说明不应妨碍的义务开始于构成碰撞危险之前。

（2）根据《规则》第八条6款（2）项的规定，不论两船是何种原因致有碰撞危险时，“不应妨碍他船通行或安全通行的船舶”仍然不得解除其“不应妨碍”的责任和义务。也就是说，不应妨碍的义务既适用于两船构成碰撞危险之前，也适用于两船在构成碰撞危险之后。

（3）不应被妨碍的船可能是一艘让路船，也可能是一艘直航船。虽然，不应妨碍的船舶的“不应妨碍”责任和义务并没有因两船致有碰撞危险而解除，但在采取行动时应充分考虑两船所采取的行动不协调的可能性。因此《规则》在第八条6款的（2）（3）项分别规定了在两船接近致有碰撞危险时，不应妨碍的船舶和不应被妨碍的船舶应完全遵守《规则》“驾驶和航行规则”各条的规定，不应被妨碍的船可能是一艘让路船，也可能是一艘直航船。

2.两船致有构成碰撞危险时不应妨碍的船舶与不应被妨碍的船舶的行动

不论何种原因致使两船接近致有碰撞危险时，不应妨碍的船舶在采取行动时，如果不应妨碍的船舶构成《规则》其他条款指定的让路船，则其不应妨碍的行动与给他船让路的行动相一致，所采取的行动应符合“驾驶和航行规则”有关条款的规定，以避免紧迫局面的形成；如果不应妨碍的船舶构成《规则》其他条款规定的直航船，其不应妨碍的责任并未解除，不可片面强调直航而继续妨碍他船，但在采取不应妨碍的行动时应注意配合让路船按《规则》规定采取的避让行动，使得两船的行动协调一致。对于不应被妨碍的船舶而言，在两船构成碰撞危险时，其避碰责任和义务仍将由《规则》第二章（驾驶和航行规则）其他条款确定。如果不应被妨碍的船舶构成《规则》指定的让路船或应采取避碰行动的船，则该船应遵守《规则》的有关规定，立即采取避让或者避碰行动，同时，在采取行动时还应注意到他船可能正在采取的不应妨碍的行动，以避免不协调的行动；如果不应被妨碍的船舶构成《规则》指定的直航船，则应遵守“直航船的行动”规定以及《规则》其他有关条款的规定。

第五节 狭水道

一、本条的适用范围

（一）适用的能见度

《规则》第九条是有关船舶在狭水道或航道中航行时的航行规则，适用于任何能见度情况下的任何船舶，但条文另有规定的除外。例如，《规则》第九条5款有关追越声号的规定，仅适用于互见中的追越；《规则》第九条6款有关弯头声号的规定，仅适用于能见度良好的情况，而不适用于能见度不良的情况。

（二）适用的水域

该条的适用水域为狭水道或航道。通常认为"狭水道（Narrow Channel）"是指可航水域宽度狭窄、船舶操纵受到一定限制的通航水域。航海界普遍认为，宽度为2 n mile左右的水道即可被认为是狭水道，而宽度为4 n mile的水道则很难再被认为属于狭水道了。"航道（Fairway）"通常可以解释为一个开敞的可航水道或者由港口当局加以疏浚并维持一定水深的水道。

（三）分道通航制规定的适用

在狭水道或者航道内，往往制定有特殊规则，而且还可能设有分道通航制。船舶在狭水道或者航道航行，不但应当遵守本条的规定，而且还应当遵守特殊规则的规定。当该狭水道或者航道中设置有分道通航制时，分道通航制的规定应当首先适用。

二、尽量靠近本船右舷的该水道或航道的外缘行驶

《规则》第九条1款规定："沿狭水道或航道行驶的船舶，只要安全可行，应尽量靠近其右舷的该水道或航道的外缘行驶。"

该款是有关船舶在狭水道或航道中航行时航法的规定，适用于在任何能见度情况下沿狭水道行驶的任何船舶。因此，无论是机动船，还是帆船、从事捕鱼的船舶以及操纵能力受到限制的船舶，当其沿狭水道或航道行驶时，只要安全可行，均应当切实可行地尽量靠

近本船右舷的该狭水道或航道的外缘行驶，除非《规则》条文另有规定。

“只要安全可行”是尽量靠近船舶右舷的该水道或航道的外缘行驶的前提条件。盲目靠右行驶，以致对船舶航行安全或船舶的正常操作带来影响，不是《规则》所要求的行为。所谓“只要安全可行”，通常是指在狭水道或航道航行的船舶，在遵守本款规定时，不致发生任何航行危险。如果在遵守本款规定时，将可能发生搁浅、触岸、岸吸岸推现象，或者船舶不得不经常转向，则船舶就不应过分地靠右行驶，而应根据当时的环境和情况适当调整航行方法，以防止不利安全的现象发生。在判断是否安全可行时，应充分考虑船舶当时所处的环境和情况，例如狭水道或航道的地貌、水流、航行危险物、通航密度以及船舶的操纵性能等。

“应尽量靠近其右舷的该水道或航道的外缘行驶”并非指一定保持船舶在狭水道或航道中央线的右侧行驶，即通常所指的“靠右行驶”。不同吃水的船舶应根据其吃水的大小与狭水道或航道的水深的关系，决定其在狭水道或航道中航行的区域。通常情况下，浅吃水的船舶应比深吃水的船舶更靠近其右舷该水道或航道的外缘行驶，一些小型船舶如果能够在深水区以外的水域航行，则不应进入深水区，如图3-5-1所示。

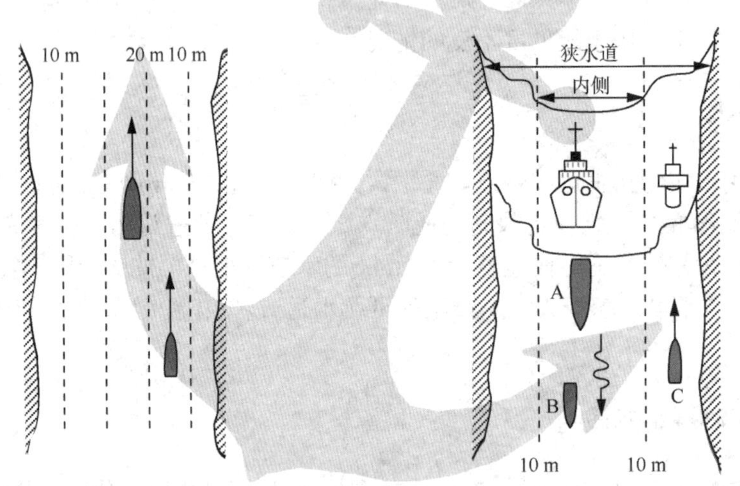

图3-5-1　船舶在狭水道中的航法

此外，“应尽量靠近其右舷的该水道或航道的外缘行驶”要求船舶随时均保持在靠近本船右舷的该水道或航道的外缘行驶，而不仅仅是在有船舶从相反方向驶来时，船舶才移向右侧行驶。因此，在狭水道或者航道中行驶时，船舶应充分利用各种导航、助航设施，勤测船位，纠正偏航，尤其在能见度不良的情况下，更应当充分利用雷达和其他航行设备，保证船舶在狭水道或航道的外缘行驶。

此外，当船舶在狭水道或者航道中行驶时，应当充分考虑浅水效应、岸壁效应的影响，充分利用车、舵克服这种影响，以保证船舶在本船右舷的狭水道或航道的外缘行驶。例如，在“沙特雅帕丹姆（Satya Padam）”轮与“瓦莱丽（Valerie）”轮碰撞案中，如图3-5-2所示，由于“沙特雅帕丹姆”轮速度太快使船舶发生偏转，在偏转后又试图控制船

速，使得船舶难以控制，致使船舶在碰撞前2 min向左偏转驶入航道南侧，碰撞前0.5 min向右偏转折回，碰撞时船首仍然在航道南侧。最后英国皇后分座判定“沙特雅帕丹姆”轮承担全部碰撞责任。

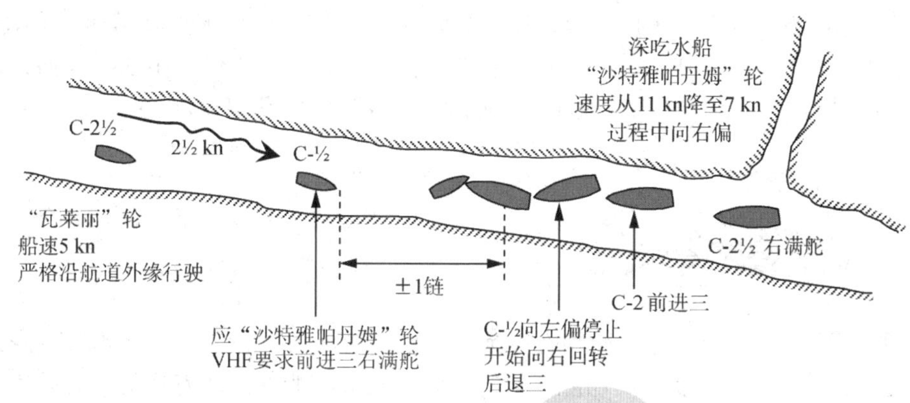

图3-5-2 “沙特雅帕丹姆”轮与“瓦莱丽”轮碰撞案

三、帆船或长度小于20米的船舶

《规则》第九条2款规定：“帆船或者长度小于20米的船舶，不应妨碍只能在狭水道或航道以内安全航行的船舶通行。”

按照本款的规定，帆船或者长度小于20米的船舶，除遵守本条1款的规定外，还应当不妨碍只能在狭水道或航道以内安全航行的船舶的通行，即应及早地采取行动以留出足够的水域供他船通过，或者采取不至于与只能在狭水道或航道以内安全航行的船舶构成碰撞危险的方法航行，以避免造成妨碍。因此，在本款中，不应妨碍的义务主体为帆船或长度小于20米的船舶；不应妨碍的对象为只能在狭水道或航道以内安全航行的船舶。

“只能在狭水道或航道以内安全航行的船舶”通常是指由于船舶吃水与可航水域的水深和宽度的关系而致使其偏离所驶航向的能力严重受到限制的船舶，包括但不限于限于吃水的船舶。例如，限于吃水的帆船、限于吃水的操纵能力受到限制的船舶等，均属于“只能在狭水道或航道以内安全航行的船舶”。

此外，虽然《规则》仅仅要求帆船或长度小于20米的船舶履行其不应妨碍的义务，但从良好船艺出发，对于那些船长超过20米但又不属于只能在狭水道或航道以内安全航行的船舶，也应当做到避免妨碍只能在狭水道或航道以内安全航行的船舶的通行。

四、从事捕鱼的船舶

《规则》第九条3款规定：“从事捕鱼的船舶，不应妨碍任何其他在狭水道或航道以内航行的船舶通行。”

该款是有关从事捕鱼的船舶的“不应妨碍”的规定，不应妨碍的义务主体为从事捕鱼的船舶；不应被妨碍的对象为任何其他在狭水道或航道内航行的船舶，包括帆船以及长度小于20米的船舶。

《规则》虽然并不禁止在狭水道或航道内从事捕鱼作业，但船舶在从事捕鱼作业时，无论是作业的方式、所使用的渔具，还是行驶的方法等，都应以满足不妨碍任何其他在狭水道或航道以内航行船舶的通过为前提，包括不应妨碍帆船以及长度小于20米的船舶的通行。

五、船舶穿越狭水道或航道

《规则》第九条4款规定：“船舶不应穿越狭水道或航道，如果这种穿越会妨碍只能在这种水道或航道以内安全航行的船舶通行。后者若对穿越船的意图有怀疑，可以使用第三十四条4款规定的声号。”

船舶穿越狭水道或航道通常是指穿越一侧航道进入另一侧航道和穿越整个狭水道或航道等情况，如图3-5-3所示。

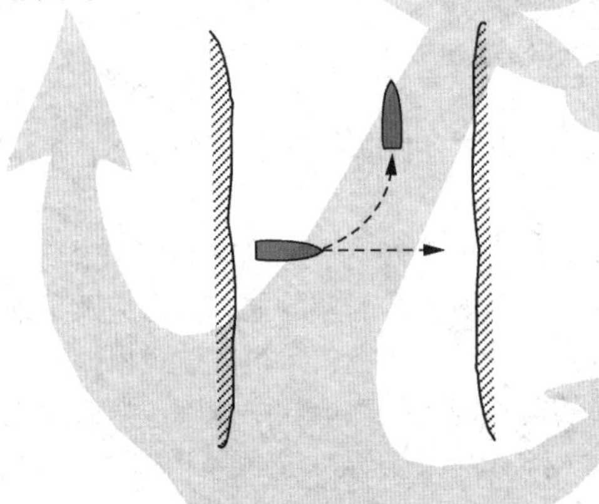

图3-5-3　穿越狭水道

《规则》第九条4款对穿越狭水道或航道的船舶的行为做出了限制，即如果其穿越狭水道或航道的行为，会妨碍只能在狭水道或航道内航行的船舶的通行，则其不应当穿越狭水道或航道。因此，船舶在穿越狭水道或航道前，应事先了解航道中船舶的交通情况，确认穿越行动不会妨碍只能在狭水道或者航道内安全通行的船舶的通行后，才可实施穿越；否则，船舶不应穿越狭水道或航道。制定该款的主要目的是为了避免穿越船与只能在狭水道或航道以内航行的船舶构成交叉态势，妨碍后者的通行。

该款中所指的“只能在狭水道或航道以内安全航行的船舶”，与该条2款中的含义相同，是指由于船舶吃水与可航水域的水深和宽度的关系而致使其偏离所驶航向的能力严重受到限制的船舶，包括但不限于限于吃水的船舶。

当只能在狭水道或航道以内通行的船舶，对穿越船的行动持有怀疑时，可以使用第三十四条4款规定的至少五短声警告声号，以警告或提醒穿越船。值得注意的是，至少五短

声的警告声号只能在互见中使用。

尽管《规则》规定，如果穿越会妨碍只能在狭水道或者航道以内安全航行的船舶的通行，则船舶不应当穿越狭水道或者航道，但是，当穿越船与只能在狭水道或者航道以内安全航行的船舶致有碰撞危险时，仍然应当根据《规则》其他条款的规定确定双方的避让责任和义务。因此，穿越狭水道或航道的船舶，既可能构成一艘让路船，也可能构成一艘直航船。

六、在狭水道或航道内追越时的声号

《规则》第九条5款规定：

“（1）在狭水道或航道内，如只有在被追越船必须采取行动以允许安全通过才能追越时，则企图追越的船，应鸣放第三十四条3款（1）项所规定的相应声号，以表示其意图。被追越船如果同意，应鸣放第三十四条3款（2）项所规定的相应声号，并采取使之能安全通过的措施。如有怀疑，则可以鸣放第三十四条4款所规定的声号。

“（2）本条并不解除追越船根据第十三条所负的义务。”

（一）本条款适用范围

《规则》第九条5款规定虽然被写在了“船舶在任何能见度情况下的行动”中，但根据追越条款、追越声号的适用范围，本条款有关追越声号的规定仅仅适用于船舶在互见中的情况。此外，根据《规则》的规定，如果追越船判定，在当时的环境和情况下无须被追越船采取任何行动就可以安全追越，则不必鸣放声号，即可实施追越。因此，该条款追越声号的规定仅仅适用于在狭水道或航道中需要被追越船采取行动才能安全追越的情况，而不适用于在宽阔水域的追越。

（二）追越声号

1.追越声号

《规则》第九条规定的追越声号如下：

（1）企图从他船左舷追越——“二长声继以二短声”；

（2）企图从他船右舷追越——“二长声继以一短声 ”；

（3）被追越船如果同意追越——“一长、一短、一长、一短声”；

（4）被追越船不同意追越——“至少五声短而急的声号”。

2.使用追越声号应当注意的问题

（1）在狭水道或航道中需要被追越船采取行动才能安全追越时，企图追越的船舶才需要鸣放追越声号，以表明其追越的企图。企图追越的声号应当在实施追越前鸣放。

（2）被追越船如果同意追越，除应当鸣放“一长、一短、一长、一短声”的声号表示其同意追越外，还应当采取让出航道、降低船速等措施，以利于追越船安全追越通过。

（3）如被追越船对是否能够安全追越有怀疑，则其可鸣放至少五声短而急的警告声号。尽管《规则》仅仅规定了被追越船在对是否能够安全追越有怀疑时其“可（May）”鸣放至少五声短而急的警告声号，但根据海员的通常做法和良好船艺的要求，如被追越船不同意追越，应当鸣放至少五声短而急的警告声号，以明确告知企图追越的船舶不应当追越。

（4）对于追越船而言，即使是被追越船鸣放了同意追越的声号后，仍然应当对被追越船是否已经采取了相应的行动做出判断后并认为可以安全追越时，才可以实施追越。

（5）在企图追越的船鸣放了追越声号后，如被追越船没有鸣放任何的信号，追越船应当假定被追越船不同意追越，切忌强行追越。

3.追越声号与避碰责任

《规则》明确规定，尽管有鸣放追越声号的规定，但追越船始终负有让清被追越船的责任和义务，直到最后驶过让清为止。

（三）在狭水道或航道内追越的一般注意事项

在狭水道或者航道中，由于水域狭窄、水深受限，同时追越过程中两船的相对速度小、两船平行所持续的时间较长，极易发生激烈的岸壁效应、浅水效应、船间效应等现象。例如，在“海外阿拉斯加（Overseas Alaska）”轮与“新头丸（Shinto Maru）”轮碰撞案中，由于“海外阿拉斯加”轮在追越“新头丸”轮的过程中船速过高、横距过小，导致两船发生激烈的船间效应而发生碰撞，如图3-5-4所示。因此，无论是否需要被追越船采取行动，在狭水道或者航道中追越均应当注意以下几点：

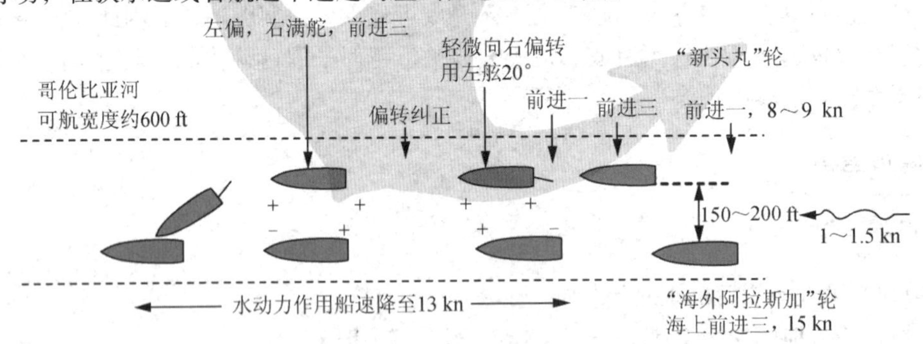

图3-5-4 “海外阿拉斯加”轮与“新头丸”轮碰撞案

（1）船舶不宜在能见度不良时、通航密度较大的地段、航道的弯曲地段等不适合追越的环境和情况下追越。

（2）船舶在追越时，通常应在被追越船的左舷追越，并注意保持两船航向平行，消除航向交角，尽可能留有较大横距，以防止船吸现象发生。

（3）追越的过程中，密切注意被追越船动态，对被追越船可能采取的行动保持高度戒备。

（4）大船追越小船，当大船船首接近小船船尾时，容易使小船出现内转而横在大船的进路上；若两船船长较为接近，两船接近平行时，容易出现船吸现象。追越中应对此予以

充分的注意。

(5) 一旦出现明显的船间效应而有碰撞危险时，追越船应当减速、停车或者倒车，并用相应的舵角抑制偏转，必要时抛锚制速。

七、船舶驶近狭水道或航道弯头

《规则》第九条6款规定："船舶在驶近可能有其他船舶被居间障碍物遮蔽的狭水道或航道的弯头或地段时，应特别机警和谨慎地驾驶，并鸣放第三十四条5款规定的相应声号。"

(一) 本条款的适用范围

本款是有关船舶在被居间障碍物遮蔽的狭水道或航道的弯头或地段时的航法和声号的规定。虽然本款被写在"船舶在任何能见度情况下的行动规则"中，但考虑到鸣放声号规定的适用以船舶驶近"居间障碍物"为条件，因此，弯头声号的规定仅是对船舶在能见度良好情况下所做出的规定。

(二) 特别机警和谨慎地驾驶的含义

居间障碍物会使视觉瞭望受到限制，无法用视觉直接看到居间障碍物后方是否存在他船，同时雷达探测也可能受到限制。因此，船舶应当加强瞭望，并做到特别机警和谨慎地驾驶。特别机警和谨慎地驾驶是要求船舶在接近该水域时保持高度的戒备，例如，充分考虑被居间障碍物遮蔽所带来的对环境和情况估计的影响；充分考虑有其他来船驶近该弯头或地段的可能性；严格控制船速，根据过弯操纵的要求正确操纵船舶，并保持船舶尽量靠近本船右舷的狭水道或航道外缘行驶；将主机、锚做好随时操纵的准备；及时从VTS中心或者VHF上获得他船的信息，避免在该水域会船；按照《规则》的要求鸣放相应的弯头声号等。

(三) 弯头声号

根据本款的规定，船舶在驶近可能有其他船舶被居间障碍物遮蔽的狭水道或航道的弯头或地段时，应鸣放一长声弯头声号；当听到他船一长声弯头声号时，也应当回答一长声。

(四) 过弯头时交叉相遇局面条款适用的例外

当两船在狭水道或航道弯头附近相互接近时，即使是在互见中，尽管两船的航向出现"交叉"，但是，由于两船的航向均是不稳定的，因此，不应当适用交叉相遇局面条款，而应当适用狭水道条款，每一船舶均应当沿着本船右舷的该水道的外缘行驶以安全通过。

八、避免在狭水道内锚泊

《规则》第九条7款规定：“任何船舶，如当时环境许可，都应避免在狭水道内锚泊。”

狭水道是船舶的航行通道，且水域有限，如船舶在狭水道内锚泊，就会妨碍他船安全航行，影响狭水道内船舶正常航行的秩序。因此，本款规定，任何船舶，如当时环境许可，都应避免在狭水道内锚泊。借助雷达行驶已经成为许多船舶的通常做法，因此浓雾就不可再作为在狭水道内锚泊的一个正当理由。只有在某些紧急的情况下，如当时浓雾而船舶雷达又不能使用时，才可以在狭水道内锚泊，然而，即便如此，也应当尽力在不致妨碍船舶通航的地方锚泊。

第六节 船舶定线制和分道通航制

一、船舶定线制

（一）船舶定线制及其目的

船舶定线制是一条或数条航路的任何制度或定线措施，旨在减少海难事故的发生。它包括分道通航制、双向航路、推荐航线、避航区、禁锚区、沿岸通航带、环形道、警戒区及深水航路等。

1.船舶定线制的目的

船舶定线制的目的在于增进船舶汇聚区域和交通密集区域以及由于水域有限、存在碍航物、水深受限或气象条件较差而使得船舶的行动自由受到限制的水域中的航行安全，并防止或减少由于船舶在环境敏感区域或其附近发生碰撞、搁浅或锚泊而对海洋环境造成污染或其他损害的危险。其具体目的包括下列各项或其中的几项：

（1）分隔相反的交通流，以减少对遇局面／态势的发生；

（2）减少穿越船与航行在已建立的通航分道内的船舶之间的碰撞危险；

（3）简化船舶汇聚区域内交通流的形式；

（4）在沿海开发或勘探集中的区域内组织安全的交通流；

（5）在对所有船舶或对某些等级的船舶航行有危险或不理想的水域中或其周围组织安全的交通流；

（6）在水深不明或水深接近吃水的区域为船舶提供特殊指导，以减少搁浅的危险；

（7）指导船舶避开渔场或组织船舶通过渔场。

2.强制定线制

1995年IMO大会第A.827（19）号决议附则3通过的对《关于船舶定线的一般规定》的修正案引进了“强制定线制”的概念，其是指IMO根据《1974年国际海上人命安全公约》第V／8条的要求，强制要求所有船舶、特定类型船舶或载运特定货物的船舶使用的定线制。

（二）船舶定线制种类

船舶定线制包括分道通航制、环形道、沿岸通航带、双向航路、推荐航路、推荐航线、深水航路、警戒区、避航区、禁锚区等定线措施，可根据实际需要单独或组合使用。

（1）分道通航制（Traffic Separation Scheme）：通过适当方法建立通航分道，以分隔相反的交通流的一种定线措施。

（2）环形道（Roundabout）：由一个分隔点或圆形分隔带和一个规定界限的环形通航分道所组成的一种定线措施。在环形通道内，通航船舶环绕分隔点或分隔带按逆时针方向航行而实现分隔。

（3）沿岸通航带（Inshore Traffic Zone）：由一个指定区域构成的一种定线措施，该区域位于分道通航制向岸一侧边界与邻近的海岸之间，并按照《规则》第十条4款规定使用。

（4）双向航路（Two-way Route）：在规定的界限内建立双向通航，旨在为通过航行困难或危险水域的船舶提供安全通道的一种措施。

（5）推荐航路（Recommended Route）：为方便船舶通过而设置的未规定宽度的一种航路，往往以中心线浮标作为标志。

（6）推荐航线（Recommended Track）：经过特别选择以尽可能保证无危险存在并建议船舶沿其航行的一种航路。

（7）深水航路（Deep Water Route）：在规定的界限内，海底及海图上所标志的水下障碍物已经精确测量适于深吃水船舶航行的航路。深水航路主要是预期给那些由于其吃水与有关区域的可用水深的关系而需要使用这一航路的船舶使用，在海图上标明最大吃水；浅吃水的船舶应尽量避免使用深水航路。

（8）警戒区（Precautionary Area）：由一个规定界限的区域构成的一种定线措施，该区域可能有推荐的交通流方向，船舶航行时必须特别谨慎地驾驶。

（9）避航区（Area to Be Avoided）：由一个规定界限的区域构成的一种定线措施，在该区域内航行特别危险或对于避免海难事故特别重要，所有船舶或某些等级的船舶应避开该区域。

（10）禁锚区（No Anchoring Area）：由一个规定界限的区域构成的一种定线措施，该区域内船舶锚泊是危险的或可能对海洋环境造成无法接受的损害，所有船舶或特定类型船舶应避免在禁锚区内锚泊。除非船舶或人员面临紧迫危险。

（三）船舶定线制构成成分

一个实际采用的船舶定线制通常由下列成分构成：

（1）分隔带或分隔线（Separation Zone or Line）：分隔交通流方向相反或接近相反的通航分道，或通航分道与邻近的海区，或分隔为同一航向的特殊级别船舶而设定的通航分道的带或线。

（2）通航分道（Traffic Lane）：在规定界限内建立单向通航的一种区域，该区域即是船舶通航的航路，其边界可以由分隔带或可能由自然碍航物构成。

（3）交通流方向（Established Direction of Traffic Flow）：指示分道通航制内规定的交通运行方向的一种交通流图式，一般用实线空心箭头表示。

（4）推荐的交通流方向（Recommended Direction of Traffic Flow）：在规定交通流方向不可行或不必要的地方，指示推荐交通运行方向的一种交通流图式，一般用虚线空心箭头表示。

（四）航道分隔方法

为了实现船舶定线制的目的，通常采用下列方法之一或其中几种方法的组合来分隔航道。

（1）使用分隔带分隔相反的交通流或使用分隔线分隔相反的交通流，如图3-6-1所示。

（2）使用天然障碍物及地理上显著物标分隔通航航道，如图3-6-2所示。

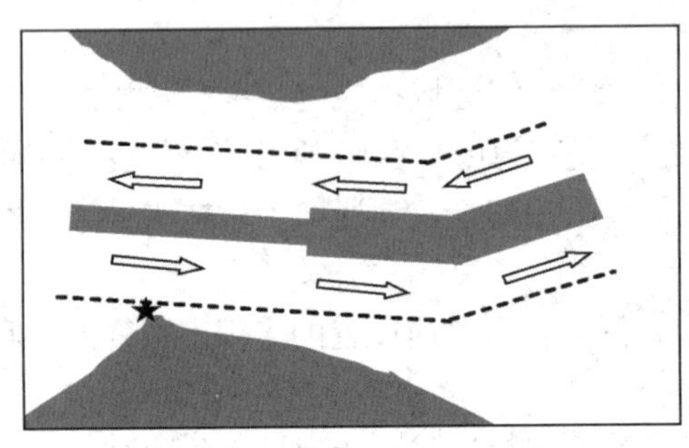

图3-6-1　使用分隔带（线）分隔相反的交通流

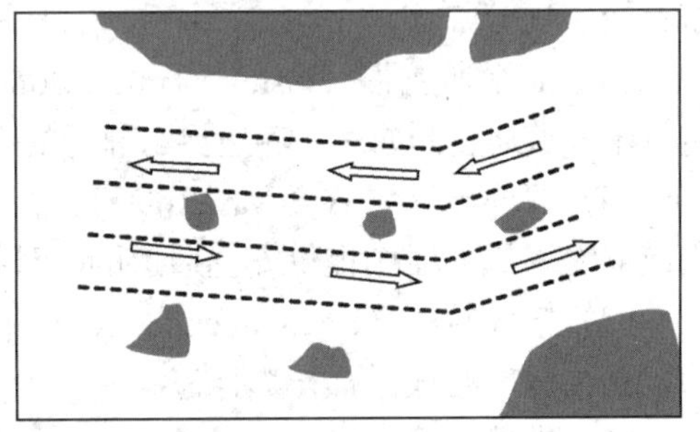

图3-6-2　使用天然障碍物分隔通航航道

（3）采用沿岸通航带分隔过境通航和区间通航，如图3-6-3所示。

（4）在相邻分道通航制汇聚点附近采用扇形分隔，如图3-6-4所示。

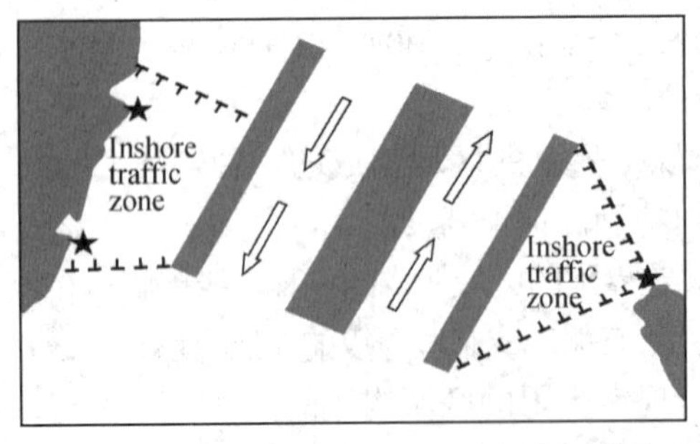

图3-6-3　采用沿岸通航带分隔过境通航和区间通航

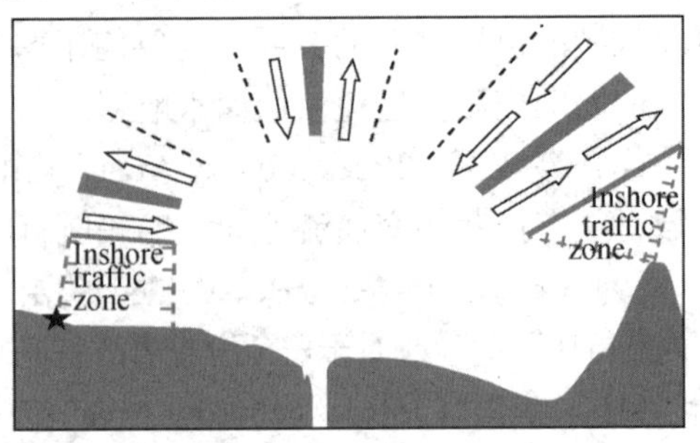

图3-6-4　在相邻分道通航制汇聚点附近采用扇形分隔

（5）在分道通航制交会的会聚点或航路连接处的航道分隔方法：

①环形道。若能证明需要，可用环形道引导船舶围绕一环形分隔区或一指定点逆时针方向行驶，如图3-6-5所示。

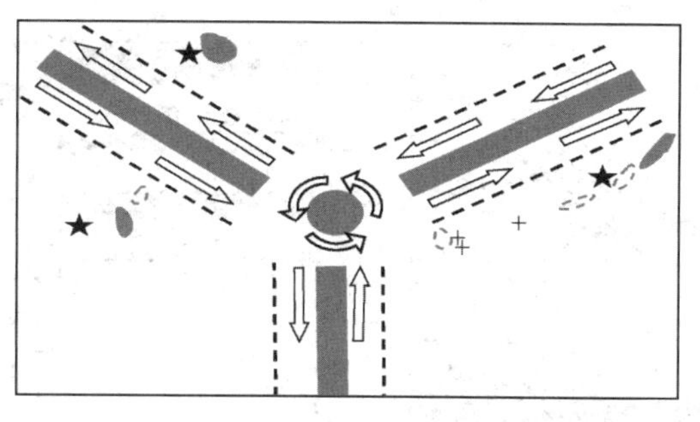

图3-6-5 环形道

②航道连接。航道连接用于两条航路结合或交叉处。交通流的方向在相邻的分道通航制的通航分道中确定，为强调从一个定线制行驶到另一定线制时应采用正确横越方法，分隔带可以中断，如图3-6-6、图3-6-7所示，或用分隔线代替，如图3-6-8所示。

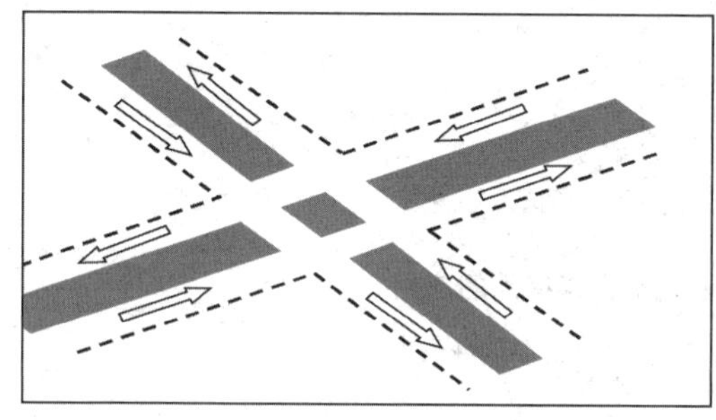

图3-6-6 “十”字形航道连接

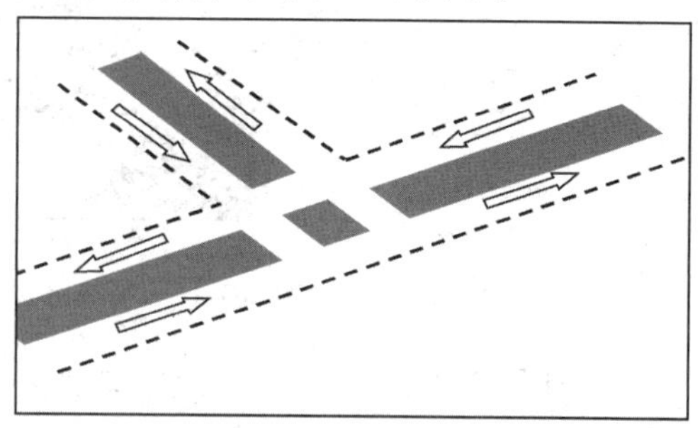

图3-6-7 “丁”字形航道连接

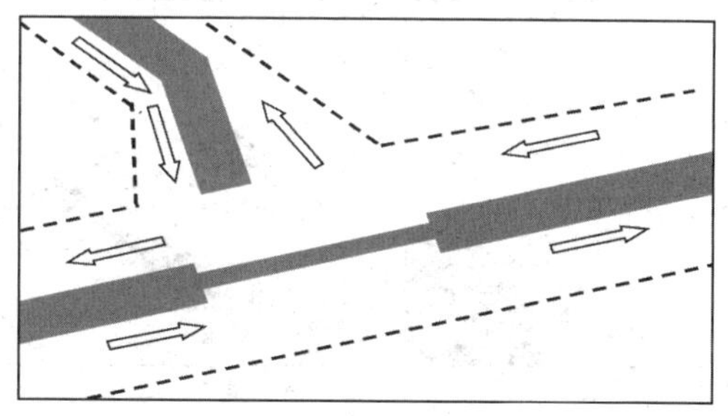

图3-6-8 航道连接处用分隔线代替分隔带

③警戒区。警戒区往往设置在航路汇聚点或交通流交叉点以表明谨慎航行的必要性，也可以用于任何单一航路的终端。图3-6-9表示警戒区在交通汇聚点的应用，图3-6-10表示带有环绕避航区的推荐交通流方向的警戒区。图3-6-11表示警戒区在交通流交叉连接点的应用，在此警戒区内有推荐的交通流向。

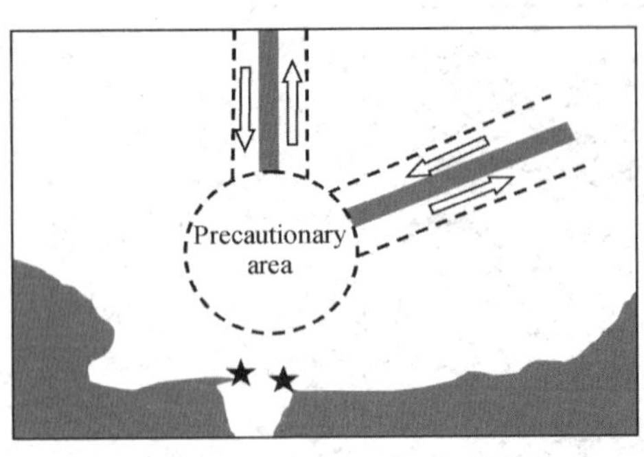

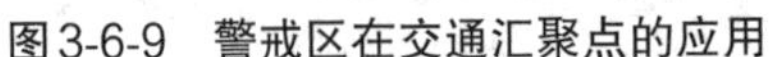

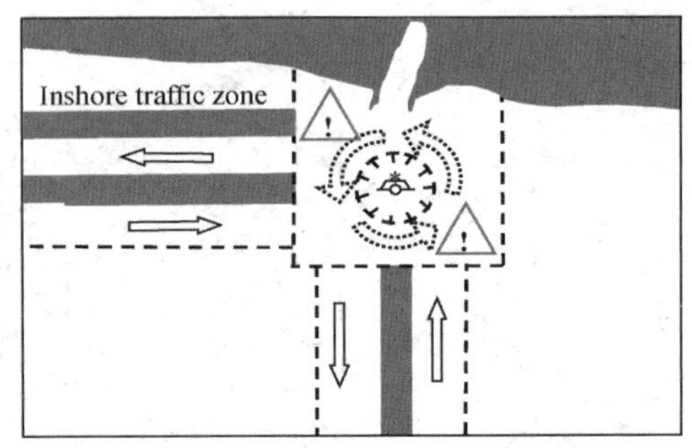

图3-6-9　警戒区在交通汇聚点的应用

图3-6-10　带有环绕避航区的推荐交通流方向的警戒区

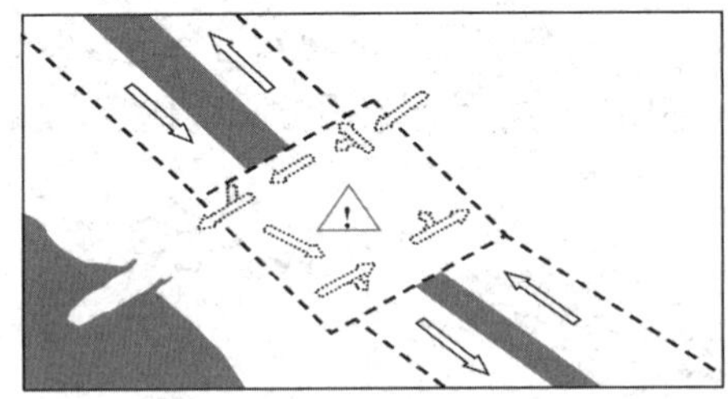

图3-6-11　警戒区在交通流交叉连接点的应用

（6）其他定线方法：

①深水航路，如图3-6-12和图3-6-13所示。

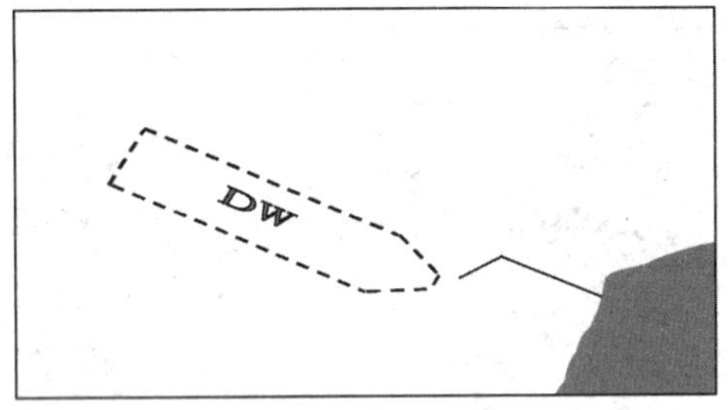

图3-6-12　深水航路

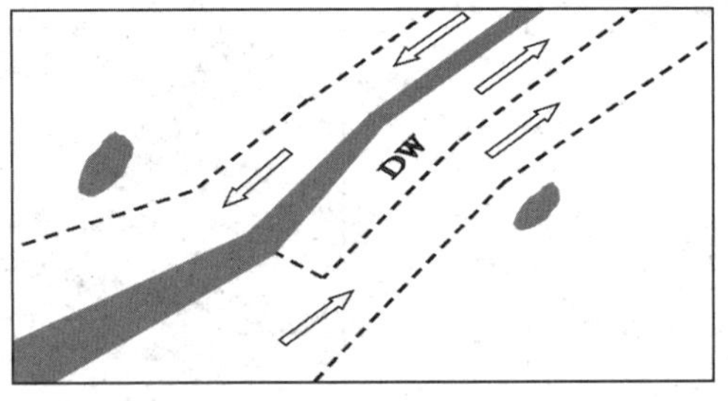

图3-6-13　深水航路

②避航区，如图3-6-14所示。

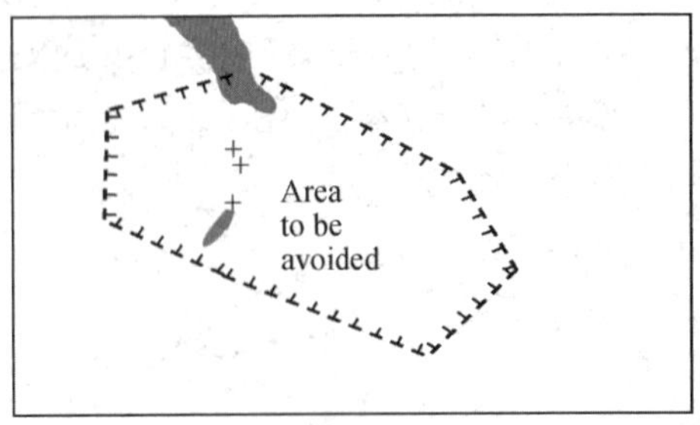

图3-6-14　避航区

③推荐的交通流方向（如图3-6-15所示）、双向航路（如图3-6-16所示）、存在航行困

难或危险区域的推荐航路（如图3-6-17所示）和推荐航线（如图3-6-18所示）。

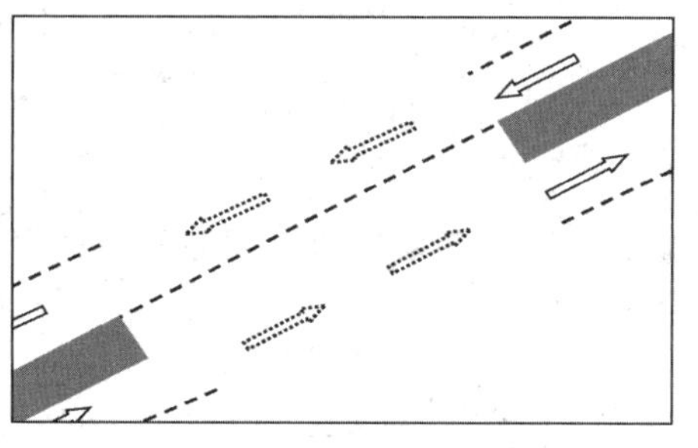
图3-6-15　推荐的交通流方向

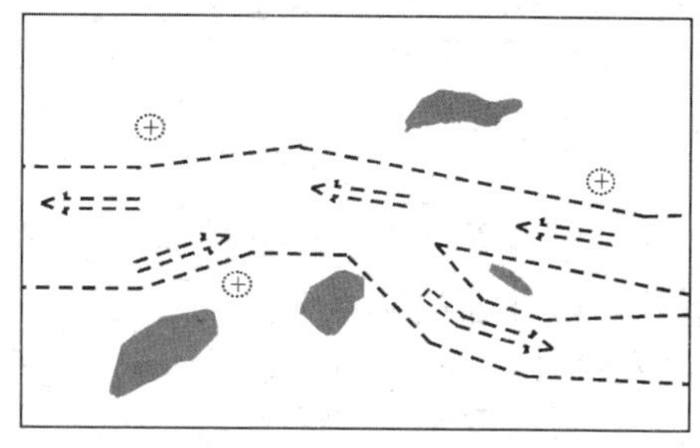
图3-6-16　双向航路

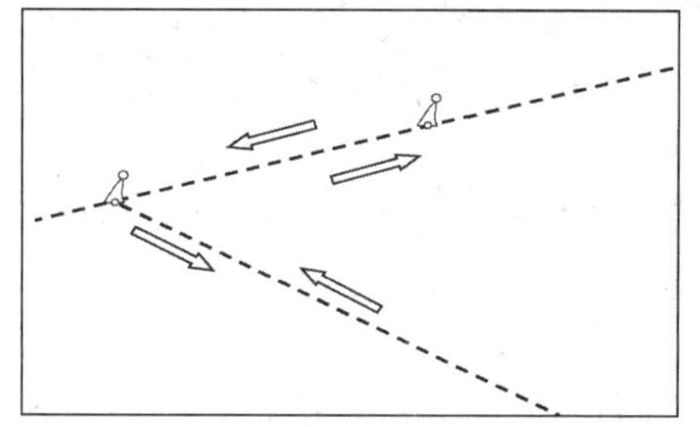
图3-6-17　存在航行困难或危险区域的推荐航路

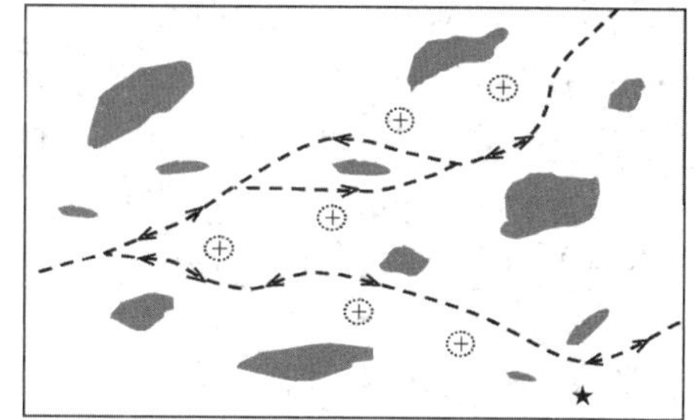
图3-6-18　推荐航线

（五）船舶定线制的使用方法

IMO制定的《船舶定线制的一般规定》第8条规定了船舶定线制的使用方法。除非另有说明，船舶定线制应推荐给所有的船舶使用；而且可以强制要求所有船舶、某些类型的船舶或者载运特定货物或特定类型和数量燃油的船舶使用。在非冰冻区域或者在冰情轻微不需要特别操纵或破冰协助的水域，船舶应当在任何天气条件下遵守船舶定线制的规定。在使用船舶定线制时，应注意如下事项：

（1）除特殊情况外，船舶均应当按指定的航路、规定的航行方法驾驶船舶；

（2）在IMO采纳的分道通航制水域或其附近航行时，应当严格遵守《规则》第十条的规定；

（3）船舶在地方主管当局制定的定线制或其附近航行时，应当严格遵守地方规则的规定；

（4）无论船舶在何种定线制或其附近航行，在避碰中并不享有任何特权，船舶仍有责任和义务遵守《规则》的各项规定，特别是《规则》第二章第二、三节的规定；

（5）航道完全分隔是不可能的，在船舶汇聚处应特别谨慎地驾驶；

（6）船舶在双向航路上应尽可能靠右行驶；

（7）当船舶不利用警戒区或进出附近港口时，应当尽可能远离该区域；

（8）海图上标明的与船舶定线制相关的箭头仅仅指示规定的或推荐的交通总流向，船舶在航道中行驶时，其航迹向应与规定的或推荐的交通流方向尽可能一致，而不是严格地按照箭头设定其航向。

二、船舶在分道通航制中航行

（一）适用范围

《规则》第十条（分道通航制）1款规定："本条适用于本组织所采纳的分道通航制，但并不解除任何船舶遵守任何其他各条规定的责任。"因此，《规则》第十条（分道通航制）仅仅适用于被IMO所采纳的分道通航制水域。

凡是被IMO所采纳的分道通航制，均刊登在IMO出版的《船舶定线制》一书中。该书为一本活页资料，附有简明示意图，并根据修订情况出版活页以更新资料。此外，在英国水道测量局出版的《英版航海通告年度摘要》（Annual Summary of Admiralty Notice to Mariners）的第十七部分刊列了全球各分道通航制的名称和大概地理坐标，凡是在名称左上角标注有☆者，说明其是被IMO采纳的分道通航制。

在未被IMO采纳的分道通航制区域内，《规则》第十条不适用。但无论被IMO采纳与否，船舶均应遵守主管机关为该分道通航制水域制定的特殊规定。

（二）本条与《规则》其他条款的关系

本条1款规定本条"并不解除任何船舶遵守任何其他各条规定的责任"，是强调在IMO采纳的分道通航制区域内，仍然适用《规则》其他条款关于船舶的避让责任或行动的规定。在IMO的MSC/Circ322号通函和《船舶定线制》的一般规定第8节（定线制的使用）中，对这一点也有明确的说明："在IMO采纳的分道通航制区域内或其附近航行的船舶，特别应遵守《1972年国际海上避碰规则》第十条的规定，以减少与他船构成碰撞危险。如果认为与他船存在碰撞危险，则《1972年国际海上避碰规则》的其他规定，特别是第二章第二节、第三节的规定全都应予以遵守。"

根据上述规定，在IMO采纳的分道通航制区域内，船舶应当遵守特殊规则，包括《规则》第十条在内的《规则》各条；在未被IMO采纳的分道通航制区域内，船舶应当遵守特殊规则、《规则》第十条除外的《规则》其他各条。

（三）分道通航制内的避碰责任

《规则》第十条规定了使用分道通航制水域的准则，船舶间的避让责任或行动仍然应当根据《规则》的其他条文加以确定。遵守分道通航制区域规则的船舶，不因遵守分道通航制而享有被让路的权利。例如，互见中，甲机动船在通航分道内行驶，乙机动船从甲机动船右舷穿越分道，且构成碰撞危险，甲机动船仍然应给乙机动船让路。又如甲机动船驶错分道与正确沿着分道交通总流向行驶的乙机动船构成对遇局面，两船仍然应按《规则》第十四条的规定采取行动，而绝不能把走错航道的船舶当作让路船。

（四）在分道通航制水域航行的准则

《规则》第十条2款规定：

“使用分道通航制的船舶应：

（1）在相应的通航分道内顺着该分道的交通总流向行驶；

（2）尽可能让开通航分隔线或分隔带；

（3）通常在通航分道的端部驶进或驶出，但从分道的任何一侧驶进或驶出时，应与分道的交通总流向形成尽可能小的角度。”

1.使用分道通航制船舶的航行准则

根据本条规定，“使用分道通航制的船舶”是指在通航分道中顺着交通总流向行驶的任何船舶。在分道通航制区域的外界行驶、穿越分道通航制区域、在分隔带内捕鱼、在沿岸通航带内行驶的船舶，则不属于“使用分道通航制的船舶”。使用分道通航制水域的船舶，应当遵守下列航行规则。

（1）在相应的通航分道内沿船舶的总流向行驶

分道通航的主要目的就是为了分隔航向相反的船舶。因此，任何使用分道通航制的船舶，包括帆船和在通航分道内从事捕鱼的船舶，都应按照相应通航分道内海图上标示的交通总流向行驶，如图3-6-19所示。此处要求船舶沿相应通航分道内的交通总流向行驶，并不要求船舶的船首向与总流向完全一致，而仅仅要求其航迹向与总流向大体一致。

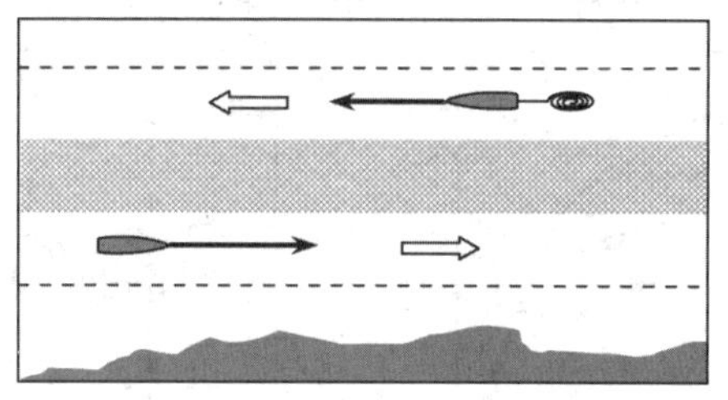

图3-6-19　沿船舶的总流向行驶

根据IMO MSC／Circ322号通函的说明，“一艘船在使用通航分道时，可以在分道的一侧转移到另一侧，但在进行这种转移时，应与分道的交通总流向形成尽可能小的角度”。因此，当船舶需要从分道的一侧转移到分道的另一侧时，也应采取与分道的交通总流向形成尽可能小的角度的方法航行，如图3-6-20所示。

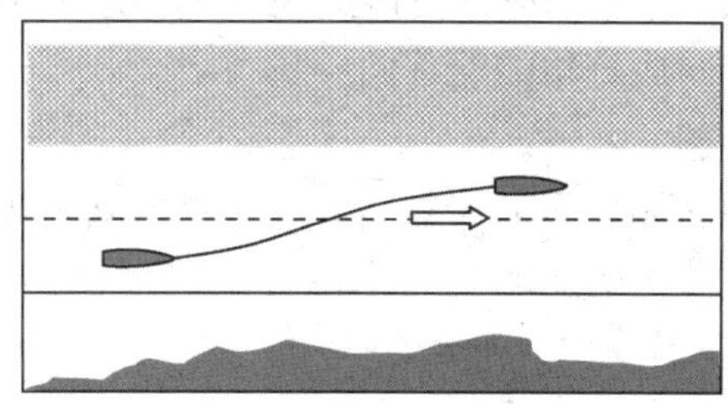

图3-6-20　在分道的一侧转移到另一侧

（2）尽可能让开分隔线或分隔带

尽可能让开分隔线或分隔带，意味着船舶应保持在通航分道的中心线或其附近航行，如图3-6-21所示。“尽可能”一词包含着船舶应充分考虑到水域的自然情况、定位条件、海况和天气、通航密度、船舶的操纵性能等情况，做到使船舶让开分隔线或分隔带。《规则》这样规定的目的在于保证交通流的秩序，避免船舶因为定位的误差或避让行动造成交通局面的混乱。

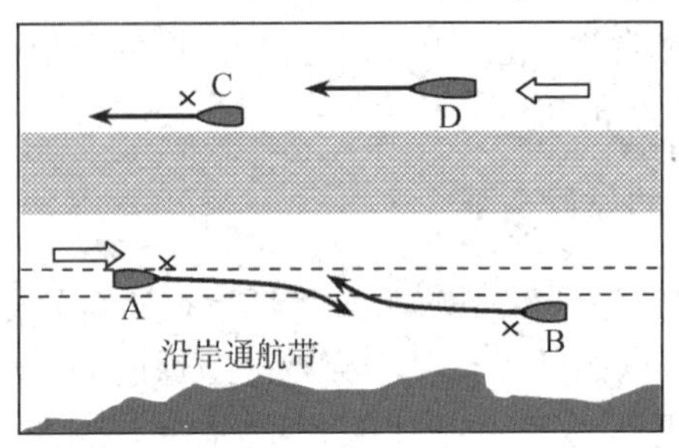

图3-6-21　尽可能让开分隔线或分隔带

（3）在通航分道的端部驶进或驶出

船舶在驶入或驶出通航分道时，通常应在通航分道的端部进行。如果分道通航制的区域较大，船舶距离其端部较远，《规则》允许船舶从分道的任何一侧驶入或驶出。如从一侧驶进或驶出，应采用与分道的交通总流向成尽可能小的角度的方法航行，其中包括穿越一个分道驶入另一个分道或者驶出一个分道穿越另一个分道的情况，如图3-6-22和图3-6-23所示。

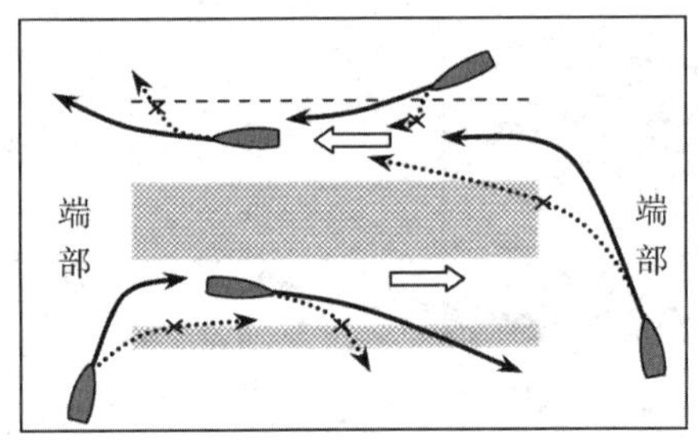

图3-6-22　驶进或驶出通航分道

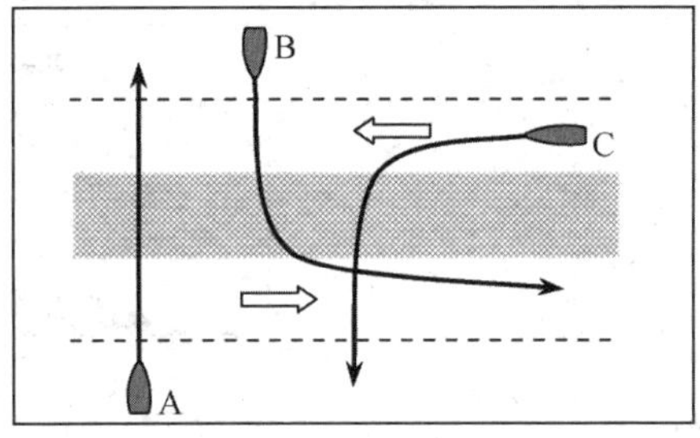

图3-6-23　穿越通航分道

2.穿越通航分道

《规则》第十条3款规定："船舶应尽可能避免穿越通航分道，但如不得不穿越时，应尽可能以与分道的交通总流向成直角的船首向穿越。"

（1）穿越通航分道的船舶

通常，穿越整个分道通航制区域的船舶、穿越一条通航分道进入或者驶离另一通航分道的船舶被称为"穿越通航分道的船舶"，如图3-6-23所示。

（2）尽可能避免穿越通航分道

船舶穿越通航分道有可能与分道内行驶的船舶构成交叉相遇局面，形成碰撞危险，故应尽可能避免。特别是对在江、河、港口处或岬角附近建立的通航分道，船舶更应尽可能避免穿越。

（3）穿越航法

对于不得不穿越通航分道的情况，《规则》对穿越船提出了"应尽可能以与分道的交

通总流向形成直角的船首向穿越”的要求。《规则》之所以要求穿越船应以与分道交通总流向成直角的船首向穿越，其目的是在于缩短穿越的时间和便于他船发现该船的穿越意图。

穿越船在受横风、流影响时，如图3-6-24所示，在穿越时，船舶仍然应当以与交通总流向成直角的船首向穿越，而不应以与交通总流向成直角的航迹向穿越。穿越船以与总流向成直角的船首向穿越时，其航迹向可能与总流向并不成直角。

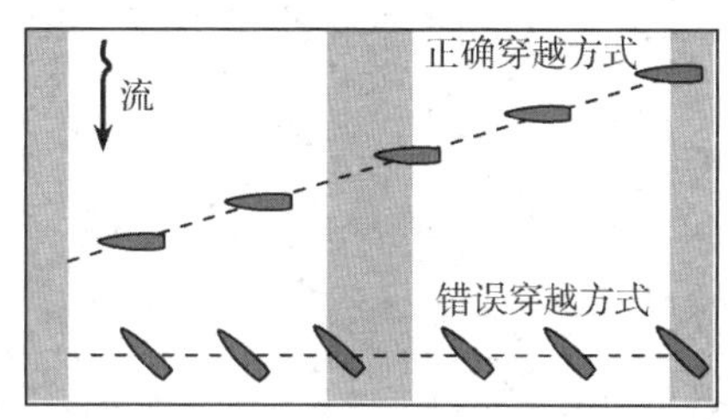

图3-6-24 横风、流时穿越通航分道

当船舶穿越一通航分道而驶进（或驶出）另一通航分道时，应当保持与总流向成直角的船首向穿越，而在驶进（或驶出）另一通航分道时应尽可能与总流向成较小的角度。

3.使用沿岸通航带

《规则》第十条4款规定：

“（1）当船舶可安全使用临近分道通航制区域中相应通航分道时，不应使用沿岸通航带。但长度小于20米的船舶、帆船和从事捕鱼的船舶可使用沿岸通航带。

“（2）尽管有本条4（1）规定，当船舶抵离位于沿岸通航带中的港口、近岸设施或建筑物、引航站或任何其他地方或为避免紧迫危险时，可使用沿岸通航带。”

设立沿岸通航带的目的，是分隔沿海航行和过境航行的船舶，改善船舶航行秩序，保证船舶航行安全和沿岸国家的环境安全。在沿岸水域，沿岸通航带往往与分道通航制结合起来使用，因此，《规则》要求凡可安全使用分道通航制的船舶，不应使用沿岸通航带。但下列船舶可使用沿岸通航带：

（1）长度小于20米的船舶；

（2）帆船；

（3）从事捕鱼的船舶；

（4）抵离位于沿岸通航带中的港口、近岸设施或建筑物、引航站或任何其他地方的船舶；

（5）为避免紧迫危险的船舶。

上述船舶尽管可以使用沿岸通航带，但如果在通航分道内行驶对其安全无影响时，应尽量使用相应的通航分道。

4.进入分隔带或穿越分隔线

《规则》第十条5款规定：

“除穿越船或者驶进或驶出通航分道的船舶外，船舶通常不应进入分隔带或穿越分隔

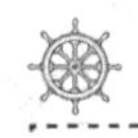

线，除非：

（1）在紧急情况下避免紧迫危险；

（2）在分隔带内从事捕鱼。”

分隔带或分隔线的作用是分隔相反方向行驶的船舶，如果船舶进入分隔带或穿越分隔线，将可能破坏分隔带或分隔线分隔船流的作用，导致通航分道内船舶交通的混乱。因此，本条5款规定，船舶应避免进入分隔带或穿越分隔线。但在下列情况下，船舶可以穿越分隔线或进入分隔带：

（1）在分隔带内从事捕鱼；

（2）为避免紧迫危险；

（3）穿越分道通航制区域；

（4）驶进或驶出相应的通航分道。

在分隔带内从事捕鱼时，捕鱼船可以根据需要朝任意方向行驶，但在靠近通航分道从事捕鱼时，应顺着该邻近通航分道的交通总流向行驶，以避免与分道内的船舶形成接近对遇的态势，同时还应该注意所用的渔具不致影响通航分道内船舶的航行。在为避免紧迫危险而进入分隔带或穿越分隔线时，在紧迫危险消除之后，船舶应迅速返回相应的通航分道，顺着该通航分道的交通总流向行驶。

5.在分道通航制的端部行驶

《规则》第十条6款规定：“船舶在分道通航制端部附近区域行驶时，应特别谨慎。”

分道通航制的端部是驶进或驶出相应通航分道的通道，船舶将在此处汇聚或分散。因此，在分道通航制的端部，船舶密度大、会遇态势复杂，且可能出现多船会遇的情况，如图3-6-25所示。鉴于这种情况，《规则》要求船舶在分道通航制端部附近行驶时应特别谨慎地驾驶。所谓特别谨慎地驾驶，是指船舶应当全面遵守《规则》各条的规定，包括通过正规瞭望对当时的环境和情况保持高度的戒备，而且还包括对多船会遇、他船突然转向等特殊情况保持高度的戒备，防止碰撞事故的发生。

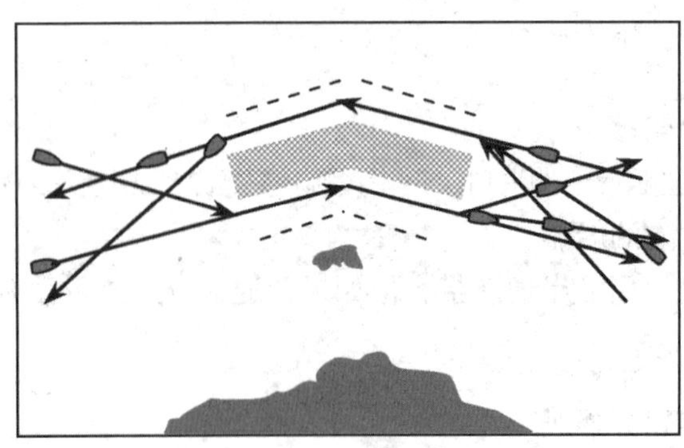

图3-6-25　在分道通航制端部行驶

6.避免锚泊

《规则》第十条7款规定："船舶应尽可能避免在分道通航制内或其端部附近区域锚泊。"因此，船舶应当尽可能避免在通航分道内、分隔带内以及分道通航制的端部附近锚泊。当船舶遇到诸如主机、舵机故障，或在能见度不良时雷达故障等特殊情况而不得不锚泊时，也应尽可能采取措施，选择在分隔带内或者其他不影响他船正常航行的地点锚泊。

7.不使用分道通航制

使用分道通航制的规定不是强制性的，允许船舶不使用分道通航制。但《规则》第十条8款规定："不使用分道通航制的船舶，应尽可能远离该区域。"制定本款的目的是使在分道内行驶的船舶尽可能不受到干扰，以便在分道通航制区域中建立良好的水上交通秩序。

8.在通航分道内从事捕鱼

《规则》并不禁止船舶在通航分道内从事捕鱼，但是从事捕鱼的船舶在通航分道内捕鱼时，应顺着交通总流向行驶；并且《规则》第十条9款进一步规定："从事捕鱼的船舶，不应妨碍按通航分道行驶的任何船舶的通行。"因此，从事捕鱼的船舶在通航分道捕鱼时，不仅其船舶本身不应妨碍按通航分道行驶的任何船舶的通行，而且其所采用的捕鱼方式、使用的渔具也不应妨碍按通航分道行驶的任何船舶的通行。其不应妨碍的对象，不仅包括按通航分道行驶的机动船，而且还包括按通航分道行驶的帆船和长度小于20米的船舶，如图3-6-26所示。

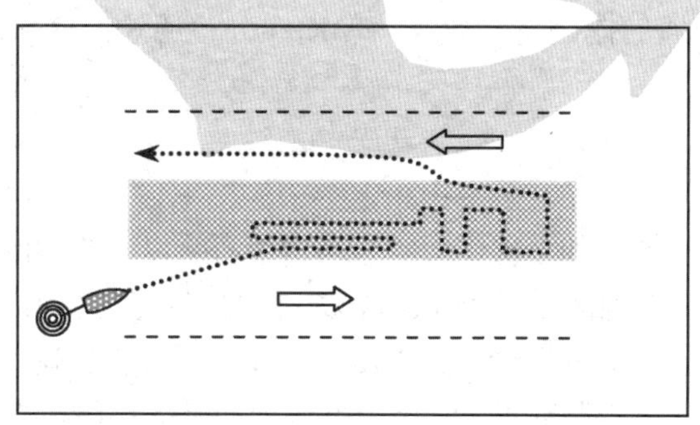

图3-6-26 在分隔带内从事捕鱼

9.帆船或长度小于20米的船舶

《规则》第十条10款规定："帆船或长度小于20米的船舶，不应妨碍按通航分道行驶的机动船的安全通行。"帆船和长度小于20米的船舶只要安全可行即可使用分道通航制。在使用分道通航制时，除应遵守有关在分道内航行的规定之外，还应避免妨碍按通航分道行驶的机动船的安全通行。此处所指的不应被妨碍的机动船包括按通航分道行驶的除从事捕鱼的船舶之外的船长大于等于20米的用机器推进的任何船舶。

10.免受本条规定约束的操纵能力受到限制的船舶

《规则》第十条11款规定："操纵能力受到限制的船舶，当在分道通航制区域内从事维护航行安全的作业时，在执行该作业所必需的限度内，可免受本条规定的约束。"12款规定："操纵能力受到限制的船舶，当在分道通航制区域内从事敷设、维修或起捞海底电缆时，在执行该作业所必需的限度内，免受本条规定的约束。"

根据《规则》上述规定，在分道通航制区域内从事维护航行安全的作业及从事敷设、维修或起捞海底电缆的操纵能力受到限制的船舶，在执行该作业所必需的限度内免受分道通航条款约束。上述两种操纵能力受到限制的船舶，在执行其作业所必需的限度内，其航向可以与通航分道内的交通总流向不一致，甚至相反，也可以在分道通航制水域内锚泊进行作业。

此处所指的从事维护航行安全的作业的船舶包括从事疏浚、清除水雷等作业的船舶，但不包括从事维护、监督航行安全秩序的非作业船舶。

应当指出的是，上述两种操纵能力受到限制的船舶，虽然可以在执行其作业的限度内免受分道通航制条款的约束，但并不解除遵守《规则》其他各条的责任。

（五）船舶在分道通航制区域中航行的注意事项

如前所述，在IMO所采纳的分道通航制区域内或其附近航行的船舶，除应遵守《规则》第十条之外，还应遵守《规则》其他条款的规定，特别是《规则》第二章第二节和第三节的规定。针对分道通航制的特殊要求，船舶在分道通航制区域航行，应当注意如下几点：

1.遵守船舶报告制度

在某些分道通航制水域，如多佛尔海峡、马六甲海峡以及我国的成山角分道通航制水域等，有关主管当局要求船舶在指定地点向有关部门报告诸如船名、船位、航向、航速、吃水、货物种类和性质、目的港等情况，以便有关部门对船舶实施动态安全管理。船舶在这种水域航行时，应遵守报告制的规定，及时准确地向有关部门报告。

2.保持VHF守听

在分道通航制区域，一般均建有监测站或航海信息服务中心。因此，船舶在分道通航制区域航行时，应保持VHF16频道的守听，以便获得关于本船航行情况、通航情况、航海警告等有益信息。

3.注意接收“YG”信号

“YG”信号的含义是“你船似未遵守分道通航制”。因此，当收到“YG”信号时，可能是本船驶入了相反方向的通航分道，应立即检查本船航向与船位。发现他船没有遵守分道通航制航行规则或在相反的通航分道内行驶，也可使用“YG”信号。

4.严格遵守《规则》第十条的规定

船舶在IMO采纳的分道通航制区域航行，必须严格遵守《规则》第十条的规定。当深水航路设在通航分道内，并作为通航分道的一个组成部分时，船舶也应遵守《规则》第十条的规定。当分道通航制建立在狭水道内，船舶在狭水道中的分道通航制中航行时，应遵守《规则》第十条的规定，狭水道条款尽可能靠右行驶的规定在这种情况下不再适用。除遵守《规则》第十条的规定外，船舶还应当严格遵守主管机关为该分道通航制区域制定的特殊规定。

5.在采取避让行动时，船舶必须遵守《规则》其他条款的规定

无论他船是否遵守分道通航制的规定，船舶在采取避让行动时均应遵守《规则》其他条款的规定，特别是《规则》第二章第二节和第三节的规定。

第四章

船舶在互见中的行动

本章学习目标

（1）掌握《规则》本节各条的适用范围和适用条件；
（2）理解互见中两艘帆船相遇时避让责任的划分；
（3）掌握构成追越的条件、判断方法和避让注意事项；
（4）掌握构成对遇局面的条件、判断方法和避让注意事项；
（5）掌握构成交叉相遇局面的条件、避让方法和避让注意事项；
（6）掌握让路船、直航船在会遇过程中不同阶段的权利和义务；
（7）掌握船舶之间的避让责任关系。

“船舶在互见中的行动”是《规则》第二章“驾驶和航行规则”第二节的内容，共八条。《规则》第十一条（适用范围）规定：“本节条款适用于互见中的船舶”。即《规则》第十二条至十八条仅适用于互见中的船舶。互见的含义已在第一章中阐述，其包括能见度良好时的互见和能见度不良时的互见两种情况。因此，本节所阐述的船舶之间的避让关系以及有关追越、对遇局面、交叉相遇局面、让路船与直航船等概念等仅在互见中的避碰中适用。

在帆船、追越、对遇局面、交叉相遇局面条款中，《规则》主要是根据两船所构成的几何格局规定船舶之间的避让关系和避碰责任；在船舶之间的责任条款中，《规则》主要是根据船舶操纵避让能力的优劣规定两船相遇时的船舶之间的避让关系。

特别需要注意的是，在能见度不良的情况下，绝大多数情况会有从相互看不见发展到相互看见（因当时的能见度而定）的过程。在能见度不良情况下会遇两船已经适用《规则》第十九条后，就不再适用互见中有关避让或避碰责任（义务）的条款。但是，在能见度不良情况下两船互见后，仍然应当执行互见中的声号条款。

第一节 帆船

一、两艘帆船之间的避让

《规则》第十二条（帆船）规定：

“1. 两艘帆船相互驶近致有构成碰撞危险时，其中一船应按下列规定给他船让路：

（1）两船在不同舷受风时，左舷受风的船应给他船让路；

（2）两船在同舷受风时，上风船应给下风船让路；

（3）如左舷受风的船看到在上风的船而不能断定究竟该船是左舷受风还是右舷受风，则应给该船让路。

“2. 就本条规定而言，船舶的受风舷侧应认为是主帆被吹向一舷的对面舷侧；对于方帆船，则应认为是最大纵帆被吹向的一舷的对面舷侧。”

该条规定了两艘帆船相互驶近构成碰撞危险时的避让关系。

（一）适用范围

1.适用条件

《规则》第十二条的适用，应当满足下列条件：

（1）两船在互见中；

（2）相遇并构成碰撞危险的船舶必须均为帆船；

（3）构成碰撞危险；

（4）两艘帆船不在追越中。

2.帆船条款适用的例外

我国在接受《规则》时，仍对我国的非机动船做出了保留。因此，我国的帆船不受《规则》的约束，也不适用本条，而应当适用《中华人民共和国非机动船舶海上安全航行暂行规则》。

（二）两艘帆船之间的避让关系

根据《规则》第十二条1款的规定，并结合《规则》第十三条的规定，两艘帆船之间的避让责任关系如下：

（1）当一帆船追越另一帆船时，追越的帆船应给被追越的帆船让路。

（2）两船在不同舷受风时，左舷受风的船应给他船让路，如图4-1-1所示。

（3）两船在同舷受风时，上风船应给下风船让路，如图4-1-1所示。

（4）如左舷受风的船看到在其上风的船而不能断定究竟该船是左舷受风还是右舷受风，则应给该船让路。如图4-1-2所示，当B船对A船究竟是左舷受风还是右舷受风有怀疑时，B船应当给A船让路。

应当注意的是，该条仅适用于两艘帆船相遇并致有构成碰撞危险的情况。当三艘或者三艘以上帆船相遇并同时致有构成碰撞危险时，上述条款并不适用。图4-1-1中表示的是两艘帆船分别相遇时的避让关系。此外，当帆船与机动船相遇，或者当帆船从事捕鱼并构成《规则》所指的“从事捕鱼的船舶”时，上述条款也不适用。

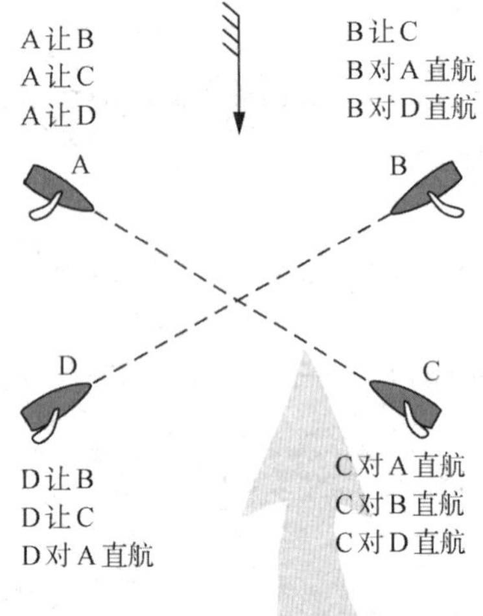

图4-1-1　两艘帆船间的避让关系

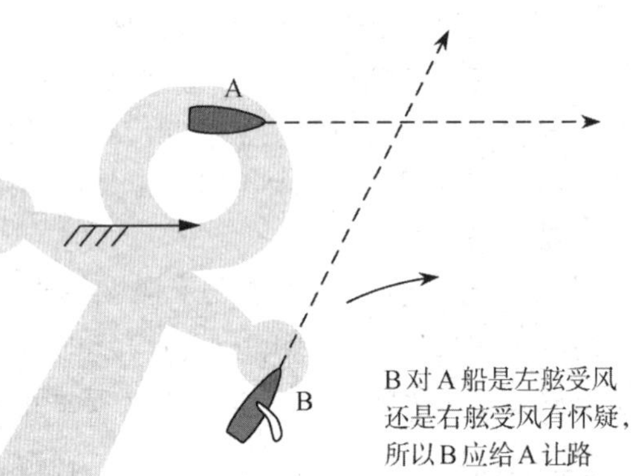

图4-1-2　对他船何舷受风有怀疑

（三）帆船受风舷的确定

根据《规则》第十二条2款的规定，有关帆船受风舷的确认，在白天可以通过观察帆船主帆的位置做出判断；然而，在夜间，很难根据帆船的舷灯做出判断。因此，在夜间，帆船应当根据本船的受风舷以及与他船的相对位置，参照该条1款的规定，采取行动。例如：

（1）左舷受风的帆船当看到上风的另一艘帆船显示绿色舷灯，而无法断定该船何舷受风，则应当假定本船为让路船。

（2）右舷受风的帆船当看到上风的另一艘帆船显示红色舷灯，而无法断定该船何舷受风，则可以假定他船应当给本船让路，因为不论他船何舷受风，他船均负有让路的责任。

（3）左舷受风的帆船，同时又处于上风，无论发现下风船的红舷灯或绿舷灯，也不论能否断定另一艘帆船何舷受风，均应当认为本船为让路船。

二、机动船避让帆船的方法

根据《规则》第十八条的规定，在航的机动船应给帆船让路。机动船在避让帆船时，应根据帆船航行和操纵的特点、当时的风向采取适当的避让行动。机动船避让帆船的方

法，通常应遵循以下原则：

（1）帆船顺风行驶时，应从帆船船尾通过，如图4-1-3（a）所示。

（2）帆船横风行驶时，应从帆船上风侧通过，如图4-1-3（b）所示。

（3）帆船逆风行驶时，应从帆船船尾通过，如图4-1-3（c）所示。

（4）对准备掉抢的帆船，一般不宜从其掉抢后的下风舷通过，以防帆船掉抢后失去动力而被压向大船；航道较宽时，一般可从帆船船尾上风侧驶过；航道较窄时，宜减速避让；当几艘帆船同时抢越船头时，应警惕有的帆船认为抢不过去而突然掉抢；应鸣放操纵和警告声号。

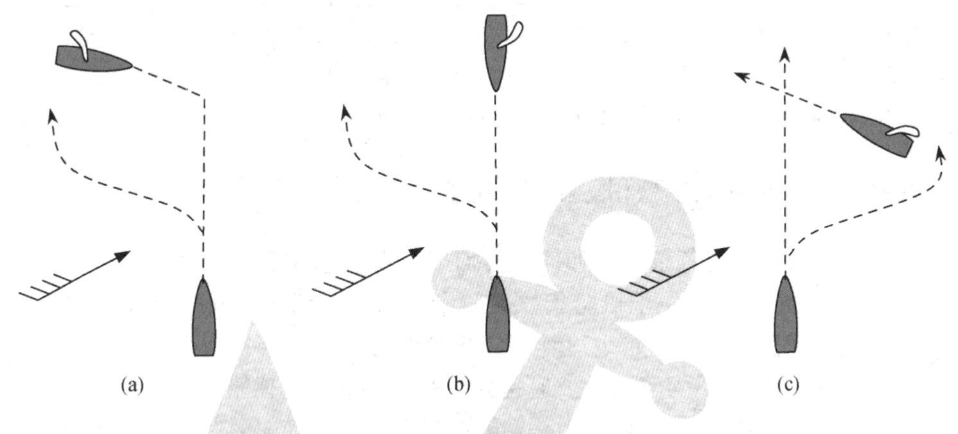

图 4-1-3 机动船避让帆船的方法

无论是一艘帆船避让另一艘帆船，还是一艘机动船避让一艘帆船，让路船不仅应当严格遵守《规则》第八条、第十八条有关避让行动的规定，做到“早、大、宽、清”，而且还应当注意到被避让的帆船（直航船）可能由于风向、风速的变化而无法保向保速，可能出现掉抢的情况。

第二节 追越

一、追越条款与《规则》其他条款之间的关系

《规则》第二章的第一、二节规定了船舶之间的避让责任关系（如第一节中的不应妨碍与不应被妨碍关系、第二节中的让路与直航的关系等），但各种避让责任关系的适用时机、适用条件并不完全不同，为避免这种责任关系规定的相互冲突，需要确定各条款的优先适用顺序。《规则》第十三条1款规定：“不论第二章第一节和第二节的各条规定如何，

任何船舶在追越任何他船时，均应给被追越船让路。”这一规定明确了追越条款所规定的避让责任将优先适用。追越条款优先适用具体表现为如下几个方面：

（一）追越条款优先于不应妨碍条款、狭水道条款和分道通航制条款

“不论第二章第一节的各条规定如何，任何船舶在追越任何他船时，均应给被追越船让路”主要是指追越条款优先于不应妨碍条款、狭水道条款和分道通航制条款。换言之，一方面，只要构成追越，追越船就应当给被追越船让路，直到驶过让清为止，而不论被追越船是否为一艘不应妨碍或者不应被妨碍的船舶；另一方面，无论是在狭水道还是在分道通航制水域内，只要构成追越，追越船均应当给被追越船让路，而不论被追越船是否遵守狭水道或者分道通航制条款。诚然，追越条款并不解除不应妨碍的船舶履行其不应妨碍义务，也不解除船舶遵守狭水道或者分道通航制航行规则的义务。

（二）追越条款优先于帆船条款和船舶之间的责任条款

“不论第二章第二节的各条规定如何，任何船舶在追越任何他船时，均应给被追越船让路”主要是指追越条款优先于帆船条款（第十二条）和船舶之间的责任条款（第十八条）。换言之，两艘帆船构成追越，追越船应当给被追越船让路，而不论被追越船何舷受风；只要构成追越，追越船均应当给被追越船让路，而不论追越船是一艘何种船舶，也不论被追越船是一艘何种船舶。例如，当一艘帆船追越一艘机动船时，帆船仍然应当给机动船让路。又如，即使是一艘操纵能力受到限制的船舶，只要是追越他船，其也应当给他船让路。

二、构成追越的条件

《规则》第十三条（追越）2款规定：“一船正从他船正横后大于22.5度的某一方向赶上他船时，即该船对其所追越的船所处的位置，在夜间只能看见被追越船的尾灯而不能看见它的任一舷灯时，应认为是在追越中。”根据该款的规定，除两船处于互见中这一前提条件外，一船构成“追越”另一船必须同时具备如下三个条件：

（一）两船方位

后船应位于前船正横后大于22.5°的任一方向上，即后船应当位于前船的尾灯光弧范围内。在夜间，对于方位的判断较容易，可根据看到他船航行灯的情况来判断本船相对他船所处的方位，即在可看到他船的尾灯而看不到桅灯或舷灯时就符合这一方位条件。但在白天，判断本船相对他船所处的方位是困难的。另外，根据对号灯的技术细节要求，舷灯（桅灯）、尾灯将各自向后和向前延伸5°才达到切实断光，因此，当后船位于前船正横后大约22.5°的方向上时，可能可以同时见到他船的尾灯和舷灯（桅灯），此时，对于后船而言，仍然应当认为构成追越的方位要件。此外，受船舶首摇运动、操舵不稳定等因素的影

响，也可能出现后船偶尔看到他船尾灯、偶尔看到他船舷灯的情况，此时，对于后船而言，也仍然应当认为满足构成追越的方位要件。

（二）两船速度

后船赶上他船就意味着后船速度必须大于前船。对这种两船相对位置的判断可根据方位或距离的变化进行，可能的情况有：

（1）夜间，后船先看到前船尾灯，后来又看见前船绿舷灯和桅灯（由于后船赶上前船引起，而不是前船转向）；

（2）看到他船的势态发生变化（反舷角变小）；

（3）距离逐渐减小；

（4）反舷角及距离均变小。

（三）两船距离

《规则》条文本身并没有直接规定构成追越的距离条件。但从“在夜间只能看见被追越船的尾灯而不能看见它的任一舷灯时，应认为是在追越中”这一规定可以推论出构成追越的条件之一是后船位于前船的尾灯光照距离范围内。实际上，前船的尾灯光照距离随着该船的大小、当时的能见度情况不同而不同。因此，在夜间，应当通过用视觉是否可以看到前船的尾灯来判断是否满足构成追越的距离要件。但是，在白天，这一要件就难以判断。鉴于船长大于等于50 m的船舶的法定最小能见距离为3 n mile，通常认为，当后船赶上前船且距离小于3 n mile时，就满足了构成追越的距离要件。

只要满足上述条件，追越条款就适用，而不论构成追越的船舶属于何种类型的船舶，也不论船舶所处的水域是宽敞的水域、狭水道或者分道通航制水域。换言之，追越条款适用于任何船舶、任何水域。值得注意的是，追越并不以构成碰撞危险为条件。

三、追越的判断

在判断是否构成追越时，可以利用前述构成追越的条件加以判断。然而，在实践中，有时确实存在对两船所处的范围、距离难以判断的情况。例如，在方位的判断上，在夜间，对于方位的判断较容易，可根据看到他船航行灯的情况来判断本船相对他船所处的方位，即在可看到他船的尾灯而看不到桅灯或舷灯时就符合这一方位条件。但在白天，准确判断本船相对他船所处的方位是困难的。另外，根据对号灯的技术细节要求，舷灯（桅灯）、尾灯在正横后22.5°方向上将各自向后和向前延伸5°才达到切实断光，因此，当后船位于前船正横后大约22.5°的方向上时，可能可以同时见到他船的尾灯和舷灯（桅灯）；同时，受船舶首摇运动、操舵不稳定等因素的影响，也可能出现后船偶尔看到他船尾灯、偶尔看到他船舷灯的情况。

为此，《规则》第十三条3款规定：“当一船对其是否在追越他船有任何怀疑时，该船应假定是在追越，并应采取相应行动。”根据这一规定，当后船利用各种方法仍然难以判断是否构成追越而对是否构成追越有任何怀疑时，后船应当假定构成追越，主动承担避让责任，直到最后驶过让清为止。后船对是否正在追越前船存在怀疑的情况主要包括：

（1）夜间赶上他船，有时看到他船尾灯而有时又看到舷灯；

（2）夜间赶上他船，能同时看见他船的舷灯和尾灯；

（3）白天赶上他船，本船位于他船正横后约22.5°的方位上，且距离较近，本船对两船构成交叉相遇局面或追越有怀疑时；

（4）白天赶上他船，本船位于他船正横后大于22.5°的方位上，但对两船的距离是否构成追越尚不能确定；

（5）任何其他对是否构成追越有怀疑的情况。

四、追越中的避让责任

（一）追越中两船的避让责任

《规则》第十三条1款“不论第二章第一节和第二节的各条规定如何，任何船舶在追越任何他船时，均应给被追越船让路。”的规定，明确指出了追越船为让路船，而被追越船为直航船。《规则》之所以把让路的责任指定给追越船，主要是考虑追越船在避让中始终处于主动地位，无论用舵让还是用车让，通常都不会有任何的困难，并且其可以对当时两船的会遇态势做出确切的判断以后，才采取避让的行动。因此，在宽敞水域，一旦具备构成追越的条件，追越船就负有让路的责任和义务，主动采取避让被追越船的行动；在狭水道或航道，如需要被追越船采取行动才能安全追越时，则追越船还应当鸣放相应的追越声号，在征得被追越船的同意并确认被追越船已经采取了相应的行动使得能够安全追越时，才能实施追越，否则就不应当实施追越。

（二）追越船责任的解除

《规则》第十三条4款规定：“随后两船间方位的任何改变，都不应把追越船作为本规则条款含义中所指的交叉相遇船，或者免除其让开被追越船的责任，直到最后驶过让清为止。”该规定说明两船一旦构成追越，追越条款就一直适用，追越船就应当给被追越船让路，直到最后驶过让清为止。即所谓的“一旦追越，永远追越”。

在追越过程中，两船间的方位、距离将发生变化，可能会形成“交叉会遇”格局，如图4-2-1所示，具体的情况可能有三种。其一，两船以收敛的航向逐步地接近，追越船从被追越船正横后大于22.5°的某一方位上赶上并进入被追越船正横后22.5°之前的某一位置，即从被追越船的尾灯的光弧范围进入到舷灯的光弧范围；其二，两船以平行的航向或发散的航向处于追越的格局中，当追越船进入被追越船的舷灯光弧范围之后，航向改变，以至于两船航向收敛而处于交叉态势中；其三，两船以平行的航向或发散的航向处于追越的格局中，由于被追越船的航向临时改变，以至于两船各位于他船的舷灯光弧范围内，航

向收敛而形成交叉态势。但是，无论是上述哪种情形，一旦前一阶段已经构成追越，追越船均不应将此时的“交叉会遇”态势作为交叉相遇局面而免除其让清被追越船的责任，直到最后驶过让清为止。

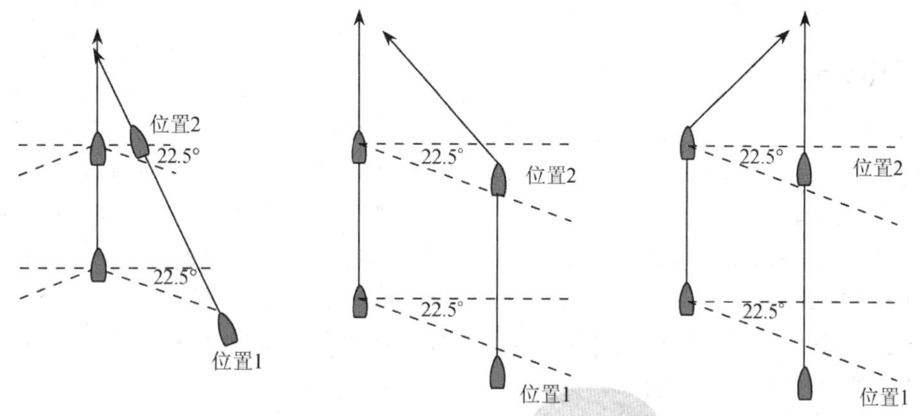

图4-2-1 追越过程中两船之间的位置关系

所谓“驶过让清”，是指追越船已经离开被追越船足够的距离以致不再妨碍被追越船的航行，即使追越船采取不适当的突发行动，被追越船也有足够的时间来判断和应对。

在追越船驶过让清被追越船之前，追越船始终负有让路的责任和义务，否则就应当承担相应的责任。例如，在“克立克斯（Kylix）”轮与“卢斯全根（Rustringen）”轮碰撞案中[①]，如图4-2-2所示，一开始时构成“克立克斯”轮追越“卢斯全根”轮，即使在“卢斯全根”轮转向后两船构成“交叉会遇”格局，“克立克斯”轮仍然负有让清“卢斯全根”轮的义务。在此案中，“克立克斯”轮被判令承担80%的责任，而“卢斯全根”轮承担20%的责任。

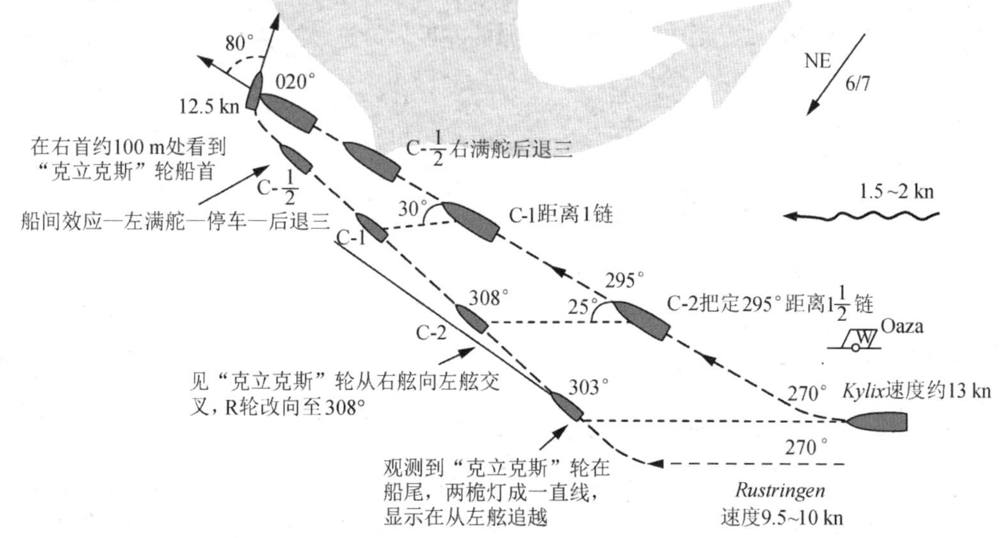

图4-2-2 “克立克斯”轮与“卢斯全根”轮碰撞案

① [1979] 1 Lloyd’s Rep. 133.

五、追越中的避让行动

（一）追越的特点

1.相对速度小，并行或相持时间长

在追越时，两船接近于同向行驶，相对速度小，相持时间长。虽然相持时间长使得可供判断考虑、采取行动的时间比较长，但是若追越中两船的横距较小，可能产生激烈的船间效应，尤其是在狭水道或者航道中追越时，这种船间效应尤甚。根据各因素对船间效应激烈程度的影响，两船船速越高、相对速度越小、水深越浅、航道宽度越窄、两船的横距越小，则船间效应越显著。因此，当一船在追越另一船时，应当保持足够的横距；在狭水道或者航道中追越应当征得被追越船的同意，使得两船能够保持足够的横距，并有一定的速度差以缩短两船并行的时间。

有关碰撞事故的统计分析表明，在狭水道或者航道中，当一船以较小的横距追越他船时，最容易由于激烈的船间效应而发生碰撞事故。

2.易与大角度交叉相遇局面相混淆

当后船从前船正横后约22.5°的某一方向上驶近并赶上前船时，后船可能对本船究竟是在追越前船，还是与前船构成大角度交叉产生怀疑，如图4-2-3所示。在该图（a）中，无论A、B两船是构成追越还是交叉相遇局面，A船均属于让路船，因而不容易发生两船行动的不协调。而该图（b）中，A船可能认为两船构成交叉相遇局面，因而认为B船为让路船而自己仍然保向保速，而B船可能认为两船构成追越，本船为被追越船而保向保速，结果A、B两船均不采取行动而造成紧迫局面，并进而发生碰撞。因此，当两船可能构成追越时，从前船的右舷后方追越较从前船的左舷后方追越更为危险。

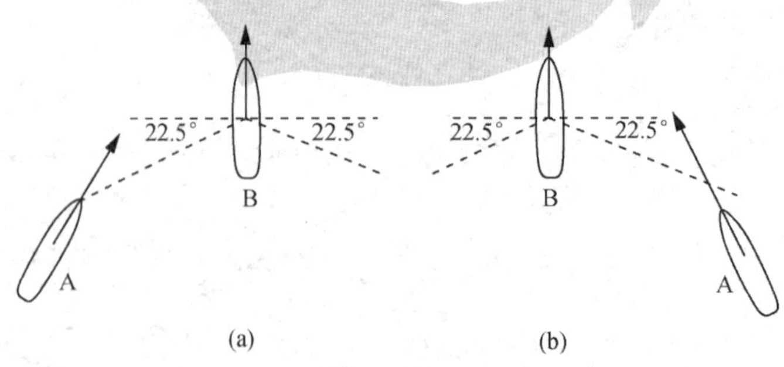

图4-2-3　易与大角度交叉相混淆的追越

因此，针对上述后船从前船右舷正横后约22.5°的某一方向上驶近并赶上前船的情况，为了保证船舶航行安全，后船应当严格遵守《规则》第十三条的规定，对是否构成追越存在任何怀疑时，应当假定本船在追越他船，并采取相应的让路行动；前船应当充分注意到这种容易与交叉相遇局面相混淆的实际情况，保持高度的戒备，运用良好的船艺，在必要时独自采取操纵行动，并且在采取行动时，应当注意到其本身的行动不会与后船可能

采取的行动相冲突。

有关的碰撞事故统计表明，在宽敞水域中，一船从另一船右舷正横后22.5°的某一方向上驶近并赶上前船时，最容易发生碰撞事故。例如，在“奥林匹亚（Olympian）”轮（以下简称O轮）与“瑙威·沙克兹（Nowy Sacz）”轮（以下简称N轮）碰撞案中[①]，两船的相遇过程如图4-2-4所示。

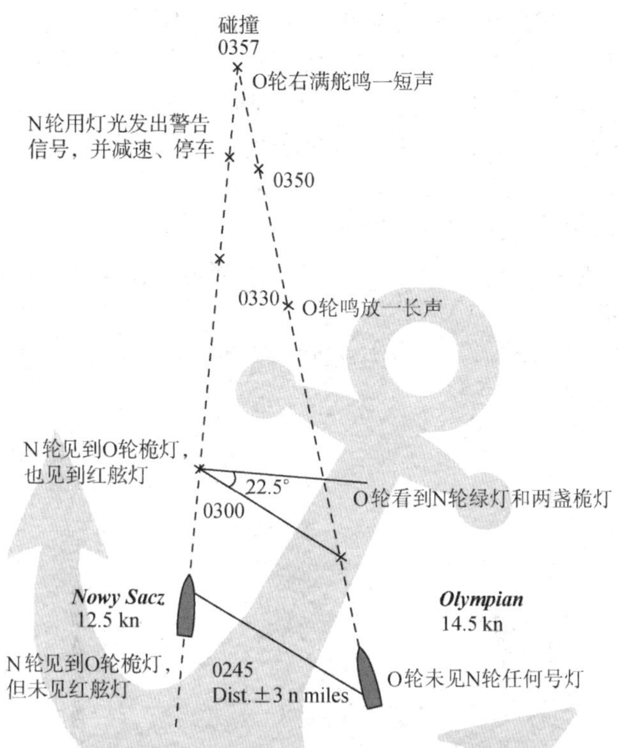

图4-2-4 “奥林匹亚”轮与“瑙威·沙克兹”轮碰撞案

分析两船的会遇过程可知，在两船接近的最初阶段即0245时，O轮应对当时的局面做出正确的判断，如对是否处于追越持有怀疑时，应假定是在追越中并给他船让路，并应按《规则》第八条和第十六条的有关规定及早采取大幅度的行动，宽裕地让清他船，但在0300时，O轮二副看到了N轮桅灯和绿舷灯，就认为构成交叉相遇局面而始终保向保速。因此，O轮没有按照《规则》的规定，针对是否存在追越有怀疑时没有假定为追越并采取让路行动，严重违反了追越条款的规定，是造成碰撞的主要原因。

对于N轮而言，尽管《规则》并没有规定在对是否构成交叉相遇局面有任何怀疑时应当假定为交叉相遇局面，但是，在当时的情况下，根据良好船艺的要求，其也应当充分估计到当时两船的实际会遇态势，应当意识到O轮可能会认为当时两船构成交叉相遇局面而不采取让路行动的可能性，应当对当时情况保持高度的戒备，但N轮也没有这样做。另一方面，N轮作为追越中的直航船，按《规则》第十七条的规定，首先应该保向保速，但是当发现让路船显然没有采取有效的避碰行动时，为避免紧迫局面也应采取适当的行动，以

① [1977] 2 Lloyd’s Rep.91.

防止局势进一步恶化，但N轮也没能做到这一点。这是发生碰撞的次要原因。

在该案的上诉中，上诉法院判定“奥林匹亚”轮承担3/4的碰撞责任，而“瑙威·沙克兹”轮承担1/4的碰撞责任。

（二）追越船的行动

《规则》第十三条本身并没有规定追越船的具体避碰行动要求。因此，追越船作为让路船在采取避让行动时，应当严格遵守《规则》第八条、第十六条的规定，做到早、大、宽、清，并且应当牢记其让路的义务一直持续到最后驶过让清为止，其后两船间的任何方位的变化，或者主机、舵机等发生故障而处于失控状态，均不免除其让路的责任和义务。此外，在追越中应当注意如下事项：

（1）在追越时，应当保持足够的横距。

（2）当与被追越船航向会聚时，追越船应适当地改变航向，先从被追越船的船尾驶过，如图4-2-5所示。

（3）当追越船追过前船后，不应当立即横越他船船首，而应当确实驶过让清他船后再横越他船船首。如图4-2-6所示。

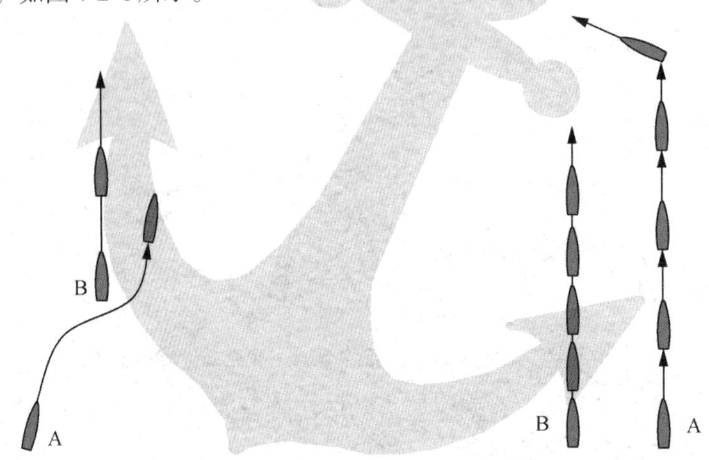

图4-2-5　航向会聚时的追越

图4-2-6　追越后的转向

（4）在追越过程中密切注视被追越船的动态，对被追越船可能采取的不利行动予以高度戒备，尤其是当临近被追越船的转向点附近或者发现被追越船可能与另一艘船舶致有构成碰撞危险时。

（5）在狭水道、航道内应当严格遵守狭水道条款的规定，应避免在狭水道的弯头地段、通航密集区、习惯转向点或禁止追越的水域追越。当需要被追越船配合采取行动时，应当鸣放相应的声号，禁止强行追越。在狭水道、航道内实施追越时，应当尽可能避免航向交叉，而应当尽可能并行追越，在追越过程中应保证足够的横距，避免产生激烈的船间效应。

（6）在追越过程中，尽可能与被追越船保持VHF通信联系，协调双方行动。

（7）在追越中或者在采取避让行动时，应当特别警惕在近距离有第三船逼近而造成新的紧迫局面的可能性。

（三）被追越船的行动

被追越船作为直航船应当严格遵守《规则》第十七条的规定，在被追越的过程中应当注意如下事项：

（1）当发现有他船追越时，应当检查本船所显示的号灯、号型是否正常，尤其是本船尾灯是否正常显示。

（2）针对从本船右舷正横后约22.5°的某一方向上驶近的来船，应当保持高度的戒备，运用良好的船艺，在必要时独自采取操纵行动。

（3）被追越船应密切注视追越船的行动和追越的方式，对可能发生的意外情况，例如船舶失控、激烈的船间效应、激烈的岸壁效应、第三船出现等，做好随时操纵的准备。

（4）在狭水道或航道内，如果同意追越，则应鸣放声号明确表示，并采取让出航道、降低船速等措施，并在整个被追越过程中，充分注意船间效应、浅水效应、岸壁效应的影响；如果不同意追越，则应向企图追越的船立即发出怀疑或警告声号。

（5）被追越船在到达预定转向点附近准备转向时，或者在避让第三船时，应当充分注意到其行动是否可能与追越船的避让行动相冲突。

（6）在被追越过程中，尽可能与追越船保持VHF通信联系，协调双方行动。

第三节 对遇局面

一、对遇局面的定义

《规则》第十四条1款规定："当两艘机动船在相反的或接近相反的航向上相遇致有构成碰撞危险时，各应向右转向，从而各从他船的左舷驶过。"根据本款的规定，"对遇局面"是指两艘机动船在相反的或接近相反的航向上相遇致有构成碰撞危险的局面。除需满足互见这一条件外，构成对遇局面应满足以下三个要件：

（一）两艘机动船

相遇的两船均必须为机动船。有关"机动船"的一般定义在《规则》第三条中已经给出。但根据《规则》第十八条的规定，机动船在航时应当给失去控制的船舶、操纵能力受到限制的船舶和从事捕鱼的船舶让路，而不论失去控制的船舶、操纵能力受到限制的船舶和从事捕鱼的船舶是否用机器推进。因此，本条所指的"机动船"是指除"失去控制的船舶"、"操纵能力受到限制的船舶"和"从事捕鱼的船舶"之外的用机器推进的船舶，而限于吃水的船舶仍然属于本条所指的"机动船"的范畴。因此，机动船与上述失去控制的船舶、操纵能力受到限制的船舶和从事捕鱼的船舶等三种船舶构成“对遇”的态势时，或者上述三种船舶之间构成“对遇”的态势时，并不构成本条所指的“对遇局面”。

（二）航向相反或接近相反

“meeting on reciprocal or nearly reciprocal courses”被译为“在相反或接近相反的航向上相遇”，而从英文的本意看，“reciprocal courses”包含两层意思，一是指两个航向相反（相差180°），二是指两航向线处于一种相反且重叠的状态。因此，“航向相反”是指两船船首向相差180º，且一船位于另一船航向线的前方。“航向接近相反”通常是指两船的交叉角为6º左右或半个罗经点，且一船位于另一船船首左右各6°或半个罗经点的范围内。例如，A船航向180º，B船航向354º～006º，且B船位于A船船首左右各约6°的范围内，即可认为是两船航向接近相反。航向关系如图4-3-1所示。

此外，本条所指的航向通常是指船舶的船首向，而不是船舶的航迹向。

（三）致有构成碰撞危险

致有构成碰撞危险是构成对遇局面的一个重要条件。关于碰撞危险的含义在《规则》第七条中已做了解释，在对遇局面中，判断碰撞危险时应侧重考虑两船之间的横距和两船间的距离。两船之间的横距可用两船间的最小会遇距离（DCPA）来表征。在大海上，若两船间DCPA≤1 n mile，则说明两船间的横距不宽裕，存在着碰撞的可能性；在某些情况下，0.5 n mile的安全会遇距离也是可以接受的。当DCPA≥1 n mile时，则可以认为不存在碰撞危险，但是两艘大型船舶之间，要求的横距更大一些。在DCPA≤1 n mile而存在碰撞可能性的情况下，两船之间的距离实际上决定到达最小会遇距离处的时间（TCPA）的大小，通常认为，当一船可以用视觉看到他船桅灯时，对遇局面开始适用。对于$L≥50$ m的机动船而言，其最小的法定能见距离为6 n mile，因此，可以认为两船相距6 n mile时，对遇局面开始适用。而对于$L<50$ m的机动船而言，该距离可以根据其装设的桅灯的最小法定能见距离予以适当的考虑。

二、对遇局面的判断

《规则》第十四条2款规定：“当一船看见他船在正前方或接近正前方，在夜间能看见他船的前后桅灯成一直线或接近一直线和（或）两盏舷灯；在白天能看到他船的上述相应形态时，则应认为存在这样的局面。”3款规定：“当一船对是否存在这样的局面有任何怀疑时，该船应假定确实存在这种局面，并应采取相应的行动。”根据上述两款的规定和对遇局面的构成条件，在实践中，通常可采用下列方法来判断是否构成对遇局面。

（一）根据两船之间的相互位置予以判断

当两艘机动船相互位于各自的正前方或接近正前方，以相反的航向或者接近相反的航

向相互逼近时，即可认为对遇局面正在形成，如图4-3-1所示。

图4-3-1 对遇两船之间的航向关系

所谓“正前方”是指一船位于另一船舶船首向的延长线上。所谓“接近正前方”通常是指一船位于另一船船首向左右各6º（或各5º或各半个罗经点）范围内。之所以取左右各6º，主要是基于：

（1）根据号灯的技术细节，两盏舷灯的水平光弧在朝船首方向上分别向另一舷侧延伸1º ~ 3º才切实断光，因此，在本船正前方左右各3º的范围内，他船均可以同时看到本船的两盏舷灯。

（2）考虑到船舶操舵不稳，以及风、流和波浪的影响，都可能导致船舶首摇而出现船首左右摇摆的现象。

（二）根据见到他船显示的号灯或者相应的形态予以判断

在两机动船各自位于他船正前方或者接近正前方的前提下，在夜间，如果发现他船的两盏桅灯成一直线或者接近成一直线和两盏舷灯，则两船构成对遇局面。对于$L \leqslant 50$ m的船舶有可能只显示一盏桅灯，此时，则可以根据同时发现他船的两盏舷灯来判断对遇局面，如图4-3-2所示。在白天，两机动船看到他船的上述相应形态，即当来船位于本船的正前方或者接近正前方，见到他船的前后桅杆成一直线或接近一直线，或者看到他船的驾驶台正面对着或者接近正面对着本船，即可判断两船将形成对遇局面。

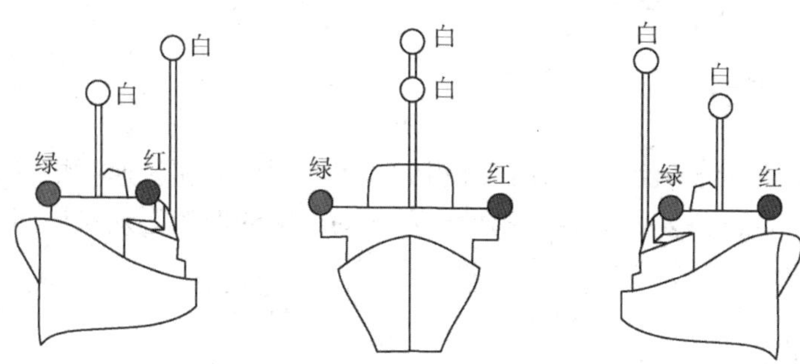

图4-3-2 见到对遇船的形态

（三）当对是否构成对遇局面有任何怀疑时应当假定存在对遇局面

根据《规则》第十四条3款规定，当一船对是否存在对遇局面有任何怀疑时，该船应假定确实存在对遇局面，并按《规则》要求采取相应的行动。对是否属于对遇局面容易产生怀疑的情况，通常有以下几种：

1.对他船是否位于本船的正前方或接近正前方有怀疑

例如，对正前方附近小角度方向上的他船，是属于构成对遇局面还是交叉相遇局面难以断定时。特别是当他船位于本船左舷小角度方向上时，切忌将本船作为小角度交叉相遇局面中的直航船。

2.对两船是否为航向相反或者接近相反有怀疑

（1）在正前方或接近正前方发现他船的两盏桅灯，但对两盏桅灯是否属于接近一直线难以断定；

（2）在正前方或接近正前方只发现他船的一盏白灯，难以断定该灯是桅灯还是尾灯；

（3）在正前方或者接近正前方时而看到他船的红灯，时而看到他船绿灯；

（4）在白天，对看到的他船的前后桅杆是否接近一直线，或者看到他船的驾驶台是否正面对着或者接近正面对着本船有怀疑时。

3.对两船是否致有构成碰撞危险难以断定

对两船是否致有构成碰撞危险难以断定时，特别是当两船以较小的DCPA右舷对右舷对驶时，切忌假定不存在碰撞危险。

4.对他船是否属于机动船有怀疑

对位于本船正前方或接近正前方且航向相反或接近相反的他船是否属于本条所指的机动船难以断定时。

三、对遇局面中的避让行动

（一）对遇局面的特点

对遇局面中由于两船航向相反或接近相反，因此两船的相对速度快，可供判断考虑以及采取避让行动的时间短。因此，要求处于对遇局面中的船舶必须对局面做出迅速、准确的判断，并及早地采取大幅度的行动。

（二）船舶的避碰责任

根据《规则》第十四条1款的规定，对遇局面中的两船，应当各自向右转向，从而从

他船的左舷驶过。可见，在对遇局面中，两船负有采取相同的避碰行动的责任和义务，而不存在让路船和直航船的关系，也不存在互为让路船的关系。

（三）对遇局面中的避让行动

根据对遇局面的特点和《规则》的要求，对遇局面中的每一船舶应当各自向右转向，从而从他船的左舷驶过。每一船舶在采取行动时，必须充分考虑《规则》第八条的要求，及早地采取大幅度的避碰行动，宽裕地让清他船，并且应当按照《规则》的要求，在采取行动时，鸣放相应的操纵和警告信号。

（四）对遇局面中采取避让行动的注意事项

在对遇局面中，采取避让行动应当充分注意到以下各点：

（1）《规则》要求两船各自向右转向从而从他船左舷通过，并不意味着两船所采取的行动的综合效果能导致两船在安全距离上通过，而是每一船舶均必须及早地采取大幅度的右转行动，且每一船的行动均能导致两船在安全的距离上驶过。

（2）当一船能够用视觉看到他船的两盏舷灯时，其应当及早采取避碰行动。在采取向右转向行动的同时，应当鸣放“一短声”操纵信号，在夜间还可以显示“一短闪”予以补充。

（3）当对是否处于对遇局面有怀疑时，应假定确实存在这种局面，并应在更早的时刻采取大幅度的行动，以避免紧迫局面的发生。

（4）当环境和情况不允许一船采取右转行动时，应尽可能与他船建立VHF通信，协调两船行动；在采取行动时，其时机应当更早，其行动的幅度应当更大。另一船要对他船可能采取的其他行动保持高度的戒备，以防止两船行动的不协调。

（5）限于吃水的船舶与其他船舶构成对遇局面时，应当充分注意到本船偏离所驶航向能力受到限制，谨慎驾驶，并把机器做好随时操纵的准备；而另一船应当充分注意到限于吃水船舶的特殊性，及早采取大幅度的避碰行动。

（6）当两艘从事捕鱼的船舶，或两艘操纵能力受到限制的船舶，或者一艘操纵能力受到限制的船舶与一艘失去控制的船舶，形成对遇态势时，虽然本条规定不适用，但各自向右转向的规定被认为是适用于这些特殊情况的。

（7）在危险对遇中，避让的时机应当更早，避让的幅度应当更大，以便他船及早了解本船的意图和行动，以避免两船行动产生不协调。

四、危险对遇

当两船处于右舷对右舷通过且DCPA不安全的对驶态势下，两船最容易采取不协调的行动而发生碰撞，因而常常被称为“危险对遇”。分析“危险对遇”容易发生碰撞的原因可知，主要是两船对当时的局面有可能存在不同的理解。一船认为两船存在碰撞危险而构成“对遇局面”，因而按照《规则》的要求采取向右转向的行动，另一船可能未保持正规瞭望，发现来船太晚，以致惊惶失措，采取了不协调的行动；或者对对遇局面的特点认识不足，未能及早采取大幅度的行动；或者虽然其认为两船构成碰撞危险，但其为节约航程或者避免大角度转向而采取向左转向以扩大两船的会遇距离。其结果是很可能由于两船的行动不协调而导致碰撞。

碰撞事故统计表明，两船在对遇、对驶或小角度交叉相遇过程中，两船构成“危险对遇”态势或类似的态势的情况下，最容易发生碰撞事故。

例如，在“海星（Sea Star）”轮（以下简称S轮）与“霍塔·巴播撒（Horta Barbosa）”轮（以下简称H轮）碰撞案中①，如图4-3-3所示，碰撞发生时，天气晴朗，能见度良好。碰撞发生前，两船都在相当远的距离上看到了他船的桅灯，并在相距8 n mile时用肉眼或望远镜获知他船的航向。当时两船的航向接近相反，相差2º ~ 3º。在0345时，即碰撞前15 min，S轮位于H轮的右舷30º，距离3 ~ 4 n mile处。此时，H轮二副认为两船将以1 n mile横距安全驶过而离开驾驶台。而S轮却认为两船构成碰撞危险而采取了向右转向的措施，最终发生碰撞。而实际上，通过事故后的调查得知，两船如保速保向，两船将以0.75~1 n mile右舷对右舷通过。本案是一个典型的本可以右舷对右舷安全通过，而最后由于S轮的错误判断而造成的碰撞事故。在该案的审理中，法庭判决“海星”轮承担75%的碰撞责任，而“霍塔·巴播撒”轮承担25%的责任。

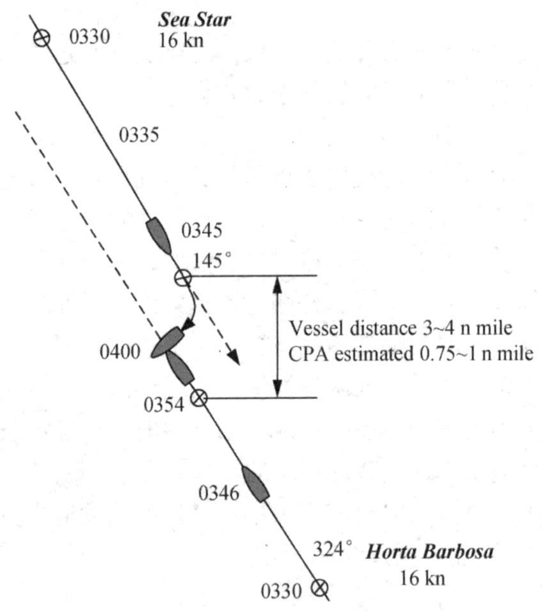

图4-3-3 “海星”轮与“霍塔·巴播撒”轮碰撞案

又如，在1994年8月27日“长亭”轮与“贝尼迪特（Lady Benedikte）”轮碰撞案中②，如图4-3-4所示，当时能见度良好、天气良好、海面宽阔。“长亭”轮航向216º，航

① [1976] 1 Lloyd's Rep. 115; [1976] 2 Lloyd's Rep. 477, CA.

② The case was held by Tianjin Maritime Court in 1993.

速14.1 kn，“贝尼迪特”轮航向040º，航速15.7 kn。“长亭”轮认为两船可以以1 n mile的最小会遇距离右舷对右舷对驶通过（事后认定如两船保向保速可以以0.7 n mile的最小会遇距离右舷对右舷通过），而“贝尼迪特”轮认为两船构成对遇局面，在碰撞前10 min两船相距约4 n mile时，用自动舵将航向由040º改为060º。“长亭”轮并没有及时发现该轮的这种右转，直到碰撞前3 min两船相距约1.26 n mile时，才认为有碰撞危险，因其驾驶员原来就认为两船将右舷对右舷通过，因此在慌乱之中下令用左满舵，最后因两船的行动不协调而发生碰撞。该碰撞事故中，除双方均存在瞭望疏忽外，“贝尼迪特”轮错误判断两船构成对遇局面，并且在采取行动时未考虑自动舵转向较慢的性能限制，采用自动舵转向20º，致使转向至060º航向时，两船已经相距约2.7 n mile，该一连串的小转向不容易被“长亭”轮所察觉。这些疏忽是该次碰撞事故的主要原因。航海专家在对该碰撞事故的碰撞责任比例做出认定时，认定“长亭”轮承担30%的碰撞责任，而“贝尼迪特”轮承担70%的碰撞责任。

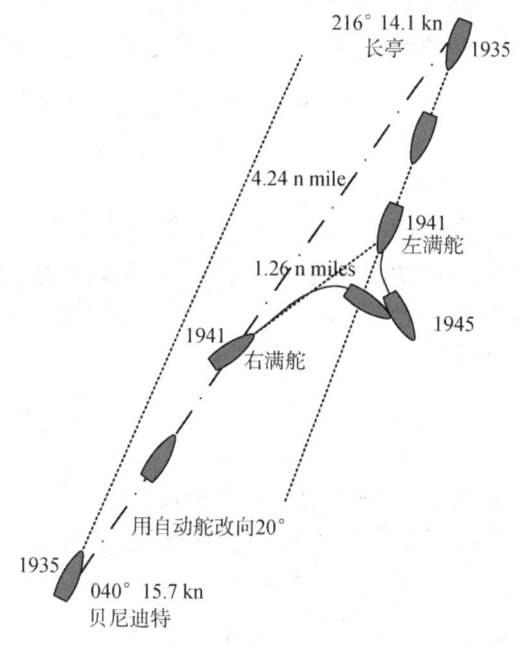

图4-3-4 “长亭”轮与“贝尼迪特”轮碰撞案例

为了避免在危险对遇中由于两船避碰行动的不协调而发生碰撞，一方面两船应当尽可能用VHF进行沟通，协调两船的行动；另一方面，在采取避碰行动时，应当做到其行动是及早的、大幅度的，以便他船能够及早地察觉到本船的行动，避免采取不协调的行动。

第四节 交叉相遇局面

一、交叉相遇局面的定义

《规则》第十五条（交叉相遇局面）规定：“当两艘机动船交叉相遇致有构成碰撞危险时，有他船在本船右舷的船舶应给他船让路，如当时环境许可，还应避免横越他船的前方。”根据本条以及《规则》第十三条和第十四条的规定，“交叉相遇局面”是指两艘机动船交叉相遇致有构成碰撞危险的局面。除满足互见这一条件外，构成对遇局面应满足以下三个要件。

（一）两艘机动船

相遇的两船必须均为机动船，本条所指的“机动船”的含义与对遇局面中的“机动船”的含义相同，即本条所指的“机动船”是指除“操纵能力受到限制的船舶”、“失去控制的船舶”和“从事捕鱼的船舶”之外的用机器推进的船舶，而限于吃水的船舶仍然属于本条所指的“机动船”的范畴。

（二）交叉相遇

“交叉相遇”是指两船的船首向交叉，即指船首向交叉大于6°舷角（左与右），但小于112.5°舷角（左与右），即除追越和对遇局面以外的两船航向或者船首向交叉的情况，如图4-4-1所示。

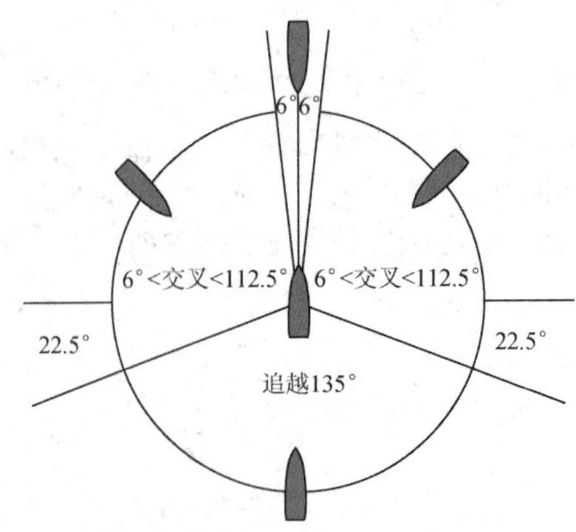

图4-4-1 三种会遇局面的方位关系

在交叉相遇局面中，海员根据以往的习惯做法和船舶避让的特点，根据交叉相遇中两船航向或者船首向交角把“交叉相遇”分成小角度交叉、垂直交叉和大角度交叉三种情况。若一船的航向与另一船航向的反方向的夹角q为锐角，则为小角度交叉；若夹角q为直角，则为垂直交叉；若夹角q为钝角，则为大角度交叉，如图4-4-2所示。

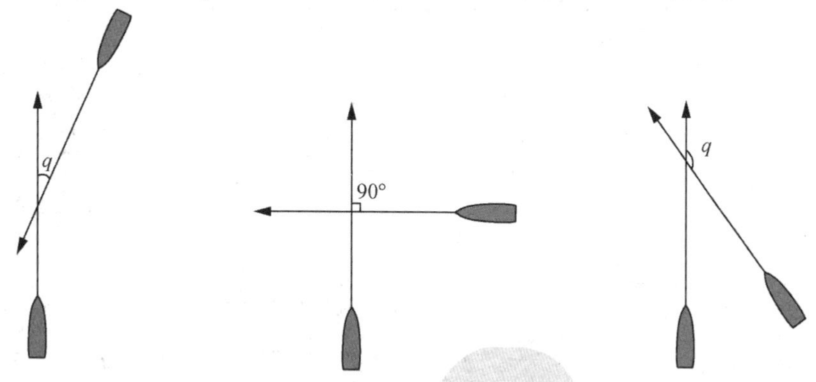

图4-4-2 交叉局面的三种情况

（三）致有构成碰撞危险

致有构成碰撞危险是构成对遇局面的一个重要条件。关于碰撞危险的含义在《规则》第七条中已做了解释。在交叉相遇局面开始适用的距离上，与对遇局面相同，通常认为，当一船可以用视觉看到他船桅灯时，对遇局面开始适用。对于$L\geqslant50$ m的机动船而言，其最小的法定能见距离为6 n mile，因此，可以认为两船相距6 n mile时，交叉相遇局面开始适用。而对于$L<50$ m的机动船而言，该距离可以根据其装设的桅灯的最小法定能见距离予以适当的考虑。

二、交叉相遇局面的判断

对交叉相遇局面的判断，应当根据是否满足前述交叉相遇局面的构成要件做出判断。在判断和适用交叉相遇局面条款时，应注意以下几点。

（1）由于在交叉相遇局面中，一船应给另一船让路，为了使让路船能够承担让清直航船的义务，让路船必须能够了解直航船的位置、动态以及是否稳定在某一航向和某一航速上。所以必须以将被定为直航船的船舶的航向是持久的、稳定的并能被他船所理解作为前提条件。

（2）当两艘机动船在岬角、灯船或习惯转向点附近水域，港口的进出口处，江河的交叉口处交叉相遇致有构成碰撞危险时，通常交叉相遇局面仍然适用。但在上述转向点附近航行时，如地方规则有特殊规定时，交叉相遇局面条款就不一定适用。例如《大连港大三山水道通航分隔制》第八条规定：“沿通航分道进港直接驶往甘井子、香炉礁码头的船舶，沿交通总流向驶近H2灯浮时转向，驶入甘井子航道；离甘井子、香炉礁码头出港的船舶，亦应在驶近H2灯浮时转向，沿交通总流向出港。”如图4-4-3所示。因此，沿大三山分道通航制相应通航分道航行的进口船，与从甘井子航道出口的出口船交叉相遇时，交叉相遇局面条款并不适用。

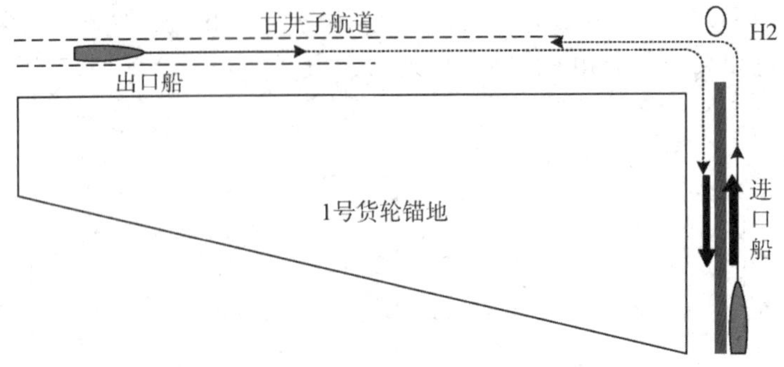

图4-4-3　船舶进出大连港甘井子航道的航法

（3）在狭水道、航道以及分道通航制区域，如穿越狭水道、航道或通航分道的机动船，与顺着狭水道、航道或通航分道行驶的机动船交叉相遇致有构成碰撞危险，交叉相遇局面仍然适用。

（4）当两艘机动船顺着狭水道或航道的弯曲地段并循着岸形行驶时，两船的船首向始终处于交叉态势，但是两船的航向需要不断地改变，这时交叉相遇局面条款并不适用，而应适用狭水道条款。

（5）交叉相遇条款仅适用于两机动船，当三艘或以上的机动船同时交叉相遇时，本条规定将不适用。

（6）当一船对两船是构成小角度交叉相遇局面还是对遇局面有怀疑时，应当假定存在对遇局面，并按《规则》第十四条的要求采取相应的行动。

（7）当一船对本船右舷正横后的来船是在追越本船还是与本船构成对大角度交叉相遇局面有怀疑时，应当对他船的行动保持高度的戒备，切忌盲目地将本船作为追越中的被追越船而始终保向保速，并且在采取行动时，应当充分注意良好船艺的要求，避免本船所采取的行动与他船可能采取的行动产生不协调。

（8）一艘机动船向后运动以致与另一艘机动船交叉相遇，致有构成碰撞危险的情况，应当作为特殊情况处理，而不应当适用交叉相遇局面条款。

（9）限于吃水的船舶、执行引航任务的机动船、从事普通拖带作业的机动船，当与另一艘机动船交叉相遇致有构成碰撞危险时，仍然应当执行交叉相遇局面条款。除从事拖带作业的船舶构成“操纵能力受到限制的船舶”外，该拖船和被拖船应当视为一个整体，作为一艘机动船执行交叉相遇局面条款。

三、交叉相遇局面中的避让责任

根据《规则》第十五条的规定，在交叉相遇局面中，当有他船位于本船右舷时，本船应给他船让路，本船是让路船，他船是直航船；当有他船位于本船左舷时，本船是直航

船，他船应给本船让路。在夜间，当两船交叉相遇时，让路船只能看到直航船的红色舷灯，看不到其绿色舷灯，直航船只能看到让路船的绿色舷灯，看不到其红色舷灯。因此，海员通常称之为“让红不让绿”，即看到他船红舷灯的船为让路船；看到他船绿舷灯的船为直航船。

四、交叉局面中的行动

（一）让路船的行动

交叉相遇局面中的让路船在给他船让路时，除应当遵守《规则》第八条、第十六条的规定外，《规则》第十五条还对其避让行动做出了特殊的规定，即在采取让路行动时，应当避免横越他船的前方。根据该项要求，让路船只要在采取避让行动时做到不横越他船的前方，其可以向右转向，或者向左转向，或者采取减速措施等。根据海上避让实践和两船所构成的不同交叉会遇态势，通常采用如下避让方法：

（1）通常情况下应采取向右转向的行动，从而从他船的船尾通过。海员通常的做法是让路船采取向右转向的行动，使得本船船首对着他船的船尾后，保持该航向，直到最后驶过让清，再恢复原航向。

（2）避让小角度交叉船时，由于相对速度高，两船接近快，应采取向右转向的行动，并使得他船能够见到本船的红舷灯，使本船从他船船尾后方驶过，如图4-4-4所示。采用向右转向并从他船船尾驶过，通常被认为是避让小角度交叉相遇局面船舶的最好方法；若当时的环境不允许让路船采取大幅度向右转向的行动，例如在其右舷有他船或者存在其他有碍航行的障碍物，则让路船可以采取减速、停车等措施，直至直航船驶过以后，再恢复原航速。在小角度交叉相遇局面中，让路船应当尽量避免左转，以避免与直航船可能采取的行动不协调。

（3）避让垂直交叉船既可采用上述避让小角度交叉船的方法，采取向右转向从他船的船尾通过；也可以采取减速、停车的方法避让，让他船先行通过，如图4-4-5所示。

（4）避让大角度交叉船时，不宜在较近距离内右转，通常可适当左转或者减速让他船先行通过，必要时本船可以左转一圈，如图4-4-6所示。

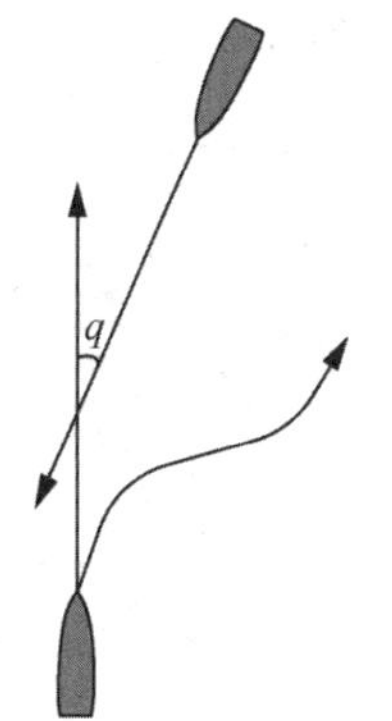

图4-4-4 避让小角度交叉船

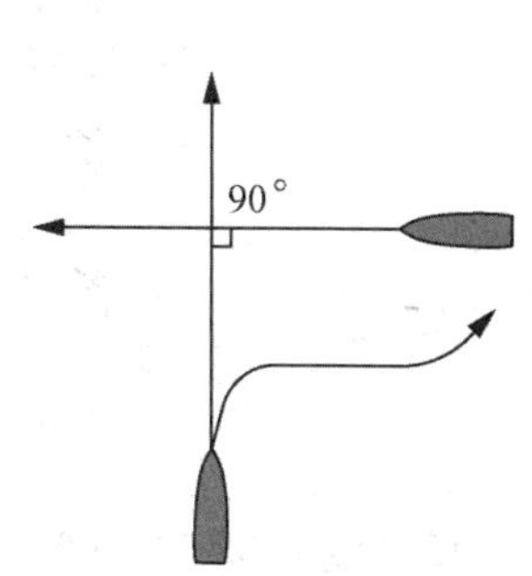

图4-4-5 避让垂直交叉船

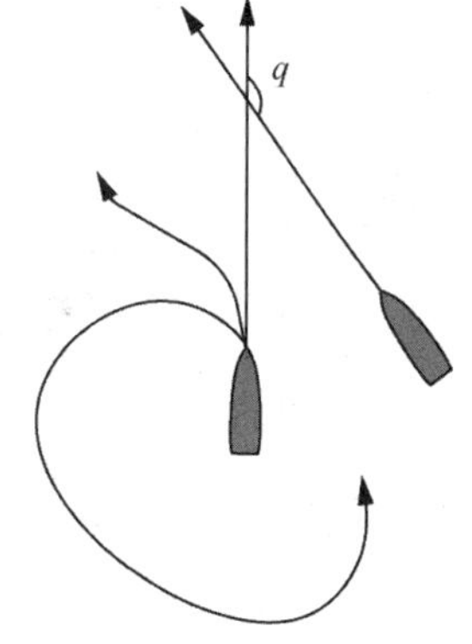

图4-4-6 避让大角度交叉船

（二）直航船的行动

直航船在会遇的过程中，首要的义务是保向保速，其行动应当严格遵守《规则》第十七条的规定。详见本章第五节。

（三）交叉相遇时发生碰撞的原因

交叉相遇局面发生碰撞事故的主要原因有如下几点：

（1）相遇两船未保持正规瞭望，特别是让路船疏忽瞭望，以致形成紧迫局面，最后导致碰撞事故发生。

（2）让路船没有及时及早采取大幅度的行动，宽裕地让清他船。

（3）会遇双方误将小角度交叉判断为对遇局面，又互相观望，错过避碰良机。

（4）直航船一味强调直航，不顾《规则》其他要求，待紧迫局面形成时，违背《规则》采取向左转向地行动，导致两船行动不协调而发生碰撞事故。例如，在“易迅”轮和“延安”轮的碰撞案中，如图4-4-7所示，1989年7月10日1400，本案两船航行经过的海域，天气阴，多云，东南风3～5级，能见距离约10 n mile，海面轻浪，流向180°，流速1.5 kn。“易迅”轮船长79.26 m，事故时载货2519.86 t，自天津新港驶往目的港香港。7月10日1200，该轮卫星导航船位为34°46′N，123°05′E，以真航向178°，约9.5 kn的速度航行。于当日1341—1355，该轮值班驾驶员发现本船右舷有向东航行的“延安”轮，方位约80°，距离4～6 n mile。1405，距离缩小至1 n mile左右，“易迅”轮仍未主动采取避让行动。直至1407—1408，两船间的距离缩小至0.5～0.6 n mile，碰撞紧迫局面已形成，才将自动操舵改为人工操舵，在未与“延安”轮联系的情况下，采取了右舵10°，紧接着再向右10°，约采用右舵1 min后，便开始回舵，仅以小角度右舵避让航行，直至1408发生碰撞，未曾改变过航速。“延安”轮船长135.06 m，事故时载货11571 t，自连云港驶往目的港日本的黑崎港。该轮7月10日1200，船位34°28′N，122°32′E，以真航向103°，约12.5 kn航速航行。1340，“延安”轮发现本船左舷向南行驶的“易迅”轮，方位约40°，继续原向原速航行。1408，“延安”轮的船首部碰撞“易迅”轮左舷船尾机舱部位。碰撞地点为34°22′N，123°02′E。碰撞造成“易迅”轮机舱和住舱进水迅速沉没，“延安”轮首部和左舷船尾及右舷中部船体受损。

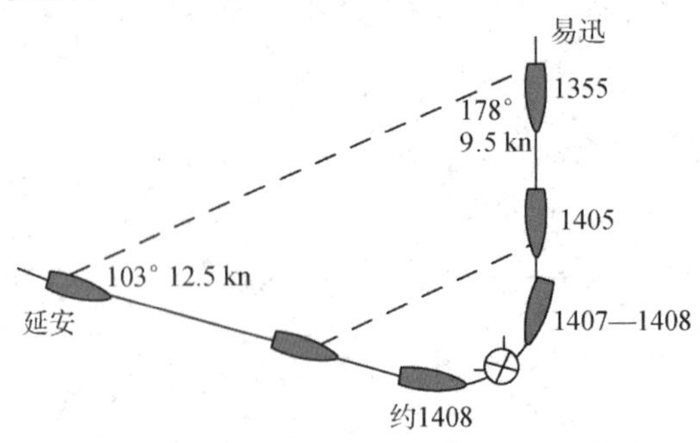

图4-4-7 “易迅”轮和“延安”轮碰撞案

经青岛海事法院审理认为，该案为能见度良好时发生的碰撞，两船处于互见中，航向交叉，且构成碰撞危险，故两船构成交叉相遇局面。“易迅”轮为让路船，而“延安”轮为直航船。“易迅”轮自两船互见至发生碰撞，未能保持正规瞭望，未对两船是否存在碰撞危险做出充分的估计，也未能及早采取让路的行动，在紧迫局面形成之际，又未能采取停车、倒车的避碰措施，仅以小角度转向避让，从而导致碰撞的发生，其应对碰撞承担主要责任。“延安”轮作为交叉相遇局面中的直航船，疏忽瞭望，在发现让路船显然未遵照《规则》采取让路行动时，仍消极等待，在两船逼近到形成紧迫危险时，也没有采取最有助于避碰的行动，应对碰撞承担次要责任。最后，法院认定“易迅”轮承担60%的责任，而“延安”轮承担40%的责任。

第五节 让路船与直航船的行动

一、让路船与直航船的含义

(一) 让路船的含义和种类

1.让路船的含义

让路船与直航船是相对而言的，即按《规则》规定应给他船让路的船舶即为让路船，而另一船即为直航船。也就是说，当会遇两船中的一船为直航船时，另一船必定是让路船。在理解“让路船”的含义时，应注意到，《规则》规定的“不应妨碍他船的船舶”不是让路船；对遇局面中的两船、能见度不良时不在互见中相遇的两船既不存在让路船与直航船，也不能称之为“互为让路船”。

2.让路船的种类

根据《规则》的规定，让路船主要有以下几类：

(1)《规则》第十二条中不同舷受风时的左舷受风的帆船或者同舷受风时处于上风的帆船，或者处于上风而不知下风船为何舷受风的帆船；

(2)《规则》第十三条中的追越船；

(3)《规则》第十五条中有他船在本船右舷的机动船；

(4)《规则》第十八条1、2、3款中规定的操纵能力较好而须给他船让路的船舶。

（二）直航船的含义和种类

1.直航船的含义

“直航船”是会遇两船避让关系中与“让路船”相对应的一个概念，即“被让路船”。虽然《规则》将被让路船命名为“直航船”，但其含义并不是指“始终保持航向和航速的船舶”。直航船的名称源于《规则》要求该类船舶首先应当履行保持航向和航速（简称保向保速）即直航的义务。直航船在两船相遇过程中的不同阶段，负有不同的责任和义务，而不仅仅是保向保速的责任和义务。

2.直航船的种类

与让路船相对应，根据《规则》的规定，直航船主要有以下几类：

（1）《规则》第十二条中不同舷受风时的右舷受风的帆船或者同舷受风时处于下风的帆船；

（2）《规则》第十三条中的被追越船；

（3）《规则》第十五条中有他船在本船左舷的机动船；

（4）《规则》第十八条1、2、3款中规定的操纵能力较差的被让路船。

二、让路船的行动

《规则》第十六条规定：“须给他船让路的船舶，应尽可能及早地采取大幅度的行动，宽裕地让清他船。”其对让路船的行动要求可归纳为“早、大、宽、清”4个字。“早”是对采取避让行动的时机提出的要求；“大”是对采取避让行动的幅度提出的要求；“宽”是对采取避让行动所应达到的安全距离的要求；“清”是对最后避让结果的要求。其含义与《规则》第八条1～4款的要求几乎一致。制定本条的目的，是再一次专门强调让路船的责任和义务，并与“直航船的行动”的规定相对应，使《规则》作为法规文件更加严密、完整。避免两船形成紧迫局面是让路船的法定责任。

让路船在采取让路行动时，除应当做到“早、大、宽、清”外，还应当遵守《规则》其他条款的规定。例如，对于交叉相遇局面中的让路船，在采取行动时，如果当时环境许可，还应避免横越他船前方。

三、直航船的行动

根据《规则》第十七条的规定，直航船在两船会遇过程中的不同阶段，负有不同的责任和义务，即保持航向和航速、独自采取操纵行动和采取最有助于避碰的行动。

（一）保持航向和航速

1.保持航向和航速的意义

《规则》第十七条1款（1）项规定：“两船中的一船应给另一船让路时，另一船应保持航向和航速。”保持航向和航速是《规则》对直航船提出的一项基本要求，目的在于使让路船准确地掌握其运动状态，对两船的会遇局面做出正确判断，毫不犹豫地采取避让行动。直航船保持航向和航速，既是《规则》赋予直航船的权利，也是其应当履行的责任和义务。

2.保持航向和航速的适用时间

（1）保持航向和航速的开始时间

保持航向和航速的开始适用时间，通常以有关条款开始适用作为其生效的依据。例如，《规则》第十二条（帆船）和第十五条（交叉相遇局面）中的直航船，其保持航向和航速的起始时间为两船构成碰撞危险时；《规则》第十三条（追越）中的被追越船的保持航向和航速的起始时间为两船构成追越时；《规则》第十八条（船舶之间的责任）中的直航船，虽然《规则》条文没有明确以两船构成碰撞危险为前提条件，但通常认为有关让路的条款仍然是以两船构成碰撞危险为开始适用让路和直航责任和义务的依据。

（2）保持航向和航速的终止时间

终止保持航向和航速的时间，可以分为三种情况。其一是让路船履行了驶过让清的义务，直航船的保持航向和航速的义务也随即解除；其二是直航船一经发觉让路船显然没有遵照《规则》采取适当行动，可以终止保持航向和航速的义务，而独自采取操纵行动时；其三是直航船发觉不论由于何种原因逼近到单凭让路船的行动已不能避免碰撞，应当立即终止保持航向和航速，而采取最有助于避碰的行动时。

3.保持航向和航速的含义

保持航向和航速（简称保向保速）通常是指保持初始的罗经航向和主机转速，但并非一定要保持在同一罗经航向和主机转速上，而应当理解为保持一船在当时从事航海操作所遵循的并为他船所理解的航向和航速。直航船在应保持航向和航速的阶段，如无正当理由而未能履行保向和保速的义务，将被认为是一种违反《规则》的行为。然而，如直航船的改变航向和（或）航速的行为，是航海操纵所必需的，也是能够被他船所理解的，则其行为并非为违反直航船保向保速的行为，这些情况包括：

（1）驶往锚地的过程中准备抛锚而采取减速措施；

（2）到达港口前为了安全进港而减速；

（3）接送引航员所做的航向航速的调整；

（4）由于风浪变大，为防止主机超负荷运转而采取适当地降低转速的措施；

（5）被追越船为留出水域和缩短两船的并航时间所做出的改向和减速；

（6）执行引航任务的船舶由于工作需要而做的航速和航向的改变；

（7）因风流条件的变化和调整风流压差的需要而做的改向等。

以上这些变速和变向的行动应该是能被他船所理解的，也是航海操纵所必需的，所以也不能认为直航船违反了保向保速的义务，而应当被认为是正当的、合理的行为。相反，若直航船在保向保速阶段进行船舶操纵性试验或测定罗经差等操作时而对航速、航向所做的变动，因其操作并不是航海操纵所必需的，这种对其航向、航速所做的变动是违反《规则》的行为。

（二）独自采取操纵行动

1.直航船可以独自采取操纵行动的时机

《规则》第十七条1款（2）项规定："当保持航向和航速的船一经发觉规定的让路船显然没有遵照本规则条款采取适当行动时，该船即可独自采取操纵行动，以避免碰撞。"因此，直航船可以独自采取操纵行动的时机为当让路船显然没有遵守《规则》各条的规定采取让路行动时，具体包括以下三种情况：

（1）让路船还没有采取行动，而两船逐步逼近，正在形成紧迫局面；

（2）让路船的行动没有做到"早、大、宽、清"的要求，其行动的效果不能导致两船在安全距离上通过，例如转向的幅度太小、减速的幅度不够等；

（3）让路船违反《规则》规定采取行动，例如交叉相遇局面中的让路船企图强行横越本船的前方。

在避碰实践中，为确定独自采取操纵行动的适当时机，直航船在保向和保速阶段，应密切注视让路船的行动，当发觉两船接近到单凭让路船采取大幅度的行动已不能导致两船在安全的距离上驶过时，即将形成紧迫局面或者紧迫局面正在形成时，直航船就可以独自采取行动。通常认为，在海上形成紧迫局面的两船距离一般为2～3 n mile。

2.直航船独自采取的行动

《规则》对直航船独自采取操纵行动的要求是"可以（May）"，而不是"应（Shall）"，因此，可以表明直航船独自采取操纵行动并不是强制性的，而是授权性的，但按照良好船艺的要求，强烈建议直航船独自采取行动。并且，即使是直航船独自采取了操纵行动，让路船的让路义务并不解除。为了促使让路船立即采取避让行动，在直航船独自采取操纵行动前，应当鸣放相应的警告信号，引起让路船的注意，并在采取行动时，应当充分注意到其独自采取的避碰行动尽可能与让路船可能采取的行动协调一致。为此，直航船在独自采取操纵行动时，应当注意如下几点。

（1）在采取行动之前，应鸣放至少5声短而急的声号，并可以用5次短而急的闪光信号予以补充，以表示无法理解他船的意图和行动、怀疑他船是否采取足够的避让行动；还可以通过VHF呼叫他船，争取与他船建立通信联系。

（2）严密注视他船进一步的动态，并做好随时操纵的准备，如改用手操舵、命令主机备车，必要时请船长上驾驶台。

（3）在独自采取行动时，其行动应当是大幅度的并尽可能迅速完成，如转向，其幅度应当至少30º；如采用减速，可先停车然后再微速前进；在采取操纵行动的同时，应鸣放

相应的操纵声号和／或显示操纵号灯。

（4）《规则》第十七条3款规定：“在交叉相遇的局面下，机动船按照本条1款（2）项采取行动以避免与另一艘机动船碰撞时，如当时环境许可，不应对在本船左舷的船采取向左转向。”这是对交叉相遇局面中的直航船的行动做出的特别规定。考虑到让路船在多数情况下都是采取向右转向的行动，为防止两船行动不协调，故直航船不应向左转向，这是对在交叉相遇中的直航船提出特殊要求，必须严格遵守。如果由于直航船的左转导致碰撞事故发生，直航船将被指控犯有严重过失。

（5）为避免与让路船的行动不协调，通常情况下，直航船宜采取背着他船转向的行动，在转向时要充分注意他船穿越船头的情况；对于不同的会遇态势，背着他船转向时，还应采取最有利的转向行动。对于左舷小角度方向上的他船，应在较早的时刻进行，如图4-5-1所示；对于左舷大角度交叉船、追越船，应采取背着他船转向，使两船航向接近平行，如图4-5-2所示。

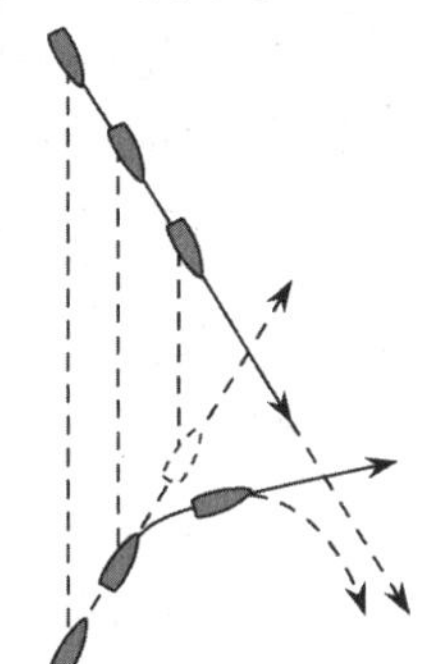

图4-5-1 避让左舷小角度方向上的他船

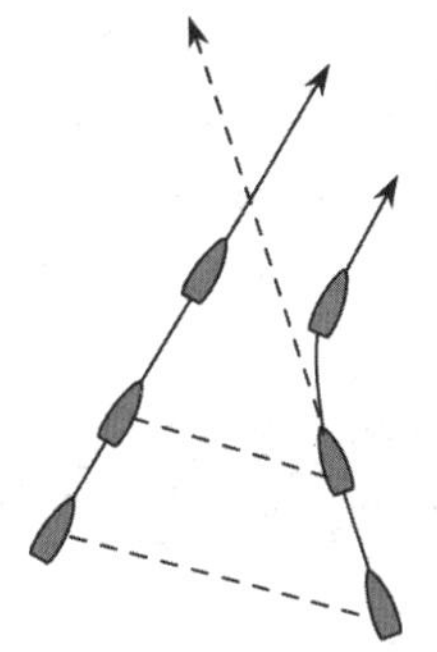
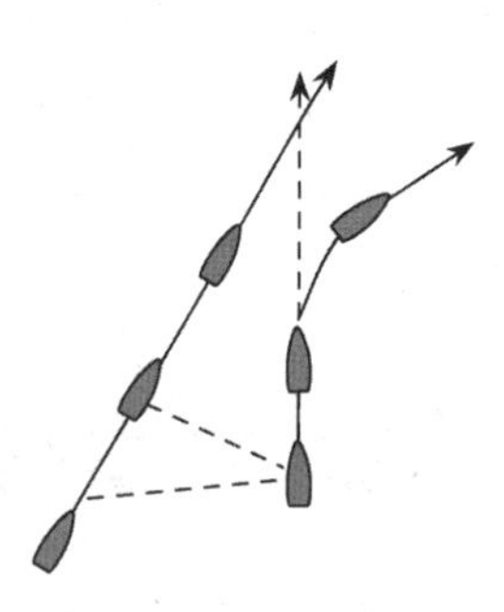

图4-5-2 避让左舷大角度交叉船、追越船

（6）当直航船背着他船独自采取操纵行动时，还应当充分考虑到当时的环境和情况是否许可，如其行动是否会与第三船形成紧迫局面，或者招致航行的危险等。若是如此，直航船不宜采取该行动，但也应当避免对着让路船转向。此时，直航船应当毫不犹豫地采取大幅度减速措施，必要时把船完全停住。

（三）采取最有助于避碰的行动

《规则》第十七条2款规定：“当规定保持航向和航速的船，发觉本船不论由于何种原因逼近到单凭让路船的行动不能避免碰撞时，也应采取最有助于避碰的行动。”因此，当两船不论由于何种原因逼近到单凭让路船的行动已经不能避免碰撞时，直航船应终止保向保速，并采取最有助于避碰的行动。

1.采取最有助于避碰行动的时机

当两船接近到单凭让路船的行动已不能避免碰撞时，说明此时紧迫局面已经形成，紧迫危险正在形成。此时，无论是让路船还是直航船，均应当立即采取最有助于避碰的行动。究竟两船接近到何种程度，才算构成“单凭让路船的行动已经不能避免碰撞”，可以以船舶转向避让的临界距离为基础，并根据船舶的会遇态势、相对速度、船舶的操纵性能、船舶长度等具体情况做出判断。通常认为，以两艘万吨级船舶在开阔的洋面上构成交叉相遇局面为例，直航船应当采取最有助于避碰的行动的时机为两船相距1 n mile；若为大型或者超大型船舶则为1.5 n mile。

2.最有助于避碰的行动

根据《规则》的规定和良好船艺的要求，最有助于避碰的行动应当是能够避免碰撞，或者在碰撞不可避免的情况下能够尽量减少碰撞损失的行动，包括转向、停车、倒车、停船等措施。在具体采取最有助于避碰的行动时，如当时环境许可，船舶应当遵守《规则》有关条款的要求去采取相应的行动。如当时环境不许可，直航船可以背离《规则》采取行动，并运用良好的船艺。

3.直航船采取最有助于避碰的行动，是其一项强制性的义务

与前述直航船“可（May）”独自采取操纵行动不同，当直航船发觉本船不论由于何种原因逼近到单凭让路船的行动不能避免碰撞时，其也“应（Shall）”采取最有助于避碰的行动，这是《规则》强制性的要求。相应地，如果直航船在发觉单凭让路船的行动不能避免碰撞时，仍然未能采取最有助于避碰的行动，则需要承担相应的责任。

四、直航船的行动并不解除让路船的让路义务

《规则》第十七条4款规定：“本条并不解除让路船的让路义务。”《规则》允许直航船独自采取避碰行动和应当采取最有助于避碰的行动，完全是一种协调性和弥补性的行动，其根本目的在于减少碰撞事故的发生，而不是解除或减轻让路船的让路义务。作为让路船，绝不可认为有第十七条的规定，就抱有只要直航船独自采取行动碰撞就可避免的想法，而放弃其负有的给直航船让路的责任和义务。《规则》第十七条4款“本条并不解除让路船的让路义务”这一规定，其目的就是提醒让路船充分认识到这一点。

五、碰撞局面中的四个阶段

为进一步阐述让路船和直航船在会遇过程中的责任和义务，现以互见中两船以不变的方位相互接近致有构成碰撞危险的交叉相遇局面为例，对碰撞局面中的四个阶段进行分析。

（一）碰撞局面中的四个阶段

1.自由行动阶段

在这一阶段，两船在远距离上不存在碰撞危险，《规则》条款尚未开始使用，两船均可以自由采取行动。

2.让路船及早行动阶段

两船相互驶近致有构成碰撞危险时，让路船应及早采取大幅度的行动，并能导致两船在安全的距离上驶过，此时直航船应保向保速。

3.直航船可独自采取行动阶段

当让路船显然没有遵守《规则》各条采取适当行动时，按照良好船艺的要求，直航船应鸣放警告声号或警告灯光信号，及时提醒让路船注意；同时，在这种情况下，《规则》准许或授权直航船独自采取行动以避免碰撞。但在交叉局面中，当直航船独自采取操纵行动时，直航船应避免对其左舷的船舶采取向左转向的行动。作为让路船，并不解除其给直航船让路的责任和义务，应当立即采取大幅度的避让行动。

4.应采取最有助于避碰行动阶段

不论何种原因，当两船逼近到单凭一船的行动已经不能避免碰撞时，让路船和直航船均应该采取最有助于避碰的行动。

（二）各阶段开始适用的两船间距离

各阶段开始时两船间的距离没有固定的标准，它与两船的航向交角、相对速度、船舶的操纵性能、通航密度、天气海况、水域限制等因素有关。图4-5-3所示为在海上船舶交叉相遇时，各阶段开始时两船之间的距离的推荐数据，以供参考。

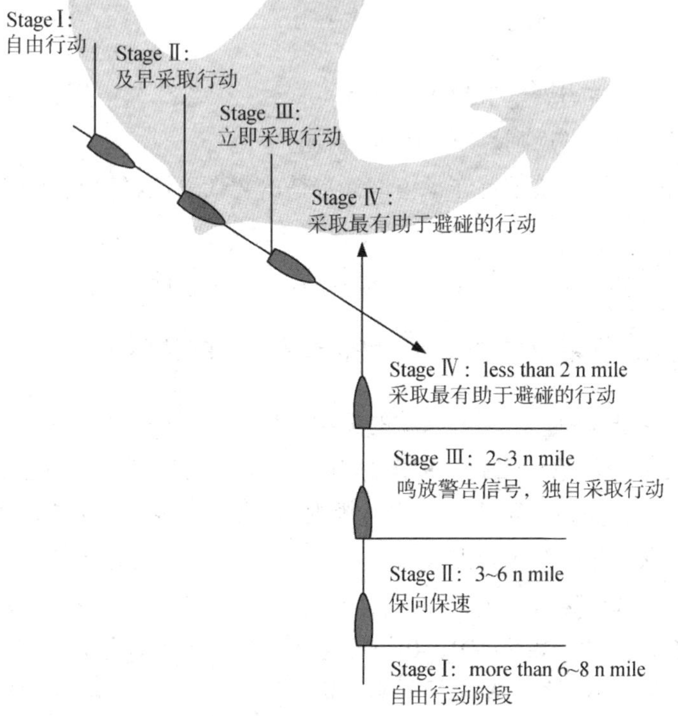

图4-5-3　碰撞局面中的四个阶段

第六节 ● 船舶之间的责任

一、确定船舶之间责任的原则

（一）适用范围

1.适用船舶情况

《规则》第十八条的标题是“船舶之间的责任（Responsibilities Between Vessels）”，但从英文本身的字面上可以看出，该条所指的船舶之间的责任是两船之间的避让责任，即相遇两船中的一船对另一船应当承担的避让责任。

2.适用能见度

该条规定在“船舶在互见中的行动规则”这一节中，因此，该条以两船处于互见中为前提条件。

3.适用条件

在适用该条时，应当满足下列两个条件：

（1）当事船舶满足《规则》第三条的“一般定义”；

（2）有关船舶，尤其是不首先承担避让责任的船舶，已经按照《规则》的规定显示了相应的号灯或号型。

另外，该条的适用并不以两船构成碰撞危险为前提条件。

（二）船舶之间的责任条款与《规则》其他条款之间的关系

在《规则》各条款中，由于各条款的适用条件不同、确定船舶责任的原则有异，所以存在某些条款交叉的现象。因此，在解释和执行《规则》时，必须注意责任条款与《规则》其他条款之间的关系，正确地运用《规则》。根据《规则》的有关规定，涉及船舶之间避让责任的条款的适用顺序如下：

（1）第十三条（追越）；

（2）第九条2、3款，第十条9、10款，第十八条4款（不应妨碍）；

（3）第十八条（不同类船舶之间的避让责任）；

（4）第十二条、第十四条、第十五条（同类船舶之间的避让责任）。

（三）船舶之间避让责任的种类

纵观《规则》各条的规定，船舶之间的避让责任可以分为如下两类：

（1）一船不应妨碍另一船的通行或安全通行。第九条2、3款，第十条9、10款以及第十八条4款对船舶提出“不应妨碍”的要求，实际上就规定了两船之间的责任是一船负有不应妨碍另一船安全通行的责任。

（2）一船应给另一船让路。第十二条、第十三条、第十五条和第十八条中提出两船相遇时一船应给另一船让路，实际上就规定了两船之间的责任是一船负有给另一船让路的责任。一船应给另一船让路的责任只适用于互见中。

除此之外，会遇中的两船还可能负有相同的避碰责任和义务。例如，在互见中，《规则》第十四条规定的对遇局面中的两艘机动船负有同等的避碰责任和义务，各自应当向右转向，从而从他船的左舷通过。在能见度不良的水域中或其附近航行的船舶，只要两船不在互见中，任何一船与任何他船相遇均负有同等的避碰责任和义务。

（四）确定船舶之间责任的原则

《规则》在划分船舶之间的责任时，主要采用了等级制和几何制两个原则。所谓等级制原则，是指根据船舶的避让操纵能力的优劣来划分船舶之间的避让责任；而几何制原则是指根据两船所处相对几何位置关系来划分船舶之间的避让责任。

《规则》第十八条“船舶之间的责任”条款基本是根据等级制原则确定避让责任的，要求避让操纵能力相对较好的船舶尽可能给避让操纵能力相对较差的船舶让路。《规则》第十八条在规定某些船舶避免妨碍限于吃水的船舶的安全通行以及水上飞机、地效船避免妨碍所有船舶的航行时，采用的也是等级制原则。

《规则》第十二条（帆船）、第十三条（追越）、第十四条（对遇局面）、第十五条（交叉相遇局面）基本上均是在相遇两船的操纵能力基本相同的情况下，根据两船所处的相对几何位置关系，确定两船之间的避让责任，采用的基本是几何制原则。

也有学者认为，《规则》第十二条规定的上风船应当给下风船让路，第十三条规定的追越船应当给被追越船让路，主要是基于位于上风的帆船、追越船的避让能力相对较好而规定的，因而其采用的是等级制原则。

（五）《规则》未明确规定船舶之间责任的情况

对于《规则》条款并未明确规定避让责任关系的，如三艘或者三艘以上船舶相遇同时致有构成碰撞危险的情况下，或者当两艘从事捕鱼的船舶、两艘失去控制的船舶、两艘操纵能力受到限制的船舶相遇致有构成碰撞危险时、一艘失去控制的船舶与一艘操纵能力受到限制的船舶相遇致有构成碰撞危险时，每一船舶均负有同等的避碰责任和义务，每一船船均应按照《规则》第二条规定的精神并运用良好的船艺采取行动，以避免碰撞。在采取行动时，应遵循以下原则：

（1）操纵能力稍好的船舶应尽可能给操纵能力稍差的船舶让路。例如，操纵能力受到限制的船舶应尽可能给失去控制的船舶让路；从事拖带作业的操纵能力受到限制的船舶应给正在发射或收回航空器的船舶让路等。

（2）相遇两船均有责任尽最大努力采取行动，以避免碰撞事故发生，在避免碰撞方面两船负有同等的责任。

（3）在采取具体行动时，在条件允许的情况下，应遵循《规则》所确定的行动原则。均应当运用良好的船艺，及早采取避让行动，以保证船舶之间能够在安全距离上通过。

二、各类船舶之间的责任

《规则》第十八条规定：

"除第九、十和十三条另有规定外：

"1. 机动船在航时应给下述船舶让路：

（1）失去控制的船舶；

（2）操纵能力受到限制的船舶；

（3）从事捕鱼的船舶；

（4）帆船。

"2. 帆船在航时应给下述船舶让路：

（1）失去控制的船舶；

（2）操纵能力受到限制的船舶；

（3）从事捕鱼的船舶。

"3. 从事捕鱼的船舶在航时，应尽可能给下述船舶让路：

（1）失去控制的船舶；

（2）操纵能力受到限制的船舶。

"4.（1）除失去控制的船舶或操纵能力受到限制的船舶外，任何船舶，如当时环境许可，应避免妨碍显示第二十八条规定信号的限于吃水的船舶的安全通行；

（2）限于吃水的船舶应充分注意到其特殊条件，特别谨慎地驾驶。

"5. 在水面的水上飞机，通常应宽裕地让清所有船舶并避免妨碍其航行。然而在有碰撞危险的情况下，则应遵守本章条款的规定。

"6.（1）地效船在起飞、降落和贴近水面飞行时应宽裕地让清所有其他船舶并避免妨碍他们的航行；

（2）在水面上操作的地效船应作为机动船遵守本章条款的规定。"

因此，除第九、十和十三条另有规定外，船舶应当按照如下规定承担避让责任。

（一）在航机动船与其他船舶之间的责任

机动船在航时，当与下列一艘船舶相遇时，应当给其让路：

（1）失去控制的船舶；

（2）操纵能力受到限制的船舶；

（3）从事捕鱼的船舶；

（4）帆船。

这里所指的“机动船在航”一词包括机动船在航对水移动和在航不对水移动两种状态。对于从事拖带作业的机动船，当偏离其所驶航向的能力没有受到严重限制时，则适用本款规定。对于限于吃水的船舶，尽管《规则》第十八条4款将其规定为“不应被妨碍的船舶”，但在与上述4种船舶相遇时，仍应遵守本款的规定。

（二）在航帆船与其他船舶之间的责任

帆船在航时，当与下列一艘船舶相遇时，应当给其让路：

（1）失去控制的船舶；

（2）操纵能力受到限制的船舶；

（3）从事捕鱼的船舶。

帆船在给上述船舶让路时，应当根据其自身的操纵特点，按照《规则》对让路船提出的要求，及早采取大幅度行动让清他船。

（三）在航从事捕鱼的船舶与其他船舶之间的责任

从事捕鱼的船舶在航时，当与下列一艘船舶相遇时，应当尽可能给其让路：

（1）失去控制的船舶；

（2）操纵能力受到限制的船舶。

考虑到从事捕鱼船舶的作业特点以及所使用的渔具，某些从事捕鱼的船舶很难做到给失去控制的船舶和操纵能力受到限制的船舶让路，本款规定使用了“尽可能”一词，对此，失去控制的船舶和操纵能力受到限制的船舶应予以充分注意。

（四）限于吃水的船舶与其他船舶之间的责任

考虑到限于吃水的船舶偏离其所驶航向的能力严重地受到限制，不能采取大幅度的转向行动避让他船，《规则》将其规定为“不应被妨碍的船舶”，要求除失去控制的船舶和操纵能力受到限制的船舶外，任何船舶应避免妨碍限于吃水的船舶的通行。

另一方面，对于限于吃水的船舶，应充分考虑到其操纵特点，在享有“不应被妨碍”权利的同时，还应注意到与他船相遇时可能要承担的让路责任与义务；而且，无论如何，应充分注意其特殊条件，特别谨慎驾驶。

（五）水上飞机与其他船舶之间的责任

在水面上的水上飞机，鉴于其具有优越的机动性能，必要时还可飞离水面，可以做到不与他船形成碰撞危险，因此，《规则》对其做出了特别的规定，即在水面上的水上飞机（如在水面上滑行或在水面上漂浮时）通常应宽裕地让清所有船舶并避免妨碍其航行。“宽裕地让清（Keep Well Clear of）”，按照其英语含义，是指“远离”，即要求水上飞机在会遇局面构成之前，履行远离他船的义务，以避免与其他船舶形成会遇局面；“避免妨碍其航行”是指水上飞机在水面上航行时应当远离其他船舶，使得其他所有船舶的航行状态不受影响，即其他船舶不会因水上飞机的驶近而需要变速或者变向，而不仅仅是要求其避免妨碍其他船舶“通过或安全通过”。

但是，当水上飞机与其他船舶相遇致有构成碰撞危险时，则应遵守《规则》“驾驶与航行规则”一章的有关规定。根据这一规定，在水面上水上飞机既有可能构成《规则》规定的让路船，从而应当履行给他船让路的责任和义务；也有可能构成直航船而应继续履行直航船的责任和义务。

（六）地效船与其他船舶之间的责任

地效船在起飞、降落和贴近水面飞行时，应宽裕地让清所有的船舶并避免妨碍其航行。这主要是考虑到地效船在起飞、降落和贴近水面飞行时，其具有良好的机动操纵性能，能够做到与其他船舶避免形成碰撞危险和避免妨碍他船航行。要求地效船宽裕地让清所有的船舶并避免妨碍其航行，其“宽裕地让清”和“避免妨碍其航行”的含义与《规则》第十八条5款的含义相同，但是，对于地效船而言，这一要求，不仅适用于地效船与他船构成碰撞危险之前，也适用于地效船与他船构成碰撞危险之后。简而言之，地效船在起飞、降落和贴近水面飞行时，其负有一种“超局面”义务，要求地效船宽裕地让清所有的船舶并避免妨碍其航行。

在水面上操作的地效船（即除在起飞、降落和贴近水面飞行外）应当与机动船一样遵守《规则》各条的规定。此时，其也不负有宽裕地让清所有的船舶并避免妨碍其航行的责任和义务。

（七）气垫船和水翼船与其他船舶之间的责任

《规则》本身并未对气垫船、水翼船与其他船舶之间的责任做出特别的规定。因此，气垫船、水翼船即使是处于非排水状态下航行时，也应按照机动船确定他们的责任和义务。考虑到这些船舶具有良好的操纵性能，按照良好船艺的要求，在高速行驶时，通常应当及早采取行动，宽裕地让清他船；而在低速行驶时，则应当作为普通的机动船执行《规则》的各项规定。

气垫船在非排水状态下航行时受风的影响比较大，严重时其偏航角度可以达到40°～50°，因此，当在海上发现显示一盏黄色闪光灯的气垫船时，应注意观测其实际运动方向，切实掌握其运动状态，以免由于其显示的舷灯和实际运动方向的差别造成误解。

第五章 船舶在能见度不良时的行动

本章学习目标

(1) 掌握《规则》第十九条的适用范围和条件；
(2) 掌握船舶在能见度不良的水域航行应当保持的戒备；
(3) 掌握在能见度不良的水域航行不在互见中的船舶间的避让方法。

船舶航行在能见度不良的水域或附近时，不易及早发现来船和正确地识别来船，即使使用助航仪器，其信息也较间接、抽象，需要航海人员进一步处理、分析，可靠性也有一定的限度，远远不如视觉瞭望直观、形象，因此获得的判断局面和碰撞危险所需要的信息要比能见度良好时少。同时，船舶所采取的避碰行动也不能被他船用视觉发现，而需要通过雷达标绘等手段才能判别。为此，《规则》第十九条对船舶在能见度不良时的行动规则做出了专门的规定。

第一节 适用范围

《规则》第十九条1款规定："本条适用于在能见度不良的水域中或在其附近航行时不在互见中的船舶。"

一、适用水域

能见度不良时的行动规则适用于在任何能见度不良的水域中或在其附近航行时。所谓

"能见度不良的水域中"，是指船舶业已进入能见度受到限制的水域；而"在其附近"，是指船舶虽然处于能见度良好的水域中，但在其附近水域能见度不良。

二、适用船舶

能见度不良时的行动规则适用于在上述水域航行的任何船舶。无论是普通的机动船、帆船，还是失去控制的船舶、操纵能力受到限制的船舶等，在能见度不良的水域中或在其附近航行，均应当遵守本条的规定。"航行"可以理解为在航，既包括在航对水移动，也包括在航不对水移动。

三、适用的能见度

根据《规则》第三条的规定，"能见度不良"是指由于雾、霾、下雪、暴风雨、沙暴或任何其他类似原因而使能见度受到限制的情况，即"能见度受到限制的情况"。从定量解释上，对于能见度下降到何种程度时本条开始适用的问题，航海界、司法界历来存在不同的认识。通常认为，当能见度下降到5 n mile时，本条开始适用。

在实践中，有的船公司的雾航规则规定，当能见度下降到5 n mile时，船舶应当进入二级雾航戒备，应做好雾航的准备工作，即报告船长，通知机舱备车，开启雷达，加强瞭望等；当能见度下降到2 n mile（或者3 n mile）时，船舶应当进入一级雾航戒备，除做好二级雾航的准备工作外，还应当按章鸣放雾号，船长上驾驶台操纵船舶，加派瞭头，改自动舵为手操舵等。

四、适用条件

从《规则》第十九条1款的规定本身看，本条适用的条件之一是两船不在互见中。但是，纵观本条各款的规定，本条所规定的行动规则大致可分两个方面：2款和3款规定了船舶保持戒备行动的原则；4款和5款则规定了避碰（行动）的原则。一船的戒备行动所面对的是其周围能见度不良水域中可能存在的所有其他船舶，而非某一特定的船。当与一来船互见后，并不排斥也不能中断戒备行动，因为周围仍可能存在其他船舶。因此，本条2款和3款的规定并不以两船不在互见中为条件。

此外，当两船接近到互见时，应当适用船舶在互见中的行动规则，除非两船在接近到互见以前，船舶在能见度不良时的行动规则（第十九条4款和5款）已经适用。

第二节 船舶在能见度不良水域航行的戒备

一、执行任何能见度情况下的行动规则时的戒备

《规则》第十九条3款规定："在遵守本章第一节各条时，每一船应充分考虑到当时能见度不良的环境和情况。"因此，船舶在能见度不良水域或其附近航行时，应当在保持正规瞭望、以安全航速行驶、正确判断碰撞危险、采取避免碰撞的行动等方面保持高度的戒备。

《STCW规则》马尼拉修正案第A－Ⅷ／2节4－1部分（航行值班中应遵循的原则）第45、80段对能见度不良时的值班做出了特别的规定。

第45段规定："遇到或预料到能见度不良时，负责航行值班的高级船员的首要职责是遵守经修订的《1972年国际海上避碰规则》的相应条款，特别是有关鸣放雾号、以安全航速航行并使主机处于立即可操作的准备状态的条款。此外，负责航行值班的高级船员还应：

.1 通知船长；

.2 布置正规的瞭望；

.3 显示航行灯；并且

.4 操作和使用雷达。"

第80段规定："负责轮机值班的高级船员应确保提供鸣放声号所使用的持久的空气或蒸汽压力，并随时执行驾驶台的有关变速或换向的任何命令。此外，还应保证操纵用的辅机随时可用。"

（一）能见度不良时的准备

根据《STCW规则》马尼拉修正案和《海船船员值班规则》的有关规定，当遇到或预料到能见度不良时，应当做好如下准备工作：

（1）通知船长；

（2）布置瞭望人员，改用舵工手动操舵；

（3）显示航行灯；

（4）及时通知机舱将机器做好随时操纵的准备；

（5）开启和使用雷达；

（6）如可能，在能见度变坏前测定船位；

（7）按照《规则》的规定鸣放雾号，并打开驾驶台门窗，守听雾号；

（8）开启VHF、AIS等助航设备，并注意守听和观测等。

（二）瞭望及判断碰撞危险

能见度受到限制给船舶瞭望带来了许多不利的影响。因此，船舶在瞭望人员的数量、位置以及瞭望手段等方面需要根据能见度不良的情况加以妥善的安排。

在能见度不良的水域中航行，船舶获得他船信息的手段往往更多地依赖于雷达、AIS等助航设备。与互见中不同，在无法用视觉看到他船时，雷达或其他设备所提供的信息无法通过视觉信息加以校正，不仅存在时间上的滞后，还可能出现误识别而造成错误判断。因此，当雷达测得他船时，应当严格遵守《规则》第七条的规定，认真进行雷达标绘或与其相当的系统观察，判定是否正在形成紧迫局面和/或存在碰撞危险，并注意不得使用不充分的信息尤其是不充分的雷达信息做出推断。

在能见度不良的水域中航行，声号可作为判断碰撞危险的观测信息，但他船的声号的方位有明显的变化不能作为判断不存在碰撞危险的依据。考虑到声号的可听距离较小，当一船听到他船的雾号显似在本船的正横以前时，两船往往已不能避免紧迫局面。

在能见度不良的水域航行，应当及早发现来船，并对是否存在碰撞危险做出判断。通常认为，使用12 n mile距离标尺的船舶，应当在10 ~ 12 n mile发现他船，在两船相距6 ~ 8 n mile之前完成雷达标绘，以便船舶能够及早采取行动。

（三）避碰行动的时机和幅度

在能见度不良的水域中或其附近，当两船不在互见中时，应充分注意到所采取的避让行动不能被他船利用视觉瞭望容易地察觉到。因此，在能见度不良的水域中或其附近采取避让行动时，不仅要求船舶在更早的距离上采取行动，而且要求的幅度更大，并能在更大的安全距离上通过。如经过判断，两船存在碰撞危险，为避免紧迫局面的形成，若当时环境许可，对正横以前的来船通常应当在两船相距4 ~ 6 n mile时采取行动；对于正横后的来船，则要求两船相距3 n mile左右时采取行动。在采取行动的幅度上，除满足《规则》第八条的要求外，还应当导致两船能够在适合当时能见度不良的环境和情况的安全距离上通过，该安全距离在宽敞水域的两艘大船之间，通常被认为是2 n mile左右。

此外，及早采取避让行动的先决条件是判明当时的情况，能见度不良时尤其应避免盲目行动。在情况不明时，当应将航速减到能维持舵效的最小速度，必要时把船停住。

二、安全航速、将机器做好随时操纵的准备

《规则》第十九条2款规定："每一船应以适合当时能见度不良的环境和情况的安全航速行驶，机动船应将机器做好随时操纵的准备。"

（一）以安全航速行驶

如前所述，能见度情况是决定安全航速应当考虑的首要因素。本条再一次强调了安全航速的规定，并且强调在决定安全航速时，应当充分考虑当时能见度不良的环境和情况。

通常，在能见度不良的水域或其附近航行，应当适当减速。降低船速可以留有更多时间来获得必要的信息以便对局面和碰撞危险做出充分的估计，并可在必要时能迅速把船停住。

（二）将机器做好随时操纵的准备

除以安全航速行驶外，《规则》要求机动船将机器做好随时操纵的准备，即要求机动船备车航行。备车是能够随时操纵船舶的准备工作，也是随时减速、停车或倒车的基础。将机器做好随时操纵的准备，既是《规则》的要求，也是《STCW规则》马尼拉修正案的强制性要求。根据《STCW规则》马尼拉修正案的规定，将机器做好随时操纵的准备，不仅应当将主机做好随时操纵的准备，而且也要将操纵用的辅机做到随时可用。

第三节 能见度不良时的避碰行动

一、能见度不良时船舶的避碰责任

当一船航行在能见度不良的水域中或其附近与不在互见中的来船构成碰撞可能性时，由于瞭望获得信息的限制，无法根据操纵能力和相对几何位置确定船舶的避碰责任，因而两船负有同等的避碰责任和义务，均应果断地采取避碰措施，而不存在让路船和直航船之分。

二、仅凭雷达测到他船时的避碰行动

《规则》第十九条4款规定：“一船仅凭雷达测到他船时，应判定是否正在形成紧迫局面和（或）存在碰撞危险。若是如此，应及早地采取避让行动，如果这种行动包括转向，则应尽可能避免如下几点：

（1）除对被追越船外，对正横前的船舶采取向左转向；

（2）对正横或正横后的船舶采取朝着它转向。”

（一）本款的适用条件

1.本款规定的避让行动适用于仅凭雷达发现来船

本款规定的避让行动适用于仅凭雷达发现来船，并且正在形成紧迫局面和（或）存在碰撞危险的情况。“一船仅凭雷达测到他船”实际上排除了通过视觉或听觉发现来船时对本款的适用。如果用视觉看到来船，则两船可以被视为在互见中，通常应当适用船舶在互见中的行动规则；如果仅凭雾号发现来船，或者虽然使用雷达发现来船但紧迫局面已经形成，则应遵守第十九条5款的规定采取避碰行动，本款不再适用。

应当注意的是，在能见度不良的情况下，当两船接近至互见时，如果本款的规定尚未适用，则应当适用互见中的行动规则；相反，船舶已经按照本款采取行动，则不能片面强调适用互见中的行动规则。

2.本款规定的适用以两船正在形成紧迫局面和（或）存在碰撞危险为条件

本款有关避碰行动的适用，是以两船正在形成紧迫局面和（或）存在碰撞危险为前提条件的。因此，当一船仅凭雷达发现他船时，应当正确使用雷达，通过雷达标绘或者与其相当的系统观察，断定本船是否与他船正在形成紧迫局面和（或）存在碰撞危险。若不存在碰撞危险，则无须采取避碰行动，但应当做到谨慎驾驶；若存在碰撞危险，或者两船正在形成紧迫局面，或者既存在碰撞危险又正在形成紧迫局面，则应当及早地采取避碰行动。

（二）仅凭雷达测到他船时应采取的避碰行动

在能见度不良的情况下，船舶可以采取的避碰行动包括转向避碰、变速避碰以及转向与变速结合的避碰。

1.转向避碰

在有足够水域的情况下，单凭转向通常是最有效的避碰行动，其优点是时间短、效果明显、操作简单、不依赖于备车。因此，转向避碰是最常用的避让方法。

（1）避让正横前来船

《规则》第十九条4款（1）项规定，除对被追越的船外，应避免对正横前的船舶采取向左转向。因此，无论来船在本船的右正横以前（见图5-3-1）还是左正横以前（见图5-3-2）以及在正前方，本船均应向右转向避让。

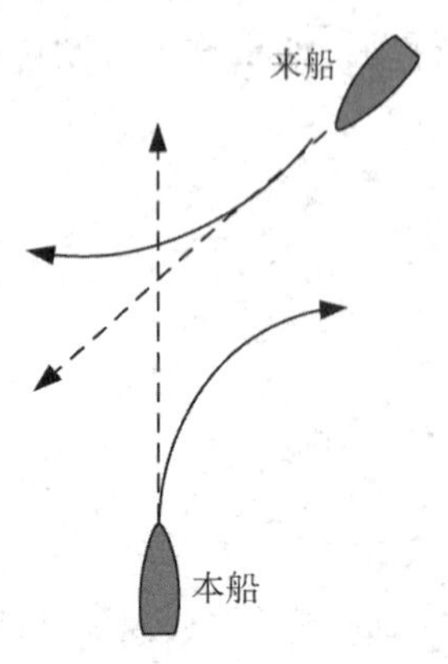

图5-3-1　避让右前方来船

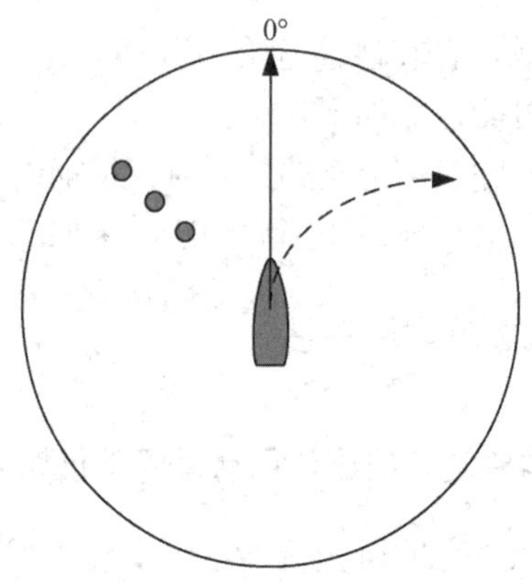

图5-3-2　避让左前方来船

《规则》第十九条4款（1）项禁止船舶向左转向是为了保证两船之间转向避碰行动的协调。当他船位于本船正横之前时，实际上本船也位于他船的正横之前，《规则》规定两船均应当避免左转，可以有效避免由于两船中因一船右转、另一船左转造成的避碰行动的不协调。

《规则》第十九条4款（1）项所指的“被追越船”不属于《规则》第十三条所指的追越中具有法定含义的“被追越船”，而仅仅是指在相对位置上逐渐被本船赶上的船。对于正横以前的被追越船，《规则》并没有明确规定必须左转或者右转，船舶可以根据当时的环境和情况选择向左或向右转向避让。

（2）避让正横和正横后来船

对于从本船正横和正横后驶近的来船，如果朝着它转向，势必会使两船增加逼近的速度，使两船处于不协调的境地。为此，《规则》第十九条4款（2）项规定，应避免对正横或正横以后的来船采取朝着它转向。因此，对右正横或右正横以后的来船应采取向左转向避让（见图5-3-3）；对左正横或左正横以后的来船应采取向右转向避让（见图5-3-4）。

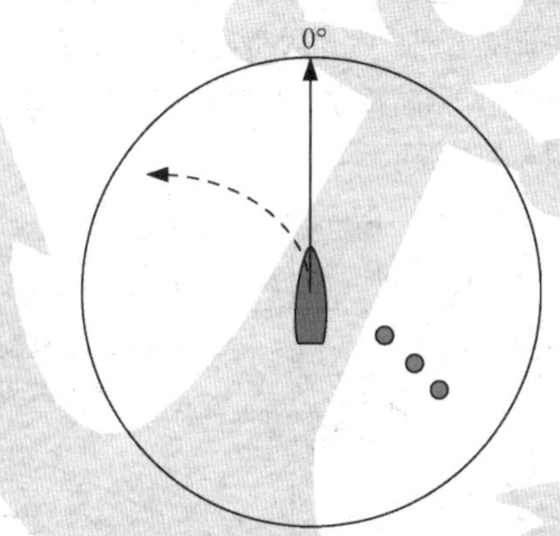

图5-3-3 避让右后方来船

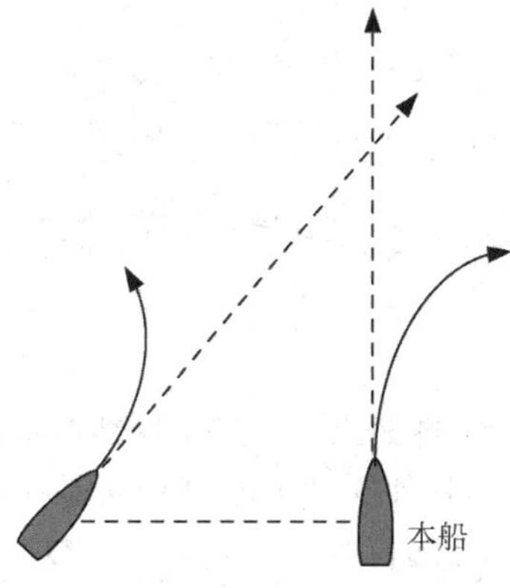

图5-3-4 避让左后方来船

《规则》第十九条4款对于转向避让的规定如图5-3-5所示。

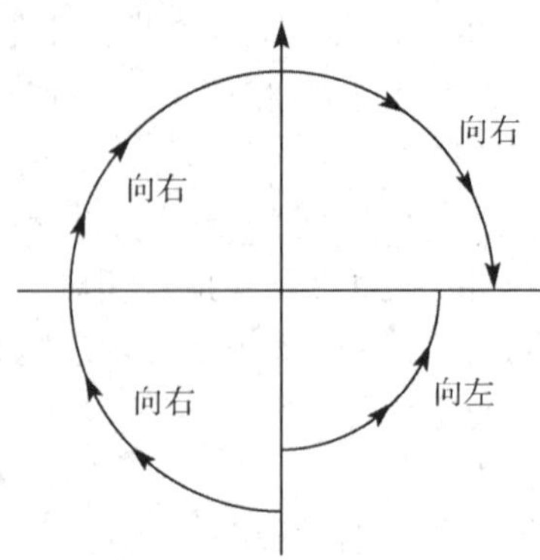

图5-3-5 《规则》转向避让图解

（3）雷达避碰转向示意图

英国航海学会于1970年成立了一个工作组，讨论修改《规则》，该工作组运用雷达标绘方法和数学方法研究雷达避碰问题，并根据《规则》第十九条4款的规定和良好船艺的要求，考虑到了船舶之间的协调，绘制了雷达避碰转向示意图，向航海人员推荐使用。该雷达避碰转向示意图长期以来在国际航海界颇有影响，可以认为是对第十九条4款关于转向避让要求的一个补充，如图5-3-6所示。

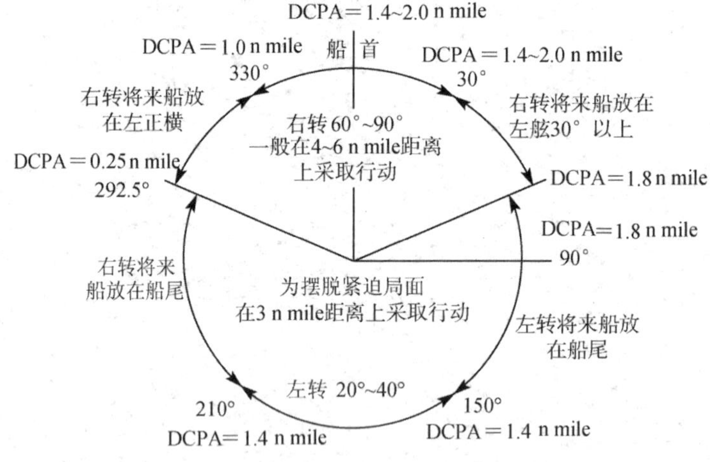

图5-3-6 雷达避碰转向示意图

2.变速避让

采取大幅度转向避让的前提条件是要有足够的水域，并不致造成另一紧迫局面。因此，在没有足够水域或存在第三船致使无法大幅度转向避让的情况下，船舶应考虑采用变速的避让措施。在采取变速避让措施时，应当注意如下事项：

（1）对右正横前的来船，本船的减速行动和来船可能采取的向右转向措施或者增速措施效果一致（本船追越他船的情况除外）；但对于左正横前的来船，本船的减速行动会与

来船的右转和（或）减速措施的效果相互抵消。

（2）对于正横附近来船，变速行动可以改变两船“齐头并进”的局面，让来船超前或滞后，避让效果比较有效。变速措施短时间内效果不明显，不易被来船察觉，因此应及早地、大幅度地进行。

（3）船舶在能见度不良的水域所采用的变速措施，通常是减速措施。如采取增速措施，必须要考虑增速的余地和安全航速的要求。

3.转向结合变速避让

在转向结合变速同时进行时，转向的方向仍应遵守本款对转向避让的要求。在采取转向结合变速避让措施时，应当注意：

（1）在避让本船右正横前来船时，本船宜采取右转结合减速的措施，本船右转和减速的效果是一致的。

（2）在避让左正横前来船时，在安全航速许可的范围内，可以采取右转结合增速的措施。一般而言，本船向右转向与增速效果一致，并且与来船可能采取的右转和（或）减速行动效果一致。但应当注意，如他船的相对运动航向线与转向不变线平行或者重合，则转向不一定有效果。

（3）在避让左正横后的来船时，本船通常应当以右转为主，同时也可以结合增速。

（4）在避让右正横后的来船时，本船宜采取左转并结合增速的措施。

三、听到雾号显似在本船正横以前或与正横以前的来船不能避免紧迫局面时的行动

《规则》第十九条5款规定：“除已断定不存在碰撞危险外，每一船当听到他船的雾号显似在本船正横以前，或者与正横以前的他船不能避免紧迫局面时，应将航速减到能维持其航向的最小速度。必要时，应把船完全停住，而且，无论如何，应极其谨慎地驾驶，直到碰撞危险过去为止。”

（一）已断定不存在碰撞危险时，本船可以不采取行动，但应当做到谨慎驾驶

所谓“已断定不存在碰撞危险”是指虽然听到来船的雾号显似在本船正横以前，但已确认该船正在驶离或者能够保证在足够安全会遇距离上通过。此时，《规则》第十九条5款的规定不适用，该船无须采取避让行动，但应当做到谨慎驾驶。若一船虽然经过系统观测，但仍然无法确定是否存在碰撞危险时，应当根据《规则》第七条1款的规定，假定存在碰撞危险，并按《规则》第十九条5款的规定采取相应的行动。

（二）将航速减到能维持其航向的最小速度

根据《规则》第十九条5款的规定，本船应将航速减到能维持其航向的最小速度的情况包括当听到他船的雾号显似在本船正横以前，或者与正横以前的他船不能避免紧迫局面

时两种情况。

雾号的可听距离通常只有2 n mile左右，因此听到来船的雾号显似在本船正横以前时，两船已不能避免紧迫局面的形成。同时，雾号在雾中的传播可能发生折射现象，仅凭雾号很难正确判断该船的方位和距离，因而，不应当仅仅根据雾号来判断是否存在碰撞危险。通常认为，当听到他船的雾号显似在本船的正横以前时，应当假定他船与本船不能避免或者已经形成紧迫局面。此外，将正横附近传来的雾号当作来自正横以前的雾号也是一种谨慎的做法。

实践证明，在与正横以前的来船不能避免紧迫局面时，盲目转向往往会使局面更加恶化。对此，英国高等法院的法官一再告诫航海者，盲目地转向只能导致碰撞的发生，当事者也必将为此而承担重大的责任。正如英国法官希尔（Hill）在1925年审理“威尔（Wear）”轮与“海布里斯（Haybnise）”轮碰撞案时指出：“本法院再三说过，当你在雾中看到一船后，但对该船行驶的方向或动向还不了解时，你所能采取的行动中最糟糕的就是转向。”因此，在此情况下，谨慎的做法就是将航速减小到能够维持其航向的最小速度，以便留有更多时间判断局面并采取应急的避碰行动。

另一方面，若将航速降低到不能控制航向的程度，使船舶失去舵效，那么，在必须转向时，也将使得船舶无法及时转向，也是不利的。因此，《规则》第十九条5款提出“将航速减到能维持其航向的最小速度”。这一速度，对于万吨级船舶而言，一般为2 ~ 4 kn。

（三）必要时把船完全停住

如果将航速降低到能够维持其航向的最低速度仍然不足以应对当时的紧迫局面或者紧迫危险，船舶应立即停车、倒车把船完全停住。所谓“必要时”，通常指以下几种情况：

1.对不备有可使用雷达的船舶

（1）在邻近处初次听到他船的雾号；

（2）听到有雾号显似在本船正前方附近；

（3）听到他船的雾号显似在首前方的角度逐渐减小；

（4）看到一船从雾中隐隐出现，但其动态还未能判断清楚时；

（5）听到帆船的雾号显似在本船的正横以前；

（6）听到本船正前方附近有锚泊船的雾号等。

2.对备有可使用雷达的船舶

（1）当与正横前的他船不能避免紧迫局面时，尤其是他船从正前方或本船船首左右各30°左右的舷角以内驶来时；

（2）当遇到有任何船舶用较高速度径直驶来，但对来船究竟从本船哪一侧驶过存在怀疑时；

（3）听到他船鸣放的雾号但在雷达的众多回波中无法确定鸣放雾号的船舶时；

（4）发现位于正横以前的雷达回波消失在雨雪或海浪的干扰波之中，无法确定其动

态，但又听到他船鸣放的雾号显似在正横以前时；

（5）当发现他船正在采取与本船不协调的行动，紧迫局面即将形成时；

（6）浓雾中发现一船正在雾中隐隐出现，但无法判断其动态时。

（四）谨慎驾驶

《规则》第十九条5款规定，每一船舶当听到他船的雾号显似在本船正横以前，或者与正横以前的他船不能避免紧迫局面时，均应极其谨慎地驾驶，直到碰撞危险（Danger of Collision）过去为止。

所谓谨慎驾驶，其含义是十分广泛的，不仅包括保持正规瞭望、及时备车并以安全航速行驶、以适合当时环境和情况的一切有效手段判断碰撞危险等方面；而且包括对当时可能发生的特殊情况保持应有的戒备，如多船会遇同时构成碰撞危险的情况、他船背离《规则》或者违背《规则》采取行动的情况等；也包括避免盲目转向、及时将航速减小到能维持其航向的速度，必要时把船完全停住的行动。总之，谨慎驾驶的内容十分广泛，从加强瞭望、戒备到采取行动，从《规则》的要求到良好船艺的要求，从避免盲目转向到减速、停车、停船等，均是谨慎驾驶的要求。

四、能见度不良情况下碰撞原因分析

通过分析船舶在能见度不良时的碰撞案例，可以总结出在能见度不良时发生碰撞事故的主要原因如下。

（1）疏忽瞭望。碰撞事故原因分析表明，大多数碰撞船舶存在瞭望的疏忽，包括瞭望人员的数量不足、瞭望人员的位置不合适，如未加派瞭头；未使用适合当时环境和情况的一切可用手段保持正规瞭望，如有的船舶在能见度不良时仅仅保持雷达瞭望而未保持视觉瞭望，又如有的船舶未正确使用雷达或者没有对探测到的物标进行系统观察等；未正确使用VHF保持信息的有效沟通；未对船舶周围的环境和情况做出充分的估计，例如未对本船的船位进行核实等。

（2）未以适合当时环境和情况的安全航速行驶。有关的统计表明，在能见度不良情况下违反《规则》有关安全航速规定的事故占全部事故的70%以上，主要表现为在能见度不良的情况下仍然以高速行驶，没有及时备车、减速，以至于不能对碰撞危险做出及时的判断以及不能在适合当时环境和情况的距离以内把船停住等。

（3）未对碰撞危险做出充分的估计和判断，未按照《规则》及早地采取大幅度的避碰行动，或者避碰行动迟缓，错过最佳的避让时机。在很多碰撞事故中，由于瞭望的疏忽以至于发现来船太晚，或者没有对发现的来船进行雷达标绘或与其相当的系统观察从而正确判断碰撞危险，导致在采取避碰行动前两船已经构成紧迫局面甚至紧迫危险；或者所采取的行动违反《规则》第八条的规定，没有做到“早、大、宽、清”，以至于所采取的行动不能被他船用视觉或雷达观察时发现，从而导致两船的避碰行动不协调。

（4）两船的避让行动不协调。两船的避让行动不协调是导致碰撞事故的重要原因之一，主要表现为船舶在没有准确判断当时环境和情况以及碰撞态势的情况下盲目采取行动，或者违反《规则》第十九条4款的规定，对正横前的来船采取向左转向，从而与来船的避碰行动不协调而导致碰撞。

（5）未能及时减速、停船。主要表现为在两船形成紧迫局面时，船舶未能按照《规则》第十九条5款的规定及时将航速降低到能够维持其舵效的速度并在必要时将船完全停住。

（6）未按照《规则》的要求鸣放雾号，以至于不能被他船通过听觉瞭望所发现。

（7）未能对周围环境和情况的突然变化保持应有的戒备。例如对能见度突然变差缺乏戒备，对他船违背或者背离《规则》采取行动缺乏戒备，以至于在关键时刻惊惶失措，盲目采取行动，最终导致碰撞的发生。

第六章

责任

本章学习目标

（1）理解《规则》第二条规定的三种疏忽的含义；
（2）掌握背离规则的条件、时机和可以背离的条款。

《规则》的“驾驶和航行规则”规定了一般情况下的航行和避碰原则，然而，船舶在实际营运中遇到的环境和情况是千变万化的，无论是从戒备的角度，还是从采取行动的角度，《规则》条款都不可能将所有的要求详尽无遗地列出，即使能够详尽地列出，其列出的具体要求也可能不适合当时的环境和情况。因此，在遵循《规则》时必须充分考虑海员通常做法所要求的戒备和各种特殊情况的要求。本章主要介绍《规则》第二条（责任）的内容和各种特殊情况下的避碰。

第一节 概述

一、责任条款的内容

《规则》第二条共两款，1 款规定：“本规则条款并不免除任何船舶或其所有人、船长或船员由于遵守本规则条款的任何疏忽，或者按海员通常做法或当时特殊情况所要求的任何戒备上的疏忽而产生的各种后果的责任。”该款通常称为疏忽条款，该条款的核心内容是：《规则》不免除由于任何船舶、船舶所有人、船长或船员由于疏忽而产生的各种后果的责任。

2款规定：“在解释和遵行本规则条款时，应充分考虑一切航行和碰撞的危险以及包括当事船舶条件限制在内的任何特殊情况，这些危险和特殊情况可能需要背离规则条款以避免紧迫危险。”该款通常被称为背离条款。背离条款的核心内容是：在遵循《规则》时，应当充分考虑到在某些危险和特殊情况下需要背离规则条款采取行动，以避免紧迫危险。

二、责任条款的作用

纵观《规则》第二章“驾驶和航行规则”的条文，其规定的内容包括了船舶应当保持的戒备和应当采取行动的准则。这些戒备条款包括瞭望、安全航速、判断碰撞危险等；而应当采取行动的准则包括了船舶航行的准则，如狭水道条款、分道通航制条款等，以及船舶采取避让行动的准则，如避免碰撞的行动、让路船的行动等。然而，船舶在海上航行时，其所遇到的环境和情况是千变万化的，无论是从戒备的角度，还是从采取行动的角度，《规则》条款都不可能将所有的要求详尽无遗地列出，即使是能够详尽地列出，其列出的具体要求也可能不适合当时的环境和情况。故此，《规则》条款的规定只能是原则性的，船舶在任何时候均应当根据当时的环境和情况保持应有的戒备，并采取适合当时环境和情况的行动。因此，责任条款常常被称为“兜底条款”。一方面，《规则》要求船舶除严格遵守《规则》的明文规定外，还应当运用良好的船艺，保持对海员通常做法或者特殊情况可能要求的戒备。另一方面，《规则》要求船舶在采取行动时，不能机械地理解《规则》条文的规定，而应当切实理解《规则》条文的内涵，并根据当时的具体环境和情况来采取航行或者避碰的行动。总之，责任条款是对《规则》其他条款的有力的补充和解释，其目的同样是防止海上事故的发生，保证船舶的航行安全。

第二节 疏忽

一、疏忽的含义

《规则》第二条中的“疏忽（Neglect）”一词的含义，按汉语词典解释是“粗心大意、忽略等”；按英汉词典解释是“未注意到；未考虑或考虑不充分；未做应该做的事”等。因此，“疏忽”可以理解为“应当为而不为，不应当为而为”的行为。在海上避碰实践中，“疏忽”包括应当戒备而未戒备或戒备不足；应当预见而未预见或预见不准；应当判断而未判断或判断有误；应当行动而未行动或行动不当（时机不当、地点不当、场合不当、方式不当等）；不应当行动而盲目行动等。

《规则》第二条1款列出的疏忽包括对遵守《规则》的疏忽和保持戒备上的疏忽，而

保持戒备上的疏忽可进一步分解为对海员通常做法所要求的任何戒备上的疏忽和对当时特殊情况所要求的任何戒备上的疏忽。

二、疏忽的主体和责任

根据《规则》第二条1款的规定，疏忽的主体包括船舶或其所有人、船长或船员。在大陆法系国家，船舶本身是“物”，一般不能作为承担责任和义务的主体。然而，在英美法系国家，在法律上存在“对物诉讼”的规定，因此，船舶本身也可以作为承担责任和义务的主体。《规则》第二条中所指的船舶所有人，是广义的船舶所有人，既包括船舶的实际所有人，也包括船舶光船承租人、船舶经营人等。

《规则》第二条虽然规定为“本规则条款并不免除任何船舶或其所有人、船长或船员由于遵守本规则条款的任何疏忽，或者按海员通常做法或当时特殊情况所要求的任何戒备上的疏忽而产生的各种后果的责任”，但实际上该款的含义为：如果任何船舶或其所有人、船长或船员对遵守本《规则》，或者对海员通常做法所要求的戒备，或者对特殊情况所要求的戒备产生了疏忽，就要对这种疏忽所产生的后果承担责任。这种责任是广义的责任，不仅包括由于船舶碰撞造成的民事赔偿责任，也包括船舶或其所有人、船长或船员应当承担的行政责任甚至刑事责任。

三、遵守《规则》条款的任何疏忽

“遵守本规则条款的任何疏忽”是指《规则》条款有明确规定或明确的要求，但船舶、船舶所有人、船长或者船员未遵守《规则》的规定或要求，违反了《规则》规定的情况。对遵守本《规则》条款的疏忽既包括主观上的疏忽，如工作责任心不强、麻痹大意，执行《规则》不认真、不严格；也包括客观上的疏忽，如对《规则》条款错误理解或片面理解、缺乏航海经验而导致在避碰实践中对《规则》执行得不好等。对遵守本《规则》条款的疏忽包括但不限于：

（一）船舶或者船舶所有人对遵守本规则的疏忽

（1）船舶所有人、经营人向船长、船员施加压力，要求船舶达到一定的航速，使得船长、船员不能遵守安全航速的规定；

（2）对船舶主机或者燃油的使用做出硬性规定，例如规定船舶驾驶员不得使用主机、除进出港航行外必须使用重油等；

（3）配备的船员尤其是负责航行值班的船员不符合STCW公约的要求，对船员未遵守《规则》的规定听之任之等。

（二）船长、船员对遵守本规则的疏忽

（1）对保持正规瞭望的疏忽。如在夜间航行时，未保持夜视眼，从而未及时发现来船；在雾中航行，仅保持雷达观测，而放弃视觉瞭望；船舶在航行中，值班驾驶员忙于定位，在海图室停留时间太长，以致发现来船太晚而避让不及。

（2）对违反安全航速的疏忽。如船舶在狭水道或者能见度不良的水域以过高的速度行驶。

（3）对正确判断碰撞危险的疏忽。如在雾中航行，未进行雷达标绘或与其相当的系统观察；在雾中，仅把雷达放在12 n mile挡，而未发现近距离来船等。

（4）对正确采取避让行动的疏忽。如在采取避让行动时，没有做到“早、大、宽、清”，或者对航向做了一连串的小变动的做法；直航船发觉规定的让路船显然没有遵照《规则》采取适当的行动时仍保速保向消极等待。

（5）对《规则》要求的航行规则的违反。如一船在狭水道航行时，没有靠近本船右舷的该水道或者航道外缘行驶；在分道通航制水域内没有沿着相应的通航分道行驶等。

（6）对《规则》所要求的戒备的疏忽。如船舶在能见度不良的水域航行，没有及时将主机做好随时操纵的准备。

（7）对《规则》显示号灯、号型或者鸣放声号的要求的违反。如在能见度不良水域中航行或者锚泊的船舶没有鸣放相应的雾号；直航船在独自采取操纵行动前，没有鸣放相应的警告信号，或者在互见的操纵中没有鸣放行动声号等。

（8）其他违反《规则》明确规定的行为或者疏忽。

四、对海员通常做法所要求的任何戒备上的疏忽

（一）海员通常做法的含义

“海员通常做法”是指广大海员在长期的航海实践中积累起来形成的一种习惯的、经常性的做法，并且这些习惯的、经常性的做法是被航海实践所证明能够确保航行安全、有助于避碰的。

与海员通常做法相近的一个概念是良好船艺。在本意上，良好船艺主要是指海员根据当时环境和情况的需要，适当而充分地运用船舶操纵手段来有效控制船舶运动状态、避免海上危险的技艺。海员通常做法更强调在某种情况下通常应采取的措施，而良好船艺则更注重这些措施的具体实施技能。随着《规则》的发展，上述两者的内涵和外延都有所变化，其区分已不严格。《规则》第二条1款中的“海员通常做法”应当扩充解释成包括良好船艺。

（二）对海员通常做法所要求的任何戒备上的疏忽

海员通常做法所要求的戒备的内容十分广泛，难以全部列出。对海员通常做法所要求的戒备上的疏忽，包括但不限于以下各种情况：

（1）对舵令、车钟令不复诵，不核对。

（2）驾驶员在避让过程中进行交接班，或者在不了解周围环境的情况下进行交接班。

（3）船舶在狭水道航行或在进出港时未备车、备锚。

（4）在避让中采用自动舵进行避让；在近距离避让他船时不采用下舵令的方式而采用下航向命令的方式。

（5）不了解本船的操纵性能；不了解外界风、流、浪等因素对操船的影响；没有充分地注意到可能出现的浅水效应、船间效应、岸壁效应。

（6）在高纬度海区航行，对发现冰山缺乏戒备。

（7）在强风强流中没有远离其他船舶抛锚，或者在大风浪中锚泊没有备车。

（8）在狭水道中追越时盲目地从他船右舷追越。

（9）没有做到逆水船让顺水船、进口船让出口船、单船让拖带船组。

（10）在狭水道狭窄地段或者弯头会船等。

五、对特殊情况所要求的任何戒备上的疏忽

特殊情况即异乎寻常的情况。构成特殊情况的原因包括船舶条件的突变、自然条件的突变、交通条件的突变、他船所采取行动的突变等。特殊情况所要求的戒备，就是针对可能出现的特殊情况而应当保持的应有的戒备，包括事先应预见到而未预见到会出现的特殊情况出现时，未采取该情况所要求的任何戒备措施；事先预见到可能会出现特殊情况而没有任何戒备或虽有戒备但采取的戒备措施不充分；出现特殊情况后未采取任何戒备措施或戒备措施不当。对特殊情况所要求的任何戒备上的疏忽，包括但不限于以下各种情况：

（1）对船舶突然遇雾、暴风雨等缺乏戒备；

（2）对他船可能背离规则采取行动缺乏戒备；

（3）对为避让一船而与另一船构成紧迫局面缺乏戒备；

（4）对多船同时构成碰撞危险或者紧迫局面的情况缺乏戒备；

（5）对主机、舵机、操舵系统等突然故障缺乏戒备；

（6）对他船意外采取行动，使得两船陷入紧迫危险的情况缺乏戒备。

第三节 背离规则

一、背离规则条款的沿革

“背离规则”的提法第一次出现是在英国1954年《商船航运法》（The Merchant Shipping Act）第296节中，反映出英国议会在避碰立法中认可了英国航运界总结的海上避碰的经验和教训。海上避碰会遇到各种复杂的情况，在首先强调所有船舶都应遵守规则的同时，也应考虑到例外情况，即在“当时情况达到如此程度，致使为避免紧迫危险而背离规则是必要的”的条件下，应允许船舶背离规则条款。在1893年英法商定并随后被世界主要航运国家接受的海上避碰规则中，背离规则的规定成为独立的条款。

在几次修订《国际海上避碰规则》时，对背离规则条款的个别措辞也做了修改，以适应海上避碰实践的需要。例如，在讨论制定第一个国际海上避碰规则的华盛顿会议上，将背离规则条款中“一切航行危险”修改为“一切航行和碰撞危险”，以表明不仅“航行危险”可能致使背离规则是必要的，“碰撞危险（Danger of Collision）”也可能使得背离规则成为必要。在1948年修改《国际海上避碰规则》时，又在背离规则条款中“特殊情况”一词之后增添了“包括当事船舶条件的限制在内”这一短语，以表明可能致使背离规则成为必要的特殊情况也应包括当事船舶条件限制这一情况。

二、可能需要背离规则的情况

在我国早期的《规则》正式译文中，将背离条款译为：“在解释和遵循本规则各条时，应适当考虑到，为避免紧迫危险而须背离本规则各条规定的一切航行和碰撞危险，以及任何特殊情况，其中包括当事船舶条件限制在内。”由于该译文没有很好地确切反映原文所表达的含义，导致在理解和运用背离条款时产生歧义，其中最主要的是有关背离规则的条件，如有人认为只要存在紧迫危险即可背离规则；有人认为只有构成紧迫危险的特殊情况方可背离；有人认为紧迫危险和特殊情况必须同时存在方可背离。在最新的《规则》译文中，则将背离条款翻译为“在解释和遵行本规则条款时，应充分考虑一切航行和碰撞的危险以及包括当事船舶条件限制在内的任何特殊情况，这些危险和特殊情况可能需要背离本规则条款以避免紧迫危险”。该译文更确切地反映了原文所表达的含义。

根据本款的规定，可能需要背离规则的情况包括三种：一种是存在航行的危险（Dangers of Navigation）；一种是存在碰撞的危险（Dangers of Collision）；一种是存在特殊情况，这种特殊情况包括当事船舶的条件限制在内。

存在航行的危险而需要背离规则的情况是指当船舶按照《规则》的要求航行或者采取避碰行动时，就会产生触礁、搁浅等航行的危险。例如，《规则》狭水道条款要求船舶如安全可行应当靠近本船右舷的该水道或者航道的外缘行驶，如该狭水道右侧的水域水深受限，船舶如仍然靠右行驶就可能存在搁浅的危险，而可能需要背离《规则》在航道中心线上行驶。

存在碰撞的危险而需要背离规则的情况是指，当船舶按照《规则》航行或者采取避碰行动，就会产生与他船碰撞的危险。例如，两艘构成对遇局面的船舶，当一船突然向左转向时，另一船如仍然依据《规则》的规定而采取向右转向，则就会构成碰撞的危险。

由于存在特殊情况而需要背离规则的情况，包括由于自然条件受到限制而构成的特殊情况，如两艘机动船对遇，其中一船右舷临近浅滩、暗礁或沉船而不能向右转向的情况；

由于多船出现所构成的特殊情况，如两艘机动船构成对遇局面，而又有另一艘机动船与该两船均构成交叉相遇局面，此时，三船既不适用对遇局面条款，也不适用交叉相遇局面条款，而是一种特殊情况，每一船舶必须运用良好的船艺采取避让行动；由于当事船舶条件受到限制构成的特殊情况，如一艘限于吃水的船舶在狭水道或者航道内与另一船构成对遇局面，但由于限于吃水的船舶其偏离所驶航向的能力受到限制，而不能向右转向；由于他船背离规则采取行动所构成的特殊情况；由于地方规则的特殊要求所构成的特殊情况等。

三、背离规则的条件和目的

背离规则受严格的条件限制，并不是任何存在航行的危险、碰撞的危险的情况或者任何特殊情况下均可以背离规则。背离规则必须同时满足：

（1）危险是客观存在的，而不是主观臆断的。

（2）这种危险即将构成紧迫危险，即如果遵守《规则》会造成一船或者两船的紧迫危险，而背离规则就有可能避免这种紧迫危险。应当指出的是，在该条款中，“紧迫危险”并非仅仅指碰撞格局中两船间所形成的紧迫危险，同时也包括可能存在的航行上的紧迫危险。

（3）背离规则是必须的、合理的。即当时的客观事实表明遵守规则不能避免碰撞或航行的紧迫危险，而背离规则可能避免碰撞和航行的紧迫危险。所以，只有当时的危险局面不允许船舶继续遵守规则时，才可以背离规则。只要还存在机会遵守规则，就不应当背离规则。

背离规则的目的是避免紧迫危险。“方便”不能成为背离规则的借口。

总之，背离规则仅仅是在全面实现《规则》的根本目的即避免碰撞危险和避免碰撞基础上对遵守规则的补充。正当地背离规则是规则所允许的，也是规则所期望和要求的。但是，允许背离规则并不是《规则》灵活性的体现，背离规则是有严格的条件限制的，只有满足背离的条件，才能背离规则采取行动。“协议背离规则”并不是背离规则的行为，应当禁止。

四、可以背离的条款

背离规则并不是指背离规则所有条款的规定，而仅仅是指背离规则所适用的某些或某一条款的具体规定。可以背离的条款通常仅仅是《规则》中有关船舶航行规则和采取避碰行动规则的具体规定，例如《规则》第九条1款规定的“狭水道右行规则”和第十四条1款规定的“对遇局面右转规则”等条款。在背离某些或者某一条款的具体规定时，对《规则》其他条款的规定仍然必须严格遵守，诸如保持正规瞭望、以安全航速行驶、正确判断碰撞危险、显示相应的号灯或号型和正确鸣放声号等条款，在任何情况下均不得背离。

五、背离规则的时机

根据前述的分析，可能需要背离规则的情况有三种：一种是存在航行的危险（Dangers of Navigation）；一种是存在碰撞的危险（Dangers of Collision）；一种是存在包括当事船舶的条件限制在内的特殊情况。

根据第三章第三节对“碰撞危险”的含义分析可知，形成紧迫局面、导致紧迫局面和紧迫危险可以统称为“Danger of Collision”。

而根据背离规则的目的看，背离的目的是为了避免紧迫危险。

综合上述分析可知，准许某一船背离规则的时机应当是该船与另一船临近到即将构成紧迫危险之时或正在形成紧迫危险之时。

六、背离的注意事项

1.背离规则是一项义务

《规则》准许船舶在必要时背离规则采取行动，但每一船不能将这种准许仅仅视为一种授权，而应当将其看作一种避碰义务。船舶应当背离规则采取行动而没有背离规则采取行动而导致碰撞的，也将被认为是一种对遵守《规则》的疏忽。例如[①]，如图6-3-1所示，A轮、B轮在浓雾中贸然进入某狭水道弯段，该弯段可航水域宽度约100 m。A轮逆水（涨潮流1.0 kn）航行在航道中央；B轮顺水航行，船位偏向航道左侧。两船互见时距离100 m左右，B轮立即右满舵，企图横越来船航向线，驶回航道右侧，回转过程中在流的作用下见船身有打横的趋势，又令停车、倒车，企图使船位仍保持在航道左侧，结果A轮以90°碰撞角度撞入B轮左舷中部。据事故分析结论，B轮在紧迫危险情况下，若背离规则左转与A轮保持异向平行航向，可右舷对右舷安全通过。因此，B轮没有背离规则采取行动，被认为是一种过失。B轮船长有“我宁可左舷让它撞烂，也不让右舷擦破皮”的观点，实际上是没有充分正确理解《规则》的含义。在这种情况下，B船采取背离规则的行动，正是《规则》所期望的，也是《规则》所要求的。

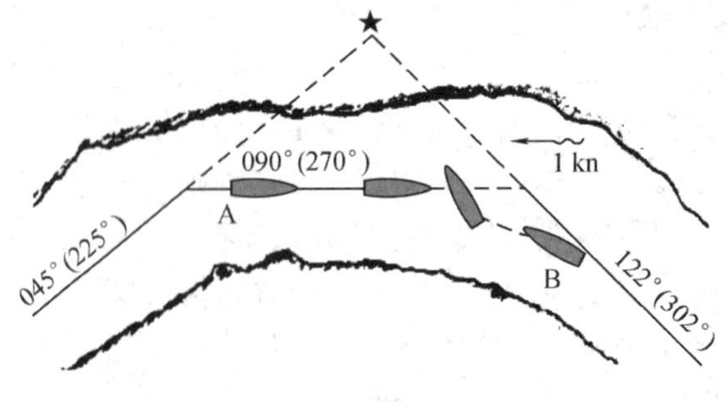

图6-3-1　A轮与B轮碰撞案

① 王敬全，刘志刚. 背离条款和背离操纵问题探讨. 中国航海，1998（1）：80.

2.背离规则采取行动必须符合良好船艺的要求

船舶在背离规则采取行动时，其所采取的行动必须符合良好船艺的要求。如采取的背离规则的行动也不能避免碰撞，则该行动应当能够减轻碰撞或者减少碰撞损失。

3.不能借口《规则》准许背离而随意违背《规则》

如前所述，背离规则是有严格的条件限制的，不能借口《规则》准许背离而随意违背规则。在不具备背离规则的条件下，协议背离也是不符合《规则》要求的。例如，对遇局面中的两船协议各自向左转向也是违反《规则》的行为。但是，协议避碰并不等于协议背离，在很多情况下，《规则》对两船的具体避碰行为未做明确规定。此时，两船在《规则》准许的框架内协调两船之间的具体避碰行动，属良好船艺的做法，并不违反《规则》。

第七章

特殊情况下的避碰

本章学习目标

（1）领会特殊规则与《规则》之间的差异性；
（2）理解《中华人民共和国内河避碰规则》与《规则》之间的联系和区别；
（3）掌握《中华人民共和国内河避碰规则》避让责任的划分及其依据；
（4）理解《中华人民共和国内河避碰规则》避让行动通则；
（5）掌握《中华人民共和国内河避碰规则》规定的航行与避让方法；
（6）熟悉《中华人民共和国非机动船舶海上安全航行暂行规则》的适用范围；
（7）了解《中华人民共和国非机动船舶海上安全航行暂行规则》规定的号灯、号型；
（8）掌握《中华人民共和国非机动船舶海上安全航行暂行规则》规定的非机动船和机动船的避碰关系；
（9）熟悉《中华人民共和国非机动船舶海上安全航行暂行规则》规定的非机动船之间的避让关系；
（10）熟悉从事捕鱼的船舶在作业时的特点；
（11）掌握渔船捕鱼的主要作业方式、特点、避让方法和注意事项；
（12）掌握在分道通航制水域、狭水道和岛礁区水域的避碰要点；
（13）掌握多船会遇情况下的避碰要点。

特殊的避碰规定，主要分为两大类，一类是《规则》第一条允许做出的特殊规定，如《中华人民共和国内河避碰规则》（以下简称《内规》）和各级主管机关制定的港章、港规等；另一类为对《规则》做出保留而做出适用于特定船舶的特殊规定，如我国在接受《规则》时，对我国的非机动船做出了保留而适用《中华人民共和国非机动船舶海上安全航行暂行规则》（以下简称《暂行规则》）。本章第一节将介绍《内规》的主要内容，第二节介绍《暂行规则》的主要内容，第三节则主要介绍在各种特殊情况下的避碰。

第一节 内河水域的船舶避碰

一、概述

1991年2月8日，交通部颁布了《中华人民共和国内河避碰规则（1991）》（简称《91内规》），并于1992年1月1日零时起正式执行。它的颁布和实施，对维护船舶航行秩序，保障人民生命财产的安全，促进内河水运事业的发展起着十分重要的作用。为适应内河船舶避碰的需要，交通部于2003年9月2日通过《关于修改〈中华人民共和国内河避碰规则（1991）〉的决定》，对《91内规》进行了修正，新增"渡船""船舶定线制""分道通航制"条款。"渡船"规定的纳入，有利于渡船航行与避让安全；"船舶定线制""分道通航制"规定的纳入，使其增加了水上交通管理新成分。现行有效的《内规》是经2003年修正后的《内规》。

《内规》分为五章共49条和三个附录，其内容结构如下：

- 第一章 总则（共五条）
  - 第一条 宗旨
  - 第二条 适用范围
  - 第三条 责任
  - 第四条 特别规定
  - 第五条 定义
- 第二章 航行和避碰（共二十二条）
  - 第一节 行动通则（共四条）
    - 第六条 瞭望
    - 第七条 安全航速
    - 第八条 航行原则
    - 第九条 避让原则
  - 第二节 机动船相遇，存在碰撞危险时的避碰行动（共十一条）
    - 第十条 机动船对驶相遇
    - 第十一条 机动船追越
    - 第十二条 机动船横越和交叉相遇
    - 第十三条 机动船尾随行驶
    - 第十四条 在长江干线航行的客渡船
    - 第十五条 机动船在干、支流交汇水域相遇
    - 第十六条 机动船在汊河口相遇
    - 第十七条 机动船与在航施工的工程船相遇
    - 第十八条 限于吃水船的海船相遇
    - 第十九条 快速船相遇
    - 第二十条 机动船掉头

第三节 机动船、人力船、帆船、排筏相遇，存在碰撞危险时的避碰行动（共二条）
- 第二十一条 机动船与人力船、帆船、排筏相遇
- 第二十二条 帆船、人力船、排筏相遇

第四节 船舶在能见度不良时的行动及其他（共五条）
- 第二十三条 船舶在能见度不良时的行动
- 第二十四条 靠泊、离泊
- 第二十五条 停泊
- 第二十六条 渔船捕鱼
- 第二十七条 失去控制的船舶

第三章 号灯与号型（共十四条）
- 第二十八条 一般定义
- 第二十九条 在航的机动船
- 第三十条 在航的船队
- 第三十一条 在航的人力船、帆船、排筏
- 第三十二条 工程船
- 第三十三条 掉头
- 第三十四条 停泊
- 第三十五条 搁浅
- 第三十六条 装运危险货物
- 第三十七条 要求减速
- 第三十八条 渔船
- 第三十九条 失去控制的船舶
- 第四十条 船舶眠桅
- 第四十一条 监督艇和航标艇

第四章 声响信号（共五条）
- 第四十二条 声响信号设备
- 第四十三条 声号的定义
- 第四十四条 船舶相遇时声号的应用
- 第四十五条 能见度不良时的声响信号
- 第四十六条 甚高频无线电话

第五章 附则（共三条）
- 第四十七条 附录
- 第四十八条 解释机关
- 第四十九条 生效

附录一 号灯和号型的技术要求

附录二 声响设备的技术要求

附录三 遇险信号

二、《内规》总则

（一）《内规》适用范围

《内规》第二条（适用范围）规定："在中华人民共和国境内江河、湖泊、水库、运河等通航水域及其港口航行、停泊和作业的一切船舶、排筏均应当遵守本规则。船舶、排筏在国境河流、湖泊航行、停泊和作业，应按照中国政府同相邻国家政府签有的协议或者协定执行。船舶、排筏在与中俄国境河流相通的水域航行、停泊和作业不适用本规则。"

由于中俄国境河流的特殊性和历史原因，船舶、排筏在与中俄国境河流相通的水域航行、停泊和作业时，如在黑龙江、乌苏里江、额尔古纳河、松阿察河上，遵守执行《中俄国境河流航行规则》，而不适用《内规》。

（二）责任条款

《内规》第三条借鉴和参照了《规则》第二条责任的规定。

《内规》第三条1款规定："船舶、排筏及其所有人、经营人以及船员应当对遵守本规则的疏忽而产生的后果以及对船员通常做法所要求的或者当时特殊情况要求的任何戒备上的疏忽而产生的后果负责。"这与《规则》疏忽条款基本一致。

《内规》第三条2款规定："不论由于何种原因，两船已逼近或者已处于紧迫局面时，任何一船都应当果断地采取最有助于避碰的行动，包括在紧迫危险时而背离规则，以挽救危局。"该款规定与《规则》背离条款在措辞上有所区别，但其真正的含义相差不大。

《内规》第三条3款规定："不论由于何种原因，在长江干线航行的客渡船都必须避让顺航道行驶的船舶。"这一款特别强调了在长江干线航行的客渡船在任何情况下都具有绝对的避让责任。

（三）内河水域内的特别规定

《内规》第四条规定："本规则授权各省、自治区、直辖市海事机构，长江、黑龙江海事局及辖区内有内河的沿海海事机构根据辖区具体情况，制定包括分道通航等有关交通管制在内的特别规定，报交通部批准后生效。"

该条授权相关的主管机关可以在内河水域制定相应的"特别规定"，且这些"特别规定"优先适用。

（四）《内规》中的相关定义

《内规》给出了快速船、限于吃水的海船、对驶相遇等定义。应当注意的是，《内规》中的一些定义，与《规则》第三条的"一般定义"有所区别。

"快速船"是指静水速度为35 km／h以上的船舶。

"限于吃水的海船"是指由于船舶吃水与航道水深的关系，致使其操纵、避让能力受到限制的船舶。限于吃水的海船的实际吃水在长江定为7 m以上，珠江定为4 m以上。

“对驶相遇”是指顺航道行驶的两船来往相遇，包括对遇或者接近对遇、互从左舷或者右舷相遇、在弯曲航道相遇，但不包括两横越船相遇。

“感潮河段”是指沿海各省、自治区、直辖市海事机构及长江海事局划定的受潮汐影响明显的河段。

“干、支流交汇水域”是指不与本河“干流”同出一源的支流与本河的汇合处。

“汊河口”是指与本河同出一源的汊河道与本河的分合处。

“平流区域”是指水流较平缓的运河及水网地带。

“渡船”是指内河Ⅰ级航道内，单程航行时间不超过2 h，或单程航行距离不超过20 km，其他内河通航水域单程航行时间不超过20 min的用于客渡、车渡、车客渡的船舶。

三、行动通则

（一）戒备通则

《内规》第二章（航行和避让）第一节（行动通则）是内河航行和避让的总原则，也是第二章其他条款的基础和前提。

《内规》第六条（瞭望）与《规则》第五条（瞭望）的含义相同。

《内规》第七条（安全航速）与《规则》第六条（安全航速）的含义几乎一样，但在“决定安全航速时应考虑的各种因素”上，《内规》针对内河航行以及避碰的特点，增加了“机动船经过要求减速的船舶、排筏、地段和船舶装卸区、停泊区、鱼苗养殖区、渡口、施工水域等易引起浪损的水域，应当及早控制航速，并尽可能保持较大距离驶过，以避免浪损。由于本身防浪能力或者防浪措施存在缺陷的，不能因本款规定而免除责任。”

（二）机动船的航行原则

《内规》第八条（航行原则）规定了相反交通流的机动船的航路。机动船航行时，上行船应当沿缓流或者航道一侧行驶，下行船应当沿主流或者航道中央行驶，但在感潮河段（指明显受潮汐影响而人为划定的河流某一特定河段，如长江江阴以下河段）、湖泊、水库、平流区域（指水流较平缓的运河及水网地带），任何船舶应当尽可能沿本船右舷一侧航道行驶。在设有分道通航、船舶定线制的水域，必须按照有关规定航行和避让，两船对遇或者接近对遇应当互以左舷会船。

（三）避让原则

《内规》第九条（避让原则）规定：

“船舶在航行中要保持高度警惕，当对来船动态不明产生怀疑或者声号不统一时，应立即减速、停车，必要时倒车，防止碰撞。采取任何防止碰撞的行动，应当明确、有效、及早进行，并运用良好驾驶技术，直至驶过让清为止。船舶在避让过程中，让路船应当主动避让被让路船；被让路船也应当注意让路船的行动，并按当时情况采取行动协助避让。

两机动船相遇，双方避让意图经声号统一后，避让行动不得改变。”

其中，“两机动船相遇，双方避让意图经声号统一后，避让行动不得改变”是《内规》独有的规定。

四、机动船之间的避让行动

（一）机动船对驶相遇

《内规》第十条规定：“两机动船对驶相遇时，除本节另有规定外：

“（1）上行船应当避让下行船，但在潮流河段，逆流船应当避让顺流船；在湖泊、水库、平流区域，两船中一船为单船，而另一船为船队时，则单船应当避让船队。

“（2）在潮流河段、湖泊、水库、平流区域，两船对遇或者接近对遇，除特殊情况外，应当互以左舷会船。

“（3）机动船驶近弯曲航段、不能会船的狭窄航段，应当按规定鸣放声号，夜间也可以用探照灯向上空照射以引起他船注意，遇到来船时，按本条（1）（2）项规定避让，必要时上行船（潮流河段的逆流船）还应当在弯曲航段或者不能会船的狭窄航段下方等候下行船（潮流河段的顺流船）驶过。”

根据上述规定，通常情况下，上行船应当避让下行船，如图7-1-1所示，B船应避让A船。但在感潮河段，逆流船应当避让顺流船，如图7-1-2所示，H船应当避让G船。简而言之，在内河水域机动船对驶相遇时，顶流航行的船舶应当避让顺流航行的船舶。

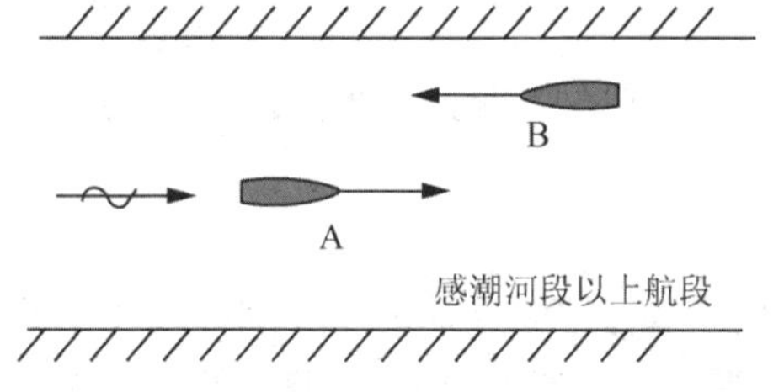

图7-1-1 非感潮河段对驶相遇时的避让责任

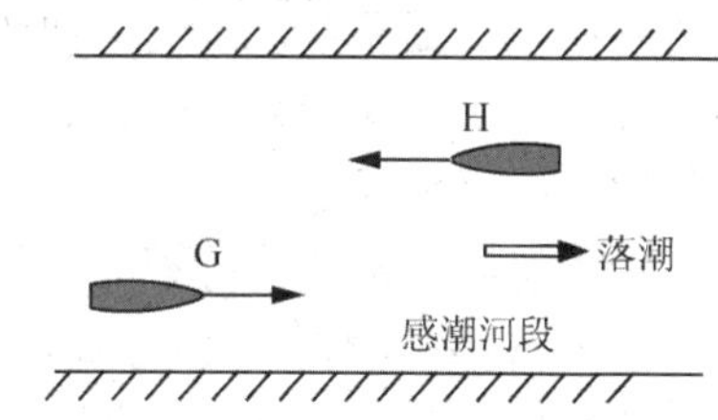

图7-1-2 感潮河段对驶相遇时的避让责任

（二）机动船追越

《内规》第十一条规定：

“一机动船正从另一机动船正横后大于22.5°的某一方向赶上、超过该船，可能构成碰撞危险时，应当认定为追越，并应当遵守下列规定：

“（1）在狭窄、弯曲、滩险航段、桥梁水域和船闸引航道禁止追越或者并列行驶。

“（2）在可以追越的航道中，追越船必须按规定鸣放声号，并取得前船同意后，方可以追越。

“（3）在追越过程中，追越船应当避让被追越船，不得和被追越船过于逼近，禁止拦阻被追越船的船头。

“（4）被追越船听到追越船要求追越的声号后，应当按规定回答声号，表示是否同意追越。在航道情况和周围环境允许时，被追越船应当同意追越船追越，并应当尽可能采取让出一部分航道和减速等协助避让的行动。”

根据上述规定，《内规》中构成“机动船追越”应同时满足下列四个条件：

（1）双方都是机动船；

（2）后船在前船的尾灯光弧范围内；

（3）后船速度快；

（4）可能构成碰撞危险。

应当说明的是，上述条件中不包含“互见”。

（三）机动船横越和交叉相遇

《内规》第十二条规定：

“机动船在横越前应当注意航道情况和周围环境，在确认无碍他船行驶时，按照规定鸣放声号后，方可以横越。除本节另有规定外，机动船横越和交叉相遇时，应当按下列规定避让：

“（1）横越船都必须避让顺航道或河道行驶的船，并不得在顺航道行驶的船前方突然和强行横越。

“（2）同流向的两横越船交叉相遇，有他船在本船右舷者，应当给他船让路。

“（3）不同流向的两横越船相遇，上行船应当避让下行船，但在潮流河段逆流船应当避让顺流船。

“（4）在平流区域两横越船相遇，上行船应当避让下行船；同为上行或者下行横越船时，有他船在本船右舷者，应当给他船让路。

“（5）在湖泊、水库两船交叉相遇，有他船在本船右舷者，应当给他船让路。”

本条款的主要精神是：

（1）横越船避让顺航道行驶的船，如图7-1-3所示。

（2）在河流中，同流向的两横越船交叉相遇，居左船让居右船，如图7-1-4所示，C船应当避让D船；不同流向的两横越船交叉相遇，顶流船应当避让顺流船，如图7-1-5所示，G船应当避让H船。

（3）在平流区域（流速较小的水域）两横越船交叉相遇，上行船避让下行船；同为上行或下行横越船时，居左船让居右船。

（4）在湖泊、水库两船交叉相遇，居左船让居右船。

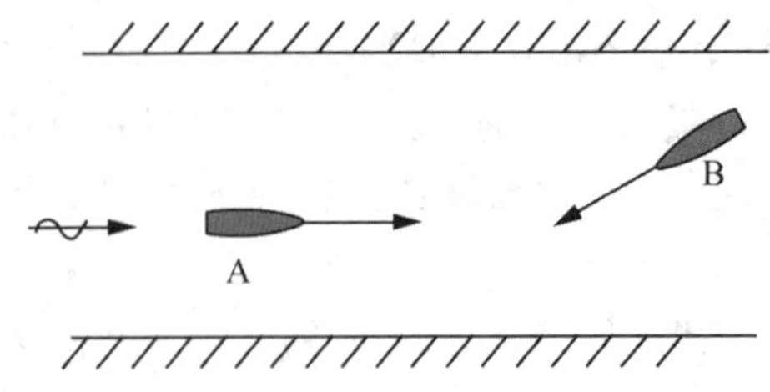

图7-1-3　横越船避让顺航道行驶的船

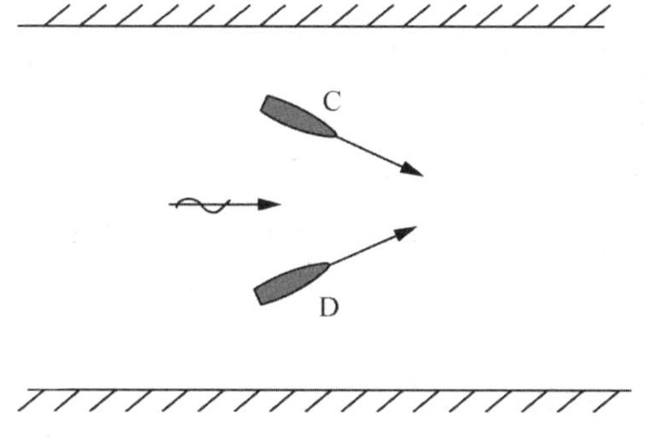

图7-1-4　同流向的两横越船交叉相遇

H
G

图7-1-5　不同流向的两横越船交叉相遇

（四）机动船尾随行驶

《内规》第十三条规定："机动船尾随行驶时，后船应与前船保持适当距离，以便前船突然发生意外时，能有充分的余地采取避免碰撞的措施。一旦发生碰撞危险，后船应主动避让前船。"

（五）客渡船与其他顺航道或河道行驶机动船相遇

《内规》第十四条规定："在长江干线航行的客渡船与其他顺航道或河道行驶的机动船相遇，客渡船都必须避让顺航道或河道行驶的船舶，并不得与顺航道或河道行驶的船舶抢航、强行追越或者强行横越或掉头；两渡船相遇时，应当按本节各条规定避让。"

在长江干线航行的客渡船，不论由于何种原因、在任何情况下，即不论在何种水域、以何种态势与其他顺航道或河道行驶的机动船相遇存在碰撞危险时，客渡船都是让路船，而顺航道或河道行驶的机动船都是被让路船。在客渡船与其他顺航道或河道行驶的机动船的避让责任上，本条优先于《内规》第十条、第十一条、第十三、第十五条、第十六条适用。例如，在长江干线的感潮河段，当一艘顺航道行驶的客渡船（顺流船）与一艘顺航道行驶的机动船（逆流船）"对驶相遇"时，则顺流行驶的客渡船应当避让逆流行驶的机动船，而不适用"逆让顺"的避让责任。在长江干线航行的客渡船被顺航道或河道行驶的机动船"追越"时，客渡船是让路船。

两渡船相遇，由于两者的避让操纵性能相近，所以，应当按《规则》第二章第二节各条规定避让，适用《内规》的第十条、第十一条、第十二条、第十三、第十五条、第十六条规定。例如，两渡船对驶相遇时，则按《规则》第十条规定避让；两渡船追越时，则按《规则》第十一条规定避让；两渡船构成横越和交叉相遇时，则按《规则》第十二条规定避让等。

（六）在干、支流交汇水域相遇

《内规》第十五条规定：

“机动船驶经支流河口，在不违背第八条规定的情况下，应当尽可能地绕开行驶，除在平流区域外，两机动船在干、支流交汇水域相遇时，应当按下列规定避让：

“（1）从干流驶进支流的船，应当避让从支流驶出的船。

“（2）干流船同从支流驶出的船同一流向行驶，干流船应当避让从支流驶出的船。

“（3）干流船同从支流驶出的船不同流向行驶，上行船应当避让下行船，但在潮流河段逆流船应当避让顺流船；两机动船在平流区域进出干、支流交汇水域相遇时，有他船在本船右舷者，应当给他船让路。”

按照上述规定，在图7-1-6中，从干流驶进支流的甲船，应当避让从支流驶出的乙船。在图7-1-7中，干流船同从支流驶出的船同一流向行驶，干流船甲应当避让从支流驶出的乙船。在图7-1-8中，干流船同从支流驶出的船不同流向行驶，上行船应避让下行船，但在感潮河段逆流船应当避让顺流船，实际的效果就是上行船或逆流船甲船的避让操纵能力较好，因此，其应当避让下行船或顺流船乙船。两机动船在平流区域进出干、支流交汇水域时，有他船在本船右舷者，应当给他船让路，这是因为在平流区域，双方的避让操纵能力和驶进船的回旋余地相差不大，所以按几何制和惯例划分避让责任。

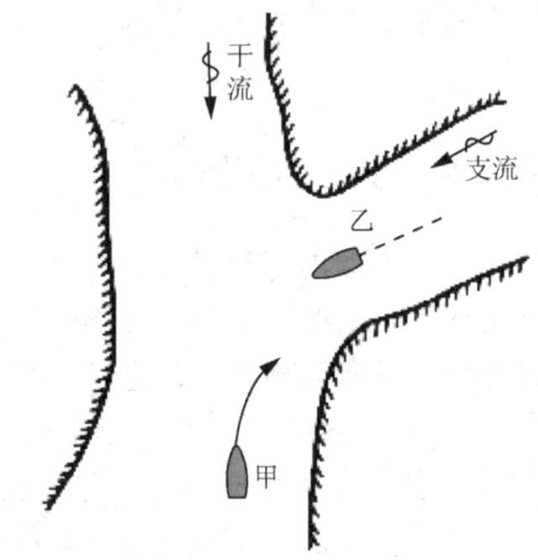

图7-1-6　从干流驶入支流的船让从支流驶出的船

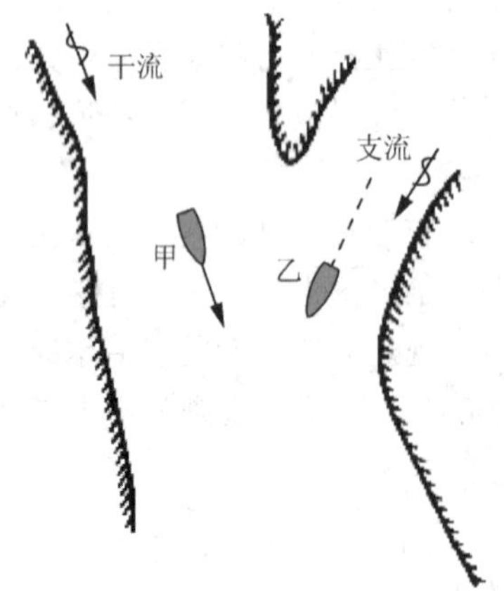

图7-1-7 干流船同从支流驶出的船同一流向行驶

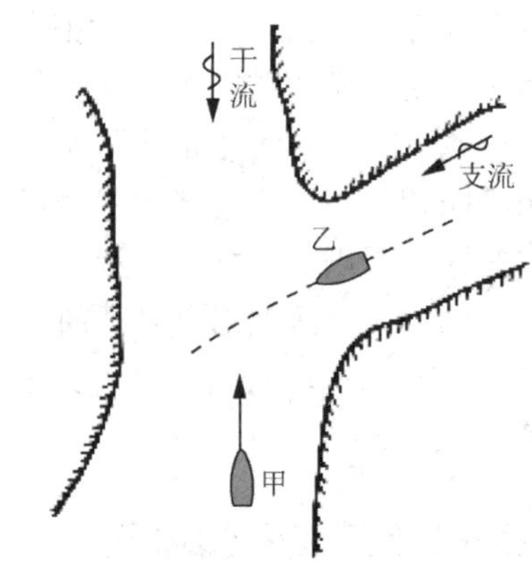

图7-1-8 干流船同从支流驶出的船不同流向行驶

（七）船舶在汊河口相遇

《内规》第十六条规定：“两机动船在汊河口相遇，同一流向行驶时，有他船在本船右舷者，应当给他船让路；不同流向行驶时，上行船应当避让下行船，但在潮流河段逆流船应当避让顺流船。”

（八）机动船与在航施工的工程船相遇

《内规》第十七条规定：“不论本节有何规定，机动船与在航施工的工程船相遇，机动船应当避让在航施工的工程船。” “不论本节有何规定”，说明本条优先适用，机动船与在航施工的工程船相遇，无论任何水域、任何会遇方式，机动船均应当避让在航施工的工程船。

（九）机动船与限于吃水的海船相遇

《内规》第十八条规定：“在长江干线航行的客渡船都必须避让限于吃水的海船。限于吃水的海船遇有来船时，应当及早发出会船声号。除第十七条外，不论本节（第十条到第二十条）有何规定，来船都必须避让限于吃水的海船并为其让出深水航道。”

根据上述规定，如果限于吃水的海船与在航施工的工程船相遇，则应遵守《规则》第十七条规定，限于吃水的海船应当避让在航施工的工程船；如果限于吃水的海船与其他来船相遇，则来船都必须避让限于吃水的海船并为其让出深水航道。之所以这样规定，是因为限于吃水的海船进入内河后，其避让操纵性能受到限制。

（十）快速船相遇

《内规》第十九条（快速船相遇）规定：“快速船在航时，应当宽裕地让清所有船舶。两快速船相遇时，应当按本节各条规定避让。”

本条之所以这样规定，是因为快速船的避让操纵性能比其他“所有船舶”好，所以要求其给其他所有船舶让路，其他“所有船舶”包括各种类型和性质的船舶，如在航施工的工程船、失去控制的船舶、限于吃水的海船、渡船、渔船、机动船、帆船、人力船等。当两艘快速船相遇，他们本身所具有的避让操纵性能相近，因此，应按《内规》第二章第二节各条规定避让。

（十一）机动船掉头

《内规》第二十条（机动船掉头）规定：“机动船或者船队在掉头前，应当注意航道情况和周围环境，在无碍他船行驶时，按规定鸣放声号后，方可以掉头；过往船舶应当减速等候或者绕开正在掉头的船舶行驶。”

纵观《内规》的规定，掉头中的机动船与过往船舶之间的避让责任如下：

（1）机动船掉头不应妨碍过往船舶的行驶。

（2）机动船掉头与过往船舶相遇存在碰撞危险时，一般情况下，过往船舶是让路船，因为过往的机动船比正在掉头的机动船便于控制和避让，特别是上行（逆流）的过往船的减速或者转向避让效果较好。特殊情况下，过往船舶是被让路船，例如：当机动船掉头与过往的自航施工的工程船相遇存在碰撞危险时，第十七条优先适用，则机动船是让路船，过往的自航施工的工程船是被让路船；当机动船掉头与过往的限于吃水的海船相遇存在碰撞危险时，第十八条优先适用，则机动船是让路船，限于吃水的海船是被让路船。

五、机动船、非机动船的避让行动

《内规》第二章第三节规定了机动船、人力船、帆船、排筏相遇，存在碰撞危险时的避让行动。

（一）机动船与人力船、帆船、排筏相遇

《内规》第二十一条（机动船与人力船、帆船、排筏相遇）规定：

“除快速船外，机动船与人力船、帆船、排筏相遇时，船舶、排筏均应当遵守下列规定：

“（1）机动船发现人力船、帆船有碍本船航行时，应当鸣放引起注意和表示本船动向的声号。人力船、帆船听到声号或者见到机动船驶来时，应当迅速离开机动船航路或者尽量靠边行驶。机动船发现与人力船、帆船距离逼近，情况紧急时，也应当采取避让行动。

“（2）人力船、帆船除按当地主管部门规定的航线航行外，不得占用机动船航道或航路。

“（3）人力船、帆船不得抢越机动船船头或者在航道上停桨流放，不得驶进机动船刚刚驶过的余浪中去，不得在狭窄、弯曲、危险航段、桥梁水域和船闸引航道妨碍机动船安全行驶。

“（4）人工流放的排筏见到机动船驶来，应当及早调顺排身，以便于机动船避让。”

根据该条的规定，机动船与人力船、帆船、排筏相遇时，其主要避碰责任划分如下：

（1）人力船、帆船不应妨碍机动船顺航道行驶。

（2）人力船、帆船与机动船相遇存在碰撞危险时，通常情况下，机动船是让路船，因为其避让操纵的能力更强。

（3）人工流放的排筏顺流而下，航行阻力大，虽然排筏前后都有“梢”来控制，但人工控制十分困难，避让操纵能力极差，且避让效果不好。所以，本条要求人工流放的排筏见到机动船驶来，应当及早调顺排身，不能横在航道中，以便于机动船采取避让行动、有安全通过的余地，机动船则应当避让人工流放的排筏。

（二）帆船、人力船、排筏相遇

《内规》第二十二条（帆船、人力船、排筏相遇）规定：

“帆船、人力船、排筏相遇，按下列规定避让：

“（1）两帆船相遇，顺风船应当避让抢风船；两船都是顺风船或者抢风船，左舷受风

船应当避让右舷受风船；两船同舷受风，上风船应当避让下风船。

“（2）帆船应当避让人力船。

“（3）帆船、人力船都应当避让人工流放的排筏。”

上述规定是根据帆船、人力船、人工流放的排筏的避让操纵优劣而确定的。显然，帆船比人力船的避让操纵性能好，而帆船、人力船又比人工流放的排筏的避让操纵性能好。

六、船舶在能见度不良时的行动

《内规》第二章第四节之第二十三条，对船舶在能见度不良时的行动做出如下规定：“船舶在能见度不良的情况下航行，应当以适合当时环境和情况的安全航速行驶，加强瞭望，并按规定发出声响信号。装有雷达设备的船舶测到他船时，应当判定是否存在着碰撞危险。若是如此，应当及早地与对方联系并采取协调一致的避让行动。除已判定不存在碰撞危险外，每一船舶当听到他船雾号不能避免紧迫局面时，应当将航速减到能维持其航向操纵的最低速度。无论如何，每一船舶都应当极其谨慎地驾驶，直到碰撞危险过去为止，必要时应当及早选择安全地点锚泊。”

上述规定与《规则》第十九条的规定基本类似，其含义也基本相同。

七、其他行动规则

《内规》第二章（航行和避碰）第四节之第二十四条至第二十七条对船舶靠泊、离泊、停泊、渔船捕鱼、失去控制的船舶、非自航船舶的行动做出了规定。

（一）船舶靠泊、离泊

《内规》第二十四条（靠泊、离泊）规定：“机动船靠、离泊位前，应当注意航道情况和周围环境，在无碍他船行驶时，按规定鸣放声号后，方可以行动。正在上述水域附近行驶的船舶，听到声号后，应当绕开行驶或者减速等候，不得抢挡。”

机动船靠离泊时不应妨碍他船的行驶，负有不应妨碍的责任，即尽可能避免与他船形成碰撞危险，这是避免机动船靠、离泊与他船发生碰撞事故的根本。过往船舶应当绕开行驶或者减速等候，并且不得抢档。“不得抢档”是指附近行驶的船舶不得抢航于靠、离泊的机动船与泊位之间的狭窄水域。

（二）停泊和锚泊

《内规》第二十五条（停泊）规定：“船舶、排筏在锚地锚泊不得超出锚地范围。系靠不得超出规定的尺度。停泊不得遮蔽助航标志、信号。船舶、排筏禁止在狭窄、弯曲航道或者其他有碍他船航行的水域锚泊、系靠。除因工作需要外，过往船舶不得在锚地穿行。”

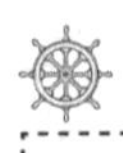

（三）渔船从事捕鱼

《内规》第二十六条（渔船捕鱼）规定："渔船捕鱼时，不得阻碍其他船舶航行，在航道上不得设置固定渔具。"

（四）失去控制的船舶

《内规》第二十七条（失去控制的船舶）规定："失去控制的机动船、非自航船应当及早选择安全地点锚泊，严禁非自航船舶自行流放。"

八、号灯、号型与声响信号

《内规》第三章（号灯和号型）、第四章（声响信号）及附录一（号灯和号型的技术要求）和附录二（声响信号设备的技术要求），与《规则》的相应规定及附录在基本原则和基本原理上类似。内河船舶的号灯和号型要比海船多且烦琐，但内河船舶的信号设备的技术要求则略低于海船。

《内规》第四十六条（甚高频无线电话）对使用甚高频无线电话协助避碰做出了明确规定。例如：配有甚高频无线电话的船舶在航时，应当在规定的频道上正常守听。船舶驶近弯曲、狭窄航段以及在能见度不良的情况下航行，应当用无线电话周期性地通报本船船位和动态。这是《规则》所没有规定的。

总的来说，《内规》作为一种特殊规定，在信号上基本符合《规则》中提及的"尽可能符合本规则条款"和"尽可能不致被误认"的要求。经常或将要行驶于内河水域的海船船员不仅应掌握国际避碰规则的有关信号规定，同时也应了解和掌握《内规》中规定的信号。

第二节 我国非机动船的海上避碰

《暂行规则》于1958年经国务院批准后，由交通部和水产部联合公布施行。《暂行规则》共十条，其内容主要是避碰信号、帆船之间的避让关系、非机动船与非机动渔船之间的避让关系、非机动船与非机动船之间的避让关系、遇险信号等。鉴于该《暂行规则》是我国政府在接受《规则》时对我国的非机动船做了保留而制定的，该《暂行规则》仅适用于我国的非机动船，且适用的水域为任何的水域。

《暂行规则》第一条规定："凡使用人力、风力、拖力的非机动船，在海上从事运输、捕鱼或者其他工作，都应当遵守本规则。在港区内航行的时候，应当遵守各港港章的规定。"

应当注意的是，《暂行规则》所规定的非机动船包括了使用拖力的非机动船。

一、避碰信号

我国大多数海上非机动船舶结构简单、设备有限，不能完全按照国际《规则》的规定显示号灯、号型和灯光信号以及鸣放声响信号，因此《暂行规则》根据我国非机动船的实际情况规定了较为简单易行的避碰信号。

（一）非机动船号灯

《暂行规则》第二条规定："非机动船在夜间航行、停泊的时候，应当在容易被看见的地方，悬挂明亮的白光环照灯一盏。如果因天气恶劣或者受设备的限制，不能固定悬挂白光环照灯，必须将灯点好放在手边，以备应用；在与他船接近的时候，应当及早显示灯光或和手电筒的白色闪光或者火光，以防碰撞。非机动船已经设置红绿灯、尾灯或者使用合色灯的，仍应继续使用。"

有些非机动船号灯视距小，有些非机动船通常不显示号灯，而仅在他船接近的时候临时显示，甚至于临时显示的只是手电筒闪光或火光，这就给现代大型船舶及时发现这些非机动船带来困难。同时，在有月光的夜间，从海面反射的月光中识别出非机动船显示的微弱灯光也非易事。几十年来大船撞沉不显示灯光和未及时显示灯光的小船的事故时有发生，不能不引起机动船，特别是大型机动船的重视。机动船舶必须加强瞭望，谨慎驾驶。

（二）非机动渔船信号

《暂行规则》第三条规定："非机动渔船，在白昼捕鱼的时候，应当在容易被看见的地方，悬挂竹篮一只，当发现他船驶近的时候，应当用适当信号指示渔具延伸方向；使用流网的渔船，还要在流网延伸末端的浮子上，系小红旗一面；在夜间捕鱼的时候，应当在容易被看见的地方，悬挂明亮的白光环照灯一盏，当发现他船驶近的时候，向渔具延伸方向，显示另一盏白光灯。"由此可知，非机动渔船捕鱼时显示的信号亦很简单，在夜间不易及时被发现。

（三）非机动船雾号

《暂行规则》第四条对非机动船的雾号做出了规定：

"非机动船在有雾、下雪、暴风雨或者其他任何视线不清楚的情况下，不论白昼或者夜间，都应执行下列规定：

"（1）在航行的时候，应当每隔约1分，连续发放雾号响声（如敲锣、敲梆、敲煤油桶、吹螺、吹雾角、吹喇叭等）约5秒；

"（2）在锚泊的时候，如果听到来船雾号响声，应当有间隔地、急促地发放响声，以引起来船注意，直到驶过为止；

"（3）在捕鱼的时候，也应当依照前两项的规定执行。"

由于非机动船的雾航声号强度小，可听距离短而且发声不够规范，大型船舶在有非机动船活动的水域中雾航时，需认真倾听雾号并充分考虑到本船的噪声可能会影响对非机动船某些雾号的正确识别。

（四）非机动船遇险信号

《暂行规则》第九条规定：

“非机动船在海上遇难，需要他船或者岸上援助的时候，应当显示下列信号：

“（1）用任何雾号器具连续不断发放响声；

“（2）连续不断燃放火光；

“（3）将衣服张开，挂上桅顶。”

由此可见，非机动船的遇险信号与《规则》的规定有所差异，特别是“将衣服张开，挂上桅顶”表示遇险需要援助，作为大型船舶的值班驾驶员在值班中应认真予以识别。

二、避让责任

（一）两艘帆船之间的避让责任

《暂行规则》第五条对两艘帆船之间的避让关系做出了规定：

“两艘帆船相互驶近，如有碰撞的危险，应当依照下列规定避让：

“（1）顺风船应当避让逆风打抢、掉抢的船；

“（2）左舷受风打抢的船应当避让右舷受风打抢的船；

“（3）两船都是顺风，而在不同船舷受风的时候，左舷受风的船应当避让右舷受风的船；

“（4）两船都是顺风，而在同一船舷受风的时候，上风船应当避让下风船；

“（5）船尾受风的船应当避让其他船舷受风的船。”

该规定与《规则》的规定相当，只是更具体，更具有可操作性。

（二）非机动船与非机动渔船之间的避让责任

《暂行规则》第六条规定：“航行中的非机动船，应当避让用网、曳绳钓或者拖网进行捕鱼作业的非机动渔船。”

（三）非机动船与机动船之间的避让责任

《暂行规则》第八条规定：“非机动船与机动船相互驶近，如有碰撞危险，机动船应当避碰非机动船。”

《暂行规则》第七条规定：

“非机动船应当避碰下列机动船：

“（1）从事起捞、安放海底电线或者航行标志的机动船；

“(2) 从事测量或水下工作的机动船；

“(3) 操纵失灵的机动船；

“(4) 用拖网捕鱼的机动船；

“(5) 被追越的机动船。”

这两条规定明确了非机动船与处于各种状态和从事各种工作性质的机动船间的避碰责任，其基本原则和《规则》的基本原则是一致的。其主要体现为三个方面：

(1) 任何追越船应避让任何被追越船；

(2) 非机动船应当避让操纵能力较差的或操纵能力受到限制的机动船；

(3) 通常情况下，则应当是机动船舶主动避让非机动船。

第三节 特殊水域中的避碰

一、渔区航行时对渔船的避碰

《规则》第十八条的规定：在互见中，机动船在航时应给从事捕鱼的船舶让路。海上从事捕鱼的船舶数量众多，经常出现渔船密集区，给过往船舶的安全航行带来很大威胁，因此，驾驶人员必须全面了解从事捕鱼的船舶的作业特点，熟练识别各类渔船的号灯和号型，判明其作业方式和动向，按良好船艺和《规则》规定，及早采取有效的避让行动。

(一) 从事捕鱼的船舶的特点

1.聚集性与季节性

由于渔场和鱼汛期是相对固定的，从事捕鱼作业的渔船大多集队出海，集中出现在某一沿海通航水域，拖网渔船更是如此。在鱼汛期渔船集中在渔场，范围有时可达几十海里。

2.号灯难以识别

从事捕鱼的船舶除按《规则》规定显示相应的号灯、号型外，当它们集结在一起捕鱼时，还将显示额外的信号或者它们内部相互联系的信号。因此，在渔船群集的渔场内，各种灯光交替闪烁，令人眼花缭乱。目前，在沿海海域仍然存在非机动渔船进行捕鱼作业，这些船舶设备简陋，显示的号灯、号型和鸣放的声号也不够规范。

3.渔具种类繁多

捕鱼的方式不同，使用的渔具也不一样，渔具伸出的长度自然也有较大差异。

4.渔船动态动向难以预测

出于捕鱼的需要，渔船的航向航速经常变化，有时会突然掉头，有时会加速冲向驶近的大船。

5.不易被及早发现

渔船尺度较小，木质渔船的雷达反射性能差，因此难以及早被视觉和雷达识别。

6.联系沟通困难

渔船使用的VHF电话频率与普通商船往往不一致，因此VHF电话联系沟通困难。

（二）渔船的作业方式

1.拖网捕鱼

拖网的方式通常有双船拖网（对拖）和单船拖网两种。

（1）双船拖网（对拖）

对拖时两渔船之间保持一定的距离合拖一个渔具进行捕捞作业。在对拖的两艘渔船中，一艘为主船或头船，另一艘为副船或二船，主船的船长负责指挥。双船拖网的方式、两船的间距、网长和收放网步骤如图7-3-1所示。

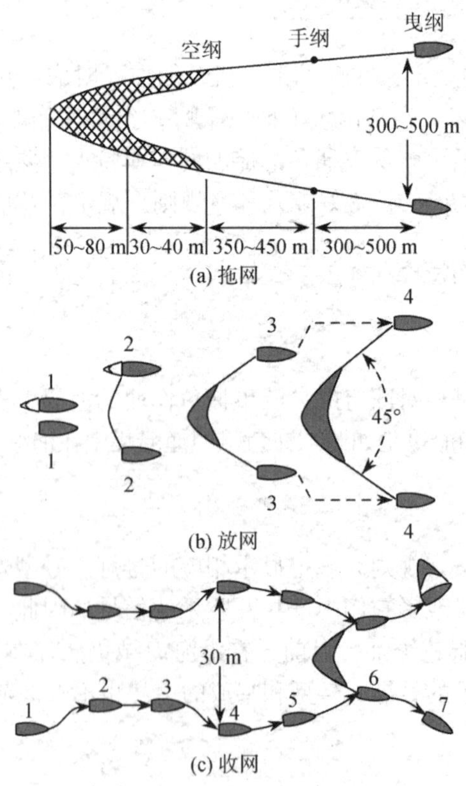

图7-3-1　双船拖网捕鱼作业过程

（2）单船拖网

单船拖网是由一艘渔船单独拖曳网具捕捞鱼类的作业方法，如图7-3-2所示。拖网在船两舷的称尾拖，是单船拖网作业的主要形式；拖网在船一舷的称舷拖，我国渔船通常不采用。

2.流网（流刺网）捕鱼

流网由若干长方形网片连接而成，网片长10 ~ 15 m、高1 ~ 6 m。网具依靠浮子、沉子的作用将网衣直立于水中。

流网船收、放网操作通常在早晨或傍晚进行。放网多数在偏顺风或偏顺流时进行，放网结束后，网列方向与主流成75° ~ 90°。大型流网网长可伸出2 n mile以上，在白天可以看到泡沫塑料或玻璃的浮子和许多小浮标，并在一定间隔插有小旗，夜间在网端部的杆子上挂有闪光电池灯或煤油灯。流网船放网结束后，纲绳固定在船首端，船和网随风、流漂移，网在船首方向，如图7-3-3所示。

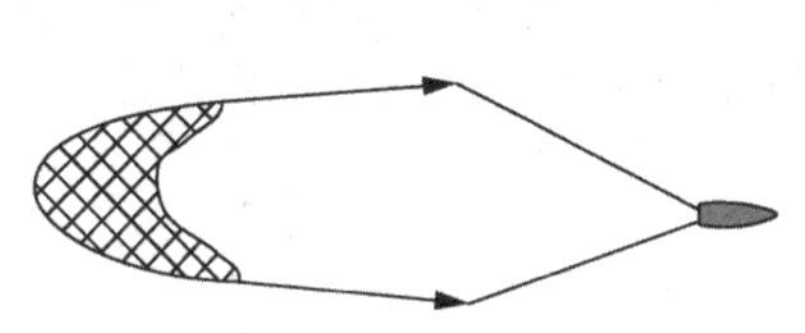

图7-3-2 单船拖网捕鱼作业

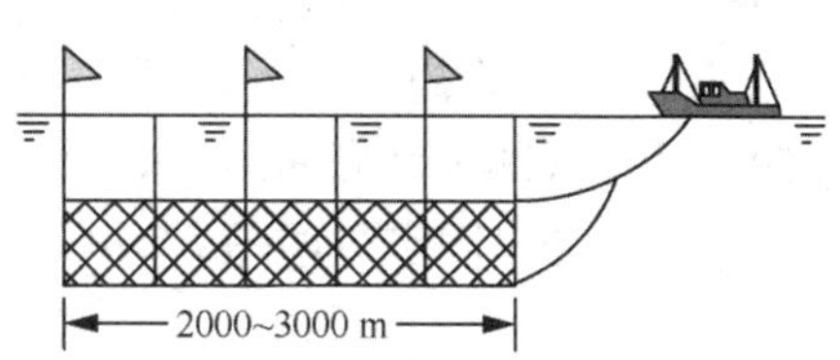

图7-3-3 流网捕鱼作业

3.围网捕鱼

围网捕鱼是利用巨大的长带形网具围捕中上层鱼群的捕鱼方式，通常用灯光诱捕。围网捕鱼方式有大型围网捕鱼（长800 ~ 1000 m）、风网捕鱼（长约300 m，纲绳长150 m）和围缯网捕鱼（长约400 m，纲绳长150 m）等。大型围网捕鱼作业方式如图7-3-4所示。

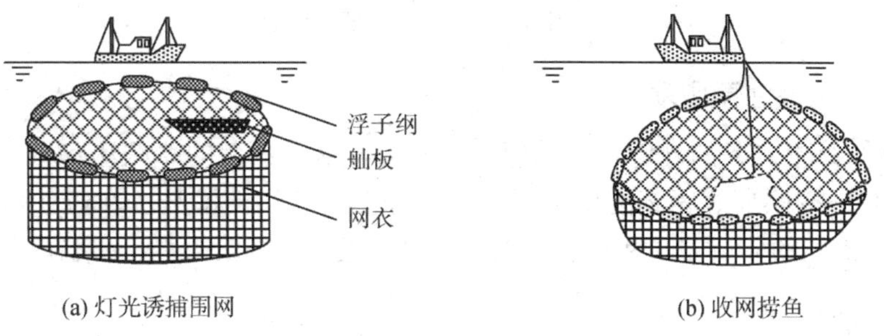

图7-3-4 大型围网作业

4.张网捕鱼

张网捕鱼属于定置渔具的捕鱼方式，在近岸浅水急流区域作业。网架用桩或通过渔船抛锚来固定，利用潮汐急流使网张开，鱼虾随急流冲入网内，水流速度转缓时收网，如图7-3-5所示。

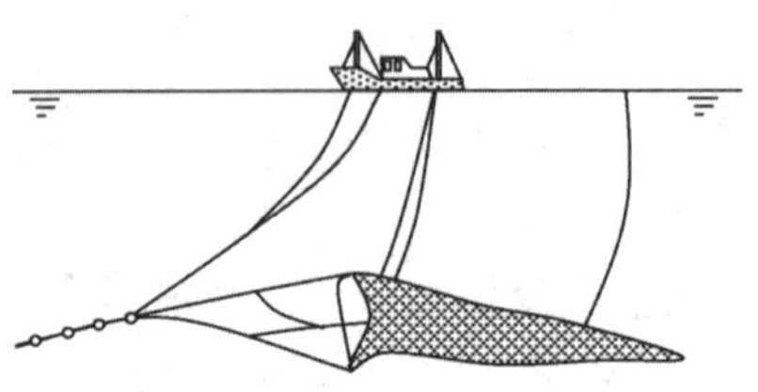

图 7-3-5　张网捕鱼作业

5.延绳钓捕鱼

延绳钓渔具由干线、支线和钓钩组成，每一干线上结附一定数量等距离的支线，每一支线末端系有带饵的钓钩，利用浮子、沉子将其敷设于一定水层。干线的长度一般为100～500 m，支线的长度和间距一般为0.5～4 m。捕鱼作业时将延绳钓渔具由渔船船尾放出并用锚或沉石加以固定，如图7-3-6所示。

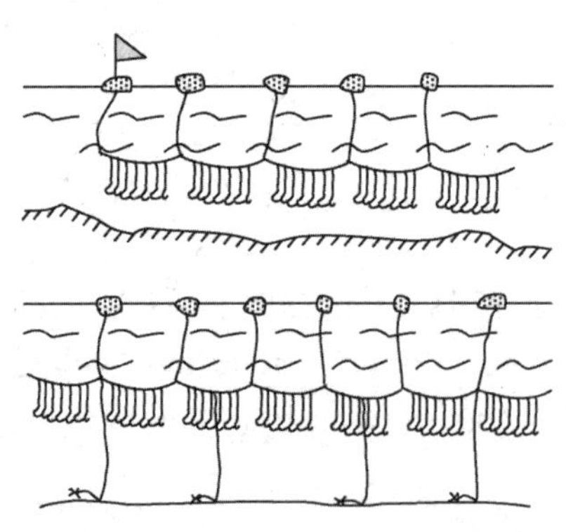

图7-3-6　延绳钓捕鱼作业

（三）避让方法及注意事项

《规则》第十八条的规定：机动船在航时应给从事捕鱼的船舶让路。避让中，在让清渔船的同时，按照良好船艺的要求还应让清渔船所使用的渔具。在避让从事捕鱼的船舶时，应根据渔船的捕鱼方式和特点，采用谨慎、正确、有效的避让和航行方法。

1.避让方法

（1）避让对拖渔船，应在距其船尾或两船外舷不少于0.5 n mile处驶过，切不可从两船之间驶过。如已驶入两船之间，则应停车淌航，以免桨叶绞网。当发现两渔船背向行驶准备放网时，应从两船上风流一侧绕过。

（2）避让单船拖网渔船，应从其船尾 1 n mile之外通过。

（3）流网渔船带网漂流时，网在其船首方向，避让时应从其船尾通过，绝不应从其船首和网具之间通过。如果想从其船首网的端部通过时，应在认清网端标杆后再绕行。当流网船正在放网时，不要在其船首或船尾处通过，最好与之保持一定距离，从其船侧平行驶过。

（4）避让各种围网渔船，均应从围网渔船上风流一侧 0.5 n mile外驶过。

（5）避让延绳钓渔船时，其钓具从船尾放出，故应从其船尾1 n mile外通过。

2.注意事项

（1）驶入渔区之前，应了解渔区周围的情况，认真观测渔区内渔船的范围和分布情况，避免驶入渔船密集的地方，一旦进入渔船密集区，即应减速、备车航行。

（2）在渔区航行时应特别注意渔船的动向和其网具的伸展方向，在避让渔船的同时也让过其渔具，以免渔船为保护渔具突然朝大船冲来，大船躲避不及而造成碰撞。

（3）机动渔船的汽笛多使用压缩空气，在能见度不良时为保存压缩空气以便必要时启动主机，故往往不按规定鸣放雾号。因此，在雾中应加强雷达瞭望，即使雷达上没有发现渔船，也应按章鸣放雾号。

（4）拖网渔船在进行拖网作业时，不能立即停车、倒车。

（5）渔船在鱼汛季节常不遵守分道通航制的规定。

（6）一旦误入渔网或穿过渔网时，应立即停车淌航，以免渔网缠上螺旋桨。

（7）沿岸航行时应特别注意夜间不点灯或者所显示的号灯不符合规定的渔船。

（8）不属于“从事捕鱼作业的船舶”的机动渔船，不享受直航的权利，但此类渔船上的驾驶员对此并不一定有清楚的认识，故机动船在必要时应主动避让。

（9）渔船在使用国际信号时，单字母旗的意义如下：

G——“我正在收网”；

Z——“我正在放网”；

P——“我的网已紧紧地挂在障碍物上”；

T——“我正在从事对拖捕鱼作业，避开我”，或者用一长声表示。

（四）中国沿海航行船舶防范商渔船碰撞安全指引[①]

1. 航行方法

（1）进入渔船密集区水域之前

① 船长应严格审核计划航线，尽量使用推荐公共航路合理制定航线，尽可能避开渔船集中作业水域，减少与渔船相遇的机会。

②对雷达、电子海图、AIS、VDR、VHF、航行灯和声号等设备进行检查和测试，确保正常可用。

③合理安排驾驶台航行值班人员，任何时候驾驶台应保持至少2名航行值班和瞭望人

① 摘自交通运输部海事局《中国沿海航行船舶防范商渔船碰撞安全指引》。

员。

④应在驾驶台显著位置标识渔区航行安全注意事项及相应行动对策。

（2）经过或邻近渔船密集区水域期间

①驾驶人员谨记：安全第一、宁可绕行、不要冒险！尽可能避免冒险进入渔船密集区域航行！

②合理安排值班人员，根据周围渔船密集程度和航行值班强度增加必要的航行值班人员，必要时应毫不犹豫立即呼叫船长上驾驶台指挥。

③船长应针对夜间渔区航行的特殊戒备要求制定和发布夜航命令。

④航行值班人员应加强瞭望，开启多台雷达工作，加强远近距离配合观测。勿过度依赖单一助航设备，每一船舶均应经常用视觉、听觉以及适合当时环境和情况下一切有效的手段保持正规瞭望。

⑤使用安全航速航行。

⑥确保AIS信息正确且工作正常。

⑦杜绝疲劳驾驶、酒后驾驶。

（3）应特别注意的事项

①每年伏季休渔结束后，是中国沿海渔船活动密度最高的时段。

②夜间23时至次日凌晨4时是商渔船碰撞事故高发时段，应予以特别关注。

③应特别注意部分夜间锚泊渔船可能未按要求值班、显示号灯和开启AIS。还要特别注意大量渔网网位仪对AIS、雷达回波和电子海图的使用干扰。

④若观测到渔船船速3 kn左右，通常说明该渔船正在捕鱼作业中，操作能力受限，需要及早协调避让，最好保持1 n mile以上距离通过。

⑤商船与渔船即使发生轻微擦碰也可能造成渔船受损或翻沉，并且商船上的人员可能不容易察觉。因此，当近距离驶过渔船时，应仔细观察，确保未发生擦碰、浪损或船吸。

⑥建议从南海南部水域前往日本或韩国港口、不停靠中国大陆沿海港口的船舶从中国台湾岛东侧水域航行，并尽量远离中国大陆沿海水域。

2. 避让行动

（1）应遵守避碰规则，避让时坚持“早、大、宽、清”。

尝试提前通过VHF16频道呼叫渔船，协调避让行动。若数次呼叫无应答，可能该渔船VHF未在守听状态。沟通时要充分考虑口音、语言表达等方面的局限，确保双方互相清楚对方意图。

（2）警惕因渔船近距离的不协调行动而发生碰撞。发现需紧急避让的渔船，可用探照灯闪烁至少5次，或用连续声号引起渔船注意。

（3）紧急避让时，除用舵避让外，应同时考虑减速停车避让。

（4）避让行动要充分考虑周围环境，以免造成与其他船舶的紧迫局面。

3. 应急救助

（1）在碰撞不可避免时，应尽可能避免本船船首与渔船正面撞击。

（2）发生碰撞事故后应立即停船，将人命救助置于首位，全力实施救助。全部遇险人员脱险前，只要不严重威及自身安全，严禁放弃搜救擅自驶离现场。在海上该行为意味着对他人生命的放弃，将面临法律的严惩！切莫心存侥幸，借助当前的技术手段，肇事逃逸船舶很容易被追踪查获。

（3）立即呼叫周边船舶参与救助。

（4）通过一切有效途径，立即向就近的主管机关报告，报告内容包含事故发生位置、遇险船舶名称、人员伤亡情况、船舶受损情况、天气海况、救助需求等。

二、分道通航制水域中的避碰

（一）分道通航制水域的特点

分道通航制一般设置在交通密度大的沿岸水域，以分隔相反的交通流。分道通航制水域往往具有如下特点：

（1）船舶的交通密度大。

（2）主要的交通流为顺着通航分道总流向的交通流，但不排除有进出、穿越通航分道的交通流；此外，一些船舶特别是小船和渔船，常常不能严格地遵守有关分道通航制的航法而违规航行。

（3）分道通航制水域往往制定有特殊规定，并且通常设立了船舶报告制，要求进入一定区域的船舶须向交管中心（VTS）报告船舶的相关信息。交管中心也会适时指导船舶的航行和避碰。

（4）在分道通航制的端部附近，其交通流往往十分复杂。

（二）分道通航制水域中的避碰要点

（1）在抵达分道通航制水域前，查阅有关的航海图书资料，如《船舶定线制》《英版航海通告年度摘要》等，确定该分道通航制是否业已被IMO采纳，以便确定《规则》第十条是否适用；熟悉和掌握该分道通航制的特殊规定、习惯航法和通航情况，注意守听有关航行警告和指示。

（2）严格遵守船舶报告制度。在某些分道通航制水域，如多佛尔海峡、马六甲海峡以及我国的成山角分道通航制水域等，有关主管当局要求船舶在指定地点向有关部门报告诸如船名、船位、航向、航速、吃水、货物种类和性质、目的港等情况，以便有关部门对船舶实施动态安全管理。船舶在这种水域航行时，应遵守船舶报告制的规定，及时准确地向有关部门报告。

（3）在驶进、驶出相应通航分道或者穿越通航分道时，应当严格遵守特殊规则或《规则》第十条的规定；在相应通航分道行驶时，应与相应分道内的分隔线或分隔带保持明显可辨的距离。

（4）在分道通航制的端部及其附近的警戒区，船舶交会杂乱、频繁，需特别谨慎。在此水域追越他船时，要预先确认他船驶出分道后的可能转向情况，以决定从哪一舷追越。例如，若他船驶出分道后欲向右转向，则应避免从其右舷追越。

（5）尽管《规则》要求从事捕鱼的船舶、帆船和长度小于20 m的船舶负有不应妨碍的义务，但不能依赖这些船舶会及早地采取不妨碍行动，尤其是当存在碰撞危险时，每一船舶仍需积极地履行本船的避碰义务。

三、狭水道和岛礁区水域中的避碰

（一）狭水道和岛礁区的通航特点

（1）狭水道内，航道狭窄弯曲，水浅滩多甚至还有暗礁、沉船或渔栅等障碍物，水文气象条件多变，船舶交通密集。

（2）由于受到岛屿或其他船舶等遮挡，船舶往往难以在较远距离发现来船，同时由于水域狭窄，航道复杂，因此船舶的操纵行动频繁，及早地判断相遇局面较为困难。

（3）船舶正常航行时相互间的距离相对较近，不允许在较远的距离采取避碰行动，并且可航水域小，转向避碰操纵可能受到限制。

（4）船舶驾驶人员在值班过程中，既要保持船舶行驶在计划航线上，又要避碰附近的船舶，定位和避碰存在一定的矛盾。

（二）狭水道和岛礁区水域中的避碰要点

（1）在进入狭水道、岛礁区之前，应进行全面调查，掌握相关的信息。全面的水道调查应从大比例尺海图、航路指南出发，结合潮汐表、气象资料以及船员实际操纵经验进行。一般应掌握狭水道水域附近的地形地貌，包括两岸山形岛屿岬角、岸滩、弯头角度、居间障碍，以及航行障碍物等；掌握狭水道内可航水域的水文情况，其中包括水流、流向、水深、可航宽度、最大可偏航距离，以及潮汐、潮流甚至洪峰等；掌握狭水道助航标志系统；掌握狭水道附近的风浪等自然情况，并配以适当风压差；掌握狭水道内的船舶交通状况，包括狭水道内航行船舶和锚泊船舶的动态等。

（2）在进入狭水道、岛礁区之前，应当加强戒备，保持正规瞭望，使用安全航速，必要时备车、备锚航行。

（3）在航行过程中，尽量使船舶保持在计划航线上，以减少为避免航行危险所耗费的精力，以便留有足够的注意力发现和避碰来船并在避碰时能够充分利用可航水域的范围。

（4）在狭水道和岛礁区水域中存在推荐航线、推荐航路或双向航路等定线制措施时，应当充分利用并注意遵守相应的航法。

（5）在狭窄水道航行时要靠右行驶并注意当地的特殊规定。在来船违章等紧急情况下，若有必要应当果断背离《规则》。

（6）在采取避碰行动上，要充分考虑水域受限的环境和情况，必要时及时停车、倒

车。在避碰过程中，既要注意避碰其他船舶，又要注意避免航行的危险。

四、多船同时会遇时的避碰

在多船同时会遇时，多艘船舶彼此之间形成了多重复杂的会遇关系，《规则》条款难以适用。因此，在多船同时会遇时，每艘船舶均应当审时度势，运用良好的船艺，谨慎采取避碰操纵，化解复杂会遇局面，驶过远离。

《规则》对具体会遇局面的规定基于一船与另一船会遇的态势，不能针对性地适用于一船同时与多船会遇的情况。因此，在一船同时与多船会遇时，无法完全适用《规则》有关会遇局面的具体规定。在此情况下，应当特别注意遵守下列各项：

（1）多船会遇并同时构成碰撞危险时，是一种特殊情况，每一船舶均应运用良好的船艺，及早采取行动，避免与他船形成紧迫局面。

（2）在采取行动时应当遵照《规则》中的原则性避碰要求，例如第八条5款有关为了留有更多时间估计局面而减速、停车或倒车将船停住的规定；遵循良好船艺中的避碰协调原则，不仅要考虑与某一艘来船的协调，更要注重与多艘来船整体上的协调；遵循《规则》对具体会遇局面的规定所体现的海员通常做法，例如避碰前方驶来的船舶时通常向右转向避碰。

（3）针对其他多船相对于本船具有整体一致性的情况，可以将其他多艘船舶看成是一艘船舶，进而简化局面并参照《规则》对相应局面的规定做出避碰决策，一次性让清。

（4）针对其他多船相对于本船不具有整体性的情况，应当根据各艘来船的碰撞危险度，确定一艘重点船，按照先避碰重点船的原则进行避碰。

第八章

船舶值班

本章学习目标

（1）掌握适于值班的法定要求和强制性标准；
（2）掌握防止滥用酒精、药物控制的标准和方法；
（3）掌握船员疲劳的原因及预防疲劳的方法；
（4）掌握值班安排和应遵循的原则，能够进行有效的值班安排；
（5）掌握航行值班中基本原则、要求、应用和意图；
（6）掌握船舶在各种特殊情况下包括锚泊时驾驶台人员的职责；
（7）了解驾驶台航行值班报警系统的作用、目的、配置要求、报警方式和工作方式等，并能熟练操作；
（8）了解船载航行数据记录仪的组成、目的、存储的信息、报警的处置，并能熟练操作。

本章主要介绍经马尼拉修正案修正的《1978年海员培训、发证和值班标准国际公约》（以下简称《STCW公约》，下文中除特别注明外，均指经马尼拉修正案修正后的《STCW公约》）、《STCW规则》和《中华人民共和国海船船员值班规则》（以下简称《值班规则》）中关于适于值班、值班安排和应遵循的原则、驾驶台工作程序、不同环境和条件下的值班要求，本部分的内容以《STCW公约》和《STCW规则》为主线，兼顾我国《值班规则》对相关内容的规定；另外，介绍了确保安全值班的驾驶台航行值班报警系统（BNWAS）和记录值班的船载航行数据记录仪VDR与S-VDR的组成、目的、报警的处置。

第一节 概述

一、保持安全值班的目的和意义

1.避免船舶发生海难事故

船舶航行时，保持驾驶台安全值班，对于避免碰撞事故的发生、防止船舶发生航行危险是至关重要的。在船舶装备不断现代化的今天，海难事故仍然接连不断，主要是人为的因素、人的过失造成的。在提高值班人员的技术水平的同时，加强船舶安全值班，提高值班人员的责任意识，在各种情况下严格按照驾驶台工作程序所确立的原则操作船舶，相信船舶将更安全，海上人命、财产和海洋环境将更有保障。

2.保证船舶随时处于适航状态、保护海洋环境

保持有效的驾驶台值班，及时发现船舶的不正常情况并立即处理解决，使船舶随时处于良好的适航状态。只有这样才能使船舶的先进的装备与优良操船技艺完美地结合在一起，才能有效地防止船舶发生碰撞、搁浅、触礁等海难事故，才能防止海洋污染。

3.保证船舶所装货物得到妥善保管

妥善保管货物是保持船舶安全值班的一项重要任务。特别是在装有危险货物时，货物完好和船舶安全，两者相互制约、相互依赖。通过保持安全值班，对货物进行必需的照料，必将使船舶的安全更有保证。

4.避免船舶受到保安威胁

近年来，由于海盗猖獗，海运安全受到了严峻的挑战。IMO已经将其追求的目标由“航行更安全，海洋更清洁”改变为“清洁海洋、安全、保安和高效的航运”，将“保安”与“安全”“防污染”这两个传统主题并列，《STCW公约》中也明确和强调了保安要求。我国的《海船船员值班规则》（2020年修订）也明文规定：在船舶可能面临保安威胁或存在保安风险时，应保持适当和有效的保安值班。

二、有关安全值班的规则

1.海员培训、发证和值班规则

为统一各国的海员培训、发证和值班标准，以确保海运船舶的航行安全，1978年6月14日至7月7日国际海事组织在伦敦召开了外交大会，制定并通过了《1978年海员培训、发证和值班标准国际公约》。1980年6月8日，我国政府向国际海事组织递交了批准《1978年海员培训、发证和值班标准国际公约》的文件，成为该公约的缔约国。《1978年海员培训、发证和值班标准国际公约》于1984年4月28日起对我国生效。

为适应航运发展、保护海洋环境、船舶保安的需要，IMO对《1978年海员培训、发证和值班标准国际公约》进行了多次修正。

经1995年缔约国大会修正的《1978年海员培训、发证和值班标准国际公约》在其附则中制定有船舶值班应遵循的基本原则，同时新制定了《海员培训、发证和值班规则》作为公约的附则。《海员培训、发证和值班规则》中制定了关于值班的标准，其中A部分为关于《1978年海员培训、发证和值班标准国际公约》附则各项规定的强制性标准，B部分为关于《1978年海员培训、发证和值班标准国际公约》附则各项规定的建议性指南。STCW 78／95修正案和《海员培训、发证和值班规则》于1997年2月1日生效。

2006年，IMO又开始对STCW 78／95修正案进行全面审查。STCW 78／95修正草案及其相关规则于2010年6月21日—25日在菲律宾马尼拉召开的STCW公约缔约国外交大会上讨论通过，该修正案称为STCW公约马尼拉修正案，于2012年1月1日生效，是对STCW公约的第二次全面修正。本书中所指的《STCW规则》，除另有说明外，均指经马尼拉修正案修正后的《STCW规则》。

《STCW规则》适用于在有权悬挂缔约国国旗的海船上工作的海员，但在下列船上工作的海员除外：

（1）军舰、海军辅助舰船或者为国家拥有或营运而只从事政府的非商业性服务的其他船舶；

（2）渔船；

（3）非营业的游艇；

（4）构造简单的木船。

2.中华人民共和国海船船员值班规则

为规范海船船员值班管理，保障海上人命与财产安全，保护海洋环境，加强船舶保安管理，根据《中华人民共和国海上交通安全法》《中华人民共和国海洋环境保护法》《中华人民共和国船员条例》等有关法律、法规的规定，以及我国缔结或加入的有关国际公约要求，尤其是《STCW规则》的要求，我国交通运输部于2012年12月17日颁布了《中华人民共和国海船船员值班规则》（以下简称《值班规则》），该规则已于2013年2月1日生效，并于2020年7月6日进行了修订。交通运输部海事局是实施本规则的主管机关，各级海事管理机构按职责具体负责海船船员值班的监督管理工作。

《值班规则》适用于在100总吨及以上中国籍海船上服务的组成值班的船员，但在下列船上服务的船员除外：

（1）军用船舶；

（2）渔业船舶；

（3）游艇；

（4）构造简单的木质船。

3.2006年海事劳工公约

国际劳工组织（ILO）2006年2月23日在日内瓦举行第94届国际海事劳工会议，通过了《2006年海事劳工公约》（以下简称《劳工公约》），该公约在2013年8月21日正式生效，并于2016年11月12日对我国正式生效。该公约在海员的就业条件、工作与休息时间、船上设施、娱乐设备、膳食供应、健康保护、医疗福利以及社会安全保护等方面制定了最低标准。除非另有明文规定，该公约适用于所有海员；除非另有明文规定，该公约适用于通常从事商业活动的所有船舶，但200总吨以下国内航行船舶可以免除守则中的有关要求。

第二节 适于值班

经过培训、发证，持有相应适任证书的船员上船后，在被安排值班或被指定负有安全、防污染和保安职责时，应防止其疲劳和防止其滥用药物和酗酒对履行职责造成影响，确保其适于值班。

一、适于值班的法定要求

《STCW公约》在附则第Ⅷ章第Ⅷ/1条中规定：

“1 为防止疲劳，各主管机关应：

“（1）依据《STCW规则》第A-Ⅷ/1节的规定，制定和实施值班人员以及被指定安全、防污染和保安职责的人员的休息时间制度；并且

“（2）要求值班制度的安排能使所有值班人员的效率不致因疲劳而受到影响，并且班次的组织能使航次开始的第一个班次及其后各班次人员均已充分休息，并在其他方面适于值班。

“2 为防止滥用药物和酗酒，各主管机关应确保依据第A-Ⅷ/1节的规定制定适当的措施，并考虑《STCW规则》第B-Ⅷ/1节中的指导。”

二、适于值班的强制性标准

（一）《STCW规则》A部分Ⅷ/1节中的规定

《STCW规则》第A-Ⅷ/1节规定：

“1 主管机关应考虑海员，特别是涉及船舶安全和保安工作职责的海员，由于疲劳所引发的危险。

“2 为所有负责值班的高级船员或参与值班的普通船员以及涉及指定的安全、防污染和保安职责的人员提供的休息时间应不少于：

“.1 任何24小时内最少10小时；以及

“.2 任何7天内77小时。

“3 休息时间可以分为不超过2个时间段，其中一个时间段至少要求有6小时，连续休息时间段之间的间隔不应超过14小时。

“4 在紧急或在其他超常工作情况下不必要保持第2段和第3段规定的关于休息时间的要求。紧急集合演习、消防和救生演习，以及国家法律与法规和国际文件规定的演习，应以对休息时间的干扰最小且不导致船员疲劳的形式进行。

“5 主管机关应要求将值班安排表张贴在易显见处。该值班安排表应按照标准格式使用船上工作语言和英语编制。

“6 在海员处于待命情况下，例如机舱处于无人看守时，如该海员因被召去工作而打扰了正常的休息时间，则应给与充分的补休。

“7 主管机关应要求使用船上工作语言和英语按照标准格式保持对海员每天休息时间的记录，以监督和核实是否符合本节规定。海员应得到一份由船长或船长授权的人员和海员签注的有关其休息情况的记录。

“8 本节任何规定并不妨碍船长因船舶、船上人员或货物出现紧急安全需要，或出于帮助海上遇险的其他船舶或人员的目的，而要求海员从事长时间工作的权利。为此，船长可暂停执行休息时间制度，要求海员从事必要的长时间工作，直至情况恢复正常。一旦情况恢复正常，只要可行，船长就应确保在原定休息时间内完成工作的任何海员获得充足的休息时间。

“9 缔约国可以允许对上文第2.2段和第3段中所规定的休息时间有例外，但在任何7天内的休息时间不得少于70小时。

“第2.2段规定的每周休息时间的例外，不应超过连续两个星期。在船上连续两次例外时间的间隔不应少于该例外持续时间的两倍。

“第2.1段规定的休息时间可以分成为不超过3个时间段，其中之一至少为6小时，而另外两个时间段均不应少于1小时。连续休息时间段间隔不得超过14小时。例外在任何7天时间内不得超过两个24小时时间段。

例外应尽可能考虑到在B-Ⅷ/1节里关于防止疲劳的指导。

“10 为防止酗酒，主管机关应对正在履行安全、保安和海洋环境职责的船长、高级船

员和其他船员设定血液酒精浓度（BAC）不高于0.05%或呼吸中酒精浓度不高于0.25 mg／L，或可导致该酒精浓度的酒精量的限制。”

（二）《值班规则》的有关规定

我国作为《STCW公约》的缔约国，休息时间的标准沿用了《STCW规则》的最低标准，并允许休息时间及其间隔的例外，在《值班规则》第八章值班保障中做了详细的规定。

（三）《劳工公约》的有关规定

关于海员工作和休息的时间限制，《STCW规则》是按照《劳工公约》的规定修订的，两者一致。但是，《劳工公约》为确保未成年人不得上船工作，规定：禁止任何16岁以下的人员受雇、受聘或到船上工作；禁止雇佣或聘用18岁以下的海员从事可能损害其健康或安全的工作。禁止18岁以下的海员在夜间工作。但在下列情况下可以对夜间工作的限制做出例外：根据已确定的培训项目和日程安排，有关海员的有效培训将被扰乱；职责的具体性质或认可的培训项目要求所涉及的海员例外履行夜间职责，且该工作不会对海员的健康或福利产生有害影响。夜间系指包括从不晚于午夜开始至不早于上午5点钟结束的一段至少9小时的时段。

三、适于值班的指导

在《STCW规则》B部分第Ⅷ章第B-Ⅷ／1节中对防止疲劳和防止滥用药物和酗酒做出了如下指导建议：

“防止疲劳

“1 在遵守休息时间的要求时，‘超长工作情况’应解释为仅指由于安全或防止污染原因不能延误的或在航次开始时不能合理预料的至关重要的船上工作。

“2 虽然疲劳尚没有普遍接受的技术性定义，但每一个参与船舶工作的人应警惕能导致疲劳的因素，其中包括但不仅限于那些本组织已经明确的因素，并应在决定船舶工作时加以考虑。

“3 在运用规则第Ⅷ／1条时，应考虑以下各项：

“.1 所制定的防止疲劳的规定应确保不采取过多的和不合理的整段工作时间，特别是第A-Ⅷ／1节规定的最少休息时间不应解释为暗示所有其他时间可用于值班或履行其他职责；

“.2 休息时段的次数和长短以及准予的补休是一段时间内防止疲劳的关键因素；

“.3 对短航次的船舶，只要做出特殊的安全方面的安排，可以有不同的规定。

“4 第A-Ⅷ／1节第9段所列的例外规定应解释为系指国际劳工组织1996年（第180号）《海员工作时间和船舶配员公约》或生效后的《2006年海事劳工公约》所列的例外规定。适用该例外规定的情况应由缔约国确定。

“5 主管机关应以海上事故调查结果所获得的信息为基础，对其防止疲劳的规定进行审核。

四、疲劳及其预防

国际海事组织海上安全委员会在第100届会议（2018年12月3日至7日，MSC.1/Circ.1598通函）上批准了《疲劳指南》。《疲劳指南》对疲劳（Fatigue）的定义是："疲劳是指因睡眠不足、失眠、工作/休息时间与生物节律不同步，以及体力劳动、脑力劳动或情绪波动等导致的体力和（或）脑力的损害状态，从而影响其警觉性、船舶安全操作能力或行使相关安全职责的能力。"

疲劳是人们在经过体力或脑力劳动后，全身机能下降的一种现象。疲劳的发生，除使人身体有劳累的感觉外，还使人在不同程度上表现出工作能力降低，注意力和记忆力减弱，听觉和视觉以及思维变得迟钝，动作不灵活，对外界事态的变化和发展判断不准确。

1. 导致疲劳的原因

疲劳由一系列的因素导致，但主要受下列因素影响：

（1）缺乏睡眠或睡眠和休息质量差

良好的睡眠须具有如下三个有效特征：

①数量：一般建议每人在24 h的期间内平均要有7～8 h的优质睡眠。

②质量：人需要深度睡眠，深度睡眠是一个非常重要的睡眠恢复阶段。

③持续性：睡眠质量取决于不间断的周期性睡眠，睡眠期间不应被打断以保持睡眠的恢复状态。睡眠时间越片段化，恢复性睡眠就越少，这将会使人持续性地感到疲倦并经常影响其履职和决策。

睡眠不足是指多个连续的24 h周期内积累的不充足睡眠。睡眠不足会影响一个人的警觉性和履职能力；长期睡眠不足也可能导致健康问题；久而久之，睡眠不足的人可能较少意识到其疲劳程度，且不能判断其履职水准。

（2）工作或睡眠时间与生物钟（生理节律）不同步

工作时间是确定疲劳的一个关键风险因素。人在生理上遵循日出而作、日落而息的规律，生物钟使人们按照固定的节律睡眠或醒着。但是，工作时间不可能完全按照生物钟或生理节律来安排，从而使人在工作时间与生物钟不同步时感到疲劳。通常，在清晨3—5时疲劳感最为严重，该期间习惯上被称为昼夜节律的低谷期；另一个明显的低谷期发生在下午3—5时，被称为午餐后低谷期。

（3）处于过长的醒着状态

人们醒着时间的长短影响睡意，进而影响疲劳程度。在醒着的开始阶段，可能未注意到对睡眠的渴望，但如果持续不睡觉接近16 h，将会感到极迫的睡眠需求。人们醒着时间越久，其履职能力越差。

（4）压力

压力可简单地定义为生活造成的身体系统的损耗。船上导致压力的常见原因大致可分为：物理环境、组织原因和其他原因。物理环境指船员所处的生活环境或工作条件等给船员造成的压力，如空间不够宽敞，处于噪声环境等。组织原因指驾驶台组织结构、管理方

式、文化背景和工作风格等对船员造成的压力，如粗暴的领导方式，呆板的工作程序等。其他原因包括操纵程序不熟练、不自信，缺乏相关知识，有恐惧感和危险感等。

（5）过度的工作负荷（长时间的脑力和/或体力活动）。

工作负荷涉及履行职责的类型和强度。工作负荷非常高或非常低，均会使人产生疲劳。

①高体力工作负荷或高脑力工作负荷（例如要求注意力过度集中的工作）可能导致疲劳。船上常规高工作负荷的事例包括但不限于：拥挤和危险水域中航行，频繁停靠港口，在能见度不良和/或恶劣天气条件下航行，进出港口，不得不完成多个工作任务以及洗舱和货物装卸等。

②单调乏味的工作如监控机舱显示器虽然是低工作负荷，但也会导致失去兴趣和厌倦，同样会增加疲劳感。

2. 疲劳的征兆和症状

与疲劳相关的征兆和症状通常有三种类型：认知上的、身体上的和行为上的。

（1）认知上的征兆和症状

①只关注微不足道的问题，而忽略一些更重要的问题；

②对常规、异常或紧急状况反应迟缓或没有反应；

③注意力无法集中；

④对距离、速度、时间等的判断力差；

⑤忘记从事的任务或部分任务；

⑥难以集中注意力和保持清晰的思维。

（2）身体上的征兆和症状

①不能保持清醒（例如不由自主地瞌睡或睡眠）；

②手和眼睛无法协调（例如无法选择正确的开关）；

③言语困难（可能发音含糊、语速变慢或表达混乱）；

④更加频繁地掉落工具或零件等物品；

⑤消化问题。

（3）行为上的征兆和症状

①容忍度下降和/或攻击他人；

②无规律/非典型的情绪变化（例如易怒、疲劳和/或抑郁）；

③忽视常规检查和/或程序；

④更多的遗漏、错误和/或更加粗心大意。

长期睡眠缺失的影响可能会导致心脑血管疾病、肠胃疾病、心理健康问题和压力。

3. 培养良好睡眠习惯

（1）如果可能的话，保持睡眠时间的定时性，比如试着每天在同一时间上床睡觉。

（2）培养并保持睡觉前促进睡眠的一项常规习惯，比如洗个热水澡、阅读舒缓的书籍或睡前的小仪式。

（3）在预见可能无法得到充足睡眠之前，睡一个好觉。

（4）睡前避免进行令人兴奋的活动，比如锻炼、看电视和看电影。

（5）让睡眠环境有利于睡眠（黑暗、安静和凉爽的环境以及一张舒适的床，均会促进睡眠）；如有用的话，可使用白噪声发生器或耳塞；尽可能地遮光（如使用遮光帘、百叶卷帘、厚重的窗帘或黑色塑料制品，也可以使用睡眠眼罩）。

（6）尽可能确保在睡觉期间没有任何干扰。

（7）睡觉之前避免摄入酒精、咖啡因和其他兴奋剂（请牢记咖啡、茶、可乐、巧克力和一些药物，包括感冒药和阿司匹林都含有酒精和/或咖啡因），至少避免在睡前4 h内服用咖啡因。

（8）放松自己，比如，进行可能有用的冥想。

（9）如果在睡觉期间有睡眠困难时，平时不要打盹。

（10）睡前避免饮食。

（11）睡前限制使用发出蓝光的电子设备。

4. 降低和管理疲劳风险的措施

（1）确保至少满足休息的最少时长和/或工作的最长时长。

（2）让精力充沛的人员代替经过长途跋涉接班的新船员，给新船员留出适当的时间以克服疲劳和熟悉船舶。

（3）对船员在持续的一段时间内从事体力和脑力工作的时间加以管理，例如在液舱清洗、拥挤水域航行时。

（4）确保船上提供可供选择的营养食物，船员始终可获得饮用水。

（5）为值夜班的人员提供适当的夜宵选择。

（6）就船上疲劳意识和预防措施，岸上与船舶管理双方应保持互动。

（7）创建一个坦率沟通的环境，向船员清楚说明，当疲劳影响自身或他人履职能力时，报告管理者是非常重要的，并且确保不会因这类报告而受到任何报复。

（8）确保选派的船员可以完成指定的任务，以避免给其他船员带来潜在疲劳的可能性。

（9）改善船上条件，以确保有睡眠机会时，船员可以利用这一机会进行不被打扰的睡眠，比如：计划的演练和常规的维护保养，应以最大限度地以减少对休息/睡眠干扰的方式进行安排。所有相关船员均应知晓这些受保护的睡眠机会。

（10）加强船上管理，更有效地安排船上工作和休息时间，以及实际工作和本职工作。

（11）如果可行，在布置工作任务时做到混合搭配，以打破工作的单调性，并将高强度的体力和脑力工作与简单的任务相结合（工作转换）。

（12）如可行，在船员生理节律处于低谷期时，避免安排其从事可能会造成危险的工作。

（13）为船员提供认知和处理疲劳影响的技能支持，包括船上培训。

（14）强调休息期间睡觉是船员的责任，以确保获取充足的睡眠。

（15）投入精力监督，确保所有人员都获得了充足的睡眠。

（16）确保影响船员能力的船上环境维持在良好的状态，例如保持按时取暖、通风和提供空调，更换灯泡，及时处理异常噪声等。

（17）重新评价船上的工作模式和职责范围，以便实现资源的最有效利用，例如所有驾驶员共同承担长时间的货物作业以取代传统模式，让精力充沛的人员代替经过长途跋涉抵船的新船员。

（18）在船上提倡互帮互助的船员关系（昂扬士气），公正处理船员间的冲突。

（19）进行应对疲劳事件的船上实战演练，并从中吸取经验，并作为安全会议的一部分。

（20）了解诸如运动、放松和营养均衡等健康生活方式的益处。

（21）及时协调公司、管理级船员和其他相关利益方之间的活动计划。

（22）为值班/工作移交留出沟通的时间。

五、防止酗酒和滥用药物

（一）强制性要求

1.防止酗酒

如前所述，《STCW规则》第A–Ⅷ／1节对酒精的控制做出了强制性规定，要求主管机关对正在履行安全、保安和海洋环境职责的船长、高级船员和其他海员设定血液酒精浓度（BAC）不高于0.05%或呼吸中酒精浓度不高于0.25 mg／L，或可导致该酒精浓度的酒精量的限制。

2.防止滥用药物

影响正常值班的药物种类繁多且影响的程度不同，故《STCW公约》无法做出定量的限制，仅在《STCW公约》附则（规则Ⅷ／1——适于值班）中做出“防止滥用药物”的原则性要求。

影响海员正常值班的药物主要有以下几类：

（1）感冒药。复方感冒药中通常含有扑尔敏（氯苯那敏）等抗过敏成分，这类成分会导致头晕、嗜睡、倦怠。

（2）中枢性止咳镇痛药。中枢性止咳镇痛药会使人产生幻觉，精神松懈，平衡感减弱等不良反应。

（3）降糖药。服用降糖药不当或者剂量过大，会引起低血糖，使人产生头晕、头昏、四肢乏力等不良反应。

（4）抗过敏药。抗过敏药服后可引起嗜睡、困倦、视力模糊、头痛、头晕等症状。

（5）镇静、抗抑郁药。镇静催眠类药物也会产生催眠、嗜睡等作用，引起一些中枢神经系统的不良反应。

（6）抗心律失常药。抗心律失常药物若服用剂量过大，同样会引起头晕、眼花、耳鸣等症状，严重时，人还会因为低血压反应而昏厥。

（二）建议和指导

除上述强制性规定外，《STCW规则》第B-Ⅷ／1节对防止滥用药物和酗酒做出了如下建议和指导：

“6 滥用药物和酗酒直接影响到船员履行值班职责或有关安全、防污染和保安值班职责的健康和能力。当船员被发现受到药物或酒精的影响时，应不允许其履行值班职责或有关安全、防污染和保安值班职责，直至他们履行这些职责的能力不再受到影响为止。

“7 主管机关应确保采取适当措施以防止药物或酒精影响值班人员或履行安全、防污染和保安值班职责人员的能力，并应根据需要制订甄别计划：

“.1 鉴别滥用药物和酗酒；

“.2 尊重有关个人的尊严、隐私、秘密和基本的法定权利；以及

“.3 考虑相关的国际指南。

“8 公司应考虑通过纳入公司质量管理体系或向船员提供足够的信息和教育的方法，实施明文规定的防止滥用药物和酗酒的政策，包括禁止值班人员在值班前4小时内饮酒。

“9 参与制定防止滥用药物和酗酒方案的人员应考虑ILO出版的可能会被修正的《海运业防止滥用药物和酗酒方案（设计人员手册）》中的指南。”

（三）《值班规则》的有关规定

我国《值班规则》第125条至第127条，对船员滥用药物和酗酒做了如下规定：

（1）船员不得酗酒。值班人员在值班前4小时内禁止饮酒，且值班期间血液酒精浓度（BAC）不高于0.05%或呼吸中酒精浓度不高于0.25 mg／L。

（2）船员不得服用可能导致不能安全值班的药物。

（3）航运公司应当制定相应的措施防止船员滥用酒精和滥用药物。船员履行值班职责或者有关安全、防污染和保安值班职责的能力受到药物或酒精的影响时，不得安排其值班。

（四）《劳工公约》的有关规定

国际劳工组织（ILO）于2014年通过的《实施2006年海事劳工公约职业安全与健康条款导则》对防止酗酒和滥用药物提供了指导，规定主管当局应确保船东：

（1）制定方针和程序防止在船上滥用药物和酗酒；

（2）就未经许可持有及滥用药物和酒精的有害影响和后果对海员进行教育；

（3）就安全和理性地饮用含酒精饮料向海员提供指导；

（4）及早辨认出会滥用药物或存在与酒精有关的问题的海员；

（5）清除船上出现的未经许可的药物；

（6）对已知存在与药物或酒精有关的问题的海员提供私密的建议、支持和协助；及

（7）对负责实施药物和酒精方针的岸基雇员和海员提供指导。

六、为保证安全值班应采取的措施

在船舶日常管理工作中要严格遵守国际公约对船员工作和休息的相关规定。

（1）船长和大副应合理组织、安排值班人员的工作和休息，避免值班人员在未得到足够休息的情况下，继续值下一个班，造成连续疲劳，以保证值班人员在值班时具有充足的体力和精力。

（2）当值班和正常工作规律由于某些原因被破坏时，船长应对值班人员的疲劳程度进行观察和判定，以确定是否影响安全值班。

（3）当发现负责值班的高级船员有疲劳症状，但仍能担任职责时，在值班的组成上应考虑配备精力充沛的其他人员配合其值班。

（4）当发现负责值班的高级船员因疲劳的影响难以保证安全值班时，应毫不犹豫地进行调整，使之得到适当的休息，以利于下一个班次时能够胜任职责的要求。

（5）负责值班的高级船员如在航行值班时，在由于工作强度大，感到疲劳以至于难以保证安全值班的情况下，应毫不犹豫地通知船长。

（6）为保证安全值班，必要时船长应亲自到驾驶台值班。

第三节 值班安排和应遵循的原则

一、值班安排和应遵循的原则的法定要求

《STCW公约》附则在规则第Ⅷ/2条中对值班安排和应遵循的原则提出了总体要求：

“1 主管机关应使公司、船长、轮机长和全体值班人员注意到《STCW规则》中规定的要求、原则和指导，以确保在所有海船上始终保持安全、连续并适合当时环境和条件的值班。

“2 主管机关应要求每船船长考虑船舶当时环境和条件，确保其值班安排足以保持安全值班，并且在船长的全面指导下：

“.1 负责航行值班的高级船员在值班时间内始终在驾驶台或与之直接相连的场所（如海图室或驾驶台控制室），对船舶航行安全负责；

“.2 无线电操作员在值班时间内，在适当的频率上负责保持连续值守；

“.3 负责轮机值班的高级船员，根据《STCW规则》的规定并在轮机长的指导下，应能立即就备并随时待命到达机器处所，并且在需要时应在其负责的时间内身在机器处所；

“.4 当船舶锚泊或系泊时，为安全起见，随时保持适当和有效的值班，如果船上载有危险货物，值班安排应充分考虑到危险货物的性质、数量、包装和积载，以及当时船上、水上或岸上的任何特殊情况；以及

“.5 如适用，为保安起见，保持适当及有效的值班。”

《值班规则》规定：航运公司应当根据本规则以及有关的国际公约的要求编制《驾驶台规则》《机舱值班规则》等船舶值班规则，张贴在船舶各部门的易见之处，要求全体船员遵守执行，以保证船舶航行安全。航运公司应当确保指派到船上任职的值班船员熟悉船上相关设备、船舶特性、本人职责和值班要求，能有效履行安全、防污染和保安等职责。船长及全体船员在值班时，应当遵守法律、行政法规、相关国际公约以及当地有关防治船舶造成海洋污染的要求，采取一切可能采取的预防措施，防止因操作不当或者发生事故等原因造成船舶对海洋环境的污染。

二、值班安排和应遵循的原则的强制性标准

《STCW公约》附则在规则第A-Ⅷ/2条中对值班安排和应遵循的原则的标准做了规定：

（一）发证

负责航行和甲板值班的高级船员的资格应完全符合第Ⅱ章或第Ⅶ章有关航行或甲板值班职责相应的规定。

《STCW公约》第Ⅷ条“特免”规定：“在特殊需要的情况下，主管机关如认为对人员、财产和环境不致造成危险时，可签发特免证明，允许某一指定的海员在某一指定的船上，在为期不超过6个月的指定期间内，担任他并未持有适当证书的职位。”此处对无线电报务员、无线电话务员、船长、轮机长的特免另有要求。“凡给予某职位的特免证明，只应发给具有适当证书可充任仅比该职务低一级职务的人员。”所以，持有高一级适任证书的高级船员可担任低一级的职务，持有低一级适任证书的高级船员在高一级的高级船员因故不能履行职责时可代理其职务。

（二）航次计划

船长应根据航次任务及时通知各部门有关负责人做好各项开航准备工作。

1.一般要求

（1）对预定的航次，应在研究有关资料后事先做出计划，并应在航次开始前对设定的任何航线进行核实。

（2）轮机长应与船长协商，预先确定计划航次的需要，并考虑对燃料、淡水、润滑油、化学品、消耗品和其他备件、工具、供应品的需要以及任何其他需要。

2.每一航次前的计划

每一航次前，各船船长应保证充分并恰当地运用本航次所必需的海图和其他航海出版

物，对自出发港至第一停靠港的预定航线做出计划，所述海图和航海出版物应包含永久性的或可预测到的以及涉及船舶航行安全的航行限制和危险的准确、完整和最新的资料。

3.计划航线的核实和标绘

在考虑了所有有关信息并核实了航线设计后，计划航线应清晰地标绘在相应海图上，并在航行期间供值班高级船员随时使用，其应在使用之前核实将采用的每一航向。

4.偏离计划航线

如果在航行期间决定改变计划航线的下一停靠港，或因其他原因船舶需要大幅度地偏离计划航线，那么，应在大幅度偏离原计划航线之前计划出经修正的航线。

我国《值班规则》第八条对制订航次计划包括内容做了规定：

（1）航线的总里程和预计航行的总时间；

（2）预计航线上的气象情况和海况；

（3）各转向点的经纬度；

（4）各段航线的航程和预计到达各转向点的时间；

（5）复杂航段的航法以及对航线附近的危险物的避险手段；

（6）特殊航区的注意事项。

（三）值班的一般原则

值班安排应基于下列驾驶台和机舱的资源管理原则：

（1）应确保根据情况合理地安排值班人员；

（2）在安排值班人员时应考虑人员的资格或适合能力的局限性；

（3）应使值班人员理解其个人角色、责任和团队角色；

（4）船长、轮机长和负责值班的高级船员应保持适当的值班，并最有效地使用可用资源，如信息、装置／设备和其他人员；

（5）值班人员应理解装置／设备的功能和操作，并熟练使用；

（6）值班人员应理解信息及如何回应来自每一工作站／装置／设备的信息；

（7）所有值班人员应适当地共享来自工作站／装置／设备的信息；

（8）值班人员在任何情况下应保持适当的相互交流；

（9）对为安全而采取的行动产生任何怀疑时，值班人员应毫不犹豫地通知船长／轮机长／负责值班的高级船员。

（四）海上值班

1.适于值班的一般原则

（1）缔约国应指示公司、船长、轮机长和值班人员注意遵守下列原则，以确保能始终保持安全值班。

（2）各船船长必须确保值班的安排足以保持安全航行值班或货物值班。在船长的统一指挥下，航行值班的高级船员在他们值班期间，特别是他们在设计避免碰撞和搁浅时，负责船舶的安全航行。

（3）各船轮机长必须与船长协商，确保值班的安排足以保持安全的轮机值班。

2.保护海洋环境

船长、高级船员和普通船员应了解操作性或事故性的海洋环境污染的严重后果，并应采取一切可能的预防措施防止这类污染，特别是有关国际规则和港口规章规定范围内的污染。

第四节 航行值班

《STCW公约》附则在规则第A-Ⅷ/2节第4-1部分对航行值班中应遵循的原则做了规定："负责航行值班的高级船员是船长的代表，并在任何时候，主要负责船舶的航行安全和遵守经修订的《1972年国际海上避碰规则》。"

一、瞭望

1.瞭望的目的

《STCW规则》规定负责航行值班的高级船员应遵照经修订的《1972年国际海上避碰规则》第五条的规定随时保持正规的瞭望，并应达到下列目的：

".1 针对操作环境中发生的任何重大变化，利用视觉和听觉以及所有其他可用的手段保持连续戒备状态；

".2 全面评估碰撞、搁浅和其他航行危险的局面和风险；以及

".3 探明遇险的船舶或飞机、遇难船舶人员、沉船、残骸和其他航行危害物。"

2.瞭望人员

瞭望人员必须全神贯注地保持正规瞭望，不得从事或分派给会影响瞭望的其他任务。

我国《值班规则》第22条进一步规定："在驾驶台和海图室分开的船上，值班驾驶员为了履行其必要的职责，在确信航行安全的情况下，可以短时间进入海图室。"

瞭望人员和舵工的职责是分开的，舵工在操舵时不应被视为瞭望人员，除非在某些小船上，操舵位置具有四周无遮挡的视野并且没有夜视障碍或其他保持正规瞭望的障碍。

在下列情况下，负责航行值班的高级船员在白天可以是唯一的瞭望人员：

“.1 对局面做了充分的估计，确信无疑这样做是安全的；

“.2 充分考虑了包括但不限于下列一切相关因素：

——天气情况，

——能见度，

——通航密度，

——邻近的航行危险物，和

——航行在分道通航制内或附近时必要的注意；以及

“.3 当局面发生任何变化而需要时，能立即召唤人员到驾驶台协助。”

我国《值班规则》第25条明确规定：在夜间航行应至少保持一名值班水手协助驾驶员瞭望。

3.保持正规瞭望值班安排应考虑的因素

在判定航行值班的组成是否足以保证能连续保持正规瞭望时，船长应考虑所有的相关因素，其中包括值班安排和值班应遵循的基本原则所述的因素和以下因素：

（1）能见度、天气状况和海况；

（2）通航密度，以及发生在船舶航行区域内的其他活动；

（3）当航行在分道通航制或其他定线制水域内或附近时必要的注意；

（4）由船舶功能的性质、即时操纵要求和预期操纵所引起的额外工作量；

（5）应召并被指定为值班人员的任何船员适于值班的情况；

（6）对船舶高级船员和普通船员的专业适任能力的了解和信心；

（7）每个负责航行值班的高级船员的经验和对船舶设备、程序和操纵能力的熟悉程度；

（8）任何特定时刻船上发生的活动，包括无线电通信活动，和必要时召唤人员立即到驾驶台给予协助的可能性；

（9）驾驶台的仪器和控制装置（包括报警系统）的工作状况；

（10）舵和推进器的控制以及船舶操纵特性；

（11）船舶尺度和指挥位置的视野；

（12）驾驶台的结构，这种结构可能对值班人员利用视觉和听觉探测外部发生情况所造成的妨碍程度；

（13）国际海事组织及主管机关通过的任何其他涉及值班安排和适用于值班的任何其他标准、程序或指南。

二、值班安排

《STCW规则》规定在决定可能包括合格的普通船员在内的驾驶台值班组成时，应特别考虑下列因素：

（1）在任何时候，驾驶台不许无人值守。

我国《值班规则》第19条1款强调“保证驾驶台24小时值守”。

（2）天气情况、能见度以及是白天或黑夜。

（3）接近航行危险物时可能需要负责航行值班的高级船员执行额外的航行职责。

（4）助航仪器，如电子海图信息与显示系统（ECDIS）、雷达或电子定位仪以及任何其他影响船舶安全航行的设备的使用和工作状态。

（5）船上是否装有自动操舵装置。

（6）是否履行无线电职责。

（7）装备在驾驶台上的无人机舱（UMS）控制装置、警报和指示器及其使用程序和局限性。

（8）特殊操作环境可能导致对航行值班的出乎寻常的任何要求。

三、交接班

1.对交接班的要求

（1）负责航行值班的高级船员，如果有理由相信来接班的高级船员不能有效履行其职责，则不应向其交班。在这种情况下，应通知船长。

（2）接班的高级船员应确保本班人员完全能履行他们的职责，特别是他们夜视的适应性。接班的高级船员在其视力未完全调节到适应光线条件以前，不应该接班。

（3）接班的高级船员在接班前，应彻底搞清本船的推算船位或真船位，并核实本船的计划航线、航向和航速以及无人机舱控制装置（如有的话），还应注意在他们值班期间可能遇到的任何航行危险。

（4）负责航行值班的高级船员交班时，如果正在进行船舶操纵或其他避免危险的行动，则该高级船员的交班应推迟到这种操作完成之后再进行。

2.接班应搞清的情况

接班的高级船员应该亲自搞清以下有关情况：

（1）船长对航行有关的常规命令和其他特别指示。

（2）船位、航向、航速和船舶吃水。

（3）当时和预报的潮汐、潮流、气象和能见度以及这些因素对航向和航速的影响。

（4）当主机在驾驶台控制时操纵主机的程序。

（5）航行环境，包括但不限于：

①正在使用和值班期间有可能使用的所有航行和安全设备的工作状况；

②陀螺罗经和磁罗经的误差；

③看到或知道的附近船舶位置及其动态；

④在值班期间可能会遇到的有关情况和危险；

⑤船舶横倾、纵倾、水的密度以及船体下沉可能对龙骨下富余水深的影响。

四、履行航行值班

（1）负责航行值班的高级船员应做到：

①在驾驶台保持值班；

②正式交班前，在任何情况下均不得离开驾驶台；

③即使船长在驾驶台，继续对船舶安全航行负责，直至被明确告知船长已承担此责任并且彼此领会为止。

（2）在值班期间，应使用任何可用的、必要的助航仪器，以足够频繁的时间间隔对所航行的航向、船位和航速进行核对，以确保本船沿着计划航线航行。

（3）负责航行值班的高级船员应充分了解船上所有安全和航行设备的放置地点和操作方法，并应了解和考虑这些设备在操作上的局限性。

（4）负责航行值班的高级船员，不应被分派或担负任何妨碍船舶安全航行的职责。

（5）在使用雷达时，负责航行值班的高级船员应切记，有必要在任何时候均应遵守经修订的有效的《1972年国际海上避碰规则》载明的对使用雷达的规定。

（6）在需要时，负责航行值班的高级船员应毫不犹豫地使用舵、主机和音响信号装置，但如有可能，应及时通知拟进行主机变速，或者按照适用的程序有效地使用装置在驾驶台的无人机舱主机控制装置。

（7）负责航行值班的高级船员应知晓包括冲程在内的本船操纵性能，并应意识到其他船舶可能具有的不同的操纵性能。

（8）值班期间应保持对与航行有关的动态和工作的正规记录。

（9）特别重要的是，负责航行值班的高级船员要确保随时保持正规瞭望。在具有单独海图室的船上，必要时，为了履行必要的航行职责，该负责航行值班的高级船员可以短时间进入海图室。但是，其应首先确信这样做是安全的，并保持正规瞭望。

（10）在条件允许和可行的情况下，特别是在预计影响航行之前，应对船上的航行设备在海上进行频繁的操作性测试。适当时，应对这些测试做好记录。这种测试还应在到港前和出港前进行。

（11）负责航行值班的高级船员应作定期检查，以确保：

①舵工或自动舵正操作在正确的航向上。

②标准罗经的误差每班至少测定一次，如可能，在任何在大幅度改向后也测定；标准罗经和陀螺罗经应经常核对；罗经复示仪与主罗经同步；如发现误差变化较大，应及时报告船长。

③自动舵至少每班手动测试一次。

④航行灯和信号灯及其他航行设备正常工作。

⑤无线电设备应正常工作并按规则的要求进行值守。

⑥无人机舱（UMS）控制装置、报警和指示器工作正常。

（12）负责航行值班的高级船员应切记始终遵守《1974年国际海上人命安全公约》中有效要求的必要性。航行值班的高级船员应考虑到：

①使舵工就位并及时改为手动操舵以使潜在危险局面转危为安的必要性。

②使用自动舵的船舶，如让局面发展到使负责航行值班的高级船员得不到帮助以致不得不中断瞭望而采取紧急措施是非常危险的。

我国《值班规则》第38条还规定，手动操舵和自动操舵的转换应当由值班驾驶员决定。

（13）航行值班的高级船员应完全熟悉所装备的所有电子助航仪器的使用方法，其中包括其性能及局限性。适当时，应使用每一种助航仪器并应切记回声测深仪是一种很有价值的助航仪器。

（14）遇到或预料能见度不良时，以及在拥挤水域的全部时间里，负责航行值班的高级船员应使用雷达，并注意其局限性。

（15）负责航行值班的高级船员应确保所使用的量程以足够频繁的时间间隔进行转换，以便能及早地发现回波。应切记小的和微弱的回波有可能探测不到。

（16）每当使用雷达时，负责航行值班的高级船员应选择适当的量程，仔细观察显示器，并应确保有充分的时间进行标绘或进行系统的分析。

（17）在下列情况下，负责航行值班的高级船员应立即报告船长：

①遇到或预料能见度不良时；

②对交通状况或他船的动态产生疑虑时；

③对保持航向感到困难时；

④在预计的时间未能看到陆地、航行标志或测不到水深时；

⑤意外地看到陆地、航行标志或水深突然发生变化时；

⑥主机、推进机械的遥控装置、舵机或者任何重要的航行设备、警报或指示仪发生故障时；

⑦无线电设备发生故障时；

⑧在恶劣天气中，怀疑可能有天气危害时；

⑨船舶遇到任何航行危险物时，诸如冰或海上弃船时；

⑩其他紧急情况或感到疑虑时。

我国《值班规则》第40条还规定，船长接到报告后应当尽快上驾驶台，必要时由船长直接指挥。

（18）尽管在上述情况下要求立即报告船长，但在情况需要时，负责航行值班的高级船员为了船舶安全，应毫不犹豫地采取果断行动。

（19）负责航行值班的高级船员应给予全体值班人员一切适当的指示和信息，以确保包括正规瞭望在内的安全值班得以保持。

五、对保持航行值班的指导

《STCW规则》第B-Ⅷ／2节第4-1部分对航行值班人员保持航行值班工作提供了建议和指导：

（1）对特殊类型的船舶以及载运有害、危险、有毒或高度易燃性货物的船舶，可能需要特别的指导。船长应根据情况提供操作性指导。

（2）重要的是，负责航行值班的高级船员要认识到有效地履行其职责对海上人命和财产安全、保安以及防止海洋环境污染的必要性。

第五节 不同条件下和不同水域内的值班

《STCW规则》第A-Ⅷ／2节第4-1部分，对船舶在良好天气、能见度不良、黑暗期间、沿海和拥挤水域、引航员在船时的航行、锚泊时的值班做出了相关规定。

一、良好天气

（1）负责航行值班的高级船员应频繁地测定驶近船舶的精确罗经方位以此作为及早发现碰撞危险的方法，并应切记有时方位变化明显但碰撞危险依然存在。特别是当驶近大型船舶或拖带船队或是在近距离接近他船时，负责航行值班的高级船员还应按适用的经修订的《1972年国际海上避碰规则》及早地采取积极的行动，随后还应检查此种避碰行动是否取得预期的效果。

（2）天气良好时，只要可能，负责航行值班的高级船员应进行雷达操练。

二、能见度不良

遇到或预料到能见度不良时，负责航行值班的高级船员的首要职责是遵守经修订的《1972年国际海上避碰规则》的相关条款，特别是有关鸣放雾号、以安全航速行驶并使主机处于立即可操纵的准备状态的条款。此外，负责航行值班的高级船员还应：

（1）通知船长；

（2）布置正规的瞭望；

（3）显示航行灯；

（4）操作和使用雷达。

三、黑暗期间

船长和负责航行值班的高级船员在安排瞭望时应充分考虑到可供使用的驾驶台设备和助航仪器及其局限性、程序和所实施的安全措施。

我国《值班规则》第42条还规定，船长应当将航行指示和注意事项或者其他重要安排明确记入船长夜航命令簿。值班驾驶员应当遵照执行。

四、沿海和拥挤水域内值班

（1）应使用船上适合于该地区并依据最新资料改正过的最大比例尺的海图，应以频繁的时间间隔测定船位，环境许可时还应使用多种方法定位。使用电子海图显示与信息系统（ECDIS），应选择适当适用码（比例尺）的电子海图，并以适当的时间间隔通过独立的定位方法对船位进行核查。

（2）负责航行值班的高级船员应确切地辨认所有相关的航行标志。

五、引航员在船时的值班

尽管引航员有其职责和义务，但他们在船上引航时并不解除船长或负责航行值班的高级船员对船舶安全所负有的职责和义务。船长和引航员应交换有关航行程序、当地情况和船舶性能等信息。船长和／或负责航行值班的高级船员应与引航员密切合作，并保持对船舶位置和动态进行精确的核对。

如果负责航行值班的高级船员对引航员的行动或意图有所怀疑，他应要求引航员予以澄清；如仍有怀疑，应立即报告船长，并在船长到达之前采取必要的行动。

我国《值班规则》第44条规定，船长对引航员的错误操作应及时指出，必要时即行纠正；第45条规定，船长在非危险航段暂离驾驶台应告知引航员，并指定驾驶员负责。

六、船在锚泊

1.锚泊值班的强制性标准

如船长认为必要，船舶在锚泊情况下也应保持连续的航行值班。船在锚泊时，负责航行的值班的高级船员应：

（1）尽快地测定船位并标绘在适当的海图上。

我国《值班规则》第46条规定，在海图上标出锚位和回旋范围，将锚地的潮汐、流向、水深、底质、周围情况及当地气象记入航海日志。

（2）条件允许时，以足够频繁的时间间隔，利用固定航标或岸上容易辨认的物标测定方位，以校核船舶是否安全地保持在锚位上。

（3）确保保持正规瞭望。

我国《值班规则》第46条3款规定，在保持正规瞭望时应注意：

①周围锚泊船的情况，尤其是位于上风（或上流）方向锚泊船的动态，以防他船走锚

危及本船安全；

②前来锚泊的船的锚是否与本船有足够的安全距离，如过近，应当设法通知对方，并报告船长；

③过往船舶或邻近锚泊船起锚离泊时距本船过近，应严密注视其动态，若判断对本船有威胁，应以各种信号警告对方。

（4）确保定时巡视船舶。

我国《值班规则》第46条4款规定：巡视全船，注意吃水、龙骨下富余水深以及船舶的状态。

（5）观察气象和潮汐情况以及海况。

我国《值班规则》第46条5款规定：注意锚位、锚链受力，船首偏荡，在转流时，还应当注意船身回转及周围船舶动向，必要时采取紧急措施，防止因本船或他船走锚造成紧迫局面或发生事故。

（6）如果船舶走锚，通知船长并采取一切必要措施。

我国《值班规则》第46条6款规定：过往船舶距离过近而出现危险局面时，也应果断地采取一切有效措施，以避免或减少损失，并立即通知船长。

（7）确保主机和其他机器按照船长指示处于准备状态。

（8）如果能见度变坏，通知船长。

我国《值班规则》第46条9款规定：遇能见度不良时，必须认真执行《1972年国际海上避碰规则》的有关规定，加强瞭望，鸣放雾号，开启锚灯和各层甲板的照明灯。

（9）确保船舶按照适用的规定显示相应的号灯、号型并鸣放相应的声号。

（10）采取措施防止船舶污染环境，并遵守适用的防止污染规则。

另外，我国《值班规则》第46条7、8、10、11款做了如下规定：

①在急流区锚泊或遇大风浪天气，除执行船长指示外，还应勤测锚位，定时巡视甲板，检查锚链和制链器是否正常，并应认真督促值班水手每小时检查锚链、制链器和锚设备一次。

②督促值班水手按时升降旗及锚球，开关锚灯、甲板照明灯，按规定显示或悬挂相应的号灯、号型，鸣放相应的声号。

③锚泊中进行装卸作业，除应执行停泊值班中有关装卸业务方面的职责外，尚应注意傍靠船、驳船的系缆、碰垫和绳梯以及其他各种安全措施。

④根据锚地情况及水上安全管理机关的规定，用甚高频无线电话在规定的频道上保持守听。

2.锚泊值班的指导

（1）在非遮蔽锚地、开敞的港外锚地或任何其他实际“在海上”锚泊情况下，依据《STCW规则》第Ⅷ章第A-Ⅷ/2节第4-1部分船在锚泊的规定，每一船舶的船长应确保足以保持所有锚泊时间内安全的值班安排。甲板部高级船员应始终负有锚泊安全值班的责任。

（2）在确定值班安排时，为统筹维持船舶安全、保安和海洋环境保护，船长应考虑所有相关的环境和条件，如：

①通过视觉、听觉以及其他一切可用手段保持连续的警戒状态；

②船与船、船与岸的通信要求；

③当时的天气、海浪、冰和海流的状况；

④连续监测船位的需要；

⑤锚地的性质、大小和特征；

⑥交通状况；

⑦可能影响船舶保安的情况；

⑧装卸作业；

⑨待命船员的指定；

⑩向船长报警和保持主机备用状态的程序。

第六节 驾驶台航行值班报警系统

海上航行中，危及船舶和人命安全的紧急事件，多数是由于人为失误造成的，因此保持驾驶台航行值班显得尤为重要，如何防止安全航行值班中断，便是急需解决的问题。驾驶台航行值班报警系统（Bridge Navigational Watch Alarm System，BNWAS）正是基于这种迫切需求而产生的。该系统用于监视值班驾驶员的警觉性，并具有为值班驾驶员提供紧急支援呼叫的功能。

一、配备要求

（一）配备BNWAS的时间要求

根据现行有效的相关要求，对于从事国际航行的船舶，应当依据如下要求配备和安装BNWAS，船舶在海上航行途中的任何时候，BNWAS均应保持运行。在2011年7月1日以前安装的BNWAS，主管机关可自行决定此后让其免于完全符合国际海事组织通过的标准。

1.2002年7月1日以前建造的船舶

（1）对客船，不论其尺度大小，不迟于2016年1月1日以后的第一次检验；

（2）对3000总吨及以上的货船，不迟于2016年1月1日以后的第一次检验；

（3）对500总吨以上但小于3000总吨的货船，不迟于2017年1月1日以后的第一次检验；

（4）对150总吨及以上但小于500总吨的货船，不迟于2018年1月1日以后的第一次检验。

2.2011年7月1日以前建造的船舶

（1）对客船，不论尺度大小，不迟于2012年7月1日以后的第一次检验；

（2）对3000总吨及以上的货船，不迟于2012年7月1日以后的第一次检验；

（3）对500总吨及以上但小于3000总吨的货船，不迟于2013年7月1日以后的第一次检验；

（4）对150总吨及以上但小于500总吨的货船，不迟于2014年7月1日以后的第一次检验。

3.2011年7月1日后建造的船舶

在2011年7月1日或以后建造的150总吨及以上的货船和不论尺度大小的客船，必须在建造时配备和安装BNWAS。

（二）BNWAS的性能标准

2002年5月20日，通过了海安会MSC. 128（75）决议“BNWAS的性能标准”，主要性能标准如下：

1.适用

BNWAS旨在监视驾驶台活动并发现由于操作者失去工作能力而可能导致的海上事故。该系统监视值班驾驶员（OOW）的意识，如由于任何原因而使OOW失去履行其职责的能力时，该系统将自动向船长或其他有能力的OOW报警。该系统是以一系列标示和报警达到这一目的的，首先是向OOW提出警告，如果没有得到应答，则将向船长或另一位有能力的OOW报警。此外，BNWAS还可向OOW提供即时求助的呼叫措施。无论何时只要船首航向或航迹控制系统运行，BNWAS就应处于工作状态，但船长禁止时除外。

2.功能

（1）操作模式，BNWAS应包括以下操作模式：

①自动（当此系统没有启动时，只要船首航向或航迹控制系统启动和禁止时，就自动进入运行）；

②手动接通（持续运行）；

③手动关闭（任何情况下不再运行）。

（2）指示器和报警器的操作顺序：

①一旦运行，报警系统应保持3～12 min（T_d）的休眠状态。

②休眠期结束时，报警系统应启动设在驾驶台视觉指示器。

③如果不复位，BNWAS应在视觉指示器启动15 s后，在驾驶台加发第1级听觉报警。

④如果不复位，BNWAS应在第1级听觉报警15 s后，在替补驾驶员和／或船长处所

加发第2级远距离听觉报警。

⑤如果不复位，BNWAS应在第2级远距离听觉报警90 s后，在能够采取纠正措施的其他船员处所加发第3级听觉报警。

⑥在除客船以外的船上，可同时在上述处所发出第2或第3级声响报警。如以这种方式发出第2级声响报警，则第3级报警可予免除。

⑦在更大些的船上，第2级和第3级听觉报警间隔时间可以在安装时设定为最长3 min，以使替补驾驶员和/或船长有足够的时间抵达驾驶台。

（3）复位功能：

①应确保无法在驾驶台瞭望区域以外的地方，通过任何器具、设备或系统启动复位功能或取消任何听觉报警。

②复位功能应通过单一的操作行动取消视觉指示和所有听觉报警，并启动新的休眠期。如在休眠期尚未结束时实施复位功能，该休眠期应重新开始，以包括自实施复位时刻开始的整个期限。

③为实施复位功能，OOW需输入单次操作行动指令。可以通过构成BNWAS一个组成部分的复位器具进行这种输入，也可以通过其他能够记录OOW活动和警觉意识的设备在外部输入。

④任何复位器具的持续实施不应延长休眠期或导致指示和报警的中断。

（4）应急呼叫设备：

驾驶台可设有“应急呼叫”按钮或类似器具，可立即激活第2级和随后的第3级远距离听觉报警。

3.精确度

报警系统应能在所有环境条件下达到指示器和报警器的时间，精确度误差为5%或5 s，取较小者。

4.保安

选择操作模式和休眠期（T_d）的器具应予安全保护，以使只有船长才能使用这些控制器具。

二、组成

驾驶台航行值班报警系统由驾驶台控制单元、主处理器单元、计时器复位单元、驾驶员房间报警指示单元、公众舱室报警指示单元及电源部分等组成，如图8-6-1所示。

（1）驾驶台控制单元：主要作用是设置系统报警的参数，对报警进行复位以及对其监视的驾驶台其他设备进行报警并显示；

（2）主处理器单元：主要作用是处理来自各按钮或传感器的信号，还要把相关信号输出给相应的设备；

（3）计时器复位单元/水密计时器复位单元：主要作用是让系统的计时器复位，部分

船舶在驾驶台两翼装有水密的计时器复位单元；

（4）驾驶员房间报警指示单元：主要作用是在驾驶台报警没有人处理时，系统把报警信号进一步传送到设定的驾驶员房间并发出声、光报警；

（5）公众舱室报警单元：主要作用是如果驾驶员房间的报警仍然没有得到及时处理，则报警进一步传送到公共舱室并发出声、光报警。

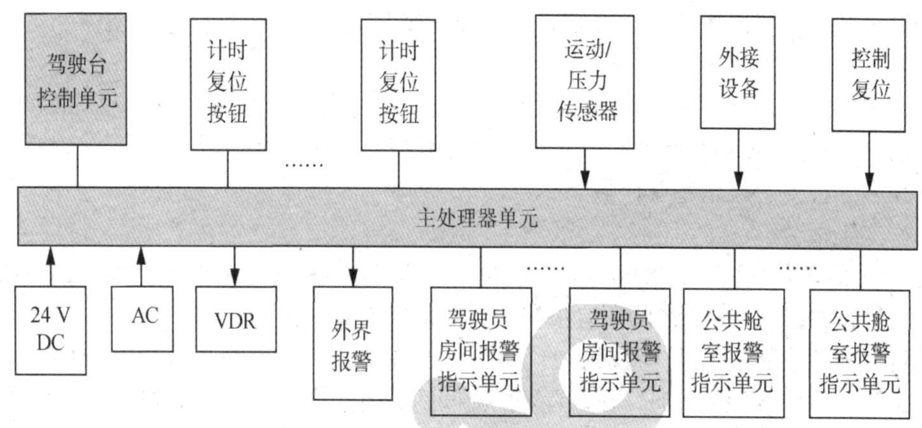

图8-6-1　驾驶台航行值班报警系统组成部分

三、功能与作用

驾驶台航行值班报警系统，主要有两方面功能：一是防止驾驶员在航行值班时不能履行值班职责而使船舶处于无人操纵的危险局面；二是为值班驾驶员提供紧急支援呼叫。

该系统可以检测驾驶室的活动，当发觉操作人员能力丧失、值班驾驶员意识状态降低或当该值班人员因某种因素未履行值班员职责可能导致航海事故时，系统可自动通过指示灯和警报声，及时提醒船长或其他胜任的值班人员，如大副、二副或三副，避免驾驶台出现长时间无人值守的情况，能明显提高驾驶员的警觉意识而避免其失职。此外驾驶台航行值班报警系统还配备让值班人员通过应急呼叫得到及时援助的设施。

四、报警方式

驾驶台航行值班报警系统通常会产生两种性质的报警：一种是航行值班报警，另一种是驾驶台设备报警。

1.航行值班报警

航行值班报警通过设定时间间隔的报警提醒值班驾驶员进行复位操作，如果没有及时复位或者驾驶员不在岗，则报警会延伸到其他位置，比如船长室或者其他驾驶员的位置，从而避免驾驶室出现长期无人值守的情况。BNWAS的报警通常分为三级，各级报警如下：

（1）一级报警

BNWAS的休眠期时间设定通常为3～12 min。如果在休眠期内按下复位按钮，则复位按钮将重新开始倒计时。如果到达休眠期设定时间而没有复位，就会发出报警。驾驶室值班员须按下复位按钮，则休眠期重新开始倒计时。如果驾驶室值班员没有按下复位按钮，15 s视觉报警结束后，则会触发声光报警。复位按钮通常安装在驾驶台左右、海图室、驾驶台两翼等区域。复位按钮不允许安装在驾驶室或瞭望区域以外的任何场所。

（2）二级报警

在一级报警状态下，如果15 s内报警没有复位，将发出二级声光报警。二级声光报警延伸到各个房间。二级报警单元通常安装在船长室、轮机长室、大副室、二副室、三副室、餐厅、办公室、娱乐室等区域。

（3）三级报警

在二级报警状态下，如果90 s（90～180 s，可调）内报警没有复位，将发出三级听觉报警。三级报警时，BNWAS的所有报警单元全部发出声光报警。

航行值班报警的作用是监视驾驶台值班，即在驾驶台控制单元设置一定的时间间隔（3～12 min），系统开始倒计时，在设置好的时间间隔内，值班驾驶员必须按一下驾驶台里面的复位开关或者操作一下驾驶台内特定的设备，则系统重新开始倒计时，在设定的时间间隔内如此反复操作，则系统就不断被复位，报警部分不会被触发，系统也不会发出声光报警。

如果值班驾驶员没有在规定的时间间隔内对该系统进行复位，则系统就会在驾驶台内产生声光报警（第一阶段报警），报警会持续一段时间例如30 s。如果30 s内没有响应，则该系统就会把报警转发到设定的值班驾驶员房间（第二阶段报警）；如果在设定的时间内，还没有得到响应，则系统就会把报警转发到安装报警单元的公共舱室（第三阶段报警），提醒所有人员注意。在驾驶员房间或公共舱室内，不能取消报警，要想取消报警使系统复位，必须按驾驶台主控面板的按钮才行。

2.驾驶台设备报警

驾驶台设备报警主要是指驾驶台航行值班报警系统所监视的驾驶台上的设备出现异常情况而产生的报警。这种功能部分设备不具备，也无强制要求，报警的过程与值班报警相同，在驾驶台主控单元显示报警发生的具体设备，当问题解决后，系统才能恢复到正常状态。

第七节 ● 船载航行数据记录仪

一、概述

航行数据记录仪（Voyage Data Recorder，VDR）和简易航行数据记录仪（Simplified

Voyage Data Recorder，S-VDR），是用于记录船舶航行数据、状态、指令的专用设备，它们以一种安全和可以恢复的方式，记录存储船舶发生事故前后一段时间的位置、动态、物理状况、命令和操纵相关的信息，以便于主管机关、船东或相关部门等利用存储的数据为事故处理提供客观的证据，用于海事调查，也可用记录的数据进行培训、科研等。

（一）配备要求

根据IMO A.861（20）号决议案的相关要求，对于国际航行的船舶，有关VDR配备的时限要求如下：

（1）2002年7月1日及以后建造的客船，在建造时应配备。

（2）2002年7月1日以前建造的滚装客船在不晚于2002年7月1日以后的首次船检时配备。

（3）除滚装客船外，2002年7月1日以前建造的客船不晚于2004年1月1日配备。

（4）除客船外，2002年7月1日及以后建造的3000总吨及以上的所有船舶，在建造时应配备。

对于2002年7月1日之前建造的3000总吨以上的国际航行货船，如果完全按照VDR的标准安装VDR，设备和安装费用高，且复杂的设备导致安装周期长，安装调试困难，因此部分船东提出强烈不满。鉴于此，IMO对于2002年7月1日之前建造的3000总吨以上的国际航行货船采取了折中方案，允许采用S-VDR。

IMO对S-VDR配备的时间要求如下：

（1）对2002年7月1日之前建造的20000总吨及以上货船，在2006年7月1日之后的第一次计划坞修日，但不晚于2009年7月1日；

（2）对2002年7月1日之前建造的3000总吨及以上，但小于20000总吨的货船，在2007年7月1日之后的第一次计划坞修日，但不晚于2010年7月1日。

对于中国籍从事沿海航行的船舶，根据我国的相关规定，其配备时限要求如下：

（1）50人及以上客位的客船于2001年12月31日前完成（琼州海峡、渤海湾航行的客船于2001年3月31日前完成）；

（2）100总吨及以上的油船、液化气船和散装化学品船于2002年7月1日前完成；

（3）200总吨及以上的其他船舶于2003年12月31日前完成。

（二）VDR的性能要求

根据IMO有关VDR的相关性能标准，其应当满足如下性能要求：

（1）能连续实时地记录在事故发生前后的有关船舶的位置、动态、命令和操作等信息，能在事故后恢复和再现这些数据。

（2）正常工作状态下完全自动。与船舶任何设备的连接，都不应妨碍该设备的正常工作。

（3）当船舶电源中断时，船舶应急电源应能供电；当应急电源中断时，专用备用电源能供电2小时。

（4）当发生重大沉船事故时，安装在上层甲板的VDR数据保护舱会自行弹离船体，上浮到海面并便于被寻找。

（5）数据保护舱要求具有抗压力、抗海水腐蚀、抗高温的性能，从而确保有关数据在恶劣环境下不会丢失。

二、系统组成和作用

VDR系统一般由主机单元、数据采集单元、数据保护单元、报警与控制单元、数据回放设备及电源等部分组成，如图8-7-1所示。

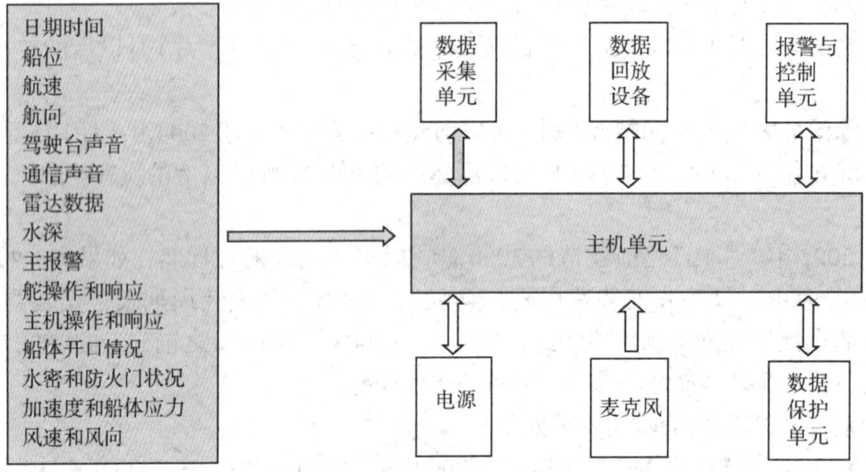

图8-7-1　VDR的组成部分

（一）主机单元

主机单元是VDR系统的服务器，包括数据处理单元、数据转换单元、语音混合单元、视频切换单元、主机电源单元、输入存储单元以及为方便数据下载设置的USB接口等。

（二）数据采集单元

数据采集单元系指处理所有汇总来自船上传感器的通常的模拟和数字信号并与主机通信通信连接的单元。VDR数据采集单元至少应当采集如下数据项目：

（1）日期和时间；

（2）船位；

（3）航速；

（4）航向；

（5）驾驶台声音；

（6）通信声音；

（7）雷达数据；

（8）水深；

（9）主报警；

（10）舵操作和响应；

（11）主机操作和响应；

（12）船体开口情况；

（13）水密和防火门状况；

（14）加速度和船体应力；

（15）风速和风向。

（三）数据保护单元

数据保护单元系指船舶事故后供海事调查机关提取 VDR 数据的存储模块及其保护容器。储存模块可以循环存储最近 12 h的数据，当容量用尽时，用最新的数据取代最老的数据。通常工作环境下所记录的数据能够在记录结束后保持至少2年。数据可以从该容器中下载到 USB 盘、外部笔记本电脑或船上其他永久网络连接的计算机。

保护容器有固定式和自由浮离式两种，通常安装在罗经甲板龙骨正上方离开船舶建造结构1.5 m外的空旷处，以方便维护和事故后的回收。保护舱带有一个在25 ~ 50 kHz频段的水下声响信标，信标所带电池至少可以工作30天。

（1）固定式保护舱

固定式保护舱在任何情况下都固定在安装的位置上，一般安装在罗经甲板上。在事故发生后，保护舱可以承受冲击（50 g半正弦脉冲11 ms）、穿刺（250 kg直径100 mm尖头物体3 m坠落），耐火（260 ℃ 10 h 及1100 ℃ 1 h），耐深海压力和浸泡（6000 m深24 h及3 m深30天）等，并保持数据完好性。对于S-VDR保护舱可不要求满足穿刺的标准。

（2）自由浮离舱

自由浮离舱在船体沉没时能够自动脱离船体上浮，并能够在海水中浸泡至少7天保持数据完好。浮离舱还带有昼夜工作的指示灯和在121 .5 MHz工作的自引导发射机，周期性发射莫尔斯码“V”，指示最后已知或即时位置（如果有内置EPFS设备）。为指示灯和无线电发射机供电的电池至少可工作7天。

（四）报警与控制单元

报警与控制单元系指一个处理及显示报警和操作 VDR 系统的设备。报警信息有电源、记录、语音、存储方面的信息，在上述任何一方面出现故障时，系统均会以声、光形式进行报警。报警能被静音，但会保持灯光报警直至故障解除。

（五）电源

UPS电源箱由蓄电池和电源转换单元及控制系统组成，可用110／220 V交流和（或）24 V直流供电。备用电池是当船上的交流电源和直流应急电源同时断电时为系统提供2 h

供电的后备电源。

VDR的电源应具有以下功能：

（1）当电压过低或船舶主电源消失后向主机发送警告信息，且自动切换到备用电池向VDR的系统供电，在切换电源过程中，应能保持系统工作的连续性；

（2）系统关机后或停止记录后，当船舶主电源重新供电时，系统应能够自行启动和正常工作。

（六）数据回放设备

数据回放设备包括信息读出装置和相应的软件包以及信息再现装置，通常为一台完整的计算机系统，制造商用它恢复和回放VDR／S-VDR记录的数据。目前数据回放设备不是必备的船载设备，为扩展设备。

（七）麦克风

麦克风安装在驾驶台室内和两翼，用于采集驾驶台及两翼的声音信息。室外麦克风应具有防水功能；采集服务器对麦克风每隔12 h进行一次无须人工干预的声学自检。

三、数据记录功能

VDR／S-VDR保存的信息包括数据、音频和雷达图像等，分为配置数据和运行数据。

（一）配置数据

配置数据是由正式授权人在VDR／S-VDR启用时写入，且不能被其他未授权人改写的，永久保存的数据，也被称为固定数据。固定数据通常包括船舶名称、船舶国际编码、船舶呼号、登记号码、船舶种类、船籍港、船舶建造日期、船（总）长、船（型）宽、船（型）深、船舶的总高度、船舶总吨位、船舶净吨、主机种类、主机功率、主机数目、主机转速、推进器种类、所有人名称和地址等。

（二）运行数据

运行数据包括至少在12 h内系统连续记录的所有数据，可分类为导航仪器数据、雷达图像或AIS数据、通信音频数据（及通信中的留白）、操作状态数据、环境状态数据、报警数据和其他备选数据等。

1.导航仪器数据

（1）日期和时间：记录UTC时间，时间源可以来自船舶外部或船舶的内部时钟，误差不超过1 s。目前多数船舶记录GPS时间。

（2）船位：记录经纬度及坐标系，分辨率为0.0001分／弧度。目前多数船舶记录GPS船位。

（3）速度：记录相对水或地（横向和纵向）的速度和速度源，分辨率为0.1 kn。目前多数船舶记录船舶计程仪速度或GPS速度。

（4）船首向：记录罗经指示，分辨率为0.1°。

（5）回声测深仪：记录龙骨以下水深、测深仪量程和其他状态信息，分辨率为0.1 m。

2.雷达图像或AIS数据

（1）雷达图像的采集：记录周期最低为每15 s记录一幅视频图像。如采集多部雷达图像，可通过图像切换卡在不同雷达图像源之间自动切换采集。

（2）对于S-VDR设备，由于数据接口的原因无法取得雷达数据时，可以记录AIS数据代替雷达数据。

3.通信音频数据

（1）驾驶台声音：由多个麦克风记录驾驶台内雷达显示器、海图桌、操舵台和通信操作台及驾驶台两翼等位置的声音信息。

（2）通信声音：记录有关船舶操作的VHF往来通信，对设备初始化时配置的VHF通信应连续记录，并与驾驶台声音独立。

4.操作状态数据

（1）舵令及响应：记录操舵指示器舵令及其响应角度，分辨率为1°。船首向或航迹控制器的状态及设置也予以记录。

（1）轮机命令和响应：记录所有车钟或直接的轮机／螺旋桨控制器的位置、轴转数（或等效速度）、反馈指示、前进后退指示，及首、尾侧推（如果有）状态。

5.环境状态数据

（1）船体开口（门）状况：记录在驾驶台内显示的所有IMO要求的强制状态信息。

（2）水密和防火门状况：记录在驾驶台内显示的所有IMO要求强制状态信息。

（3）加速度和船体应力：如果有此类传感器，应予记录。

（4）风速和风向：如果配备相关传感器，记录并指明是相对风速／风向或绝对风速／风向。

6.报警数据

记录所有IMO强制要求在驾驶台内报警的状态，报警声音通过麦克风记录。

此外，VDR还可记录其他重要航行安全数据，如ECDIS、其他雷达数据、CCTV等。

四、SVDR和VDR的差别

1.对采集信号的要求有差别

VDR要求采集所有标准要求的信号（不管是否有标准信号接口）；S-VDR要求采集重

要信号，对一些信号，如果没有标准接口，则可以不采集。

2.对数据保护容器的要求有差别

VDR只可采用下沉式数据保护容器，S-VDR可以采用漂浮式数据保护容器或下沉式数据保护容器。

3.VDR和S-VDR采集信号的差别

VDR和S-VDR采集信号的差别如表8-7-1所示。

表8-7-1　VDR与S-VDR数据记录功能的区别

名称	数据来源	VDR要求	S-VDR要求
日期和时间	GPS	强制	强制
船位	GPS	强制	强制
船速	计程仪	强制	强制
航向	陀螺罗经	强制	强制
驾驶室声音	（VDR）麦克风	强制	强制
通信声音	VHF电台	强制	强制
雷达图像	主雷达	强制	有接口时
AIS数据	AIS	可选	当无雷达输出接口时，强制
水深	测深仪	强制	仅当设备有标准信号接口时采集
主报警	驾驶室相关显示设备	强制	
舵操作和响应	自动舵以及舵角指示器	强制	
主机操作和响应	主机（以及侧推器）遥控系统	强制	
船体开口（门）状态	相关设备或传感器	有则强制	
水密门防火门状态	相关设备或传感器	有则强制	
加速度和船体应力	相关设备或传感器	有则强制	
风速和风向	风速风向仪	有则强制	

五、操作

驾驶员对VDR／S-VDR的正常运行负有管理责任，负责保证系统正常运行，对设备的相关报警及处理过程和处理结果应在航行日志或相关的设备记录簿中予以详细记录。

VDR／S-VDR的操作控钮非常简单，一般在主机上设有电源开关和硬盘分离开关，在报警器控制面板上设有报警确认、数据存储和设备自检等控钮。所有操作控钮在设备正

常运行时无须特别操作。

（一）配置操作

配置数据的装载和更改应由正式授权人在VDR／S-VDR启用时完成。配置操作有密码保护。配置完成后，系统方可正常进行数据记录。

（二）运行操作

VDR／S-VDR在正常工作状态下的运行是完全自动的，无须人为干预。当报警单元发出报警时，驾驶员应按操作说明书的要求操作。VDR／S-VDR通常设有电源、存储、记录终止、报警确认和测试等操作控钮。

1.操作控钮的基本功能

（1）电源：VDR／S-VDR安装并经过正确配置后，需要重新启动设备。VDR的电源开关一般设在主机不易被触碰或被锁定的位置，启动时应注意按顺序接通船舶主电源、应急电源和专用电池电源。当电源接通后，操作人员应查看报警指示单元，确认设备正常完成船舶航行数据记录功能。除非船舶在港对设备进行重要的维护，或船舶长期停航闲置，或船舶涉及海上事故，在主管机关要求下，VDR／S-VDR的电源需保持连续供电以保证设备连续不间断地工作。

（2）存储：使用存储按键可将最近12 h记录的航行数据存储在可移动存储单元中。此存储过程不影响系统正常记录航行数据。

（3）记录终止：有的系统设有此控钮。此控钮按下时，系统停止继续记录航行数据。

（4）报警确认：当设备发生报警时，按下报警确认按键，声音报警静音，但视觉报警须在报警条件解除之后消失。需要注意的是，有些情况下产生报警属正常现象，比如雷达关闭，不能记录雷达图像而产生的报警，此时驾驶员只需确认即可。

（5）测试：此键用于人工启动设备自检程序，并将测试结果显示在报警指示器上或发出相关的提示，以配合对设备的查验。

2.发生事故时数据备份操作

（1）一般性事故结束后，按存储键，确认数据存储到存储单元，取出移动存储卡。将数据复制到计算机中。

（2）重大事故结束后且无再继续记录数据的必要，按记录终止键（如果有），再按照（1）的操作完成数据备份，然后关闭系统电源。

（3）发生恶性事故准备弃船时，若情况允许，应将数据备份至存储介质带走。若情况紧急，无须任何操作，设备在断电2 h后，自动停止记录，数据将随数据保护舱回收后得到恢复。

需要注意的是，在有的设备上，存储按键按下时，系统开始将数据复制到移动存储设备上，存储过程较长；而有的设备则是随时将要备份的数据存储在移动设备上，按下时，备份终止，可以在较短的时间内取出移动存储设备。

六、日常维护与航行数据的管理

正常工作时，船载航行数据记录仪通常无须日常特别操作与维护，当班驾驶员只需随时查看报警指示器监控面板，处理报警信息，确认是否存在不能恢复的报警。如发现船舶上无法处理的异常情况，应立即向船舶所有人或所在就近港口的海事主管机关报告，报告内容应包括：发现设备异常工作的时间、地点、可能原因、海况、天气情况等。如果系统提供了回放功能，则可以按照厂家提供的操作说明书提示的步骤每月进行一次回放检测，以确认系统处于正常工作状态。以上情况应记入航海日志。

船东在任何时候都拥有航行数据记录仪和航行数据的所有权。发生海事事件时，船东应积极配合海事调查主管当局，协助回收VDR保护舱，对恢复航行数据提供解码指导。在事故第一现场，船长有责任按照操作规范及时保护VDR/S-VDR中的航行数据，并上交主管当局。弃船时未能够及时撷取数据的VDR/S-VDR，海事主管当局应负责协调回收数据保护舱。在调查过程中，主管当局应监管原始航行数据，并尽快拷贝一份交由船东存留。对数据的恢复和解读由主管当局负责，并通知船东。

七、验收与检验

1.系统安装后的验收

（1）产品证书，各单元的安装情况；
（2）防篡改性能检验；
（3）只有通过安全方法才能停止系统的记录；
（4）对记录的数据的访问设置密码；
（5）正确的文字标志；
（6）检查采集的数据项目满足要求；
（7）检查系统主机和最终保护容器的安装情况；
（8）电源试验；
（9）确定自动/手动释放装置的有效期和有效性；
（10）自浮式保护舱，检查定位信标和指示灯的功能；
（11）检查文件配备，安装指南、操作和维护手册等。

2.年度检验

（1）测试开始前无报警；
（2）外电源失电报警启动后，设备可运行1 h 55 min ~ 2 h 05 min；
（3）音响信标处于正常工作状态；

（4）设备电池（音响信标及电源）均在有效期内；

（5）核查船上记录，确认VDR / S-VDR经正确维护保养；

（6）记录的数据项目满足IMO性能标准的有关要求；

（7）自浮式保护舱自浮式装置令人满意；

（8）测试完成时，应确认设备恢复到正常工作状态。

第九章

驾驶台资源管理

本章学习目标

(1) 掌握驾驶台资源管理的概念及驾驶台资源的构成;
(2) 理解驾驶台资源管理的作用与目的;
(3) 掌握驾驶台团队的组成和作用及良好驾驶台团队的特征;
(4) 掌握驾驶台内部沟通与外部通信的种类以及保障驾驶台沟通与通信畅通的措施;
(5) 掌握人为失误的原因、失误链产生的征兆及如何切断失误链;
(6) 掌握情境意识的概念、驾驶台情境意识的组成以及保持良好驾驶台情境意识的手段;
(7) 掌握驾驶台团队领导的作用及决策的种类和过程;
(8) 掌握基于驾驶台资源管理的值班安排和保持原则。

驾驶台资源管理就是协调和利用驾驶台所有人员的技能、知识、经验和驾驶台及以外的其他资源，帮助驾驶台班组完成和达到预期的船舶营运安全性和有效性。船舶驾驶台资源管理的目的在于通过进一步加强安全工作理念的学习与教育，以便使船舶驾驶人员能在正确思想认识的基础上，提高与转变思想认识与理念，端正自己的工作态度，熟悉与掌握一些实用的船舶资源管理的相关知识与方法，进而提高自己在船舶安全管理方面的水平，确保船舶的航行安全。因此，为了保障船舶营运的安全和高效，驾驶台团队成员掌握和理解驾驶台资源管理的精髓和内涵就显得十分必要。

STCW公约马尼拉修正案首次将驾驶台资源管理和机舱资源管理课程列为强制性适任标准，并在修正案的A-Ⅱ/1和A-Ⅱ/2中，分别对操作级和管理级驾驶员提出了“领导和团队工作技能的运用”和“领导力和管理技能的运用”的适任要求。

第一节 驾驶台资源管理基础

一、驾驶台资源管理的概述

（一）驾驶台资源管理的概念

顾名思义，驾驶台资源管理（Bridge Resource Management，BRM）是指船长或驾驶员对船舶驾驶台工作环境中的可利用资源的控制和组织。具体而言，驾驶台资源管理是指为达到船舶安全营运的目的而对所有的人力与技术资源和驾驶台团队成员的技能、经验的有效管理和运用，也称之为船舶驾驶台团队管理（Bridge Team Management，BTM）。

驾驶台资源管理强调的是船舶驾驶人员在团队工作、团队形成、联系与沟通、领导、决策和管理等方面的技术，并将这一技术运用到有组织和有规律的管理之中。驾驶台资源管理着眼于操作性任务、工作压力、工作态度以及实际风险，并贯穿于航行计划的开始、执行和结束全过程。

（二）驾驶台资源的组成

驾驶台资源可分为内部资源与外部资源。

内部资源包括驾驶台团队（驾驶台团队成员包括船长、大副、二副、三副、值班水手、在船的引航员以及值班的轮机员等）、国际航行船舶航海图书资料、船舶各种设备（如舵设备、锚设备、系泊设备、救生设备、装卸货物设备等）、系统（如船用泵和管路系统、船舶消防系统、船舶自动化系统、船舶动力系统、船用电路系统等）和航海仪器（如磁罗经、陀螺罗经、测深仪、计程仪、雷达与ARPA、GPS、GMDSS、船舶自动识别系统、ECDIS、气象传真等）。

外部资源包括陆上信息支援系统、港口支援系统、航运公司支援系统。陆上信息支援系统是指通过船舶AIS、NAVITAX接收机、甚高频（VHF）、气象传真接收机、船舶数字气象仪、卫星通信等设备，陆上定期向航行中船舶提供海洋水文气象信息、地理信息、气象导航信息等。港口支援系统是指为加强船舶交通管理，保障船舶交通安全，提高船舶交通效率，保护水域环境而由船舶交通管理部门发布各种信息。公司支援系统是指航运公司航行安全保障人员定期召开船舶航行安全会议，研究保证航行安全的策略、分析总结发生事故的原因及对策，并将相关内容通过通信方式传送至公司管理的每艘船舶。

二、驾驶台资源管理的目的与作用

船舶驾驶台资源管理的目的在于通过进一步加强安全工作理念的学习与教育，使船舶驾驶人员能在正确思想认识的基础上，提高与转变思想认识与理念，端正自己的工作态度，熟悉与掌握一些实用的船舶资源管理的相关知识与方法，进而提高自己在船舶安全管理方面的水平，确保船舶的航行安全。

船舶驾驶台资源管理培训的作用主要体现在以下各点：

1.转变思想理念，端正工作态度

为了有计划、有组织、有控制、有激励、有协调、有创新性地将船舶安全管理水平上升到一个新台阶，驾驶人员必须通过船舶驾驶台资源管理的理论与知识的学习，通过改变理念、端正态度、规范行为来理顺工作思路与关系、改变和完善自己的工作行为，从而能将相关的理论知识与管理方法应用到实际工作中，确保船舶及其人员、货物和环境的安全。

2.提高情景意识，及时发现和中止失误链与事故链

船舶驾驶人员应能正确认识和了解各种内、外界因素对船舶航行安全的影响，掌握船舶的实际状态，始终保持高度的情景意识，对即将发生的情况或局面做出正确的判断，检查和监督其他驾驶台成员所采取的操作行动，注意这些行动对船舶航行安全的影响，利用集体的智慧，规避风险。船舶事故大多数是由人为失误造成的。每一事故都是由一系列失误链或事故链导致的。正确了解船舶周围的情况，认识每一个失误链或事故链的形成过程与迹象，并能采取相应的措施，及时破断，就可以中止其发展，避免事故的发生。为此，船舶驾驶人员应对船舶的安全航行做出周全的计划，并加以认真的实施和全程监控，以达到预期的安全目标。

3.注重不同文化意识与背景，保持良好的通信与交流

船长或其他相关人员在从事船舶安全管理的工作中，应始终贯穿人性化管理的理念。他们应充分注意船员在生理、心理因素方面的特点；特别应注重相关人员之间，包括和引航员之间各自的文化意识与背景，了解不同国家之间以及不同民族之间的文化差异，并通过采用尊重、理解、学习等方法消除与异国、异族在信息沟通方面的障碍。同时，他们还应采取多种有效的手段加强和保持内部与外部之间的通信与交流，正确掌握和充分运用适当的通信与交流方法，积极有效地沟通、协调自己与船员、VTS管理中心、靠离码头泊位和港作拖轮等多方之间的各种工作关系，从而有序和安全地完成船舶航行的各项工作任务。

4.改进管理作风，提高操纵决策水平和应变能力

作为船舶团队工作重要成员的船舶驾驶人员，应明确驾驶台团队工作的要求，摆正自

己在该团队成员中的位置，并充分发挥团队成员的作用，认真地收集信息资料，准确判断当时的情况和局面，正确地操纵船舶。

同时，这些人员在工作与生活中应协调好与他人的关系，尊重并虚心听取其他人员的意见，形成一种和谐的船舶氛围。特别是在关键或发生紧急情况的时刻，他们能在船长的统一指挥下，采取积极果断的措施，防止事故的发生。

5.执行规章制度与操作程序，确保船舶航行和操纵的安全

船舶驾驶人员应合理使用驾驶台的人力与设备资源，充分认识认真执行规章制度与操作程序的必要性与重要性，在本人自觉遵守相关的规章制度和严格执行操作程序的基础上，督促其他船员认真自觉地执行规章制度和工作程序，检查和监督驾驶台工作团队其他人员所采取的操作行动对船舶航行安全的结果与影响，确保船舶在航行与靠、离泊等作业中的安全。应特别重视船舶在不同状态下发生失控等紧迫危险时应急程序的执行与操作，以不断地提高自己在船舶航行中的操纵决策水平和在紧急情况下的应急技能和应变能力。

三、驾驶台团队及作用

（一）驾驶台团队的组成和作用

一个完整的团队是由众多的角色组成的，包括实干者、协调者、推进者、创新者、信息者、监督者、凝聚者、完美者以及技术专家。驾驶台团队通常由船长、值班驾驶员、值班水手、在船引航员、值班轮机员和值班机工组成，组织结构如图9-1-1所示。

驾驶台团队的具体作用如下：

（1）消除由于个人失误而可能造成灾难性局面的危险性；

（2）强调保持良好视觉瞭望的必要性和执行避碰规则的必要性；

（3）鼓励利用所有方法确定船位，以便在一种方法失效的情况下其他方法立即可用；

（4）促使驾驶台团队的每位成员充分发挥自己的能力，竭尽全力履行其职责；

（5）保持驾驶台团队具有良好的情景意识。

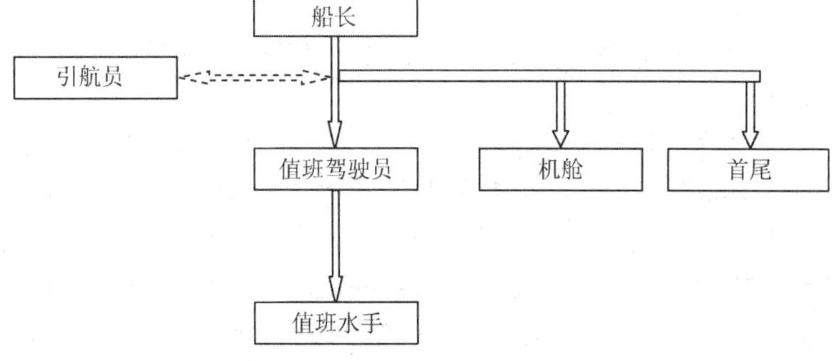

图9-1-1 驾驶台班组构成

（二）良好的驾驶台团队应当具备的特征

一个成熟的驾驶台团队的发展是要经历一个过程的：

（1）驾驶台团队要有一个共同的目的。驾驶台人员的共同目的就是通过安全操纵和控制船舶，把货物或旅客从一个港口安全、高效地运抵另一港口。大家都为了这一共同目的而努力工作，从而形成了一个特定的团队。

（2）驾驶台团队工作人员应能临时与第三方进行良好合作。比如说，船舶进出港口时需要引航员的引领，船舶靠离泊时需要拖轮、带缆工的配合，船舶频繁用车时需要轮机员的操作等。所有这些都表明船舶的安全操纵与控制都需要包括轮机员、引航员、拖轮、带缆工等在内的第三方的良好协作。

（3）驾驶台团队工作人员要防止任何人孤立地工作。由于船上工作环境的特殊性，团队各成员之间的工作联系是非常紧密的，即各成员之间的工作既相互依赖又相互影响。因此，驾驶台任何人孤立地工作是根本行不通的，要完成共同的目标，必须相互协作、相互支持。

（4）每一成员都需要充分利用自己的才能和技巧来完成既定的共同目标。例如船舶在进出港口的航行中，船舶驾驶台团队成员中的船长、引航员、驾驶员和舵工都必须根据分工的安排，充分利用自己的才能和技巧来确保船舶航行的安全。

（5）船长在确定工作目标时应与团队共同讨论和制订详细的计划。作为船舶团队工作第一负责人的船长，有义务和权利根据公司的目标与要求来确定自己船舶的工作目标。但在确定这些工作目标的具体内容时，应安排相关的船舶团队成员加以充分的讨论，并制订出详细的实施计划，以确保工作目标的顺利实现。

（6）船舶团队工作人员能够提出自己的观点、发表意见与评论。为了真正做好船舶的各项工作，每个船舶团队工作人员应体现出自己作为组员的归属感，在工作中，特别是对船舶的安全工作和在关键的时刻，能主动提出自己的观点，并发表有益于船舶团队工作的意见与评论。

四、驾驶台内部沟通与外部通信

为了保证驾驶台团队高效率运作，保证船舶航行和操纵的安全，驾驶台团队成员应该进行有效的内部沟通与外部通信。

内部沟通包括航前会，驾驶台与机舱的联系制度，驾驶台与船首、船尾的沟通，船长与驾驶员的信息交换，叫船长，引航员在船时船长与引航员之间的信息交换和沟通，驾驶员交接班等。外部通信主要包括与他船、VTS、引航站、代理、船公司的联系及船舶报告系统等。

任何干扰船上沟通或者影响船舶通信有效性的现象都属于船舶通信与沟通障碍。应采取相应措施防止上述现象发生，否则船舶将面临危险的局面。

为了做到有效的驾驶台通信与沟通，必须明确通信与沟通的目的，选择有效的沟通方式，准确清晰地使用标准词语或短语，并使用标准的通信与沟通程序。

1.明确驾驶台通信与沟通的目的

明确驾驶台通信与沟通的目的可以确保通信与沟通的充分性和有效性。管理级船员在船舶通信或者船内沟通之前，必须确定本次通信或者沟通达到的目的，使用什么样的方式，提前做好准备，最好用文字的形式描述清楚。在通信或者沟通当中，尽量言简意赅，使用标准航海用语，提前做好准备，争取短时间内完成，并做好相应记录。

2.选择有效的沟通方式

使用语言沟通可能出现信息被曲解的情况，因此船长或引航员一个良好的习惯是当发出车／舵令时，辅以相应的手势，使值班驾驶员或舵工更易于明确他们的意图，而不致产生失误。他们更应该通过各种反馈途径来检验沟通的有效性，包括要求值班驾驶员或舵工复述车／舵令及核对车钟和舵角指示器等。

船上的许多操作是特殊性甚至是临界性操作，每项操作都需划分成若干操作步骤，每个步骤都需要各自的操作程序，而文字更适合描述这种工作，因此，驾驶台团队成员间经常使用文字沟通。从符合有关国际规定的安全管理体系来看，这些文字也是重要的安全管理活动记录。

3.使用标准词语

为了保证通信内容能够在发送方和接收方间不产生歧义和相互理解，通信使用的语言既要表达清楚，又要言简意赅。为了做到这一点，进行船舶通信时应使用标准用语和大家普遍接受的语言。特别在船舶与船舶间、船舶与岸站间的通信应使用海事安全委员会制定的《IMO标准航海通信用语》规定的通信用语，船内通信和沟通应采用团队成员通用的工作语言。

4.采用正确的沟通程序

正确的通信程序在船舶通信中应该被有效遵守，应遵循“传递者→传达→接受者→反馈→传递者”的闭环过程，以便实现通信双方信息的准确交流，特别在船舶间、船岸间运用VHF进行通信时更应如此。

五、人为失误及其预防

事故致因理论证明，造成事故的直接原因不外乎人的不安全行为和物的不安全状态两种因素。在现代社会生产生活中，物的不安全状态具有一定的稳定性，而人的不安全行为则由于其自身及社会的影响，具有相当大的随意性和偶然性，是事故发生的主要因素。研究表明有70%～80%的事故是人为失误造成的。

（一）人为失误及失误链

人为失误是指在某一特定系统中的操作人员在完成任务的过程中因意识、判断或行为等出现疏忽，从而不能根据当时环境和情况进行适当的操作，最终致使其无法正确处理面临的情况而发生系统运行的失常。

1.人为失误的原因

（1）疏忽和差错

疏忽或差错导致的失误是最为常见的，它们的产生往往是与人本身对待工作的态度和自己在工作所处环境中的实际情况密切相关的。例如由于自己对工作掉以轻心而引起注意力分散，或是对船舶的安全工作重视不够而未能保持高度警惕，或是在实际工作中工作压力太大或过度的疲劳等，造成对正常可预见的环境变化不能采取适当而有效的行动而导致失误的发生。

（2）基于知识的失误

基于知识的失误主要是指因本身的无知而犯错，即由于自己缺乏足够的相关知识或错误理解了船舶航行或作业中的一些关键性原则，而无法或不能正确应对或处理相关的局面或情况而导致的失误。

（3）基于法规的失误

基于法规的失误主要是指因本身没有正确或充分考虑相应的法规而草率决定并采取行动，或是没有注意到法规的适用性而错误地执行了法规，或是凭主观意念错误地应用被“简化的”法规而导致的失误。

（4）基于技能的失误

基于技能的失误主要是指因本身由于缺乏从事本职工作的操作技能而导致在实际工作中发生的失误。它往往是由于缺乏足够的训练或缺少实际工作的实践经验而发生的，当然这也和自己与同事间相互交流经验过少有关。

（5）基于文化制约的失误

基于文化制约的失误主要是指因本身工作环境中的团队人员由于文化意识与背景的不同而产生的局限性所引发的失误。包括团队人员中由于不同语言的使用与理解，或缺乏上下级人员之间的交流与质询，或对意图的误解和毫无疑问地服从等具体原因而产生的失误。

（6）基于违反安全惯例的失误

基于违反安全惯例的失误是指本身因未能严格遵守实际工作中形成的通常的安全习惯做法所引发的失误。这类失误的发生常与自己过于自信或自满，对工作中良好的通常习惯做法与安全之间的关系不够重视，喜欢凭个人经验办事，不注重团队工作的作用，忽视别人的建议，查阅的书或出版物有误以及背离原定的计划航线有关。

2.失误链

每一事故都是由导致其发生的一系列失误链或事故链引发的，即一系列失误链（Error Chain）或事故链的连续发展，将导致事故或灾难的发生。这些失误链或事故链可能顺序地发展，也可能无序地发展；它们之间可能有联系，也可能没有联系；它们之间的联系可能是明显的，也可能是不明显的。

正确了解船舶周围的情况，认识每一个失误链或事故链的形成过程与迹象，并能采取相应的措施，及时破断，就可以中止失误链或事故链的发展，避免事故的发生。为此，船舶驾驶人员应对船舶的安全航行做出周全的计划，并加以认真的实施和全程监控，以达到预期的安全目标。

（二）驾驶台情景意识

1.情景意识的概念

情景意识（Situation Awareness，S／A）有的译作“局面意识”“警惕性”等，是指在一个特定的时间对影响船舶的因素和条件的准确感知。它是人们对于事故发生的一种预知和警惕，属于思维和思想活动的范畴。

情景意识不是一种特定的行为，而是工作态度和思维的产物，它决定着人的行为与动作。情景意识具体指由理解力、注意力、判断力和适应性所组合而成的一种表现。

良好的情景意识应表现为：正确地感知船舶条件的实际状态与变化趋势的理解力，敏捷地觉察船舶周围的实际情况与变化趋势的注意力，全面地了解周围情况变化对船舶运动的影响的判断力，正确地预测船舶即将面临的局面和安全状况的适应性。良好情景意识的表现如图9-1-2所示。

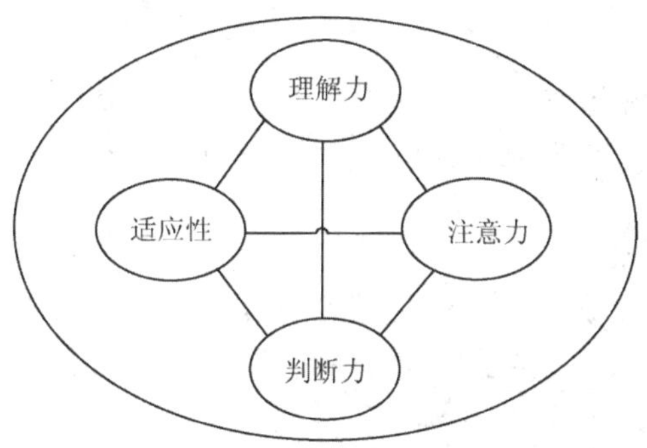

图9-1-2　良好情景意识的表现示意图

2.驾驶台情景意识的构成

为了充分理解情景意识在安全方面所起的作用，认识情景意识的构成要素是十分必要的。作为船舶安全的保障，从各个构成要素着手是船舶驾驶员、引航员培养情景意识的有效手段。而情景意识的构成涉及很多因素，其中主要表现为：经验与训练、操纵与操作技能、身体情况与心理状态；对情况的适应与熟悉程度；驾驶台领导与管理技能。情景意识的组成如图9-1-3所示。

3.丧失情景意识的征兆

情景意识的丧失意味着失误链的产生，表明风险的存在，因此，工作中应注意发现丧失情景意识的征兆，使驾驶台团队始终保持良好的情景意识。情景意识丧失的征兆表现为：

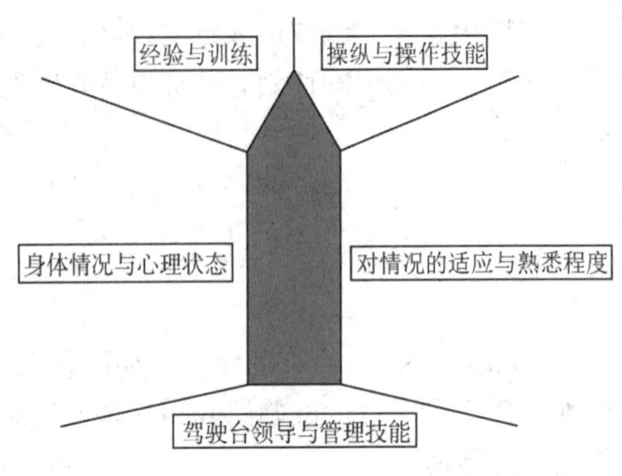

图9-1-3　情景意识的组成示意图

（1）不确定性

两个或多个独立来源的信息不一致，例如：两个不同的定位系统、测深仪与海图水深不一致，或两个成员观点不一致。不确定性本身也许不危险，但它意味着差异，差异需要证实，不确定性也可能是经验不足或缺乏训练的结果。

（2）精神涣散

发生精神涣散的原因有：超负荷工作、压力、疲劳、紧急情况、注意力不集中、经验不足等，或者意外事件（如VHF呼叫）吸引其全部注意力，而忽视了处理其他更紧迫的事件。

（3）感知不全面或混乱

局面失去控制的感知就如同一个人不知道接下来将发生什么，通常是缺乏经验所致。例如：对局面难以确定、产生混乱的感觉、职业直觉、认识不统一、对面临的船舶与局面将发生的情况无法判断以及缺乏经验或训练等。

（4）沟通或通信的中断

船舶内部沟通可能被物理因素（如噪声等）干扰，也可能因缺乏共同语言或不同的处理方法而中断。外部通信的通信中断可能是没有共同语言或误解、未能使用标准用语或未能遵守标准的规定所致。

（5）指挥或瞭望不当

指挥或瞭望不当可能是对局面感知不够和不知通信中断所致。例如：未能进行正确的控制和指挥，未能安排好瞭望人员。

（6）偏离计划航线

偏离计划航线可能是对船舶指挥或监视不当所致。例如：未制订或未落实航次设计或者背离航次设计的计划。

（7）违反已建立的规则和程序

无正当理由背离明确规定的标准操作程序。例如：违背避碰规则、地方航行规定、公司政策、明确规定的操作规程以及走捷径等。

（8）自满

自满包括过度自信、自认为对从事的工作与业务很熟悉、不考虑或轻视潜在问题以及自认为很安全等。

4.良好情景意识的保持

良好情景意识的保持关乎船舶的安全，驾驶台团队需要时刻注意提高整个团队和团队中每个成员的情景意识。

（1）应利用一切手段获得情景意识，即利用知识和技能、经验、计划和准备工作、驾驶台团队的资源管理及“通信—反馈”渠道。

（2）应最大限度地加强值班驾驶员情景意识的培养，如正确感知周围情况、敏锐地察觉周围情况的变化、全面了解周围情况变化的影响、正确考虑和计划好即将面临的情况以及知道周围将发生什么等。

（3）应充分认识其他驾驶台团队成员的作用。单凭个人的力量是不可能保持高水平的情景意识的，需要其他成员的协助。团队成员应认识到其应承担的任务与发挥的作用，并做好分内的工作。即使团队成员做得不够好，也要鼓励而不应采用批评方式提示，以获得最佳的效果。

（4）船舶航行安全是一个动态概念，情景意识也是呈现为动态的。因此，应注意船舶周围的环境和情况的变化，使驾驶台团队及每个团队成员的情景意识适合当时的环境和情况。

（三）失误链与事故预防

如前所述，每一事故的发生都是由一系列失误链或事故链导致的，即一系列失误链或事故链的连续发展将导致事故或灾难的发生。正确了解船舶周围的情况，认识每一个失误链或事故链的形成过程与迹象，并采取相应的措施，及时破断，就可以中止失误链或事故链的发展，避免事故的发生。

1.失误链产生的征兆

如前所述，情景意识的丧失就意味着失误链或事故链正在形成，所以表明情景意识丧失的征兆与表明失误链形成的征兆大体是一致的。有关情景意识丧失的征兆在前面已有叙述，故失误链产生的征兆不再赘述。

2.及时识别和破断失误链

为了能及时发现失误链与事故链的存在及其发展过程，船舶驾驶人员必须保持高度的情景意识，了解船舶内、外部的实际情况，掌握和知晓周围环境、条件对本船将产生的影响，从而能在发现失误链与事故链后及时采取相应的措施来中止它们的发展。

在及时识别失误链与事故链并果断采取措施将其破断的过程中，必须做好一些具体的细节性工作，具体如下：

（1）用心

实践证明，认真能将事情做对，而用心才能将事情真正做好。船舶航行是项系统工程，而作为这项工程的主体，船舶驾驶人员需要充分发挥其适应能力、判断能力、操纵能力、应变能力、应急能力，以及自己的定力和体力。因此，仅有认真的工作态度是不够的，还必须时刻用心做好工作。唯有多用心、多动脑才能及时识别失误链与事故链，并将其立即彻底破断。

（2）积累

船舶航行是实践性特别强的技术工作，及时地识别失误链与事故链，并将其彻底破断，需要依靠船舶驾驶人员自身经验的积累和综合能力的提高。事实告诉人们，聪明的船舶驾驶人员不仅仅通过自己的工作实践来积累经验与教训，他们更多的是总结了其他人的经验，或从其他人发生的事故中吸取教训来提高自己的业务水平。这种通过自己的工作实践不断总结经验与教训和通过交流吸纳以承袭别人的间接经验的方式，可以使自己具有更为良好的技术业务素养，拥有及时发现失误链与事故链并有效地破断它们的能力。

（3）勤勉

船舶驾驶人员在长期的值班过程中，枯燥、单一的生活、工作很容易导致他们产生心理方面的惰性、懈怠和自负等不良心态。而这些情况恰恰是失误链与事故链产生的温床。在这方面最为突出的反映便是瞭望疏忽。由于对潜在危险不敏感，以及自身应急反应不力等而导致船舶事故的发生是客观存在的。为了减少或避免这类事故，就必须勤勉，即对工作一丝不苟，因为在许多情况下勤勉往往是避免最初失误的一大利器。

（4）遵章守法

遵章守法是船舶安全的保证，正是因为有了严格的法律、法规和操作规程，才大大限制了船舶驾驶人员的随意性和冒进行为。更为重要的是，执行这些相关的规章制度或操作规程，有利于船舶驾驶人员及时做好对失误链与事故链的识别与破断工作。由此可见，作为担负船舶安全航行重任的船舶驾驶人员只有严格遵守规章和操作规程，才能确保船舶航行的安全。

六、领导和决策

为了使驾驶台团队具有良好情景意识且能随时有效应对环境和局面的变化，处于指挥位置的船长或值班驾驶员应发挥其领导才能，准确判断船舶所处的环境和情况，对需要采取的行动做出合理决策。因此，船长和驾驶员具有优异的领导力和决策力对驾驶台团队的管理是至关重要的。

（一）领导和驾驶台团队领导

所谓“领导（Leadership）”，就是指设定目标，率领和引导组织或个人在一定的时间以及其他条件下，按照一定的计划或方法实现该目标的行为过程。也可以解释为“指挥、带领、引导和鼓励部下为实现目标而努力的过程”。领导者通过运用其知识和技能来实现

领导过程。

1.领导的作用

在任何组织或团队中，领导者的言行直接影响到该组织或团队的工作。领导者在带领、引导和鼓舞团队成员为实现团队目标而努力的过程中，要具体发挥指挥、协调和激励等三个方面的作用。

（1）指挥作用

为了帮助团队成员在工作中认清所处的环境和局面，明确行动的目标和达到目标的途径，领导者就必须具有头脑清醒、胸怀全局、高瞻远瞩和运筹帷幄的特质。领导者只有以身作则，用自己的行动带领团队成员为实现团队目标而努力，才能真正起到指挥作用。

（2）协调作用

在许多人协同操纵的团队中，团队成员往往会因个人的才能、理解能力、工作态度、进取精神、性格、作风、地位等不同或外部因素的干扰而导致思想上发生分歧、行动上出现偏离目标的情况。故这就需要领导者来协调团队成员间的关系和操纵，使各成员团结起来，统一思想，为共同的目标而努力。

（3）激励作用

在团队成员协作过程中，尽管多数成员都具有积极工作的愿望和热情，但是这种愿望并不能自然地变成现实的行动。为此，这就需要通情达理、关心群众的领导者来为他们排除困难，激发和鼓舞他们的斗志，发掘、充实和加强他们积极进取的动力，以保证每一个成员都能保持旺盛的工作热情，最大限度地调动他们的工作积极性。

2.领导者具有的基本素质

为了能保证领导的正确性和有效性，领导者应具备一些特定的基本素质。作为一名领导者，要想带领下级去完成本部门的既定目标，就必须建立起自己的领导权威。一个优秀的领导者，能团结与其共同工作的同事和下属，充分调动他们的工作积极性，并通过自己的良好素质与魅力来创建其威信。

领导者应具有的良好素质包括：高尚的品德、高深的专业知识、丰富的工作经验、敏锐的观察能力、冷静的思考判断、巧妙的沟通影响、充沛的精神活力、坚定的意志目标和公正的立场与评判等。

3.驾驶台团队领导

船舶驾驶台团队作为特殊的团队，需要强有力的领导，置身于驾驶台团队环境中的领导活动也越来越多，其所起的作用也越来越重要。

驾驶台团队领导角色与传统领导并不完全相同。与传统领导运用权力相比，驾驶台团队领导更侧重于通过授权于驾驶台团队成员来完成各项管理活动。一名优秀的驾驶台团队领导需要承担不同的角色：

（1）驾驶台团队领导者是对外联络官。团队领导者代表整个工作团队。他需要保护必要的资源，澄清其他人对团队的期望，从外界收集信息，并与团队成员分享这些信息。

（2）驾驶台团队领导者是困难处理专家。当团队遇到困难并寻求帮助时，团队领导者会出现并帮助他们解决问题。团队领导者处理的难题很少针对技术层面，因为团队成员一般比领导者更了解如何完成具体任务。问题越尖锐，领导者的作用越能体现。他们帮助团队成员针对困难进行分析和判断，并提供解决困难所必需的资源。

（3）驾驶台团队领导者是冲突管理者。当出现不一致的意见时，团队领导者通过分析问题帮助团队成员解决冲突。例如：冲突的来源是什么？谁卷入了冲突？冲突的本质是什么？可能的解决方案有哪些？每种方案的优点和缺点各是什么？通过这些方式使团队成员针对问题本身进行处理，从而把团队内部冲突的破坏降到最低。

（4）团队领导者是教练员。团队领导者明确目标和职责，提供教育与支持，为成功的团队成员喝彩，尽一切努力帮助团队成员保持高水平的工作业绩。

（二）决策

决策（Decision-making）是管理者在一定的条件下，运用科学的方法对解决问题的方案进行研究和选择的全过程。在船舶上，船长承担着船舶重大事务决策的责任；船上的大副、轮机长等高级船员也承担着对本部门的领导与管理责任，并承担着自己本职工作中所发生事务的决策义务及责任。

1.决策的主要类型

（1）紧急情况下的决策

在船舶航行过程中突然发生因主机、辅机或舵机等造成失控或遭遇特殊性复杂气象条件等情况时，就必须根据当时的情况做出应急性的决策，并采取相应的措施与行动来保证船舶的安全。由于时间与条件的限制，这种决策必须是及时、果断和正确的，否则就会造成严重的后果。

（2）一般情况下的决策

船舶在正常的航行与作业过程中，航道的通航条件、码头等其他因素导致船舶靠、离泊位时间与计划发生变化时，驾驶人员就必须根据实际需要对原有的方案和决策加以调整，或做出新的决策。这种决策虽然不属于紧急性决策，但是也必须认真对待，不然会因决策不当而造成事故。

（3）日常工作中的决策

船舶航行作业中的许多规章制度都是在平时日常性决策的基础上制定的。驾驶人员在平时的工作中，也都是结合自己实际工作的情况与要求，遵照这些规章制度做出自己操作性决策的。

2.决策的过程

决策是在对特定事件进行分析、评价、比较的基础上，选择应对的最佳方案。选择的前提是拟订多种可行的方案，而要拟订备选方案，首先要明确决策的必要性和应达到的目标。所以，决策的过程包括了研究现状、明确问题和目标，制定、比较和选择方案等阶段的工作内容。

（1）确认决策的必要性

决策是为了解决特定的问题而制定的，决策的目的是实现和达到一定的目标，所以制定决策首先要做好分析和确认决策的必要性的工作。

（2）明确决策的目的

在分析了决策的必要性后，还要有针对性地研究将要采取的措施应符合哪些要求，必须达到哪些效果，也就是说要明确决策的目标。

（3）收集决策的资料

在明确了决策的目的以后，就必须根据决策的要求，详尽地收集相关的资料与信息，以便于能在全面了解和掌握真实情况的基础上，有针对性地进行分析研究以做好制定对策的准备工作。

（4）拟订决策的方案

在全面了解和掌握真实情况的基础上，就可以为实现目标来研究和制定可采取的各种对策及其相应的具体措施和主要步骤。在此过程中，要积极调动团队成员的工作积极性，让他们共同参与决策工作，集思广益，便于协调以后的工作任务。

（5）选择最终的对策

对所拟的多种备选方案进行分析、比较和排列，在多种备选方案中选择出最佳的应对方案。

（6）对策的实施

决策者最终选择出最佳的应对方案后，就必须根据需要加以实施。选择的对策在具体使用的过程中，还需要不断地跟踪和查核它的实际效果，做好评估工作。如果它在实施过程中进展顺利，并能达到预定的目的，则可以继续实施。反之，则应再次分析研究，进行适当的调整和完善，或在必要时采取另外可行的替代方案。

第二节 驾驶台资源管理在值班中的应用

一、驾驶台资源管理在值班中的应用

（一）强制性的规定

《STCW规则》A部分第A–Ⅷ／2节中对基于驾驶台管理的值班原则提出了总体要求：

（1）应确保根据情况合理地安排值班人员；

（2）在安排值班人员时应考虑人员的资格或适任能力的局限性；

（3）应使值班人员理解其个人角色、责任和团队角色；

（4）船长和负责值班的高级船员应保持适当的值班，并最有效地使用可用资源，如信息、装置／设备和其他人员；

（5）值班人员应理解装置／设备的功能和操作，并熟练掌握；

（6）值班人员应理解信息及知道如何回应来自每一工作站／装置／设备的信息；

（7）所有值班人员应适当地共享来自工作站／装置／设备的信息；

（8）值班人员在任何情况下应保持适当的相互交流；

（9）对为安全而采取的行动产生任何怀疑时，值班人员应毫不犹豫地通知船长／负责值班的高级船员。

（二）建议和指导

《STCW规则》第B-Ⅷ/2节进一步规定：

公司还需向各船的船长和负责航行值班的高级船员发布以下述驾驶台资源管理原则为基础的，关于驾驶台值班人员如何配置和使用持续评估的必要性的指导：

（1）要有足够的合格人员值班，以保证有效地履行各种职责；

（2）所有参与航行值班的人员都需具有相应的资格并适合于充分有效地履行其职责，或者负责航行值班的高级船员在做出航行或操作决定时需考虑到每个当班人员的资格或适合性的局限性；

（3）分派给每个人的职责需正确无误，他们需证实已明白自己的责任；

（4）工作任务必须按明确的先后次序完成；

（5）不要给任何航行值班人员分派其不能有效完成的、过多或过难的工作任务；

（6）任何时候对每个人都需分派其最能充分有效履行其职责的岗位，当情况需要时，须另行分派其岗位；

（7）对航行值班人员，不要分派给不同的职责、任务或岗位，除非负责航行值班的高级船员确定这种调整能充分有效地完成；

（8）职责所必需的仪表和设备需要备妥，使负责航行值班的相关人员随时可用；

（9）航行值班人员之间的通话必须清楚、迅速、可靠，并与所从事的业务有关；

（10）非紧要的活动和使人分心的活动必须避免、禁止或取消；

（11）所有驾驶台设备必须工作正常，否则，负责航行值班的高级船员在做出操作决定时需考虑到可能存在的任何故障；

（12）需收集、处理和解释一切重要的信息，并使之便于为履行其职责而需要这种信息的人员使用；

（13）驾驶台或任何工作面上不得放置无关的东西；

（14）航行值班人员在任何时候均须做好准备以便充分有效地对环境改变做出反应。

（三）基于驾驶台资源管理的值班安排和保持

为保持良好的情景意识，预防事故的发生，船舶值班应当充分基于驾驶台资源管理，遵循如下原则安排和保持值班：

（1）根据情况合理地安排值班人员，尤其应注意要安排有足够的合格人员值班，以保证他们可以有效地履行各种职责。在值班的安排中，应当合理安排值班时间，让值班人员有足够的休息，保证充足的体力，同时进行严格的酒精、药物监控。

（2）安排值班人员时应考虑人员的资格或适任能力的局限性，保证所有参与航行值班的人员都需具有相应的资格并适合于充分有效地履行其职责，或者负责航行值班的高级船员在做出航行或操作决定时需考虑到每个当班人员的资格或适合性的局限性。

（3）在值班安排上，管理级船员应使值班人员理解其个人角色、责任和团队角色，分派给每个人的职责须正确无误，他们须证实已明白自己的责任；不要给任何航行值班人员分派其不能有效完成的、过多或过难的工作任务；任何时候对每个人都须分派其最能充分有效履行其职责的岗位，当情况需要时，须另行分派其岗位；对航行值班人员，不要分派给不同的职责、任务或岗位，除非负责航行值班的高级船员确定这种调整能充分有效地完成。

（4）每一名值班人员应当严格遵循已建立的规则和程序并严格执行。

（5）组成值班的所有人员尤其是船长和负责值班的高级船员应保持适当的值班，并最有效地使用可用资源，这些资源包括，人力资源、物质资源、信息资源和其他资源。为此目的，值班人员应确保各种装置／设备，尤其是各种航海仪器、“四机一炉”和通信设备等一直处于正常的工作状态，并熟练掌握各种装置／设备的功能、操作方法和可以获得的信息以及对相关信息的响应，且所有值班人员应适当地共享来自每一个装置或设备的信息。

（6）保持沟通和通信的畅通。值班人员在任何情况下应保持适当的相互交流，航行值班人员之间的通话必须清楚、迅速、可靠，并与所从事的业务有关；航行值班人员与外部（包括与机舱及岸上、他船等的外部通信）的通信必须简短、清楚、明确和畅通。

（7）任何值班人员对为安全而采取的行动产生任何怀疑时，应毫不犹豫地通知船长／负责值班的高级船员。

（8）船长或负责航行值班的高级船员作为驾驶台团队的领导，更侧重于通过授权于团队成员即每一名值班人员来完成各项管理活动，因此，无论是值班安排还是值班保持中，必须调动每一名值班人员的积极性和自信心，让他们在能够培养自我激励、自我估价与自信的气氛中工作。

（9）航行值班人员在任何时候均须做好准备以便充分有效地对环境改变做出反应。对已经识别的风险和无法预测的风险应多想几个“假如”，多想几个应付对策，做好应急准备。在拟订各种决策方案的过程中，不仅要全面了解和掌握真实情况，还要积极调动团队成员的工作积极性，让他们共同参与决策工作，集思广益。

二、基于驾驶台资源管理的碰撞案例分析

（一）案例1

1.事故概况

2006年7月1日0542，XZ轮在从吴淞＃7锚地驶出穿越外高桥航道准备靠外高桥二期

4／5泊位的过程中，与正在外高桥航道进口航行至GPS船位：31°22.90′N，121°35.57′E处的XD轮发生碰撞，如图9-2-1所示。

2.事故经过

XD轮2006年第2084W航次，日本门司至中国上海。2006年6月28日1143时离开门司驶往上海，载箱量／载重量：101 TEU／348 t，开航吃水：首3.60 m／尾5.50 m。30日1130时抵吴淞4号锚地抛锚候泊，7月1日0511时起锚（拟靠军工路1泊位），0520时锚起，并向上海吴淞交管中心报告其动态。0530时离开吴淞4号锚地，并与在航道上航行的进口船C轮取得联系，得知C轮靠张华浜。XD轮告知C轮本船靠军工路码头，要求让其先行。得到C轮同意后，XD轮驶入外高桥航道进口航行，航向298°，车钟前进三。0534时C轮在XD轮后方约0.5 n mile处，XD轮减速为前进二。

XZ轮2006年第2375W航次，日本神户至上海。2006年6月27日1200时离开神户驶往上海，载箱量／载重量：512 TEU／1918 t，开航吃水：首3.10 m／尾6.20 m。7月1日0000时抵长江口引航锚地上引航员，进长江深水航道航行。0224时抵吴淞＃7锚地抛锚等泊。0500时起锚（引航员操作，拟靠外高桥二期4／5泊位），并向上海吴淞交管中心报告，同时观察外高桥航道船舶通航情况，发现航道船舶通航密度较高，不敢断然起锚，将锚绞至一节入水见机行动。0530时观察外高桥航道船舶通航情况，发现航道上有三条进口船（依次是：A轮、XD轮、C轮，航道上无出口船，A轮与XD轮之间有一定空档），XZ轮决定从A轮与XD轮之间穿越外高桥航道。此时XD轮的船位在XZ轮锚位的航道纵距约1.33 n mile处，即相对于XZ轮左正横前约1.7 n mile处进口航道中央航行；当A轮已对XZ轮没有影响，0535时XZ轮锚起，微速进，准备穿越航道靠外高桥二期4／5泊位（此时两船相距1.0 n mile）。

2006年7月1日0536时，XZ轮用VHF呼叫XD轮并建立联系。XZ轮要求XD轮控制船速，先让其穿越航道，建议XD轮走XZ轮船尾的主航道北侧进口航道（小型机动船进口航道）。XD轮回复XZ轮："本轮船速较快有9 kn，只能从你轮船首通过，请慢点驶出锚地（此时两船相距0.85 n mile，XZ轮还未驶出锚地）。"

0537时，XZ轮得到XD轮的回复，未采取任何措施，依然保持穿越航道的态势，由原来的微速进改为前进一并在VHF通报驶出锚地的动态。XD轮听到XZ轮欲驶出吴淞7号锚地，准备横穿航道进靠外高桥二期码头的信息之后，即呼叫XZ轮，希望XZ轮在锚地等待，让其先过，多次呼叫均未得到XZ轮的回应，在此时段内XD轮也未采取任何措施，仍然按照原有的航向航速行驶，两船继续接近到相距约0.67 n mile。

0538时，两船相距约0.54 n mile，XZ轮船首已进入外高桥主航道北侧航道，两船仍未采取有效措施，各自保持原有的航向、航速航行，即XZ轮前进一，继续穿越航道，XD轮依然保持前进二航速及原航向航行。

直到0539时，XZ轮已进入外高桥航道，在两船距离接近到约0.34 n mile时，两船既没有建立有效的通信联系，也没有采取任何避碰措施。

0540时，两船已快速接近并相距约0.25 n mile，XD轮感到XZ轮横越船首存在碰撞危险，XD轮采取微速进、停车、右满舵并立即通报操作意图和呼叫XZ轮采取行动，XZ轮

引航员认为XD轮的措施将导致船舶失控不利避碰，即令右满舵。

0541时XD轮进一步令后退二、后退三，XZ轮继续保持前进一、右满舵，终因两船距离过近，采取的措施过晚，于0542时XD轮（船首向约298°）船首与XZ轮（船首向：约225°）左舷中后部驾驶台下方发生碰撞（碰撞船位：31°22.90′N，121°35.57′E），造成两船船体及结构受到不同程度的损坏。

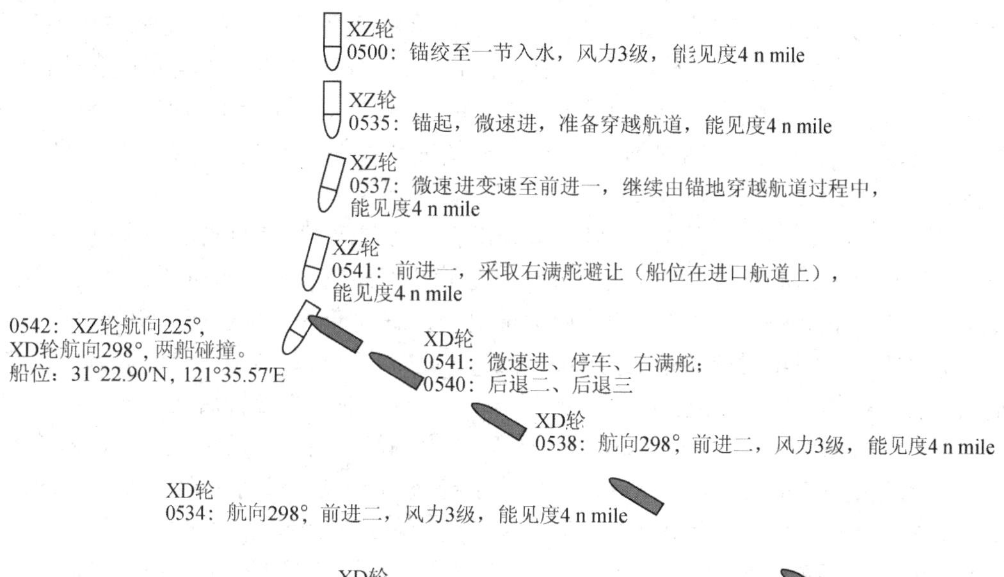

图9-2-1　XD轮与XZ轮碰撞事故经过

3.责任认定

海事调查机关经调查认定，XZ轮从锚地横穿到航道时瞭望疏忽、未主动避让顺航道航行的XD轮是导致事故发生的主要原因；XD轮进口航行过程中对潜在的危险估计不足，未使用安全航速是导致事故发生的次要原因。据此对此次事故的责任认定为：XZ轮对此次事故承担主要责任；XD轮对此次事故承担次要责任。

4.事故分析与总结

从驾驶台资源管理角度对事故进行分析与总结如下：

（1）就本次碰撞事故而言，虽然两船通过目视瞭望，都已明确双方的动态，但关键在于两船如何协调避让行动，主动并及早采取措施的环节上存在明显不足，都寄希望于对方的避让，以致错过避免碰撞的最佳时机。两船都存在瞭望疏忽，操纵意图不清，没有保持良好的情景意识等问题。

（2）两船在VHF联系上缺乏沟通并统一避让行动，而是都强调自己的意图，没有达成避让的共识。值得一提的是，XZ轮明知XD轮航速较快且与本船构成避碰危险，却未能保持使用VHF与XD轮联系，进一步达成协调避让，而是忙于与其他船舶联系，造成

XD轮与其无法建立进一步的联系，以致双方没有条件协调避让意图，错失良机。为了保证驾驶台团队高效率运作，保证船舶航行和操纵的安全，驾驶台团队成员应该进行有效的内部沟通与外部通信，特别是要考虑当内部沟通与外部通信中断后的应急措施。

（3）XZ轮的整个操作都由引航员进行，当两船存在碰撞危险直至形成紧迫局面、紧迫危险，船长已看出问题，但始终只提醒引航员注意，没有果断接过船舶驾驶指挥，完全放弃船长对驾驶船舶的责任。尤为严重的是引航员对已存在的紧迫危险采取措施不力时，船长还是听之任之，任凭事态发展，没有果断接过指挥权并及时采取避免碰撞的行动。驾驶台团队工作人员要防止任何人孤立地工作和由于个人失误而带来的灾害性局面。因此，驾驶台任何人孤立地工作是根本行不通的，要完成共同的目标，必须相互协作、相互支持。

（4）XZ轮从0535时锚起使用微速进，准备穿越航道起，XD轮已经在进口航行，两船会遇格局已经形成且对方都认为存在碰撞危险。然而双方均各自按照自己的船速航行，即0537时XZ轮船速由原来的微速进改为前进一，继续准备穿越航道，XD轮依然保持前进二进口船速。0540时两船相距约0.25 n mile，此时，已形成紧迫危险，双方所采取的措施均不利于船舶避碰，XD轮采取微速进、停车、右满舵，半分钟后又采取后退二、后退三。就本次碰撞而言，若XD轮直接采取停车、右满舵、后退三的措施，或许碰撞就能避免。而此时的XZ轮一味指责XD轮的避让措施不对，自己没有采取积极有效的避让行动，如根据当时情况XZ轮能及早停车、倒车或配合XD轮避让，及时加速航行是能够避让XD轮的，然而XZ轮采取的却是保速、右满舵，错过了避免船舶碰撞的最后机会。两船的驾驶台团队都没有良好的情景意识，没有及早分析和判断航行风险，而是一意孤行，虽然在碰撞前两分钟采取了行动，但为时已晚。很明显这一事故是由一系列失误而引发的，如果两船在这一系列操作中的某个环节得当，此次事故就有可能避免。因此，驾驶员团队要及时识别和切断失误链，并且在及时识别失误链和果断采取措施将其破断的过程中，必须做好一些具体的细节性工作。实际上，在船舶航行中只要能注意好一些细节问题，就能做好失误链的识别与破断工作，甚至有时只要有一个细节真正做到了位，就能破断失误链，也就可能避免事故的发生。

（二）案例2

1.事故概况

2005年3月8日1715，H轮满载煤炭离开秦皇岛驶往上海港的途中，与从香港驶往青岛的5万吨级集装箱船M轮在黄海海域发生碰撞，如图9-2-2所示。

2.事故经过

H轮满载煤炭离开秦皇岛驶往上海港。2005年3月8日航行于黄海中部，驾驶台右侧ARPA雷达在6 n mile挡工作，已调至偏心显示状态，其中心下移至屏幕中心下方$\frac{1}{2}$半径处。此处位于黄海南部南北航线，上海至青岛习惯航线交汇处。附近有连青石渔场，渔船较多。大副接班时航向180°。1650时值班大副在航海日志上记载：视程小于5 n mile，主

机备车航行，开启航行灯。1652时三副上驾驶台替大副。约1658时右舷ARPA屏幕上显示左前方7.9 n mile处有一来船回波，三副用手动旋钮捕捉后，转身将GPS在1700时的船位标在工作海图上，船位偏离计划航线左侧0.2 n mile。这时三副见到雷达屏幕资料显示来船距离本船6.5 n mile、航向319°、航速22.5 kn、TCPA为12.5 min、DCPA为0.3 n mile，BOW为0.6 n mile。不久视线进一步变差，视线小于2 n mile。雷达中显示与来船距离为2.7 n mile，航迹向由319°变为310°，三副据此判断来船已左转避让。通过VHF CH 16与其联系但是没有回答后，随即叫舵工改自动舵为手操舵，接着三副下令向左修正航向10°，当舵工回答航向170°时，三副又下令再向左修正航向10°，当该轮航向转至约165°时，前方突然发现来船黑影且有大幅度右转趋势，三副下令左满舵。约1715时外轮船首从H轮第五舱右舷撞入，两船紧紧卡住，交角约90°。

5万吨级集装箱船M轮（上述外轮）3月6日从香港启航，目的港青岛港。3月8日1500时该轮计划航向317°，陀螺罗经航向316°，使用自动舵，航速22.5 kn。值班大副称：当时能见度大约4 n mile，局部有雾团，附近海面有一些渔船和沿海商船。约1648时，大副在雷达上发现有一回波，航向189°，航速12.4 kn，距离9.8 n mile，DCPA为2.4 n mile。1700时，肉眼见到左前方见有两条小商船相伴向北航行，雷达测得该两船将在本船前方1.8 n mile通过。为了安全起见，大副把航向左转至310°，拟安全过此两船船尾。这时能见度降低到不足2.5 n mile，有雾团的地方能见度更差。当让过上述两条小商船后，大副向右转航向10°，以加大与右前方3 n mile的H轮的通过距离，并试图从H轮船尾1 n mile处通过。大副也在VHF CH 16进行呼叫，同样没有听到回答。当该轮向右转向到320°时，能见度突然下降到100 m左右，大副立即下令将自动舵改为手操舵，并命令舵工再次右转10°见H轮回波仍在接近，又下令右转25°，当航向转至337°～340°时，在雷达中发现H轮航向急骤向左变化，大副停车并进行紧急倒车，连拉两次后退三。很快他看到H轮的右舷黑影，它正在以与M轮船首线成85°左右的角度横穿其船首。M轮船首从H轮右舷驾驶台附近穿过，过H轮左舷约15 m。

3.责任认定

两船在正规瞭望、获得碰撞危险的早期警报、使用安全航速、判断碰撞危险、相互协调和采取避让行动上均存在过失。但是，H轮仅依据雷达观测到的不充分雷达资料，盲目做出左让的行动，严重违反了《规则》第十九条4款的规定。该条款是强制性条款，任何一方违反了上述规定而导致形成紧迫局面，他就很可能在事故中承担主责。据此对此次事故的责任认定为：H轮对此次事故承担主要责任；M轮对此次事故承担次要责任。

4.事故分析与总结

现从驾驶台资源管理的角度对事故进行分析与总结。

（1）两船均严重疏忽瞭望，没有对雷达进行系统和连续的观测。在能见度不良的环境下，没有增加额外的驾驶员和瞭望人员。H轮ARPA雷达在工作，但是，没有进行远距离扫描，以便获得碰撞危险的早期警报。1700时H轮右侧雷达屏幕资料显示来船距离本船6.5 n mile、DCPA为0.3 n mile，两船已经存在碰撞危险。在TCPA为12.5 min的情况下，中断了雷达观测长达7 min。而M轮值班大副称“约1648时（经过推算应为1654时），在ARPA雷达上发现有H轮回波，航向189°，航速12.4 kn，距离9.8 n mile，DCPA 2.4 n mile”。当雷达中发现H轮航向急骤向左变化时，两船已经陷入紧迫危险。经过推算，M轮对H轮中断了雷达观测长达18 min。鉴于安全航行和当时情况的需要，在能见度不良时，驾驶台团队应事先增加额外的驾驶员和瞭望人员，并用一切可以利用的手段保持正规的瞭望。同时驾驶台团队成员应保持良好的情景意识，毫不犹豫地向船长报告任何有怀疑的情况，并及早采用积极行动保证船舶的安全航行。

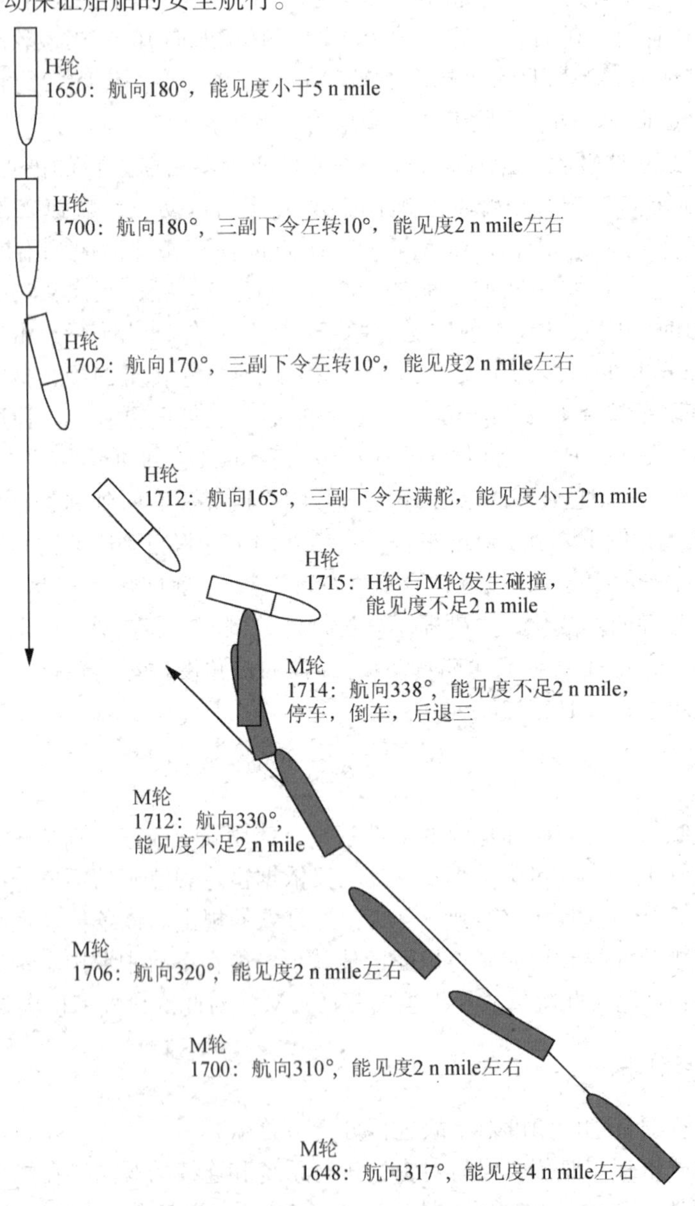

图9-2-2　H轮与M轮碰撞事故经过

（2）两船值班人员在碰撞发生之前，H轮曾使用中文，M轮使用英文，在VHF CH 16上呼叫过对方。但是由于语言不通，失去了了解对方动态和协调避让行动的机会。沟通与通信的障碍也是导致事故发生的重要一环。可见，驾驶台内部沟通与外部通信的有效建立对于船舶安全运营至关重要。为了做到有效的驾驶台沟通与通信，必须明确沟通与通信的目的，选择有效的沟通方式，准确清晰地使用标准词语或短语并按照标准的沟通与通信程序进行。

（3）两船的船长都没有及时上驾驶台指挥。船长作为驾驶台团队的领导者在整个团队中发挥着重要作用。优秀的船长应该具备不同于其他团队成员的良好素质，包括：高深的专业知识、丰富的工作经验、敏锐的观察能力、冷静的思考判断、巧妙的沟通影响、充沛的精神活力等，在需要做出重大决策的时候船长起到了关键性的作用。领导者是一个团队的灵魂所在。

（4）从整个事故来看，两船均严重疏忽瞭望，都没有使用安全航速，都没有及时请船长上驾驶台指挥，没有建立有效的通信，H轮盲目向左转向，M轮连续向右小角度转向使得H轮在雷达中难以察觉，这一系列不当行动和失误导致两船发生碰撞。驾驶台团队需要时刻注意提高整个团队和团队每个成员的情景意识，船舶驾驶人员在实际工作中虽然难以避免失误链的产生，但是可以通过自己的努力及时发现失误链，并采取果断有效的措施来中断它们的发展，达到避免事故的目的。在采取破断失误链的行动后，还应注意到这些失误链可能会再次产生。因此，船舶驾驶人员必须在随时密切注意失误链是否存在的基础上，在采取破断和中止其发展的措施后，继续保持高度的警惕，认真观测和判断所采取措施或行动的效果。在必要时，可采取进一步的措施以确保船舶航行的最终安全。

附录 I

1972年国际海上避碰规则

（经1981年、1987年、1989年、1993年、2001年、2007年和2013年修正案修正后的综合文本）

第一章 总则

第一条 适用范围

1.本规则条款适用于在公海和连接公海可供海船航行的一切水域中的一切船舶。

2.本规则条款不妨碍有关主管机关为连接公海而可供海船航行的任何港外锚地、港口、江河、湖泊或内陆水道所制定的特殊规定的实施。这种特殊规定，应尽可能符合本规则条款。

3.本规则条款不妨碍各国政府为军舰及护航下的船舶所制定的关于额外的队形灯、信号灯、号型或笛号，或者为结队从事捕鱼的渔船所制定的关于额外的队形灯、信号灯或号型的任何特殊规定的实施。这些额外的队形灯、信号灯、号型或笛号，应尽可能不致被误认为本规则其他条文所规定的任何信号灯、号型或信号。

4.为实施本规则，本组织可以采纳分道通航制。

5.凡经有关政府确定，某种特殊构造或用途的船舶，如不能完全遵守本规则任何一条关于号灯或号型的数量、位置、能见距离或弧度以及声号设备的配置和特性的规定，则应遵守其政府在号灯或号型的数量、位置、能见距离或弧度以及声号设备的配置和特性方面为之另行确定的、尽可能符合本规则所要求的规定。

第二条 责任

1.本规则条款不免除任何船舶或其所有人、船长或船员由于遵守本规则条款的任何疏忽，或者按海员通常做法或当时特殊情况所要求的任何戒备上的疏忽而产生的各种后果的责任。

2.在解释和遵行本规则条款时，应充分考虑一切航行和碰撞的危险以及包括当事船舶条件限制在内的任何特殊情况，这些危险和特殊情况可能需要背离规则条款以避免紧迫危险。

第三条　一般定义

除条文另有解释外，在本规则中：

1.“船舶”一词，指用作或者能够用作水上运输工具的各类水上船筏，包括非排水船筏、地效船和水上飞机。

2.“机动船”一词，指用机器推进的任何船舶。

3.“帆船”一词，指任何驶帆的船舶，包括装有推进器但不在使用。

4.“从事捕鱼的船舶”一词，指使用网具、绳钓、拖网或其他使其操纵性能受到限制的渔具捕鱼的任何船舶，但不包括使用曳绳钓或其他并不使其操纵性能受到限制的渔具捕鱼的船舶。

5.“水上飞机”一词，包括为能在水面操纵而设计的任何航空器。

6.“失去控制的船舶”一词，指由于某种异常的情况，不能按本规则条款的要求进行操纵，因而不能给他船让路的船舶。

7.“操纵能力受到限制的船舶”一词，指由于工作性质，使其按本规则条款要求进行操纵的能力受到限制，因而不能给他船让路的船舶。“操纵能力受到限制的船舶”一词应包括，但不限于下列船舶：

（1）从事敷设、维修或起捞助航标志、海底电缆或管道的船舶；

（2）从事疏浚、测量或水下作业的船舶；

（3）在航中从事补给或转运人员、食品或货物的船舶；

（4）从事发射或回收航空器的船舶；

（5）从事清除水雷作业的船舶；

（6）从事拖带作业的船舶，而该项拖带作业使该拖船及其拖带物驶离其航向的能力严重受到限制者。

8.“限于吃水的船舶”一词，指由于吃水与可航水域的可用水深和宽度的关系，致使其驶离航向的能力严重地受到限制的机动船。

9.“在航”一词，指船舶不在锚泊、系岸或搁浅。

10.船舶的“长度”和“宽度”是指其总长度和最大宽度。

11.只有当两船中的一船能自他船以视觉看到时，才应认为两船是在互见中。

12.“能见度不良”一词，指任何由于雾、霾、下雪、暴风雨、沙暴或任何其他类似原因而使能见度受到限制的情况。

13.“地效船”一词，系指多式船艇，其主要操作方式是利用表面效应贴近水面飞行。

第二章 驾驶和航行规则

第一节 船舶在任何能见度情况下的行动规则

第四条 适用范围

本节条款适用于任何能见度的情况。

第五条 瞭望

每一船在任何时候都应使用视觉、听觉以及适合当时环境和情况的一切可用手段保持正规的瞭望，以便对局面和碰撞危险做出充分的估计。

第六条 安全航速

每一船在任何时候都应以安全航速行驶，以便能采取适当而有效的避碰行动，并能在适合当时环境和情况的距离以内把船停住。

在决定安全航速时，考虑的因素中应包括下列各点：

1.对所有船舶：

（1）能见度情况；

（2）交通密度，包括渔船或者任何其他船舶的密集程度；

（3）船舶的操纵性能，特别是在当时情况下的冲程和旋回性能；

（4）夜间出现的背景亮光，诸如来自岸上的灯光或本船灯光的反向散射；

（5）风、浪和流的状况以及靠近航海危险物的情况；

（6）吃水与可用水深的关系。

2.对备有可使用的雷达的船舶，还应考虑：

（1）雷达设备的特性、效率和局限性；

（2）所选用的雷达距离标尺带来的任何限制；

（3）海况、天气和其他干扰源对雷达探测的影响；

（4）在适当距离内，雷达对小船、浮冰和其他漂浮物有探测不到的可能性；

（5）雷达探测到的船舶数目、位置和动态；

（6）当用雷达测定附近船舶或其他物体的距离时，可能对能见度做出更确切的估计。

第七条 碰撞危险

1.每一船都应使用适合当时环境和情况的一切可用手段判断是否存在碰撞危险，如有任何怀疑，则应认为存在这种危险。

2.如装有雷达设备并可使用，则应正确予以使用，包括远距离扫描，以便获得碰撞危险的早期警报，并对探测到的物标进行雷达标绘或与其相当的系统观察。

3.不应当根据不充分的信息，特别是不充分的雷达观测信息做出推断。

4.在判断是否存在碰撞危险时，考虑的因素中应包括下列各点：

（1）如果来船的罗经方位没有明显的变化，则应认为存在这种危险；

（2）即使有明显的方位变化，有时也可能存在这种危险，特别是在驶近一艘很大的船或拖带船组时，或是在近距离驶近他船时。

第八条　避免碰撞的行动

1.为避免碰撞所采取的任何行动必须遵循本章各条规定，如当时环境许可，应是积极的，应及早地进行和充分注意运用良好的船艺。

2.为避免碰撞而作的航向和（或）航速的任何变动，如当时环境许可，应大得足以使他船用视觉或雷达观测时容易察觉到；应避免对航向和（或）航速做一连串的小改变。

3.如有足够的水域，则单用转向可能是避免紧迫局面的最有效行动，只要这种行动是及时的、大幅度的并且不致造成另一紧迫局面。

4.为避免与他船碰撞而采取的行动，应能导致在安全的距离驶过。应细心查核避让行动的有效性，直到最后驶过让清他船为止。

5.如需为避免碰撞或须留有更多时间来估计局面，船舶应当减速或者停止或倒转推进器把船停住。

6.（1）根据本规则任何规定，要求不应妨碍另一船通行或安全通行的船舶应根据当时环境的需要及早地采取行动以留出足够的水域供他船安全通行。

（2）如果在接近他船致有碰撞危险时，被要求不应妨碍另一船通行或安全通行的船舶并不解除这一责任，且当采取行动时，应充分考虑到本章各条可能要求的行动。

（3）当两船相互接近致有碰撞危险时，其通行不应被妨碍的船舶仍有完全遵守本章各条规定的责任。

第九条　狭水道

1.沿狭水道或航道行驶的船舶，只要安全可行，应尽量靠近其右舷的该水道或航道的外缘行驶。

2.帆船或者长度小于20米的船舶，不应妨碍只能在狭水道或航道以内安全航行的船舶通行。

3.从事捕鱼的船舶，不应妨碍任何其他在狭水道或航道以内航行的船舶通行。

4.船舶不应穿越狭水道或航道，如果这种穿越会妨碍只能在这种水道或航道以内安全航行的船舶通行。后者若对穿越船的意图有怀疑，可以使用第三十四条4款规定的声号。

5.（1）在狭水道或航道内，如只有在被追越船必须采取行动以允许安全通过才能追越时，则企图追越的船，应鸣放第三十四条3款（1）项所规定的相应声号，以表示其意图。被追越船如果同意，应鸣放第三十四条3款（2）项所规定的相应声号，并采取使之能安全通过的措施。如有怀疑，则可以鸣放第三十四条4款所规定的声号。

（2）本条并不解除追越船根据第十三条所负的义务。

6.船舶在驶近可能有其他船舶被居间障碍物遮蔽的狭水道或航道的弯头或地段时，应特别机警和谨慎地驾驶，并鸣放第三十四条5款规定的相应声号。

7.任何船舶，如当时环境许可，都应避免在狭水道内锚泊。

第十条　分道通航制

1.本条适用于本组织所采纳的分道通航制，但并不解除任何船舶遵守任何其他各条规定的责任。

2.使用分道通航制的船舶应：

（1）在相应的通航分道内顺着该分道的交通总流向行驶；

（2）尽可能让开通航分隔线或分隔带；

（3）通常在通航分道的端部驶进或驶出，但从分道的任何一侧驶进或驶出时，应与分道的交通总流向形成尽可能小的角度。

3.船舶应尽可能避免穿越通航分道，但如不得不穿越时，应尽可能以与分道的交通总流向成直角的船首向穿越。

4.（1）当船舶可安全使用临近分道通航制区域中相应通航分道时，不应使用沿岸通航带。但长度小于20米的船舶、帆船和从事捕鱼的船舶可使用沿岸通航带。

（2）尽管有本条4（1）规定，当船舶抵离位于沿岸通航带中的港口、近岸设施或建筑物、引航站或任何其他地方或为避免紧迫危险时，可使用沿岸通航带。

5.除穿越船或者驶进或驶出通航分道的船舶外，船舶通常不应进入分隔带或穿越分隔线，除非：

（1）在紧急情况下避免紧迫危险；

（2）在分隔带内从事捕鱼。

6.船舶在分道通航制端部附近区域行驶时，应特别谨慎。

7.船舶应尽可能避免在分道通航制内或其端部附近区域锚泊。

8.不使用分道通航制的船舶，应尽可能远离该区域。

9.从事捕鱼的船舶，不应妨碍按通航分道行驶的任何船舶的通行。

10.帆船或长度小于20米的船舶，不应妨碍按通航分道行驶的机动船的安全通行。

11.操纵能力受到限制的船舶，当在分道通航制区域内从事维护航行安全的作业时，在执行该作业所必需的限度内，可免受本条规定的约束。

12.操纵能力受到限制的船舶，当在分道通航制区域内从事敷设、维修或起捞海底电缆时，在执行该作业所必需的限度内，免受本条规定的约束。

第二节 船舶在互见中的行动规则

第十一条　适用范围

本节条款适用于互见中的船舶。

第十二条　帆船

1.两艘帆船相互驶近致有构成碰撞危险时，其中一船应按下列规定给他船让路：

（1）两船在不同舷受风时，左舷受风的船应给他船让路；

（2）两船在同舷受风时，上风船应给下风船让路；

（3）如左舷受风的船看到在上风的船而不能断定究竟该船是左舷受风还是右舷受风，则应给该船让路。

2.就本条规定而言，船舶的受风舷侧应认为是主帆被吹向的一舷的对面舷侧；对于方帆船，则应认为是最大纵帆被吹向的一舷的对面舷侧。

第十三条　追越

1.不论第二章第一节和第二节的各条规定如何，任何船舶在追越任何他船时，均应给被追越船让路。

2.一船正从他船正横后大于22.5度的某一方向赶上他船时，即该船对其所追越的船所处位置，在夜间只能看见被追越船的尾灯而不能看见它的任一舷灯时，应认为是在追越中。

3.当一船对其是否在追越他船有任何怀疑时，该船应假定是在追越，并应采取相应行动。

4.随后两船间方位的任何改变，都不应把追越船作为本规则条款含义中所指的交叉相遇船，或者免除其让开被追越船的责任，直到最后驶过让清为止。

第十四条　对遇局面

1.当两艘机动船在相反的或接近相反的航向上相遇致有构成碰撞危险时，各应向右转向，从而各从他船的左舷驶过。

2.当一船看见他船在正前方或接近正前方，在夜间能看见他船的前后桅灯成一直线或接近一直线和（或）两盏舷灯；在白天能看到他船的上述相应形态时，则应认为存在这样的局面。

3.当一船对是否存在这样的局面有任何怀疑时，该船应假定确实存在这种局面，并应采取相应的行动。

第十五条　交叉相遇局面

当两艘机动船交叉相遇致有构成碰撞危险时，有他船在本船右舷的船舶应给他船让路，如当时环境许可，还应避免横越他船的前方。

第十六条　让路船的行动

须给他船让路的船舶，应尽可能及早地采取大幅度的行动，宽裕地让清他船。

第十七条　直航船的行动

1.（1）两船中的一船应给另一船让路时，另一船应保持航向和航速。

（2）然而，当保持航向和航速的船一经发觉规定的让路船显然没有遵照本规则条款采取适当行动时，该船即可独自采取操纵行动，以避免碰撞。

2.当规定保持航向和航速的船，发觉本船不论由于何种原因逼近到单凭让路船的行动不能避免碰撞时，也应采取最有助于避碰的行动。

3.在交叉相遇局面下，机动船按照本条1款（2）项采取行动以避免与另一艘机动船碰撞时，如当时环境许可，不应对在本船左舷的船采取向左转向。

4.本条并不解除让路船的让路义务。

第十八条 船舶之间的责任

除第九、十和十三条另有规定外：

1.机动船在航时应给下述船舶让路：

（1）失去控制的船舶；

（2）操纵能力受到限制的船舶；

（3）从事捕鱼的船舶；

（4）帆船。

2.帆船在航时应给下述船舶让路：

（1）失去控制的船舶；

（2）操纵能力受到限制的船舶；

（3）从事捕鱼的船舶。

3.从事捕鱼的船舶在航时，应尽可能给下述船舶让路：

（1）失去控制的船舶；

（2）操纵能力受到限制的船舶。

4.（1）除失去控制的船舶或操纵能力受到限制的船舶外，任何船舶，如当时环境许可，应避免妨碍显示第二十八条规定信号的限于吃水的船舶的安全通行；

（2）限于吃水的船舶应充分注意到其特殊条件，特别谨慎地驾驶。

5.在水面的水上飞机，通常应宽裕地让清所有船舶并避免妨碍其航行。然而在有碰撞危险的情况下，则应遵守本章条款的规定。

6.（1）地效船在起飞、降落和贴近水面飞行时应宽裕地让清所有其他船舶并避免妨碍他们的航行；

（2）在水面上操作的地效船应作为机动船遵守本章条款的规定。

第三节 船舶在能见度不良时的行动规则

第十九条 船舶在能见度不良时的行动规则

1.本条适用于在能见度不良的水域中或在其附近航行时不在互见中的船舶。

2.每一船应以适合当时能见度不良的环境和情况的安全航速行驶，机动船应将机器做好随时操纵的准备。

3.在遵守本章第一节各条时，每一船应充分考虑到当时能见度不良的环境和情况。

4.一船仅凭雷达测到他船时，应判定是否正在形成紧迫局面和（或）存在着碰撞危险。若是如此，应及早地采取避让行动，如果这种行动包括转向，则应尽可能避免如下各点：

（1）除对被追越船外，对正横前的船舶采取向左转向；

（2）对正横或正横后的船舶采取朝着它转向。

5.除已断定不存在碰撞危险外，每一船当听到他船的雾号显似在本船正横以前，或者与正横以前的他船不能避免紧迫局面时，应将航速减到能维持其航向的最小速度。必要时，应把船完全停住，而且，无论如何，应极其谨慎地驾驶，直到碰撞危险过去为止。

第三章 号灯和号型

第二十条 适用范围

1.本章条款在各种天气中都应遵守。

2.有关号灯的各条规定，从日没到日出时都应遵守。在此期间不应显示别的灯光，但那些不会被误认为本规则各条款订明的号灯，或者不会削弱号灯的能见距离或显著特性，或者不会妨碍正规瞭望的灯光除外。

3.本规则条款所规定的号灯，如已设置，也应在能见度不良的情况下从日出到日没时显示，并可在一切其他认为必要的情况下显示。

4.有关号型的各条规定，在白天都应遵守。

5.本规则条款订明的号灯和号型，应符合本规则附录一的规定。

第二十一条 定义

1.“桅灯”是指安置在船的首尾中心线上方的白灯，在225度的水平弧内显示不间断的灯光，其安装要使灯光从船的正前方到每一舷正横后22.5度内显示。

2.“舷灯”是指右舷的绿灯和左舷的红灯，各在112.5度的水平弧内显示不间断的灯光，其装置要使灯光从船的正前方到各自一舷的正横后22.5度内分别显示。长度小于20米的船舶，其舷灯可以合并成一盏，装设于船的首尾中心线上。

3.“尾灯”是指安置在尽可能接近船尾的白灯，在135度的水平弧内显示不间断的灯光，其装置要使灯光从船的正后方到每一舷67.5度内显示。

4.“拖带灯”是指具有与本条3款所述“尾灯”相同特性的黄灯。

5.“环照灯”是指在360度的水平弧内显示不间断灯光的号灯。

6.“闪光灯”是指每隔一定时间以频率为每分钟闪120次或120次以上的号灯。

第二十二条 号灯的能见距离

本规则条款规定的号灯，应具有本规则附录一第8款订明的发光强度，以便在下列最小距离上能被看到：

1.长度为50米或50米以上的船舶：

——桅灯，6海里；

——舷灯，3海里；

——尾灯，3海里；

——拖带灯，3海里；

——白、红、绿或黄色环照灯，3海里。

2.长度为12米或12米以上但小于50米的船舶：

——桅灯，5海里；但长度小于20米的船舶，3海里；

——舷灯，2海里；

——尾灯，2海里；

——拖带灯，2海里；

——白、红、绿或黄色环照灯，2海里。

3.长度小于12米的船舶：

——桅灯，2海里；

——舷灯，1海里；

——尾灯，2海里；

——拖带灯，2海里；

——白、红、绿或黄色环照灯，2海里。

4.不易察觉的、部分淹没的被拖带船舶或物体：

——白色环照灯，3海里。

第二十三条　在航机动船

1.在航机动船应显示：

（1）在前部一盏桅灯；

（2）第二盏桅灯，后于并高于前桅灯；长度小于50米的船舶，不要求显示该桅灯，但可以这样做；

（3）两盏舷灯；

（4）一盏尾灯。

2.气垫船在非排水状态下航行时，除本条1款规定的号灯外，还应显示一盏环照黄色闪光灯。

3.除本条1款规定的号灯外，地效船只有在起飞、降落和贴近水面飞行时，才应显示高亮度的环照红色闪光灯。

4.（1）长度小于12米的机动船，可以显示一盏环照白灯和舷灯以代替本条1款规定的号灯。

（2）长度小于7米且其最高速度不超过7节的机动船，可以显示一盏环照白灯以代替本条1款规定的号灯。如可行，也应显示舷灯。

（3）长度小于12米的机动船的桅灯或环照白灯，如果不可能装设在船的首尾中心线上，可以离开中心线显示，条件是其舷灯合并成一盏，并应装设在船的首尾中心线上或尽可能地装设在接近该桅灯或环照白灯所在的首尾线处。

第二十四条　拖带和顶推

1.机动船当拖带时应显示：

（1）垂直两盏桅灯，以取代第二十三条1款（1）项或1款（2）项规定的号灯。当从拖船船尾至被拖物体后端的拖带长度超过200米时，垂直显示三盏这样的号灯；

（2）两盏舷灯；

（3）一盏尾灯；

（4）一盏拖带灯位于尾灯垂直上方；

（5）当拖带长度超过200米时，在最易见处显示一个菱形体号型。

2.当一顶推船和一被顶推船牢固地连接成为一组合体时，则应作为一艘机动船，显示第二十三条规定的号灯。

3.机动船当顶推或旁拖时，除组合体外，应显示：

（1）垂直两盏桅灯，以取代第二十三条1款（1）项或1款（2）项规定的号灯；

（2）两盏舷灯；

（3）一盏尾灯。

4.适用本条1或3款的机动船，还应遵守第二十三条1款（2）项的规定。

5.除本条7款所述外，一被拖船或被拖物体应显示：

（1）两盏舷灯；

（2）一盏尾灯；

（3）当拖带长度超过200米时，在最易见处显示一个菱形体号型。

6.任何数目的船舶如作为一组被旁拖或顶推时，应作为一艘船来显示号灯：

（1）一艘被顶推船，但不是组合体的组成部分，应在前端显示两盏舷灯；

（2）一艘被旁拖的船应显示一盏尾灯，并在前端显示两盏舷灯。

7.一不易觉察的、部分淹没的被拖船或物体或者这类船舶或物体的组合体应显示：

（1）除弹性拖曳体不需要在前端或接近前端处显示灯光外，如宽度小于25米，在前后两端或接近前后两端处各显示一盏环照白灯；

（2）如宽度为25米或25米以上时，在两侧最宽处或接近最宽处，另加两盏环照白灯；

（3）如长度超过100米，在（1）和（2）项规定的号灯之间，另加若干环照白灯，使得这些灯之间的距离不超过100米；

（4）在最后的被拖船或物体的末端或接近末端处，显示一个菱形体号型，如果拖带长度超过200米时，在尽可能前部的最易见处另加一个菱形体号型。

8.凡由于任何充分理由，被拖船舶或物体不可能显示本条5款或7款规定的号灯或号型时，应采取一切可能的措施使被拖船舶或物体上有灯光，或至少能表明这种船舶或物体的存在。

9.凡由于任何充分理由，使得一艘通常不从事拖带作业的船舶不可能按本条1或3款的规定显示号灯，这种船在从事拖带另一遇险或需要救助的船时，就不要求显示这些号灯。但应采取如第三十六条所准许的一切可能措施来表明拖带船与被拖船之间关系的性质，尤其应将拖缆照亮。

第二十五条　在航帆船和划桨船

1.在航帆船应显示：

（1）两盏舷灯；

（2）一盏尾灯。

2.在长度小于20米的帆船上，本条1款规定的号灯可以合并成一盏，装设在桅顶或接近桅顶的最易见处。

3.在航帆船，除本条1款规定的号灯外，还可在桅顶或接近桅顶的最易见处，垂直显示两盏环照灯，上红下绿。但这些环照灯不应和本条2款所允许的合色灯同时显示。

4.（1）长度小于7米的帆船，如可行，应显示本条1或2款规定的号灯。但如果不这样做，则应在手边备妥白光的电筒一个或点着的白灯一盏，及早显示，以防碰撞。

（2）划桨船可以显示本条为帆船规定的号灯，但如不这样做，则应在手边备妥白光的电筒一个或点着的白灯一盏，及早显示，以防碰撞。

5.用帆行驶同时也用机器推进的船舶，应在前部最易见处显示一个圆锥体号型，尖端向下。

第二十六条　渔船

1.从事捕鱼的船舶，不论在航还是锚泊，只应显示本条规定的号灯和号型。

2.船舶从事拖网作业，即在水中拖曳爬网或其他用作渔具的装置时，应显示：

（1）垂直两盏环照灯，上绿下白，或一个由上下垂直、尖端对接的两个圆锥体所组成的号型。

（2）一盏桅灯，后于并高于那盏环照绿灯；长度小于50米的船舶，则不要求显示该桅灯，但可以这样做。

（3）当对水移动时，除本款规定的号灯外，还应显示两盏舷灯和一盏尾灯。

3.从事捕鱼作业的船舶，除拖网作业者外，应显示：

（1）垂直两盏环照灯，上红下白，或一个由上下垂直、尖端对接的两个圆锥体所组成的号型；

（2）当有外伸渔具，其从船边伸出的水平距离大于150米时，应朝着渔具的方向显示一盏环照白灯或一个尖端向上的圆锥体号型；

（3）当对水移动时，除本款规定的号灯外，还应显示两盏舷灯和一盏尾灯。

4.本规定附录二所述的额外信号，适用于在其他捕鱼船舶附近从事捕鱼的船舶。

5.船舶不从事捕鱼时，不应显示本条规定的号灯或号型，而只应显示为其同样长度的船舶所规定的号灯或号型。

第二十七条　失去控制或操纵能力受到限制的船舶

1.失去控制的船舶应显示：

（1）在最易见处，垂直两盏环照红灯；

（2）在最易见处，垂直两个球体或类似的号型；

（3）当对水移动时，除本款规定的号灯外，还应显示两盏舷灯和一盏尾灯。

2.操纵能力受到限制的船舶，除从事清楚水雷作业的船舶外，应显示：

（1）在最易见处，垂直三盏环照灯，最上和最下者应是红色，中间一盏应是白色；

（2）在最易见处，垂直三个号型，最上和最下者应是球体，中间一个应是菱形体；

（3）当对水移动时，除本款（1）项规定的号灯外，还应显示桅灯、舷灯和尾灯；

（4）当锚泊时，除本款（1）和（2）项规定的号灯或号型外，还应显示第三十条规定的号灯号型。

3.从事一项使拖船和被拖物体双方在驶离其航向的能力上受到严重限制的拖带作业的机动船，除显示第二十四条1款规定的号灯或号型外，还应显示本条2款（1）和（2）项规定的号灯或号型。

4.从事疏浚或水下作业的船舶，当其操纵能力受到限制时，应显示本条2款（1）、（2）和（3）项规定的号灯和号型。此外，当存在障碍物时，还应显示：

（1）在障碍物存在的一舷，垂直两盏环照红灯或两个球体；

（2）在他船可以通过的一舷，垂直两盏环照绿灯或两个菱形体；

（3）当锚泊时，应显示本款规定的号灯或号型以取代第三十条规定的号灯或号型。

5.当从事潜水作业的船舶其尺度使之不可能显示本条4款规定的号灯和号型时，则应显示：

（1）在最易见处垂直三盏环照灯，最上和最下者应是红色，中间一盏应是白色；

（2）一个国际信号旗“A”的硬质复制品，其高度不小于1米，并应采取措施以保证周围都能见到。

6.从事清除水雷作业的船舶，除显示第二十三条为机动船规定的号灯或第三十条为锚泊船规定的号灯或号型外，还应显示三盏环照绿灯或三个球体。这些号灯或号型之一应在接近前桅桅顶处显示，其余应在前桅桁两端各显示一个。这些号灯或号型表示他船驶近至清除水雷船1000米以内是危险的。

7.除从事潜水作业的船舶外，长度小于12米的船舶，不要求显示本条规定的号灯和号型。

8.本条规定的信号不是船舶遇险求救的信号。船舶遇险求救的信号载于本规则附录四内。

第二十八条　限于吃水的船舶

限于吃水的船舶，除第二十三条为机动船规定的号灯外，还可在最易见处垂直显示三盏环照红灯，或者一个圆柱体。

第二十九条　引航船舶

1.执行引航任务的船舶应显示：

（1）在桅顶或接近桅顶处，垂直两盏环照灯，上白下红；

（2）当在航时，外加舷灯和尾灯；

（3）当锚泊时，除本款（1）项规定的号灯外，还应显示第三十条对锚泊船规定的号灯或号型。

2.引航船当不执行引航任务时，应显示为其同样长度的同类船舶规定的号灯或号型。

第三十条　锚泊船舶和搁浅船舶

1.锚泊中的船舶应在最易见处显示：

（1）在船的前部，一盏环照白灯或一个球体；

（2）在船尾或接近船尾并低于本款（1）项规定的号灯处，一盏环照白灯。

2.长度小于50米的船舶，可以在最易见处显示一盏环照白灯，以取代本条1款规定的号灯。

3.锚泊中的船舶，还可以使用现有的工作灯或同等的灯照明甲板，而长度为100米及100米以上的船舶应当使用这类灯。

4.搁浅的船舶应显示本条1或2款规定的号灯，并在最易见处外加：

（1）垂直两盏环照红灯；

（2）垂直三个球体。

5.长度小于7米的船舶，不在狭水道、航道、锚地或其他船舶通常航行的水域中或其附近锚泊时，不要求显示本条1和2款规定的号灯或号型。

6.长度小于12米的船舶搁浅时，不要求显示本条4款（1）项和（2）项规定的号灯或号型。

第三十一条　水上飞机

当水上飞机或地效船不可能显示按本章各条规定的各种特性或位置的号灯和号型时，则应显示尽可能近似于这种特性和位置的号灯和号型。

第四章　声响和灯光信号

第三十二条　定义

1.“号笛”一词，指能够发出规定笛声并符合本规则附录三所载规格的任何声响信号器具。

2.“短声”一词，指历时约1秒的笛声。

3.“长声”一词，指历时4~6秒的笛声。

第三十三条　声号设备

1.长度为12米或12米以上的船舶，应配备一个号笛，长度为20米或20米以上的船舶，除了号笛以外还应配备一个号钟，长度为100米或100米以上的船舶，除了号笛和号钟以外，还应配备一面号锣。号锣的音调和声音不可与号钟相混淆。号笛、号钟和号锣应符合本规则附录三所载规格。号钟、号锣或二者可用与其各自声音特性相同的其他设备代替，只要这些设备随时能以手动鸣放规定的声号。

2.长度小于12米的船舶，不要求备有本条1款规定的声响信号器具。如不备有，则应配置能够鸣放有效声号的其他设备。

第三十四条　操纵和警告信号

1.当船舶在互见中，在航机动船按本规则准许或要求进行操纵时，应用号笛发出下列声号表明之：

——一短声 表示“我船正在向右转向”；

——二短声 表示“我船正在向左转向”；

——三短声 表示“我船正在向后推进”。

2.在操纵过程中，任何船舶均可用灯号补充本条1款规定的笛号，这种灯号可根据情况予以重复：

（1）这些灯号应具有以下意义：

——一闪 表示“我船正在向右转向”；

——二闪 表示“我船正在向左转向”；

——三闪 表示“我船正在向后推进”。

（2）每闪历时应约1秒，各闪应间隔约1秒，前后信号的间隔应不少于10秒；

（3）如设有用作本信号的号灯，则应是一盏环照白灯，其能见距离至少为5海里，并应符合本规则附录一所载规定。

3.在狭水道或航道内互见时：

（1）一艘企图追越他船的船应遵照第九条5款（1）项的规定，以号笛发出下列声号表示其意图：

——二长声继以一短声，表示“我船企图从你船的右舷追越”；

——二长声继以二短声，表示“我船企图从你船的左舷追越”。

（2）将要被追越的船舶，当按照第九条5款（1）项行动时，应以号笛依次发出下列声号表示同意：

——一长、一短、一长、一短声。

4.当互见中的船舶正在互相驶近，并且不论由于任何原因，任何一船无法了解他船的意图或行动，或者怀疑他船是否正在采取足够的行动以避免碰撞时，存在怀疑的船应立即用号笛鸣放至少五声短而急的声号以表示这种怀疑。该声号可以用至少五次短而急的闪光来补充。

5.船舶在驶近可能被居间障碍物遮蔽他船的水道或航道的弯头或地段时，应鸣放一长声。该声号应由弯头另一面或居间障碍物后方可能听到它的任何来船回答一长声。

6.如船上所装几个号笛，其间距大于100米，则只应使用一个号笛鸣放操纵和警告声号。

第三十五条 能见度不良时使用的声号

在能见度不良的水域中或其附近时，不论白天还是夜间，本条规定的声号应使用如下：

1.机动船对水移动时，应以每次不超过2分的间隔鸣放一长声。

2.机动船在航但已停车，并且不对水移动时，应以每次不超过2分的间隔连续鸣放二长声，二长声间的间隔约2秒。

3.失去控制的船舶、操纵能力受到限制的船舶、限于吃水的船舶、帆船、从事捕鱼的船舶，以及从事拖带或顶推他船的船舶，应以每次不超过2分的间隔连续鸣放三声，即一长声继以二短声，以取代本条1或2款规定的声号。

4.从事捕鱼的船舶锚泊时，以及操纵能力受到限制的船舶在锚泊中执行任务时，应当鸣放本条3款规定的声号以取代本条7款规定的声号。

5.一艘被拖船或者多艘被拖船的最后一艘，如配有船员，应以每次不超过2分的间隔连续鸣放四声，即一长声继以三短声。当可行时，这种声号应在拖船鸣放声号之后立即鸣放。

6.当一顶推船和一被顶推船牢固地连接成为一个组合体时，应作为一艘机动船，鸣放本条1或2款规定的声号。

7.锚泊中的船舶，应以每次不超过1分的间隔急敲号钟约5秒。长度为100米或100米以上的船舶，应在船的前部敲打号钟，并应在紧接钟声之后，在船的后部急敲号锣约5秒。此外，锚泊中的船舶，还可以连续鸣放三声，即一短、一长和一短声，以警告驶近的船舶注意本船位置和碰撞的可能性。

8.搁浅的船舶应鸣放本条7款规定的钟号，如有要求，应加发该款规定的锣号。此外，还应在紧接急敲号钟之前和之后各分隔而清楚地敲打号钟三下。搁浅的船舶还可以鸣放合适的笛号。

9.长度为12米或12米以上但小于20米的船舶，不要求鸣放本条7款和8款规定的声号。但如不鸣放上述声号，则应鸣放他种有效的声号，每次间隔不超过2分。

10.长度小于12米的船舶，不要求鸣放上述声号，但如不鸣放上述声号，则应以每次不超过2分的间隔鸣放其他有效的声号。

11.引航船当执行引航任务时，除本条1、2或7款规定的声号外，还可以鸣放由四短声组成的识别声号。

第三十六条　招引注意的信号

如需招引他船注意，任何船舶可以发出灯光或声响信号，但这种信号应不致被误认为本规则其他条款所准许的任何信号，或者可用不致妨碍任何船舶的方式把探照灯的光束朝着危险的方向。任何招引他船注意的灯光，应不致被误认为是任何助航标志的灯光。为此目的，应避免使用诸如频闪灯这样高亮度的间歇灯或旋转灯。

第三十七条　遇险信号

船舶遇险并需要救助时，应使用或显示本规则附录四所述的信号。

第五章　豁免

第三十八条　豁免

在本规则生效之前安放龙骨或处于相应建造阶段的任何船舶（或任何一类船舶）只要符合1960年国际海上避碰规则的要求，则可：

1.在本规则生效之日后4年内，免除安装达到第二十二条规定能见距离的号灯。

2.在本规则生效之日后4年内，免除安装符合本规则附录一第7款规定的颜色规格的号灯。

3.永远免除由于从英制单位变换为米制单位以及丈量数字凑整而产生的号灯位置的调整。

4.（1）永远免除长度小于150米的船舶由于本规则附录一第3款（1）规定而产生的桅灯位置的调整；

（2）在本规则生效之日后9年内，免除长度为150米或150米以上的船舶由于本规则附录一第3款（1）规定而产生的桅灯位置的调整。

5.在本规则生效之日后9年内，免除由于本规则附录一第2款（2）规定而产生的桅灯位置的调整。

6.在本规则生效之日后9年内，免除由于本规则附录一第2款（7）和第3款（2）规定而产生的舷灯位置的调整。

7.在本规则生效之日后9年内，免除本规则附录三对声号器具所规定的要求。

8.永远免除由于本规则附录一第9款（2）规定而产生的环照灯位置的调整。

第六章　对符合本公约规定的验证

第三十九条　定义

1.审核系指为确定达到审核标准的程度而获取审核证据和客观地对其评价的一套系统的、独立的和有文件记录的程序。

2.审核机制系指本组织制定的国际海事组织成员国审核机制，其中考虑到本组织制定的导则。

3.文书实施规则系指本组织以第A.1070（28）号决议通过的《国际海事组织文书实施规则》(简称《文书实施规则》)。

4.审核标准系指《文书实施规则》。

第四十条　适用范围

各缔约国在按本附则履行其责任和义务时，须使用《文书实施规则》的规定。

第四十一条　符合性验证

1.每一缔约国均须接受本组织按照审核标准进行的定期审核，以验证其是否符合并实施了本公约的要求。

2.本组织秘书长须基于本组织制订的导则，负责对审核机制实施管理。

3.每一缔约国均须基于本组织制订的导则，负责为开展审核提供便利并实施为处 理审核结果的行动计划。

4.对所有缔约国的审核均须：

（1）基于本组织秘书长制订的总体计划，并考虑到本组织制订的导则；和

（2）定期进行，并考虑到本组织制订的导则。

附录一●号灯和号型的位置和技术细节

1.定义

“船体以上的高度”一词，指最上层连续甲板以上的高度。这一高度应从灯的位置垂直下方处量起。

2.号灯的垂向位置和间距

（1）长度为20米或20米以上的机动船，桅灯应安置如下：

①前桅灯，或如只装设一盏桅灯，则该桅灯在船体以上的高度应不小于6米，如船的宽度超过6米，则在船体以上的高度应不小于该宽度，但是该灯安置在船体以上的高度不必大于12米；

②当装设两盏桅灯时，后灯高于前灯的垂向距离应至少为4.5米。

（2）机动船的两盏桅灯的垂向距离应是这样：即在一切正常纵倾的情况下，当从距离船首1000米的海面观看时，应能看出后灯在前灯的上方并且分开。

（3）长度为12米或12米以上但小于20米的机动船，其桅灯安置在舷边以上的高度应不小于2.5米。

（4）长度小于12米的机动船，可以把最上面的一盏号灯装在舷边以上小于2.5米的高度，但当除舷灯和尾灯之外还设有一盏桅灯或者除舷灯之外还设有第二十三条4款（1）所规定的环照白灯时，则该桅灯或该环照白灯的设置至少应高于舷灯1米。

（5）为从事拖带或顶推他船的机动船所规定的两盏或三盏桅灯中的一盏，应安置在前桅灯或后桅灯相同的位置。如果该灯装在后桅上，则该最低的后桅灯高于前桅灯的垂向距离应不少于4.5米。

（6）①第二十三条1款规定的桅灯，除本款②项所述外，应安置在高于并离开其他一切灯光和遮蔽物的位置上；

②当在低于桅灯的位置上不可能装设第二十七条2款（1）项或第二十八条规定的环照灯时，这些环照灯可以装设在后桅灯上方或悬挂于前桅灯和后桅灯垂向之间，如属后一种情况，则应符合本附录第3款（3）的要求。

（7）机动船的舷灯安置在船体以上的高度，应不超过前桅灯高度的四分之三。这些舷灯不应低到受甲板灯光的干扰。

（8）长度小于20米的机动船的舷灯，如并为一盏，则应安置在低于桅灯不小于1米处。

（9）当本规则规定垂直装设两盏或三盏号灯时，这些号灯的间距如下：

①长度为20米或20米以上的船舶，这些号灯的间距应不小于2米，而且除需要拖带号灯的情况外，这些号灯的最低一盏，应装设在船体以上高度不小于4米处；

②长度小于20米的船舶，这些号灯的间距应不小于1米，而且除需要拖带号灯的情况外，这些号灯的最低一盏，应装设在舷边以上高度不小于2米处；

③当装设三盏号灯时，其间距应相等。

（10）为从事捕鱼的船所规定的两盏环照灯的较低一盏，在舷灯以上的高度应不小于这两盏号灯垂向间距的2倍。

（11）当装设两盏锚灯时，第三十条1款（1）项规定的前锚灯应高于后锚灯不小于4.5米。长度为50米或50米以上的船舶，前锚灯应装设在船体以上高度不小于6米处。

3.号灯的水平位置和间距

（1）当机动船按规定有两盏桅灯时，两灯之间的水平距离应不小于船长的一半，但不必大于100米。前桅灯应安置在离船首不大于船长的四分之一处。

（2）长度为20米或20米以上的机动船，舷灯不应安置在前桅灯的前面。这些舷灯应安置在舷侧或接近舷侧处。

（3）当第二十七条2款（1）项或第二十八条规定的号灯设置在前桅灯和后桅灯垂向之间时，这些环照灯应安置在与该首尾中心线正交的横向水平距离不小于2米处。

（4）当机动船按规定仅有一盏桅灯时，该灯应在船中之前显示；长度小于20米的船舶不必在船中之前显示该灯，但应在尽可能靠前的位置上显示。

4.渔船、疏浚船及从事水下作业船舶的示向号灯的位置细节

（1）从事捕鱼的船舶，按照第二十六条3款（2）项规定用以指示船边外伸渔具的方向的号灯，应安置在离开那两盏环照红和白灯不小于2米但不大于6米的水平距离处。该号灯的安置应不高于第二十六条3款（1）项规定的环照白灯但也不低于舷灯。

（2）从事疏浚或水下作业的船舶，按照第二十七条4款（1）和（2）项规定用以指示有障碍物的一舷和（或）能安全通过的一舷的号灯和号型，应安置在离开第二十七条2款处，但决不应小于2米。这些号灯或号型的上面一个的安置高度决不高于第二十七条2款（1）和（2）项规定的三个号灯或号型中的下面一个。

5.舷灯遮板

长度在20米或20米以上的船舶的舷灯，应装有无光黑色的内侧遮板，并符合本附录第9款的要求。长度小于20米的船舶的舷灯，如需为符合本附录第9款的要求，应装设无光黑色的内侧遮板。用单一直立灯丝并在绿色和红色两部分之间有一条很窄分界线的合座灯，可不必装配外部遮板。

6.号型

（1）号型应是黑色并具有以下尺度：

①球体的直径应不小于0.6米；

②圆锥体的底部直径应不小于0.6米，其高度应与直径相等；

③圆柱体的直径至少为0.6米，其高度应两倍于直径；

④菱形体应由两个本款②所述的圆锥体以底相合组成。

（2）号型间的垂直距离应至少为1.5米。

（3）长度小于20米的船舶，可用与船舶尺度相称的较小尺度的号型，号型间距亦可相应减少。

7.号灯的颜色规格

所有航海号灯的色度应符合下列标准，这些标准是包括在国际照明委员会（CIE）为每种颜色所规定的图解区域界限以内的。

每种颜色的区域界限是用折角点的坐标表示的。这些坐标如下：

（1）白色

x	0.525	0.525	0.452	0.310	0.310	0.443
y	0.382	0.440	0.440	0.348	0.283	0.382

（2）绿色

x	0.028	0.009	0.300	0.203
y	0.385	0.723	0.511	0.356

（3）红色

x	0.680	0.660	0.735	0.721
y	0.320	0.320	0.265	0.259

（4）黄色

x	0.612	0.618	0.575	0.575
y	0.382	0.382	0.425	0.406

8.号灯的发光强度

（1）号灯的最低发光强度应用下述公式计算：

$$I = 3.43\times10^{6}TD^{2}K^{-D}$$

式中：

I——在使用情况下，以坎德拉（Candelas）为单位计算的发光强度；

T——阈限系数，为2×10^{-7}勒克斯；

D——号灯的能见距离（照明距离），以海里计算；

K——大气透射率，用于规定的号灯，K值应是0.8，相当于约13海里的气象能见度。

（2）从上述公式导出的数值选例如下：

以海里为单位的号灯能见距离（照明距离）D	以坎德拉为单位的号灯发光强度 K=0.8 I
1	0. 9
2	4.3
3	12
4	27
5	52
6	94

注：航海号灯的最大发光强度应予限制，以防止过度的眩光，但不应该使用发光强度可变控制的办法。

9.水平光弧

（1）①船上所装的舷灯，在朝前的方向上，应显示最低要求的发光强度，发光强度在规定光弧外的1～3度之间，应减弱以达到切实断光。

②尾灯和桅灯，以及舷灯在正横后22.5度处，应在水平弧内保持最低要求的发光强度，直到第二十一条规定的光弧界限内5度。从规定的光弧内5度起，发光强度可减弱50%，直到规定的界限；然后，发光强度应不断减弱，以达到在规定光弧外至多5度处切实断光。

（2）①环照灯应安置在不被桅、顶桅或建筑物遮蔽大于6度角光弧的位置上，但第三十条规定的锚灯除外，锚灯不必安置在船体以上不切实际的高度。

②如果仅显示一盏环照灯无法符合本段第（2）①小段的要求，则应使用两盏环照灯，固定于适当位置或用挡板遮挡，使其在1海里距离上尽可能像是一盏灯。

10.垂向光弧

（1）所装电气号灯的垂向光弧，除在航帆船的号灯外，应保证：

①从水平上方5度到水平下方5度的所有角度内，至少保持所要求的最低发光强度；

②从水平上方7.5度到水平下方7.5度，至少保持所要求的最低发光强度的60%。

（2）在航帆船所装电气号灯的垂向光弧，应保证：

①从水平上方5度到水平下方5度的所有角度内，至少保持所要求的最低发光强度；

②从水平上方25度到水平下方25度，至少保持所要求的最低发光强度的50%。

（3）电气号灯以外的灯应尽可能符合这些规格。

11.非电气号灯的发光强度

非电气号灯应尽可能符合本附录第8款表中规定的最低发光强度。

12.操纵号灯

尽管有本附录第2款（6）规定，第三十四条2款所述的操纵号灯应安置在一盏或多盏桅灯的同一首尾垂直面上，如可行，并且操纵号灯高于或低于后桅灯的距离不小于2米，则操纵号灯应高于前桅灯的垂向距离至少为2米。只装设一盏桅灯的船舶，如装有操纵号灯，则应将其装设在与桅灯的垂向距离不小于2米的最易见处。

13.高速船[①]

（1）高速船的桅灯可装设在相应于船的宽度、低于本附录第2款（1）①规定的高度上，其条件是由两盏舷灯和一盏桅灯形成的等腰三角形的底角，在正视时不应小于27度。

（2）长度为50米或50米以上的高速船上，本附录第2款（1）②规定的前桅灯和主桅灯之间4.5米的垂向距离可以修改，但此距离应不少于下列公式规定的数值：

$$y=\frac{(a+17\Psi)C}{1000}+2$$

式中：

y——主桅灯高于前桅灯的高度（米）；

a——航行状态下前桅灯高于水面的高度（米）；

Ψ——航行状态下的纵倾（度）；

C——桅灯之间的水平距离（米）。

14.认可

号灯和号型的构造以及号灯在船上的安装，应符合船旗国的有关主管机关的要求。

附录二 在相互邻近处捕鱼的渔船的额外信号

1.通则

本附录中所述的号灯，如为履行第二十六条4款而显示时，应安置在最易见处。这些号灯的间距至少应为0.9米，但要低于第二十六条2款（1）项和3款（1）项规定的号灯。这些号灯，应能在水平四周至少1海里的距离上被见到，但应小于本规则为渔船规定的号灯的能见距离。

2.拖网渔船的信号

（1）长度等于或大于20米的船舶在从事拖网作业时，不论使用海底还是深海渔具，应显示：

①放网时：垂直两盏白灯；

① 参照《1994年国际高速客船安全规则》和《2000年国际高速客船安全规则》

②起网时：垂直两盏灯，上白下红灯；

③网挂住障碍物时：垂直两盏红灯。

（2）长度等于或大于20米、从事对拖网作业的每一船应显示：

①在夜间，朝着前方并向本对拖网中另一船的方向照射的探照灯；

②当放网或起网或网挂住障碍物时，按本附录第2款（1）规定的号灯。

（3）长度小于20米、从事拖网作业的船舶，不论使用海底或深海渔具还是从事对拖网作业，可视情显示本段（1）或（2）中规定的号灯。

3.围网船的信号

从事围网捕鱼的船舶。可垂直显示两盏黄色号灯。这些号灯应每秒钟交替闪光一次，而且明暗历时相等。这些号灯仅在船舶的行动为其渔具所妨碍时才可显示。

附录三 声号器具的技术细节

1.号笛

（1）频率和可听距离

笛号的基频应在70～700赫兹的范围内。

笛号的可听距离应通过其频率来确定，这些频率可包括基频和（或）一种或多种较高的频率，并具下文第1款（3）规定的声压级。对于长度为20米或20米以上的船舶，频率范围为180～700赫兹（±1%）；对于长度为20米以下的船舶，频率范围为180～2000赫兹（±1%）。

（2）基频的界限

为保证号笛的多样特性，号笛的基频应介于下列界限以内：

①70～200赫兹，用于长度200米或200米以上的船舶；

②130～350赫兹，用于长度75米或75米以上但小于200米的船舶；

③250～700赫兹，用于长度小于75米的船舶。

（3）笛号的声强和可听距离

船上所装的号笛，在其最大声强方向上，距离1米处，在频率为180～700赫兹（±1%）（长度20米或20米以上的船舶）或180～2100赫兹（±1%）（长度20米以下的船舶）范围内的至少每个1／3倍频程带宽中，应具有不小于下表所订相应数值的声压。

船舶长度（米）	$\frac{1}{3}$倍频程带宽声压相对值，距离1米，相对于2×10^{-5}牛/米^2(分贝)	可听距离（海里）
200或200以上	143	2
75或75以上但小于200	138	1.5
20或20以上但小于75	130	1
小于20	120 115 111	0.5

注：表中的可听距离是参考性的而且是在号笛的前方轴线上，在无风条件下，有90%的概率可在有一般背景噪声（用中心频率为250赫兹的倍频程带宽时取68分贝，用中心频率为500赫兹的倍频程带宽时取63分贝）的船上收听点听到的大约距离。实际上，号笛的可听距离极易变化。而且主要取决于天气情况，所订数值可作为典型值，但在强风或在收听点周围有高背景噪声的情况下，可听距离可大大减小。

（4）方向性

方向性号笛的声压值，在轴线±45度内的任何水平方向上，比轴线上的规定声压级至多只应低4分贝，在任何其他水平方向上的声压级，比轴线上的规定声压值至多只应低10分贝，以使任何方向上的可听距离至少是轴线前方上可听距离的一半。声压级应在决定可听距离的那个1/3倍频带中测定。

（5）号笛的安装

当方向性号笛作为船上唯一的号笛使用时。其安装应使最大声强朝着正前方。

号笛应安置在船上尽可能高的地方。使发出的声音少受遮蔽物的阻截，并使人员听觉受损害的危险降到最低程度。在船上收听点听到本船声号的声压值不应超过110分贝（A）。并应尽可能不超过100分贝（A）。

（6）一个以上号笛的安装

如各号笛配置的间距大于100米，则应做出安排使其不致同时鸣放。

（7）组合号笛系统

如果由于遮蔽物的存在，以致单一号笛或本节（6）所指号笛之一的声场可能有一个声压值大为降低的区域时，建议用一组合号笛系统以克服这种减低。就本规则而言，组合号笛系统作为单一号笛论。组合系统中各号笛的间距应不大于100米，并应做出安排使其同时鸣放。任一号笛的频率应与其他号笛频率至少相差10赫兹。

2.号钟和号锣

（1）声号的强度

号钟、号锣或其他具有类似声音特性的器具所发出的声压值，在距它1米处，应不少于110分贝。

（2）构造

号钟和号锣应用抗蚀材料制成，其设计应能使之发出清晰的音调。长度为20米或20米以上的船舶，号钟口的直径应不小于300毫米。如可行，建议用一个机动钟锤，以保证

敲力稳定，但仍应可能用手操作，钟锤的质量应不小于号钟质量的3%。

3.认可

声号器具的构造性能及其在船上的安装，应符合船旗国的有关主管机关的要求。

附录四 遇险信号

1.下列信号，不论是一起或分别使用或显示，均表示遇险需要救助：

（1）每隔约1分钟鸣炮或燃放其他爆炸信号一次；

（2）以任何雾号器具连续发声；

（3）以短的间隔，每次放一个抛射红星的火箭或信号弹；

（4）用无线电报或任何其他通信方法发出莫尔斯码···———···（SOS）的信号；

（5）用无线电话发出“梅代”（MAYDAY）语音信号；

（6）《国际简语信号规则》中表示遇险的信号N.C.；

（7）由一个球体或任何类似球体的物体及在其上方或下方的一面方旗所组成的信号；

（8）船上的火焰（如从燃着的柏油桶、油桶等发出的火焰）；

（9）火箭降落伞式或手持式的红色突耀火光；

（10）放出橙色烟雾的烟雾信号；

（11）两臂侧伸，缓慢而重复地上下摆动；

（12）通过数字选择性呼叫（DSC）在以下频道上发送的遇险报警：

①VHF 70频道，或

②MF／HF，频率为2187.5 kHz、8414.5 kHz、4207.5 kHz、6312 kHz、12577 kHz或16804.5 kHz；

（13）船舶的Inmarsat或其他移动卫星业务提供商的船舶地球站发出的船到岸遇险报警信号；

（14）由紧急无线电示位标发出的信号；

（15）无线电通信系统发出的经认可的信号，包括救生艇筏雷达应答器。

2.除为表示遇险需要救助外，禁止使用或显示上述任何信号，并禁止使用可能与上述任何相混淆的其他信号。

3.应注意《国际信号规则》《商船搜寻和救生手册》的有关部分，以及下述的信号：

（1）一张橙色帆布上带有一个黑色正方形和圆圈或者其他合适的符号（供空中识别）；

（2）海水染色标志。

附录Ⅱ

中华人民共和国非机动船舶海上安全航行暂行规则

（1958年4月19日交通部、水产部发布，1958年7月1日起施行）

第一条

凡使用人力、风力、拖力的非机动船，在海上从事运输、捕鱼或者其他工作，都应当遵守本规则。

在港区内航行的时候，应当遵守该港港章的规定。

第二条

非机动船在夜间航行、锚泊的时候，应当在容易被看见的地方，悬挂明亮的白光环照灯一盏。如果因为天气恶劣或者受设备的限制，不能固定悬挂白光环照灯，必须将灯点好放在手边，以备应用；在与他船接近的时候，应当及早显示灯光或者手电筒的白色闪光或者火光，以防碰撞。

非机动船已经设置红绿舷灯、尾灯或者使用合色灯的，仍应继续使用。

第三条

非机动渔船，在白昼捕鱼的时候，应当在容易被看见的地方，悬挂竹篮一只，当发现他船驶近的时候，应当用适当信号指示渔具延伸方向；使用流网的渔船，还要在流网延伸末端的浮子上，系小红旗一面；在夜间捕鱼的时候，应当在容易被看见的地方，悬挂明亮的白光环照灯一盏，当发现他船驶近的时候，向渔具延伸方向，显示另一白光。

第四条

非机动船在有雾、下雪、暴风雨或者其他任何视线不清楚的情况下，不论白昼或者夜间，都应当执行下列规定：

（1）在航行的时候，应当每隔约1分，连续发放雾号响声（如敲锣、敲梆、敲煤油桶、吹螺、吹雾角、吹喇叭等）约5秒；

（2）在锚泊的时候，如果听到来船雾号响声，应当有间隔地、急促地发放响声，以引起来船注意，直到驶过为止；

（3）在捕鱼的时候，也应当依照前两项的规定执行。

第五条

两艘帆船相互驶近，如有碰撞的危险，应当依照下列规定避让：

（1）顺风船应当避让逆风打抢、掉抢的船；

（2）左舷受风打抢的船应当避让右舷受风打抢的船；

（3）两船都是顺风，而在不同的船舷受风的时候，左舷受风的船应当避让右舷受风的船；

（4）两船都是顺风，而在同一船舷受风的时候，上风船应当避让下风船；

（5）船尾受风的船应当避让其他船舷受风的船。

第六条

在航行中的非机动船，应当避让用网、曳绳钓或者拖网进行捕鱼作业的非机动渔船。

第七条

非机动船应当避让下列的机动船：

（1）从事起捞、安放海底电线或者航行标志的机动船；

（2）从事测量或者水下工作的机动船；

（3）操纵失灵的机动船；

（4）用拖网捕鱼的机动船；

（5）被追越的机动船。

第八条

非机动船与机动船相互驶近，如有碰撞危险，机动船应当避让非机动船。

第九条

非机动船在海上遇难，需要他船或者岸上援救的时候，应当显示下列信号：

（1）用任何雾号器具连续不断发放响声；

（2）连续不断燃放火光；

（3）将衣服张开，挂上桅顶。

第十条

本规则经国务院批准后，由交通部、水产部联合发布施行。

附录Ⅲ

国际信号旗

字母旗

A		B		C		D	
E		F		G		H	
I		J		K		L	
M		N		O		P	
Q		R		S		T	

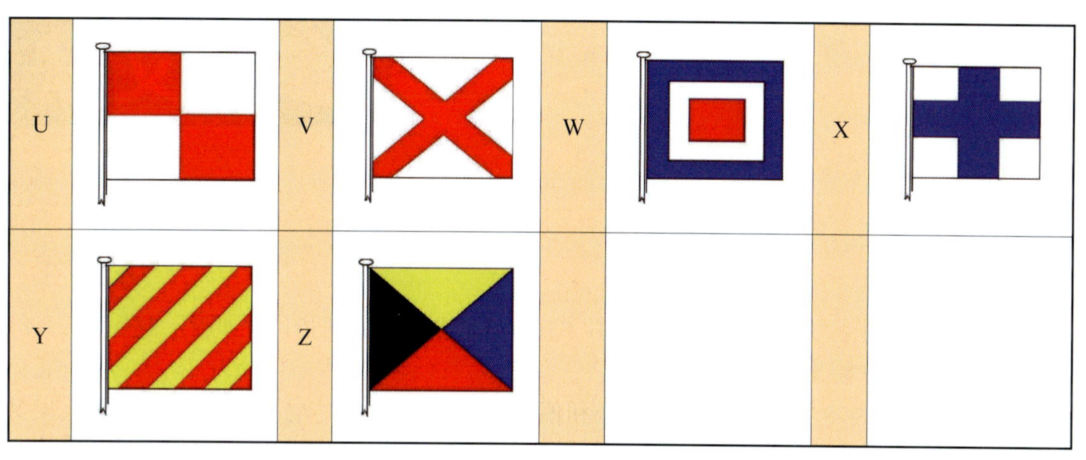

数字旗、回答旗和代旗

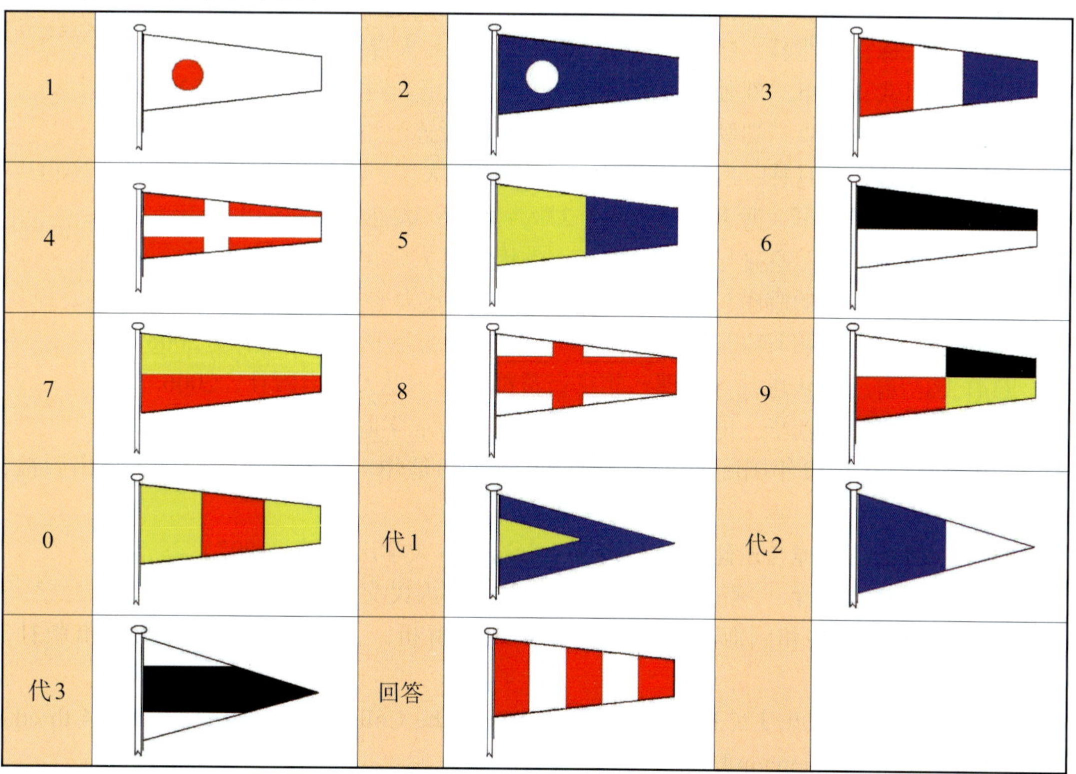

参考文献

[1] A. N科克罗夫特，J. N. F拉梅杰. 海上避碰规则指南. 4版. 赵劲松，译. 大连：大连海运学院出版社，1992.

[2] IMO. 1978年海员培训、发证和值班标准国际公约马尼拉修正案. 中华人民共和国海事局，译. 大连：大连海事大学出版社，2010.

[3] 蔡存强. 国际海上避碰规则释义. 北京：人民交通出版社，1995.

[4] 迟双龙，王俊波. 海事案例选编. 大连：大连海事大学出版社，2001.

[5] 方泉根. 船舶驾驶台资源管理. 北京：人民交通出版社，2006.

[6] 司玉琢，吴兆麟. 船舶碰撞法. 2版. 大连：大连海事大学出版社，1995.

[7] 王凤武，张卓. 驾驶台资源管理. 大连：大连海事大学出版社，2004.

[8] 王凤武，张卓. 驾驶台资源管理. 大连：大连海事大学出版社，2008.

[9] 吴兆麟，赵月林. 船舶避碰与值班. 4版. 大连：大连海事大学出版社，2014.

[10] 吴兆麟，朱军. 海上交通工程. 2版. 大连：大连海事大学出版社，2004.

[11] 吴兆麟. 船舶避碰与值班. 大连：大连海事大学出版社，1998.

[12] 吴兆麟. 船舶避碰与值班. 2版. 大连：大连海事大学出版社，2007.

[13] 吴兆麟. 船舶避碰与值班. 3版. 大连：大连海事大学出版社，2008.

[14] 姚裕群. 团队建设与管理. 北京：首都经济贸易大学出版社，2006.

[15] 袁安平，王新华. 船舶避碰. 大连：大连海运学院出版社，1993.

[16] 张铎.《1972年国际海上避碰规则》理解与适用. 大连：大连海事大学出版社，2007

[17] 赵劲松. 碰撞与避碰规则. 大连：大连海事大学出版社，1997.

[18] 赵月林，张铎. 船舶值班与避碰. 北京：人民交通出版社，2007.

[19] 中华人民共和国海事局. 典型案例调查解析. 大连：大连海事大学出版社，2004.

[20] A N Cockcroft, J N F Lameijer. A Guide to the Collision Avoidance Rules, 4 th edition. Butterworth-Heinemann Ltd, 1990.

[21] A N Cockcroft, J N F Lameijer.A Guide to the Collision Avoidance Rules, 6 th edition. Butterworth-Heinemann Ltd, 2003.

[22] F J Buzek, H M C Holdert.Collision Case: Judgments and Diagrams.London: Lloyd's of London Press Ltd, 1990.

[23] Kenneth C McGuffie, Marsden. The Law of Collision at Sea. Stevens & Sons Ltd, London, 1961, 11 th edition, with 3 rd Cumulative Supplement up to February 15, 1973.

[24] R A Cahill. Collision and their Causes. London: Fairplay Publications Ltd, 1983.

[25] R H B Sturt. The Collision Regulations. London: Lloyd's of London Press Ltd, 1984.

[26] Samir Mankabady. The Law of Collision at Sea. North-Holland, 1987.

[27] Zhao Yuelin. Collision Avoidance and Watchkeeping. Dalian Maritime University Press, 2009.